효율성 분석이론

DEA 자료포락분석법

이정동 | **오동현** 지음

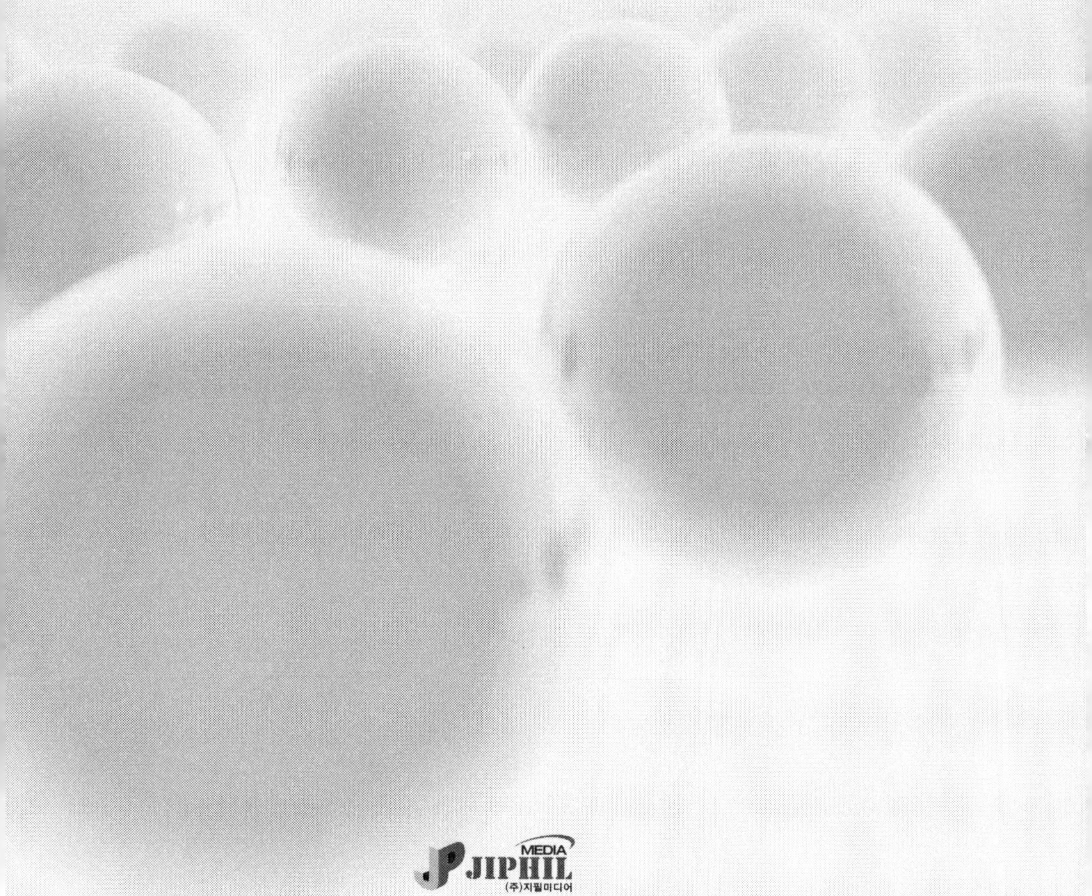

MEDIA JIPHIL
(주)지필미디어

효율성 분석이론
DEA 자료포락분석법

발 행 일 2012년 3월 30일 초판인쇄
저 자 이정동 · 오동현

발 행 처 (주) 지필미디어
발 행 인 고현희
등록번호 제 312-1997-000043호(1997년 07월 16일)
주 소 서울시 서대문구 미근동 72-3호
전 화 (02) 362-4504
팩 스 (02) 393-4509
이 메 일 book@jiphil.co.kr
홈페이지 www.jiphil.co.kr

ISBN 978-89-973940-3-6 93320
가 격 30,000 원

머리말

자료포락법, 비모수효율성분석법 등으로 불리는 DEA(Data Envelopment Analysis)는 유사한 환경에 놓인 경영단위(Decision Making Unit; DMU)들의 효율성을 상호 비교 분석하는 방법이다. 1970년대 후반 공식적으로 등장한 이래 많은 경영, 경제분석 사례연구에서 널리 활용되고 있고, 국내에서도 DEA를 활용한 분석이 다수 이루어졌다.

기존에 DEA와 관련한 국내외 서적이 없지 않지만, 본 서는 다음과 같은 점을 특별히 염두에 두고 씌어졌다.

첫째, DEA가 경영학과 경제학 양 분야에 뿌리를 두고 있기 때문에 두 분야의 특성상 다른 이론적 기반을 가지고 설명되어 왔다. 이를 감안하여 경영학적 관점과 경제학적 관점에서의 이론을 적절히 결합하여 포괄적인 원리 설명이 되도록 하였다.

둘째, DEA는 이론 자체 보다 현실에서 적용되는 과정을 살펴봄으로서 그 원리를 보다 잘 이해할 수 있다. 따라서 각 모형을 설명할 때 간단한 사례를 들어 적용과정과 해석방법을 설명하고자 하였다.

셋째, DEA를 구현하기 위해서는 컴퓨터 프로그램을 이용하여야 한다. 기존의 DEA 프로그램들이 있지만, 프로그램 개발자가 염두에 둔 모형만이 구동된다는 제약이 있다. 이를 감안하여 DEA로 분석하고자 할 때 스스로 유연하게 모형을 적용, 변형할 수 있도록 R-언어에 기반한 프로그램을 제시하였다.

본 서의 기획은 족히 10년도 더 전에 시작되었다. 그간, 부분적으로 원고를 축적하고, 예제를 만들면서 시간이 많이 흘렀다. 국내에 많은 기업, 기관과 연구자들이 DEA를 적극 활용하는 것을 보면서 기왕에 하던 일을 서두르게 되었다. 특히 프로그램을 함께 제시하여야 가치가 있을 것이라는 생각을 하던 차에 오동현 교수가 참여함으로서 비로소 이론과 실증 수단이 함께 갖추어진 책이 되었다.

모쪼록 세계적 수준의 DEA 이론 및 응용연구가 많이 탄생하고, 많은 기업과 기관들이 DEA 분석을 통해 효율성을 향상할 수 있기를 기대하면서, 이 책이 그러한 여정에 조금이라도 도움이 되기를 바라는 마음 간절하다.

한 사람은 워싱턴 DC에서, 또 다른 한 사람은 스톡홀름에서 길고 혹독한 겨울 동안에 집필 작업을 진행했다. 저자들의 가족들, 소현, 주연, 수연과 수진, 상협이 없었다면 그 힘든 겨울을 어떻게 이겨냈을까 싶다. 그들이 이 책의 또 다른 저자들이다. 우리나라의 기술정책분야를 열어오신 김태유 교수님께도 감사드린다.

마지막으로, 끊임없이 늦어지는 원고를 참고 기다려주신 ㈜지필미디어 고현희 대표에게 지면을 빌어 감사의 말씀을 전해드린다.

개정판을 내면서 원고수정작업과 오탈자 교정에 많은 시간을 할애해 주신 단국대 유상열 교수님, 국방대 이춘주 교수님, 서울대 한진희 군, 엄진웅 군에게 감사의 말씀을 드린다.

* 참고로 본 서는 2010년 IB Book에서 출판되었으나, 오탈자를 수정하여 새롭게 지필출판사에서 내게 되었음을 알린다.

2012. 3.

대표저자 이정동 씀

차 례

저자소개

이정동 (李正東, Jeong-dong Lee)

서울대학교에서 학사, 석사, 박사학위를 취득하고, 서울대학교 산업공학과 · 기술경영경제정책 대학원협동과정 교수로 재직하고 있다. 한국생산성학회 회장을 역임한 바 있고, 아시아-태평양 생산성 컨퍼런스(APPC) 조직위원을 맡고 있다. 기술혁신전략 및 기술정책과 관련된 다양한 주제들에 대해 관심을 갖고 연구하고 있으며, DEA를 이용한 연구활동을 지속적으로 전개하고 있다. Journal of Productivity Analysis, Journal of Environmental Management를 포함한 다수의 국제학술지에 DEA 이론 및 응용연구결과를 발표하고 있다. (leejd@snu.ac.kr)

오동현 (吳東炫, Dong-hyun Oh)

서울대학교에서 학사, 박사학위를 취득하였다. 스웨덴의 왕립기술원(Royal Institute of Technology)에서 박사후과정 연수를 받고, 삼성경제연구소를 거쳐 현재 인하대학교 산업공학과 교수로 재직중이다. 생산성 및 효율성의 관점에서 산업 · 기업을 분석하고 정책적 합의점을 도출해내는 실증연구를 즐겨한다. 기업의 R&D 활동 및 지적재산권과 관련한 실증분석 또한 관심연구분야이다. 방법론적으로는 DEA 측정법 개발, 특히 비소망재 관련 효율성 측정법 개발에 관심을 갖고 있다. Journal of Productivity Analysis, Energy Economics 등 다수의 국제학술지에 DEA 관련 연구논문을 게재하였다. (donghyun.oh@inha.ac.kr)

1. 서론

1.1 효율성의 의미

효율성(efficiency)은 우리 일상생활에서 흔히 접할 수 있는 개념이다. 무슨 일을 할 때 '효율적으로' 하고자 노력하고, 기계의 '효율'을 계산하며, 때로는 '효율'높은 경제기반을 구축하는 것이 국가적 과제가 되기도 한다. 이렇듯 효율성이란 개념은 우리 일상생활 속에 깊숙이 들어와 있다. 효율은 대체로 투입한 노력이나 자원 대비 거두어 들인 성과의 비율을 의미한다. 상대적으로 효율이 높다는 것은 동일한 자원을 투입하고도 더 높은 성과를 거두었거나, 동일한 성과를 얻는데 소요된 자원이 더 적다는 것을 의미한다. 효율이 낮다는 것은 그 반대를 의미한다. 이처럼 우리 일상에서도 쉽게 쓰는 이 개념을 수치로서 측정하는 것이 효율성 분석의 목적이다.

효율성과 유사한 개념으로서 효과성(effectiveness)은 목표성과 대비 실제로 얻은 성과의 비율을 의미한다. 따라서 효과성에서는 투입한 자원의 규모에 대해 관심을 두지 않는다. 생산성(productivity)은 투입대비 산출의 비(比)를 측정하나 가장 생산성이 큰 값과의 상대적인 비교로 나타내는 것이 아니라 투입산출 비 그 자체를 절대적으로 나타낸다.

본서에서 다루는 효율성의 의미를 명확하게 하기 위해 절대효율성(absolute efficiency)과 상대효율성(relative efficiency)의 개념을 구분해 생각할 필요가 있다. 절대효율성은 관심대상이 되는 경제주체의 투입대비 산출의 비율을 의미한다. 절대효율성은 '달러/인원수'와 같이 물리적인 단위나 모종의 비율로서 표현된다. 따라서 결과값에 범위의 제약이 없다. 반면 상대효율성은 생산활동을 하는 경제주체가 가진 효율성 중에서 최고치와 비교하여 상대적으로 나타내는 값이다. 최고 수준의 효율성을 100% 혹은 1로 표준화하였을 때의 상대적 비율로 표시하면, 상대효율성은 73%이거나 0.73과 같은 수치로 표현된다. 대부분의 경제활동에서는 상대적인 경쟁력이 주요 관심대상이므로, 통상 상대효율성의 개념이 많이 사용된다. 이에 반하여 상기한 생산성은 절대효율성의 개념을 이용한다. 본 서에서 다루는 DEA(Data Envelopment Analysis) 효율성 분석은 상대효율성을 분석하기 위한 주요 수단이다.

1.2 DEA의 방법론적 특징

효율성은 여러 가지 방법으로 측정될 수 있다. 가장 간단한 방법은, 해당 경제활동의 특성을 감안하여 가장 중요한 투입과 산출을 각각 하나씩 택하고, 이 둘간의 비율을 제시하는 것이다. 예를 들어 화력발전소의 경우 가장 중요한 투입을 터빈을 가동하기 위해 쓰인 열량(kcal)으로 볼 수 있고, 가장 중요한 산출을 생산된 전력량(kWh)으로 볼 수 있다. 이와 같이 생각하면, 절대효율성을 ○○○ kWh/kcal와 같이 나타낼 수 있고, 발전소들끼리 이 값을 상호 비교하여 상대효율성을 얻을 수 있다. 그러나 다수의 투입과 다수의 산출이 복합적으로 존재하는 상황 하에서는 위와 같은 간단한 방법으로 계산할 수 없다. 이와 같은 상황 즉, 다수 투입과 다수 산출이 있을 때 DEA를 이용하면 단일한 상대효율성 값이 쉽게 도출된다.

일반적인 회귀분석(regression analysis)에서는 생산함수를 추정(estimation)하기 위해서 잔차의 분포에 대해 특정한 통계적 가정을 도입한다. 그러나 DEA에서는 이 잔차에 대해 어떠한 통계적 가정을 할 필요가 없으며, 주어진 자료만으로 생산관계를 추정하여 효율성을 계산(calculation)한다. 따라서 분석하는 사람의 자의적인 판단이 개입될 여지가 상대적으로 적다. 이러한 의미에서 DEA는 비통계적이라는 속성을 가진다.

일반적인 경제분석에서는 투입과 산출의 관계에 대해 콥-더글라스(Cobb-Douglas) 생산함수와 같은 특정한 형태의 생산함수를 가정하고 관측된 자료에 기초하여 이 생산함수의 모수(parameter)를 추정한다. 그러나 DEA는 이러한 생산함수의 형태에 대해 가정을 하지 않고, 주어진 자료만으로 투입/산출의 생산관계를 비모수적으로 추정한다. 그렇기 때문에, 분석자의 자의적인 판단에 따른 함수형태 설정의 오류를 피할 수 있다. 이러한 의미에서 DEA는 생산함수의 추정이 비모수적이라는 특징을 갖는다.

이상에서 언급한 바와 같이 DEA는 1) 다수재 상황을 쉽게 묘사할 수 있고, 2) 잔차에 대해 통계적 분포 가정을 할 필요가 없으며, 3) 함수형태에 대해서도 사전적인 가정을 할 필요가 없다는 장점을 갖는다. 이러한 장점들로 인해 DEA는 최근 20여년 동안에 효율성을 분석하기 위한 경영분석 및 경제분석의 주요 방법론으로 자리잡았다.

1.3 DEA 모형의 종류

DEA에는 한 개의 모형만이 있는 것이 아니라, 응용문제의 성격과 주어진 자료의 특성에 맞추어 여러 가지 모형이 존재한다. 극단적으로는 응용대상의 수만큼 많은 수의 DEA 모형이 존재할 수 있다. 그러나 널리 활용되고 있는 모형은 비교적 제한되어 있다.

다양한 DEA 모형들을 구분하기 위한 대표적인 판단기준은 다음과 같다. (1) 투입/산출의 생산관계가 불변규모수익기술(constant returns to scale technology)인가 가변규모수익기술(variable returns to scale technology)인가의 여부, (2) 효율성을 측정할 때 투입기준(input-based) 혹은 산출기준(output-based)과 같이 지향성을 가지고 있는가의 여부, (3) 효율성을 측정할 때 효율개선의 방향이 방사형(radial)인가 비방사형(non-radial) 인가의 여부, (4) 물량자료만을 활용하는가 가격자료를 추가적으로 활용하는가의 여부 등이 있을 수 있다. 물론 이 밖에도 많은 분류기준들이 있을 수 있다.

상기한 예에 제시된 각 기준을 조합하면 특정한 속성을 가진 모형을 도출할 수 있다. 가령, (1) 불변규모수익기술의 특성을 가지고, (2) 투입기준, (3) 방사형, (4) 물량모형의 특징을 가지고 있으면, 가장 기본적인 DEA 모형인 **투입기준 CCR** 모형이 된다. 여기에서 첫 번째 기준인 불변규모수익기술을 가변규모수익기술로 대체하고 나머지 기준을 유지하게 되면 **투입기준 BCC** 모형이 된다.

현재까지도 여러 특성을 가진 DEA 모형이 지속적으로 제시되어 왔고, 앞으로도 새로운 응용대상의 독특한 특징을 반영하기 위해 새로운 모형이 끊임없이 제시될 것이다.

1.4 역사

1.4.1 경영과학적 관점에서의 발전과정

DEA 분야의 발전에 있어 Charnes, Cooper and Rhodes (1978)의 연구(이하 CCR)는 가장 중요한 출발점으로 손꼽힌다. 이 연구를 통하여 DEA라는 명칭이 탄생하게 되었고, 그간 간헐적으로 이루어져 오던 이론 및 응용 연구가 폭발적으로 증가했다.

CCR의 연구는 E. Rhodes의 박사학위 논문 작성을 위한 연구로부터 싹이 텄다. Rohdes는 미국 공립학교의 흑인이나 히스패닉 등 일부 취약계층 학생들을 대상으로 한 특수교육프로그램에 대한 평가문제를 논문의 주제로 다루었다. 이 교육프로그램의 성과를 비교평가하기 위해서는 교사나 학부모의 투입시간, 예산과 같은 다양한 투입요소들을 고려해야 했다. 또한 성적향상, 자신감 증가도와 같은 다양한 산출요소들을 고려해야 했다. 이러한 다양한 투입/산출 요소들을 고려하여 단일한 평가지표를 얻어야 했던 Rhodes는 지도교수인 W. Cooper와 함께 효율성의 개념을 제시한 Farrell (1957)의 연구에 주목하였다. 방법론적으로는 선형계획법(linear programming; LP)의 전통에 충실한 Koopman (1951)의 활동분석(activity analysis) 개념을 활용하였다.

효율성의 개념과 선형계획법을 결합하여 하나의 모형을 수립하는 과정에서 A. Charnes의 합류는 결정적인 역할을 했다 (Cooper, Seiford and Zhu, 2004). Charnes는 1960년대 Cooper와 함께 비율계획법(fractional programming)을 선형계획의 중요한 한 분야로 정착시키는데 공헌한 바 있었다. 비율모형을 선형모형으로 전환하는 방법을 제시한 Charnes and Cooper (1962)의 연구에 기반하여, 현재 CCR 모형으로 불리는 선형계획법 기반의 DEA 모형이 만들어지게 되었다. CCR은 자료를 둘러싸는 생산변경의 모양을 따서 모형의 명칭을 자료포락분석(Data Envelopment Analysis)이라고 하였다. 이후 DEA는 경영과학(OR/MS)의 중요한 연구분야가 되었다.

CCR 모형에 이어 Banker, Charnes and Cooper (1984) (이하 BCC)는 불변규모수익 조건을 완화하여 가변규모수익 모형을 제시하였다. 가변규모수익 모형 혹은 BCC 모형은 다양한 생산기술의 특성을 DEA의 틀로서 묘사할 수 있는 가능성을 열어놓았다. 이후 여러 생산기술의 특성을 반영한 이론 모형들이 지속적으로 개발되었다. CCR과 BCC 모형은 경영과학적 입장에서 DEA를 완성한 두 개의 큰 기둥으로 여겨지고 있다. 이에, 본 서에서도 3, 4, 5장에서 이들을 기본모형으로 설명하고 있다.

1.4.2 경제학 방법론으로서의 발전

경제학적 관점에서도 비효율성에 대한 관심은 1950년대까지 거슬러 올라간다. 예를 들어 Koopman (1951)은 다른 산출의 감소나 투입의 증가없이 산출을 증가시킬 수 없거나 투입을 감소시킬 수 없을 때를 효율적인 상태로 정의하였다. 이 개념은 후생경제학에서의 **파레토(Pareto) 효율상태**와 연관성이 높다. 파레토 효율상태는 다른 사람의 효용을 감소시키지 않고서는 한 사람의 효용을 증가시킬 수 없는 상태를 의미한다. 이러한 개념적 유사성에 기인하여, 경제학적 관점에서는 효율적으로 될 조건을 **파레토-쿱프만(Pareto-Koopman) 효율성 조건**이라 한다.

Debreu (1951)는 자원활용계수(coefficient of resource utilization)라는 개념을 제시하고, 방사척도(radial measure)로서 효율성의 개념을 논의한 바 있다. 비록 효율성을 측정하기 위한 목적은 아니었으나 Shephard (1953)의 거리함수(distance function) 개념 또한 경제학적 관점에서 효율성 측정의 이론적인 근거를 제시하였다.

Farrell (1957)은 실제 표본기업 자료에 선형계획법을 이용하여 비효율성을 실증적으로 측정하였다. 이 연구는 경제학뿐만 아니라 경영과학에서의 DEA 발전에 있어 가장 중요한 선구적 연구로 인정받고 있다. 이 연구는 생산가능집합, 볼록성, 자유가처분성, 비율모형, 배분적 효율성과 기술적 효율성 등 DEA 연구의 핵심이 되는 많은 개념들을 제시했다. 앞서 언급한 CCR 역시 Farrell (1957)

을 확장한 것이라 볼 수 있다.

그러나 Farrell (1957) 이후 경제학적 관점에서는 선형계획법을 이용한 비효율성 측정이 큰 관심의 대상이 되지 못하였다. DEA의 방법론적 특징에서 논의된 바와 같이 생산관계를 비모수적으로 설정하기 때문에, 경제학에서 중요하게 다루어지는 탄력성을 구할 수 없기 때문이다. 또한 효율성 값을 측정할 때 통계적 오류를 고려하지 않기 때문에, 표준적인 경제분석 방법론으로서 자리잡은 계량경제학(econometrics)적 사고방식과 배치되기 때문이다.

그럼에도 불구하고, 경제학 분야에서의 효율성 측정 연구가 아주 사라진 것은 아니었다. 대표적으로 Färe and Lovell (1978)은 경영과학 분야에서 CCR 모형이 제시한 것과 같은 관점에서 선형계획법을 이용하여 파레토-쿱프만 비효율성을 측정하는 기법을 제시했다. 이후 경제학 분야에서의 DEA 연구는 비모수 변경추정법(nonparametric frontier analysis)으로 일컬어지면서 생산, 비용 및 이윤함수의 추정과 생산성 변화분석을 위한 대안적 방법론으로 발전하였다. 또한 각종 지수이론의 이론적, 실증적 분석도구로서 발전하고 있다.

경제학적 관점에서 앞서 언급된 비모수적 함수형태로서의 불리함과 효율성 값에 대한 비통계적 속성의 문제점을 극복하기 위한 노력 또한 지속되고 있다. 대표적으로 Aigner and Chu (1968)는 효율성을 측정하자는 목적은 유지하되, 방법론적으로 비모수적 생산함수가 아니라 모수적 함수를 활용하는 확정적 모수변경추정법(deterministic parametric frontier analysis)을 제안했다. 이들은 모수적 생산함수 개념을 활용하되, 관측치의 산출물이 이론치보다 작도록 강제할 필요가 있었기 때문에 선형계획법을 활용했다. 이 아이디어는 Richmond (1974), Greene (1980) 등에 의해 계속 발전되었고, DEA와 달리 모수적 함수를 활용하면서 통계적 오류의 가능성을 모두 인정하는 확률적 변경추정법(Stochastic Frontier Analysis; SFA)으로 발전하였다. 경제학 분야에서 받아들여지기 어려운 DEA의 개념적 난제들을 해결함으로써, SFA는 효율성을 분석하는 방법론으로서 DEA를 대신하여 경제학 분야에서 널리 쓰이게 되었다.

DEA에 통계적 근거가 부족하다는 문제를 해결하기 위한 시도 또한 계속되었다. 가령 Banker (1993)는 DEA로 얻어진 비효율성 추정치가 점근적으로 실제 비효율성에 점근한다는 것을 이론적으로 증명했다. 이 연구는 비통계적 방법론으로 널리 인식된 DEA도 통계적 근거를 가지고 있다는 것을 보인 것으로, DEA의 신뢰성을 높이는데 기여했다. Simar (1999) 등은 DEA 효율성 값에 부트스트랩 기법을 적용하여 효율성 척도의 신뢰구간을 설정할 수 있다는 것을 보였다. 또한 Simar (2003)의 오더-m 기법과 같이 비이상적 관측치를 제거하기 위한 통계적인 방법론도 개발되었다. 이러한 일련의 노력들은 DEA의 비통계적인 속성을 극복하는 계기를 마련한 것으로 평가받는다.

1.4.3 효율성 일반이론의 발전

비효율성의 존재 이유와 관련된 질문은 효율성을 측정하는 DEA의 이론적 근거와 깊게 연관되어 있다. 이에 대해 경제학적 관점에서는 경제주체들이 생산최대화, 비용최소화, 이윤최대화와 같은 최적화 문제를 올바로 해결하지 못했기 때문으로 본다. 최적화 실패의 원인으로서는 정보 비대칭성, 계산의 복잡성, 제한된 합리성 등 여러 가지가 있다.

Afriat (1972)와 Hanoch and Rothschild (1972)는 주어진 관측치들이 생산최대화나 비용최소화의 원리에 따라 생성된 것이라면, 1) 이것을 합리화할 수 있는 생산기술이 존재하는지, 또한 2) 이 생산기술의 특징을 수학적으로 표현할 수 있는지에 대해 관심을 가졌다. 그들은 단조성이나 볼록성과 같은 최소한의 공리를 만족시키는 일반적인 생산기술을 상정하더라도 일부 관측된 자료들은 최적화의 원리에 따라 얻어진 것으로 볼 수 없다는 점에 주목하였다. 이는 일부 자료들이 최적화의 실패로 인해 비효율성을 가진다는 것을 의미한다. 그들은 자료가 최적화 이론으로 설명되는지를 측정할 수 있는 선형계획기법을 제시하였다.

Diewert and Parkan (1983), Varian (1984) 등은 위의 논의를 확장하여 여러 가지 다양한 테스트 척도(test measure)를 제시하였다. 예를 들어 Varian (1984)은 주어진 자료가 불변규모수익을 만족하는지를 테스트하는 척도를 제시했다. 이러한 테스트를 위해 비용최소화의 약공리(Weak Axiom of Cost Minimization; WACM), 이윤최대화의 약공리(Weak Axiom of Profit Maximization) 등의 개념이 제시되었다. 이런 테스트들은 함수형태에 대한 가정을 하지 않는 비모수적인 방법이며, 형태 및 개념적 측면에서 DEA와 상당히 비슷하다.

하지만 이들 접근법들은 개별 관측치의 효율성 수준에 관심이 있는 것이 아니라 주어진 표본 전체가 어느 정도 최적화 조건을 만족하고 있는지에 관심이 있다는 점이 DEA와는 다르다. 그럼에도 불구하고, 이러한 접근법이 주목받는 이유는 다음과 같다.

첫째, 비효율성이라는 개념에 대해 최적화의 실패라는 이론적 근거를 제공했다. 비효율성은 이유를 모른 채 자료로부터 인위적으로 계산된 수치가 아니라 최적화 실패와 관련된 여러 이론적 논의와 맥락을 공유한다. 둘째, Afriat (1972)에서부터 Varian (1984)에 이르기까지 비모수적 테스트 논의에서는 생산이론과 소비이론이 대칭적으로 논의됐다. 즉 투입을 활용하여 산출을 만들어내는 생산과정과 물건을 소비함으로써 효용을 창출해내는 소비과정이 같은 최적화의 틀 내에서 설명이 가능하다고 보고 있다. 따라서 생산비효율성과 마찬가지로 소비비효율성이라는 개념도 측정이 가능하다는 가능성도 제시됐다고 본다.

Afriat (1972)이나 Varian (1984)이 제시한 비모수적 테스트 기법은 현재 많은 후속연구가 이루어지고 있지는 않지만, DEA에 이론적 근거를 제시하고 소비비효율성이라는 미개척 분야를 개념적으로 제시한 것으로 평가된다.

1.4.4 응용분야의 확장

DEA는 응용지향적인 방법론이다. 초기 DEA발전과정에서는 이윤을 추구하지 않는 공적 의사결정체(public entity)의 효율성 분석에 주로 활용됐다. 그러나 그 후 응용의 범위가 확대되어, 개별 R&D 제안 평가에서부터 국가수준의 경제적 성과분석에 이르기까지 다양한 분야에서 활용됐다. 본 세부절에서는 DEA의 주요 응용분야를 간략히 살펴본다.

DEA는 공적 기관의 성과분석에 다수 응용되었는데, 공적 기관들이 투입/산출의 종류가 많고, 대부분의 경우 산출에 대한 가격정보가 없는 경우가 많기 때문이다. 예를 들어 경찰서의 범죄해결이라는 산출은 시장에서 거래되지 않는 재화이다. 이 경우 비용함수와 같은 통상적인 경제분석의 수단으로는 분석이 곤란하지만 DEA로는 쉽게 분석가능하다.

기업의 성과분석도 DEA 응용의 중요한 영역이다. 기업의 성과는 수익성으로 단기적인 성과를 쉽게 가늠할 수도 있지만, 성장성이나 안정성 등도 동시에 달성할 때 장기적인 경쟁력이 보장된다. 이런 점에서 다양한 성과척도들을 쉽게 포괄하여 하나의 지수로 표현가능한 DEA를 통해 기업의 성과를 쉽게 측정할 수 있다.

은행 등 금융기관에 대한 평가 역시 DEA가 많이 활용된 분야인데, 은행이나 금융기관은 여신과 수신이 혼재된 상황에서 다수의 활동을 동시에 하기 때문이다. 교육분야에서도 DEA가 많이 활용된다. 그 대표적인 예가 대학평가이다. 대학에서는 강의의 질, 논문, 특허 등 산출종류가 많고, 그 산출물이 시장에서 거래되지 않으므로 DEA를 이용하여 분석이 이루어진다.

이·공학 분야에 대한 응용 사례 분석에도 DEA가 이용된다. 시스템을 선택하는 문제, 생산 프로세스를 DEA 틀로 묘사하는 문제, 제품의 공학적 디자인 요소를 결정하는 문제, 기술을 예측하는 문제, 제약산업에서 효과성이 높은 약성분을 선택하는 문제 등에서 다양하게 활용된 바 있다.

프랜차이즈 소매점 평가나 e-비즈니스 유닛 평가와 같은 유통서비스업에 대한 응용은 DEA 초기부터 많이 이루어져왔다. 소비자를 직접 상대함으로서 발생하는 소비자 만족과 같은 정성적 요소들은 전통적인 성과평가 방법으로는 다루기 어렵기 때문이다.

의료 분야에서도 DEA가 다수 응용되었다. 이는 병원의 성과평가는 다수 산출과 다수 투입의 상황을 최대한 반영한 상황에서 이루어져야 하기 때문이다. 즉, 산출의 측면에서는 입원과 외래환자, 수술환자 등을 구분해야 하고, 환자의 건강한 퇴원과 사망 등의 질적인 요소도 고려해야 하기 때문이다. 또한, 투입의 측면에서도 각종 장비와 의사, 간호사 및 행정직원 등 다양한 종류의 투입을 고려해야 한다. DEA는 이러한 복잡한 상황에서 단일한 효율성 지표를 도출할 수 있다는 장점을 갖고 있다.

기술, 상품, 프로젝트 제안, 펀드 등 세부 단위에 대한 미시적인 성과분석에도 DEA가 많이 응용됐다. 펀드에는 수익과 안정성이라는 상호 배치되는 다수의 산출요소가 존재하기 때문에 다양한 산출요소들 간의 관계를 적절히 고려하여 성과를 측정하기 위해서 DEA가 이용된다. 또한 기술의 우위를 가늠함에 있어서도 DEA를 이용해 기술의 다양한 속성을 하나의 지수로 정량화하여 선택의 용이성을 높일 수 있다.

도시나 지역의 평가에서도 DEA가 다수 응용되었다. 예를 들어 도시의 다양한 양적, 질적 측면을 고려하여 사업이나 주거로서 적합한 지역을 선정하는 문제 등에 이용이 될 수 있다. 일본에서는 신도시 부지 선정을 할 때 최적의 장소를 찾는데 DEA를 이용하기도 했다.

국가적 차원에서도 경제성과 등을 분석하는데 다수 활용된 바 있다. 국가의 경제운용은 GDP의 성장과 더불어 고용과 물가안정 등 상호 배치되는 목적들을 동시에 추구하므로, DEA를 이용해 의미있는 정책적 함의점을 이끌어낼 여지가 많다.

상기한 예에서 살펴본 것처럼, 다양한 분야에서 DEA가 활용되고 있고 지금도 끊임없이 응용사례가 제시되고 있다. Tavares (2002)의 연구에 의하면, 1978년에서 2001년까지 42개국 2,100여 명의 연구자들이 3,200편 이상의 DEA관련 학술논문과 책 등을 발표했다.

1.5 관련문헌

DEA의 역사적 전개 과정에 대해서는 Lovell and Schmidt (1988), Färe, Grosskopf and Lovell (1994), Cooper, Seiford and Zhu (2004)에 비교적 자세히 제시되어 있다. 다양한 응용분야에서의 사례와 사례별 모형에 대해서는 Cooper, Seiford and Zhu (2004)와 Cook and Zhu (2005)에서 찾아볼 수 있다.

1.6 연습문제

1. DEA, Data Envelopment Analysis, Efficiency Analysis 등 다양한 키워드를 조합하여 인터넷을 검색해보자. 관심 있는 산업 혹은 분야의 키워드와 DEA 키워드를 조합하여 문헌을 찾아보자.

2. 효율성, DEA 등의 키워드를 조합 검색하여, 국내에서 발표된 DEA 연구사례를 찾아보자.

3. 비효율성의 원인이 무엇인지 생각해보자. Leibenstein의 X-비효율성(X-inefficiency)의 개념이 무엇인지 찾아보자.

2. 기초개념

2.1 개요

효율성 수준은 주어진 투입으로 생산가능한 최대의 산출량 대비 현재 산출량의 수준으로 표시된다. 혹은 산출이 주어져 있을 때 현재의 투입량 대비 투입 가능한 최소량의 수준으로 표시되기도 한다. 결국 효율성의 수준을 측정하기 위해서는 이론적으로 가능한 최대 산출량 혹은 최소 투입량의 수준을 파악할 수 있어야 한다. **생산가능집합**은 최대 산출 혹은 최소 투입 수준을 측정하기 위해 도입된 가장 중요한 이론적 개념이다.

모든 DEA 모형은 생산가능집합을 정의하는 것으로부터 시작된다. 또한 생산가능집합에 대한 가정에 따라 다양한 DEA 모형이 탄생된다. 본 장에서는 생산가능집합의 개념을 먼저 소개하고, 이 집합이 갖추어야 할 공리(axiom)에 대해 살펴본다.

DEA는 주어진 자료를 선 혹은 면으로 연결하는 방식으로 생산가능집합을 구성한다. 본 장에서는 생산가능집합의 기본적 성질을 만족시키면서 자료에 충실하게 생산가능집합을 구성하는 수리적 표현에 대해서도 살펴본다.

2.2 생산가능집합의 의미와 정의

특정한 수준의 투입으로 특정한 수준의 산출을 만들어 낼 수 있다면, 이 투입과 산출의 조합은 '생산가능(producible)'하다고 한다. 생산가능한 투입/산출의 조합들을 모두 모아 놓은 것을 생산가능집합(production possibility set)이라고 한다. 투입요소를 $(N \times 1)$ 차원의 행벡터로서 $\boldsymbol{x} = (x_1, x_2, \cdots, x_N) \in R_+^N$ 이라 하고, 산출요소를 $(M \times 1)$ 차원의 행벡터로서 $\boldsymbol{y} = (y_1, y_2, \cdots, y_M) \in R_+^M$ 라 하자. 이때 생산가능한 모든 투입산출들의 조합을 생산가능집합이라 하고 $P(\boldsymbol{x}, \boldsymbol{y})$ 와 같이 나타낸다.

생산가능집합은 **투입요구집합**(input requirement set), **산출가능집합**(output possibility set)으로도 표현이 가능하다. 투입요구집합이란 특정한 수준의 산출물을 가능하도록 하는 모든 투입량들의 집합을 의미한다.

정의 2.1 $\overline{y}$ **산출에 대한 투입요구집합** (input requirement set)

$$L(\boldsymbol{x} \mid \overline{\boldsymbol{y}}) = \left\{ \boldsymbol{x} \in R_+^N \mid \overline{\boldsymbol{y}} \in P(\boldsymbol{x}, \boldsymbol{y}) \right\}$$

산출가능집합은 반대로 특정한 수준의 투입으로 생산이 가능한 모든 산출량들의 집합을 의미한다.

정의 2.2 $\overline{x}$ **투입에 대한 산출가능집합** (output possibility set)

$$Y(\boldsymbol{y} \mid \overline{\boldsymbol{x}}) = \left\{ \boldsymbol{y} \in R_+^M \mid \overline{\boldsymbol{x}} \in P(\boldsymbol{x}, \boldsymbol{y}) \right\}$$

생산가능집합은 모든 산출에 대한 투입요구집합을 더한 것 혹은 모든 투입에 대한 산출가능집합을 더한 것으로 표현가능하다.

이 세가지 표현은 모두 생산기술을 묘사하는 다른 방법이며 그 내용은 동일하다. 물론 투입요구집합은 특정한 수준의 산출량 $\bar{\mathbf{y}}$ 를 전제로 하고 있고, 산출가능집합은 특정한 수준의 투입량 $\bar{\mathbf{x}}$ 를 전제로 하고 있지만, 산출량과 투입량의 수준을 일반적인 값으로 대체하면 모든 생산 가능한 조합을 표현할 수 있다.

1투입-1산출의 경우, 위 세가지 집합을 그림으로 나타내면 [그림 2-1]과 같다.

[그림 2-1]에서 분석자에게 주어진 데이터를 통해서 물리적으로 생산이 가능한 것으로 판명된 투입과 산출의 조합들을 모두 모으면 회색으로 칠해진 영역이 되고, 이것이 생산가능집합 $P(\mathbf{x}, \mathbf{y})$ 이다. 산출의 수준이 특정한 값인 $\bar{\mathbf{y}}$ 로 고정되어 있다고 하면 ([그림 2-1]에서는 $\bar{y} = 5$), 이 산출 수준을 달성할 수 있는 모든 투입 값을 모은 투입요구집합 $L(\mathbf{x} \mid \bar{\mathbf{y}})$ 은 가로로 굵게 표시한 선과 같다. 투입의 수준이 특정한 $\bar{\mathbf{x}}$ 로 고정되어 있다고 하면 ([그림 2-1]에서는 $\bar{x} = 6$), 이 투입 수준으로 생산이 가능한 산출들을 모두 모은 산출가능집합 $Y(\mathbf{y} \mid \bar{\mathbf{x}})$ 은 그림에서 세로로 굵게 표시된 선과 같다.

투입요구집합이나 산출가능집합을 이용하면 생산가능집합을 표현할 수 있다. 예를 들어 투입요구집합의 경우 고정된 산출값($\bar{\mathbf{y}}$)의 수준을 0에서부터 점차 높여 나가면서 그때마다 얻어지는 투입요구집합들을 모두 합하면 생산가능집합이 된다. 산출가능집합의 경우에도 마찬가지로 고정된 투입값($\bar{\mathbf{x}}$)의 수준을 변화시키면서 얻어지는 산출가능집합들을 모두 합하면 생산가능집합을 얻을 수 있다.

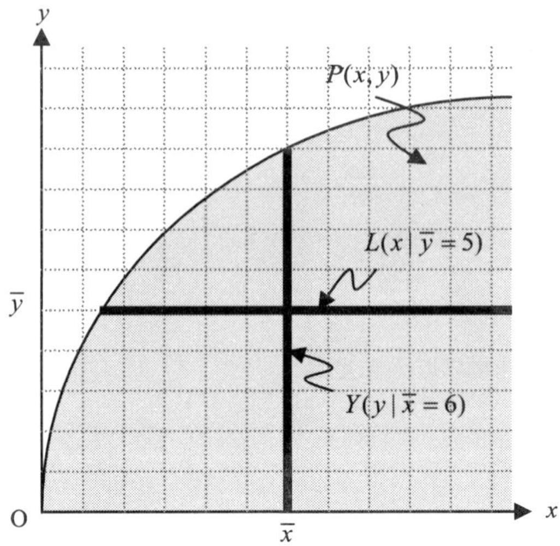

[그림 2-1] 생산가능집합의 의미 (1투입-1산출)

다수재인 경우에도 투입요구집합과 산출가능집합을 생각할 수 있다. 가령, 2투입-1산출의 경우 산출의 수준이 특정한 수준인 $\bar{y}$ 에 고정되어 있다고 할 때, 투입요구집합은 [그림 2-2]와 같이 나타낼 수 있다.

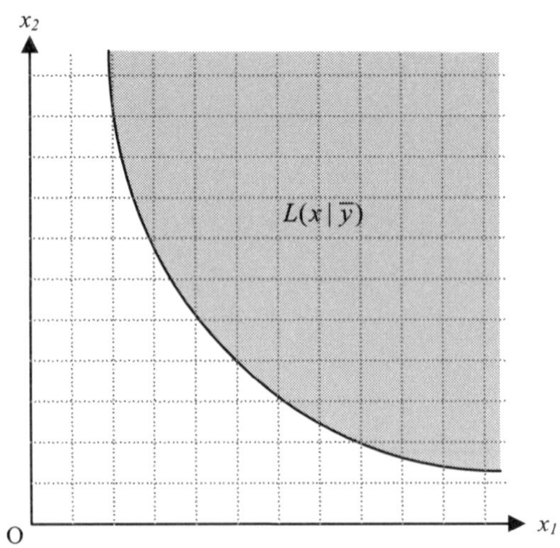

[그림 2-2] 투입요구집합 (2투입-1산출)

마찬가지 방식으로 고정된 하나의 투입이 있을 때 2가지의 산출물을 생산하는 생산과정이 있다면, 산출가능집합은 [그림 2-3]과 같이 나타낼 수 있다.

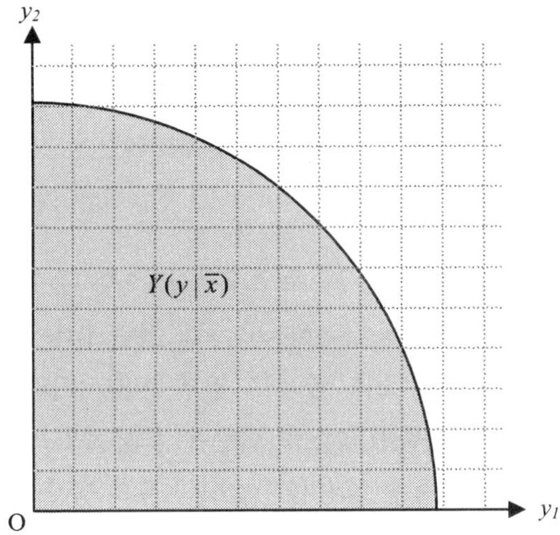

[그림 2-3] 산출가능집합 (1투입-2산출)

2.3 생산가능집합의 성질

생산가능집합은 몇 가지 기본적인 성질을 갖고 있으며, 흔히 이를 흔히 공리(axiom)로 취급한다. 이 성질들 중 일부는 상식적으로 당연히 성립하며, 일부는 분석의 편의를 위하여 가정하는 것도 있다.

2.3.1 자유가처분성(free disposability)

자유가처분성은 어떤 투입과 산출이 생산 가능한 조합일 때, 그보다 많은 투입이나 적은 산출을 가진 투입산출조합 또한 생산 가능하다는 것을 의미한다. 산출수준이 동일한데도 불구하고 투입이 많거나, 투입수준이 동일한데도 불구하고 산출이 적은 것은 비효율적이다. 하지만 이와 같은 조합은 생산이 불가능한 것은 아니기 때문에 자유가처분성은 상식적인 선에서 납득가능하다. 자유가처분성은 다음과 같은 표현된다.

> **정의 2.3 자유가처분성** (free disposability)
> $(\boldsymbol{x}, \boldsymbol{y})$ 가 생산가능하다면, $\hat{\boldsymbol{x}} \geq \boldsymbol{x}$ 이고 $\hat{\boldsymbol{y}} \leq \boldsymbol{y}$ 을 만족하는 모든 $(\hat{\boldsymbol{x}}, \hat{\boldsymbol{y}})$ 역시 생산가능하다.

2.3.2 볼록성

볼록성(convexity)은 어떤 두 개의 투입산출조합이 생산가능하면, 두 관측치의 선형으로 조합된 내분점 역시 생산 가능하다는 것을 의미한다. 관측 가능한 투입산출조합들의 임의적인 조합이 모두 생산가능하기 위해서는 투입과 산출의 무한 가분성(divisability)이 전제되어야 한다. 따라서 모든 투입과 산출들이 임의의 크기로 세분될 수 없다면 항상 성립한다고 보기는 어려운 조건이다. 그러나 분석의 편의를 위해 대부분의 경제분석에서 볼록성은 기본적으로 전제되는 중요한 공리이다. 볼록성은 다음과 같이 표현된다.

> **정의 2.4 볼록성**(convexity)
> 임의의 $(\boldsymbol{x}^a, \boldsymbol{y}^a)$ 와 $(\boldsymbol{x}^b, \boldsymbol{y}^b)$ 가 생산 가능한 점이라면, λ 가 0과 1사이의 실수라고 할 때 $\lambda(\boldsymbol{x}^a, \boldsymbol{y}^a) + (1-\lambda)(\boldsymbol{x}^b, \boldsymbol{y}^b)$ 역시 생산 가능하다.

2.3.3 불변규모수익 (Constant Returns to Scale; CRS)

불변규모수익(Constant Returns to Scale; CRS)은 어떤 관측치가 존재할 때 그 관측치를 동일비율로 확장하거나 축소한 점은 모두 생산 가능하다는 것을 의미한다. 예를 들어 불변규모수익을 가정할 때 10명의 인원으로 100켤레의 구두를 생산할 수 있다면, 20명의 인원으로 200켤레의 구두를 생산하거나 5명의 인원으로 50켤레의 구두를 생산하는 것이 모두 가능하다. 불변규모수익은 다음과 같이 정의된다.

> **정의 2.5 불변규모수익 (CRS)**
> 임의의 $(\boldsymbol{x}, \boldsymbol{y})$ 가 생산 가능한 점이고 λ 가 0보다 큰 실수라고 할 때, $\lambda \cdot (\boldsymbol{x}, \boldsymbol{y})$ 역시 생산 가능하다.

2.3.4 가변규모수익 (Variable Returns to Scale; VRS)

불변규모수익이 성립하지 않는다고 하면, 규모의 경제성(Increasing Returns to Scale; IRS)이나 규모의 불경제성(Decreasing Returns to Scale; DRS)이 존재한다는 것을 의미한다. 규모의 경제성은 모든 투입을 1% 늘릴 때 모든 산출이 1% 이상 늘어나는 경우를 의미하고, 규모의 불경제성은 반대로 모든 투입을 1% 늘릴 때 모든 산출이 1% 이하로 늘어나는 경우를 일컫는다. 규모의 경제성이 있으면 투입의 규모를 확대함으로서 추가적인 편익을 얻을 수 있고, 반대로 규모의 불경제성이 있을 경우에는 규모를 축소함으로써 편익을 얻는다. 참고로 앞서 정의된 불변규모수익(CRS)은 투입을 1% 늘릴 때 산출이 1% 늘어나는 경우를 의미한다.

2.4 생산가능집합의 표현

2.4.1 생산가능집합의 도형적 표현

생산가능집합의 공리들을 조합하면 관측치들로 생산가능집합을 구성할 수 있다. [그림 2-4]와 같이 1투입-1산출 상황의 가상적 관측치가 주어져 있다고 가정하자.

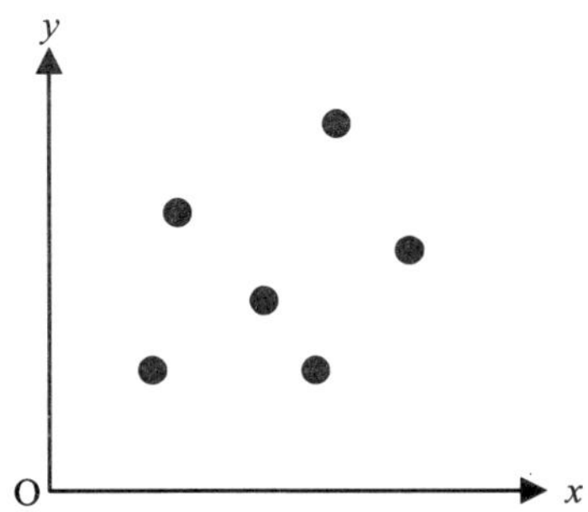

[그림 2-4] 가상적 관측치 (1투입-1산출)

[그림 2-4]와 같이 총 6개의 점들이 생산가능할 때 자유가처분성을 적용하면 생산가능집합이 어떻게 구축되는지 살펴보자. 자유가처분성은 특정 관측치 보다 투입이 많거나 산출이 적은 모든 점들이 생산가능하다는 것을 의미하므로, [그림 2-5]의 (a)와 같이 각 관측치를 중심으로 볼 때 우하방 영역의 모든 점들이 생산 가능하다. 이와 같이 각각의 점에 대해 만들어진 개별적인 생산 가능집합을 모두 합하면 [그림 2-5]의 (b)와 같이 자유가처분성 공리에 의한 생산가능집합을 얻게 된다.

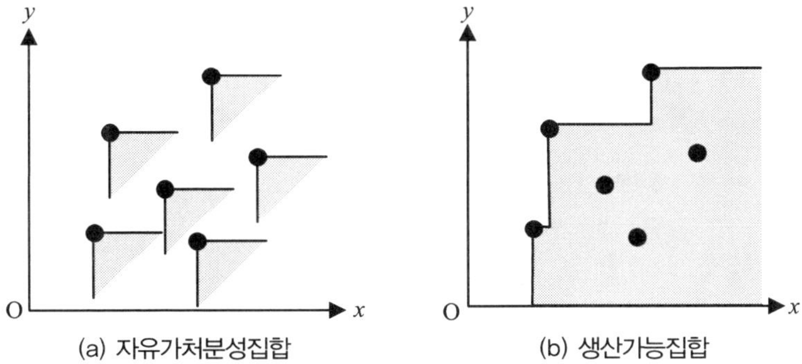

[그림 2-5] 자유가처분성의 도형적 표현 (1투입-1산출)

2투입-1산출의 경우와 1투입-2산출의 경우를 살펴보기 위하여 [그림 2-6]과 같은 가상자료가 주어져 있다고 하자. 2투입-1산출의 경우는 [그림 2-6]의 (a)에 나타나 있고, 1투입-2산출의 경우는 [그림 2-6]의 (b)에 나타나 있다.

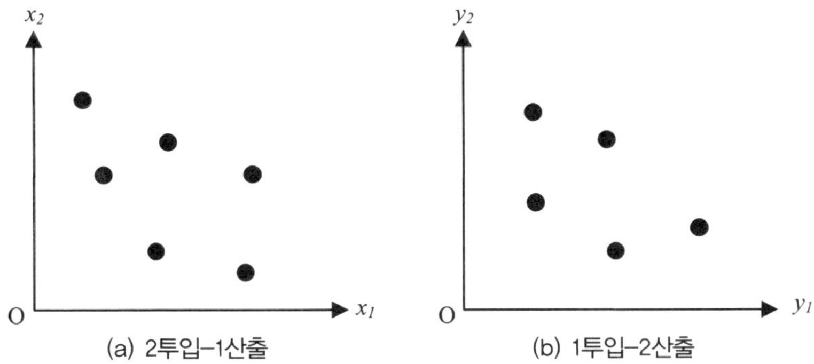

[그림 2-6] 가상적 자료 (2투입-1산출과 1투입-2산출)

자유가처분성에 따라 특정치가 생산가능하다면, 이 특정치보다 산출량은 같거나 적되 투입은 많거나 같은 모든 점들이 생산가능하다. [그림 2-6]에 도식화된 가상 자료에 대하여 자유가처분성을 적용하면 각각 [그림 2-7]의 (a), (b)와 같은 생산가능집합을 얻을 수 있다.

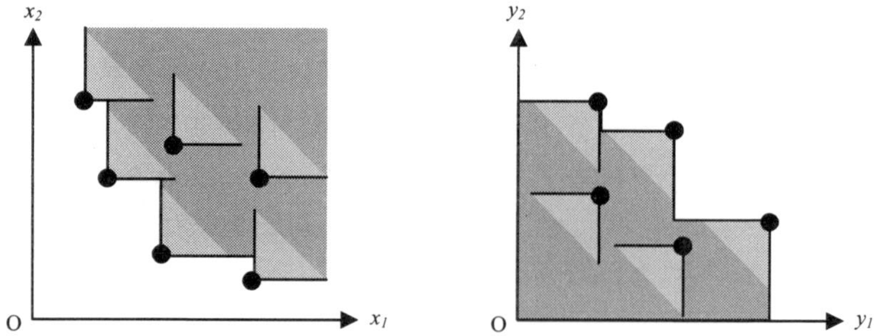

(a) 2투입–1산출 (b) 1투입–2산출

[그림 2–7] 자유가처분성의 도형적 표현 (2투입–1산출 및 1투입–2산출)

볼록성은 생산 가능한 관측치들이 있을 때 이들의 선형내분결합 역시 생산가능하다는 것을 의미하며, 1투입-1산출에 대하여 [그림 2-8]의 (a)와 같이 관측치들로 선형내분조합된 여러 점들이 생산가능하다. 관측된 점과 이들의 선형내분조합된 점들에 대해 자유가처분성을 모두 적용하면 (b)와 같이 볼록성과 자유가처분성이 동시에 고려된 생산가능집합을 얻을 수 있다.

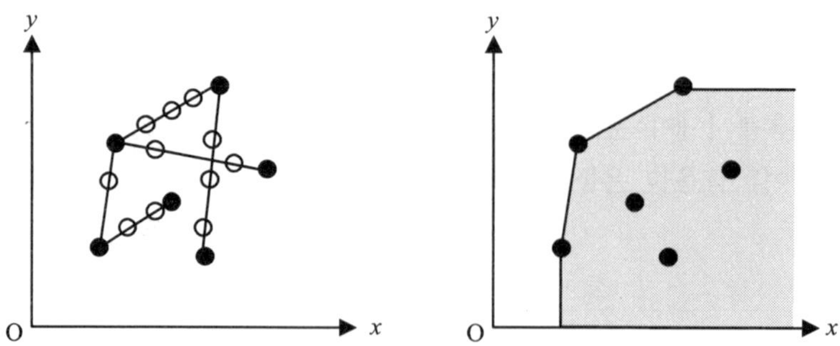

(a) 볼록성 (b) 생산가능집합

[그림 2–8] 볼록성과 자유가처분성의 도형적 표현 (1투입–1산출)

[그림 2-6]에 주어진 2투입-1산출과 1투입-2산출의 가상적 자료에 대하여 볼록성과 자유가처분성을 동시에 고려하면 [그림 2-9]와 같은 생산 가능집합을 얻을 수 있다.

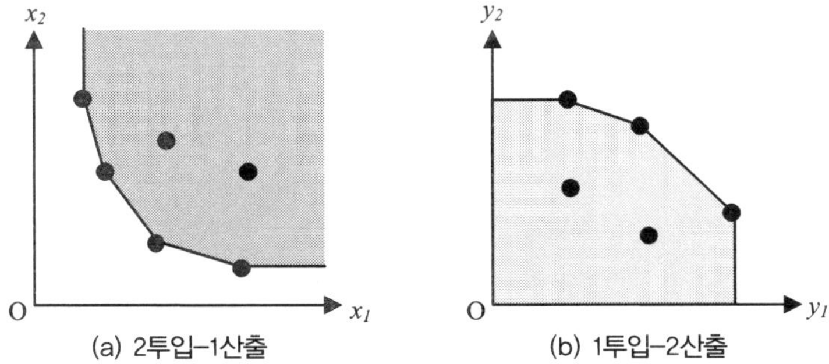

[그림 2–9] 볼록성과 자유가처분성의 도형적 표현 (2투입–1산출 및 1투입–2산출)

불변규모수익은 임의의 관측치가 생산가능하면 이 관측치를 원점방향으로 축소하거나 이 관측치 방향으로 원점에서 확장되는 모든 점은 생산 가능하다는 것을 의미한다. [그림 2-4]의 1투입-1산출의 경우에 대해 불변규모수익을 적용하면, [그림 2-10]의 (a)와 같이 수없이 많은 확장 및 축소된 점들이 생산가능하다. 자유가처분성과 불변규모수익을 동시에 적용하면, 관측점의 축소/확장된 모든 점들의 우하방 영역이 생산가능하다. 이러한 영역을 모두 합하면 [그림 2-10]의 (b)와 같은 생산 가능집합을 얻는다.

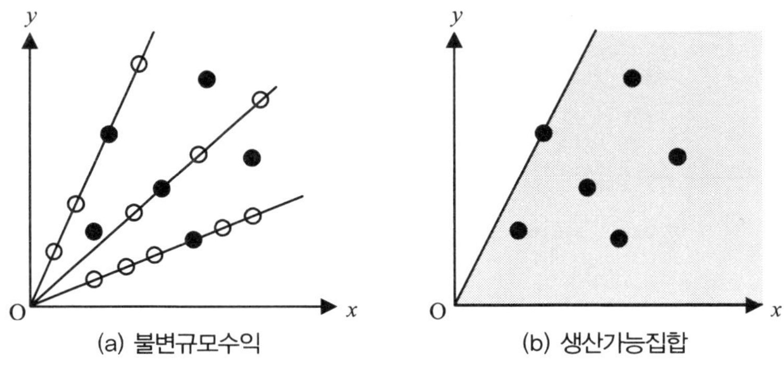

[그림 2–10] 불변규모수익성의 도형적 표현

불변규모수익을 가정하지 않고, 자유가처분성과 볼록성만을 가정하면 가변규모수익을 만족하는 생산가능집합이 된다. 그 차이를 [그림 2-11]에서 살펴볼 수 있다.

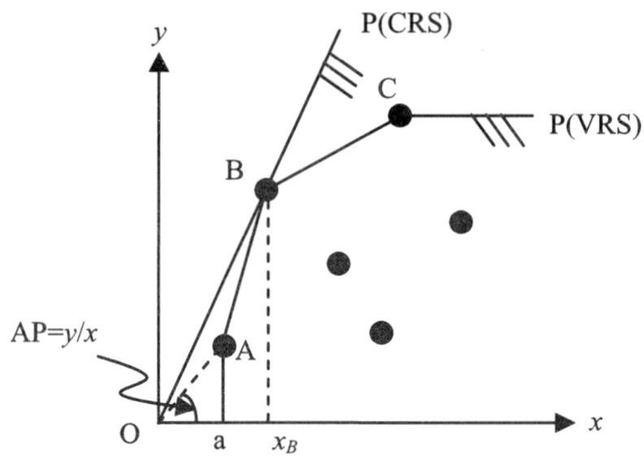

[그림 2-11] 불변규모수익과 가변규모수익하의 생산가능집합 비교 (1투입-1산출)

평균 생산성을 이용하여 규모의 경제성, 불변규모수익 및 규모의 불경제성에 대해서 논의를 전개하도록 하자. 평균 생산성은 산출물의 양을 투입물의 양으로 나눈 값이다. [그림 2-11]에서 a보다 크고 x_B 보다 작은 투입규모에서는 규모를 늘릴 때 산출이 더 많은 비율로 증가하게 되므로 평균생산성이 증가하게 된다. 따라서 이 구간은 규모의 경제성이 있다고 한다. x_B 의 투입규모에서는 평균생산성이 최대가 되고, 투입규모의 확대비율과 산출의 증가비율이 일치하게 된다. 이 점에서 불변규모수익이 성립한다. x_B 보다 큰 규모에서는, 규모를 늘릴수록 산출이 더 적은 비율로 증가하게 되어 규모의 불경제성이 존재한다.

2.4.2 생산가능집합의 수리적 표현

M 종류의 투입과 N 종류의 산출이 있다고 하고, J 개의 관측치가 있다고 할 때 자유가처분성을 만족하는 생산가능집합($P^D(\boldsymbol{x}, \boldsymbol{y})$)은 다음과 같이 표현된다.

$$P^D(\mathbf{x},\mathbf{y}) = \{(x_1,\cdots,x_M,y_1,\cdots,y_N) \mid x_m \ge x_m^j \ (m=1,2,\cdots,M) ; \\ y_n \le y_n^j \ (n=1,2,\cdots,N) ; \\ (j=1,2,\cdots,J)\} \tag{2.1}$$

위의 생산가능집합에 볼록성의 가정을 추가하면 다음과 같은 가변규모수익을 만족하는 생산가능집합을 얻는다.

$$P^{VRS}(\mathbf{x},\mathbf{y}) = \{(x_1,\cdots,x_M,y_1,\cdots,y_N) \mid x_m \ge \sum_{j=1}^{J} \lambda^j x_m^j \ (m=1,2,\cdots,M) ; \\ y_n \le \sum_{j=1}^{J} \lambda^j y_n^j \ (n=1,2,\cdots,N) ; \\ \sum_{j=1}^{J} \lambda^j = 1;\ \lambda^j \ge 0 \ (j=1,2,\cdots,J)\} \tag{2.2}$$

위 수식은 관측치들끼리의 선형내분조합된 점들이 생산가능집합을 구성한다는 것을 의미한다. $\sum_{j=1}^{J} \lambda^j = 1;\ \lambda^j \ge 0$ 조건에 의해 λ^j 들의 합은 항상 1이므로 관측치들 간의 선형내분 조합만이 가능하다. 따라서 식 (2.2)에서 표현된 생산가능집합은 가변규모수익을 만족한다.

위 수식의 의미를 살펴보기 위하여 [그림 2-12]와 같은 1투입-1산출의 가상적인 관측치들로서 A, B의 두 점을 생각해보자.

이 두 관측치만이 주어져 있다고 할 때 투입, 산출 자료를 대입하면 다음의 수식을 얻을 수 있다.

$$P^{VRS}(x,y) = \{(x,y) \mid x \ge 3\lambda^A + 9\lambda^B ; \\ y \le 4\lambda^A + 7\lambda^B ; \\ \lambda^A + \lambda^B = 1;\ \lambda^A, \lambda^B \ge 0\} \tag{2.3}$$

위에서 $\lambda^A + \lambda^B = 1$ 의 조건에 따라 λ^A 와 λ^B 를 적절히 조합하면 생산가능집합을 얻는다. 가령, $(\lambda^A, \lambda^B) = (1/3, 2/3)$ 이면 C점의 우하방 영역을, $(\lambda^A, \lambda^B) = (2/3, 1/3)$ 이면 D점의 우하방 영역을,

그리고 $(\lambda^A, \lambda^B) = (1,0)$ 이면 A점의 우하방 영역을 얻는다. 이와 같이 형성된 모든 조합영역을 합하면 [그림 2-12]의 회색으로 칠해진 영역을 얻는다. 이렇게 회색으로 칠해진 영역이 가변규모수익 가정 하에서 점 A와 B로 만들어진 생산가능집합이다.

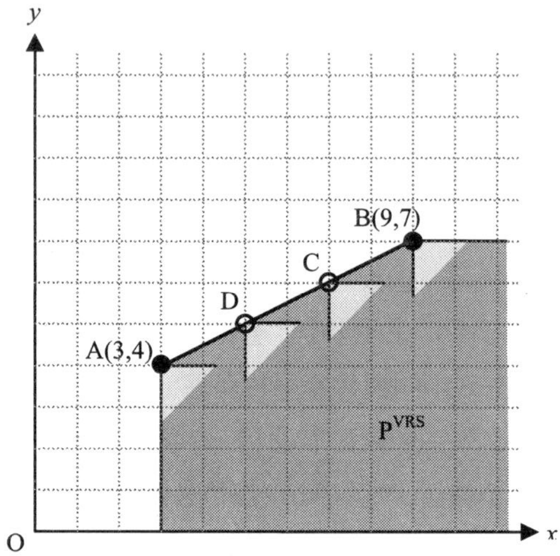

[그림 2-12] 가상적 관측치를 이용한 VRS 생산가능집합의 구현

불변규모수익을 가정하면, 생산가능집합에서 관측치들을 조합하기 위한 가중치의 합이 1이라는 제약이 사라지게 된다. 이는 다음의 수식과 같이 표현할 수 있다.

$$
\begin{aligned}
P^{CRS}(\boldsymbol{x}, \boldsymbol{y}) = \{(x_1, \cdots, x_M, y_1, \cdots, y_N) \mid x_m \geq \sum_{j=1}^{J} \lambda^j x_m^j \ (m = 1, 2, \cdots, M) \ ; \\
y_n \leq \sum_{j=1}^{J} \lambda^j y_n^j \ (n = 1, 2, \cdots, N) \ ; \\
\lambda^j \geq 0 \ (j = 1, 2, \cdots, J)\}
\end{aligned}
\tag{2.4}
$$

위 수식의 의미를 살펴보기 위하여 [그림 2-13]과 같은 1투입-1산출의 가상적인 관측치들로서 A, B의 두 점을 생각해보자.

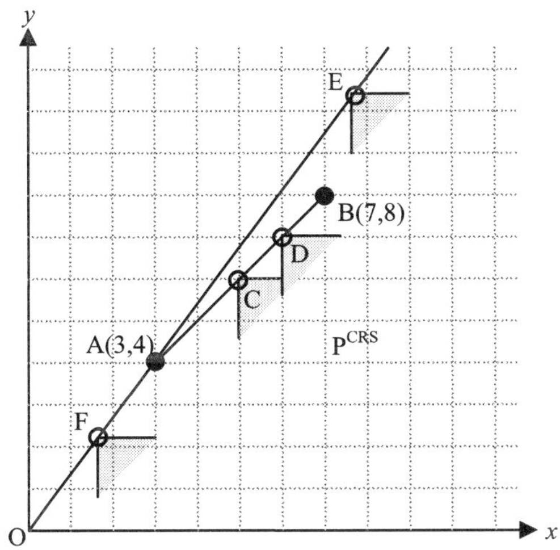

[그림 2-13] 가상적 관측치를 이용한 CRS 생산가능집합의 구현

이 두 관측치만이 주어져 있다고 할 때 투입, 산출 자료를 대입하면 다음의 수식을 얻는다.

$$P^{CRS}(x,y) = \{(x,y) \mid x \geq 3\lambda^A + 7\lambda^B \; ; \quad y \leq 4\lambda^A + 8\lambda^B \; ; \quad \lambda^A, \lambda^B \geq 0\} \tag{2.5}$$

가령 $(\lambda^A,\lambda^B) = (0.25, 0.75)$ 이면 생산가능집합은 D점의 우하방 영역이 된다. 또한 $(\lambda^A,\lambda^B) = (0.5, 0.5)$ 로 두면 C 점의 우하방 영역이 생산가능집합이다. $(\lambda^A,\lambda^B) = (2.5,\ \ 0)$ 으로 두면 E점의 우하방 영역이 생산가능하고, $(\lambda^A,\lambda^B) = (0.5, 0)$ 으로 두면 F의 우하방 영역이 생산가능하다. 이와 같이 λ 의 조합을 무한히 바꾸어보면 [그림 2-13]에서 표시된 것과 같은 불변규모수익을 만족하는 생산가능집합을 얻는다.

이상의 논의에서 주의해서 살펴볼 점은 관측된 점으로 형성된 생산변경이 선분들이 연결된 형태로 주어진다는 점이다. 따라서 DEA에서 형성되는 생산변경은 **조각난 선분들의 연결(piece-wise** linear) 형태를 띈다고 한다. 투입-산출 변수가 2개 이상 다수일 경우에는 점들끼리 면, 혹은 선으로 연결이 되지만 이 때에도 생산가능집합은 조각난 선분들의 연결 형태를 띈다고 한다.

2.5 생산변경과 비효율성의 개선방법

2.5.1 생산변경의 종류

생산가능집합의 가장 바깥쪽 경계를 **생산변경**(production frontier)이라고 한다. 생산변경에 있는 관측치들은 효율적인 상태에 있다고 한다. 효율적인 상태의 개념을 명확하게 구분하기 위해서 **강효율적**(strongly efficient)인 점과 **약효율적**(weakly efficient)인 점을 정의할 필요가 있다.

강효율적인 점들은 생산변경에 존재하면서 더 이상 투입을 줄이거나 산출을 늘릴 여지가 없는 상태를 의미한다. 이러한 상태에 있는 점들은 경제학적인 용어를 이용하여 파레토 효율(Pareto efficient)적인 점들이라고 하기도 한다. 반면 생산변경에 존재하지만 단 하나의 투입물이라도 늘리거나 단 하나의 산출물이라도 줄일 수 있는 여지가 있다면 이 점을 약효율적인 점이라고 한다.

이를 예를 들어 도식화하면 [그림 2-14]와 같다. A-B-C-D로 이어지는 점선과 실선이 생산변경이다. 실선 부분의 점들은 강효율적인 점들을, 점선 부분의 점들은 약효율적인 점들을 나타낸다. 예를 들어 (a)에서 A점은 약효율적인 상태이다. 이는 투입을 더 줄이지 않으면서도 산출을 증가시켜 B점과 같은 상태에 도달하는 것이 가능하기 때문이다. 한편 (b)에서 D점 역시 약효율적인 점이다. x_1 투입을 더 늘리지 않으면서도 x_2 투입을 줄일 수 있기 때문이다. 반면 (b)의 E점에서는 하나의 투입을 더 줄이고자 할 때 반드시 다른 투입요소를 증가시켜야 하기 때문에 강효율적인 상태에 있다.

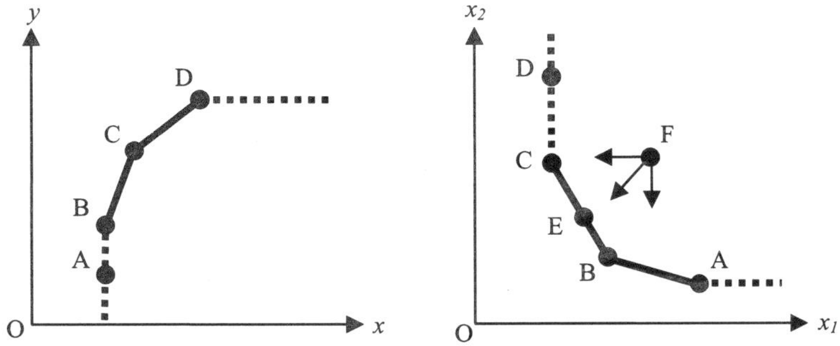

(a) 1투입–1산출 (b) 2투입–1산출

[그림 2–14] 약효율과 강효율 (1투입–1산출 및 2투입–1산출, VRS 가정)

2.5.2 효율성 개선방법

생산가능집합에 속해 있으면서 생산변경에 놓여있지 않은 모든 점들은 비효율적인 점이다. 이러한 점들은 투입을 더 늘리지 않으면서도 생산변경에 이를 때까지 산출을 늘릴 수 있거나, 혹은 산출을 줄이지 않으면서도 생산변경에 이를 때까지 투입을 줄이는 것이 가능하다. 즉, 생산변경의 안쪽에서 생산변경으로 이동함으로써 비효율을 더 줄여나갈 수 있다. 이를 직관적으로 살펴보면 다음의 [그림 2-15]와 같다.

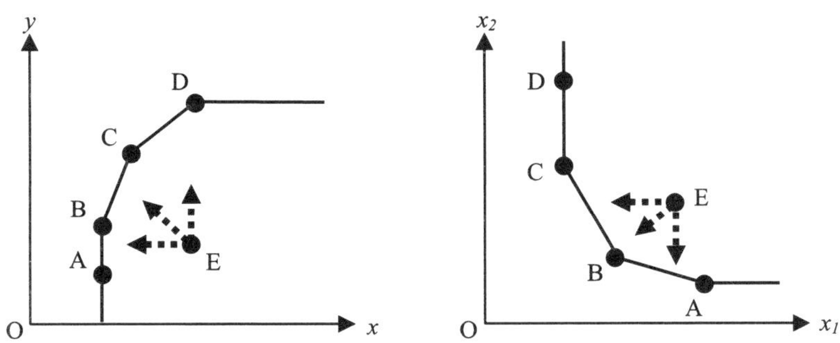

(a) 1투입–1산출 (b) 2투입–1산출

[그림 2–15] 비효율성의 개선 (1투입–1산출 및 2투입–1산출, VRS 가정)

[그림 2-15]의 (a)에서 E점의 경우 산출 수준을 유지하면서 투입을 줄이거나, 투입수준을 유지하면서 산출을 늘려나가는 것, 그리고 투입을 줄이면서 동시에 산출을 늘려나가는 것이 모두 비효율을 제거해나가는 과정이다. [그림 2-15]의 (b)에서 특정 투입요소를 고정하고 다른 투입요소를 줄이거나 혹은 두 가지 투입요소를 모두 줄이는 것이 가능하다.

주어진 자료로부터 일단 생산변경을 구성하면, 생산가능집합의 내부에 있는 비효율적인 점의 비효율 정도를 생산변경과의 거리로서 계산할 수 있다. 3장에서는 여러 효율성 측정 모형 중 가장 기본적인 CCR 모형에 대해 살펴보도록 한다.

2.6 관련문헌

생산가능집합은 DEA로 측정하는 모든 효율성 지표의 기초적인 개념이다. Shephard (1970)는 거리함수의 개념을 제시하면서 생산가능집합이 가져야 할 여러 가지 공리(axiom)를 체계적으로 제시했다. Färe (1988), Färe, Grosskopf and Lovell (1994)은 생산가능집합의 성질과 약효율 및 강효율의 개념을 제시한 바 있고, 생산변경의 선형경계 구축방법에 대해 상세히 논의하였다.

2.7 연습문제

1. 2투입-1산출에 대한 임의의 생산가능집합을 3차원 그래프로 스케치해보자.

   1.1 자유가처분성과 볼록성, 그리고 불변규모수익을 만족하는 3차원 생산가능집합을 스케치해보자.

1.2 이 3차원 그래프를 특정 수준의 산출에 대하여 잘라 단면을 스케치하고, 이 단면이 자유가처분성과 볼록성을 만족하는지 생각해보자.

1.3 자유가처분성과 볼록성을 만족하되 불변규모수익을 만족시키지 않는, 즉 가변규모수익을 보이는 3차원 생산가능집합을 스케치 해보자.

2. $P^{CRS}(x,y) \supseteq P^{VRS}(x,y)$, 즉 불변규모수익을 만족하는 생산가능집합은 가변규모수익을 만족하는 생산가능집합을 포함한다는 명제를 생각해보자.

2.1 1투입-1산출의 경우의 그림을 그려 직관적으로 설명해보자.

2.2 Färe, Grosskopf and Lovell (1994)의 2장 논의를 참조하여 수리적으로 증명해보자.

3. 사람(L)과 기계(K)를 활용하여 동일한 산출(Y)를 생산하는 공장이 10개가 있다. 10개 공장들의 투입과 산출이 다음과 같이 주어져 있다.

공장	1	2	3	4	5	6	7	8	9	10
사람(L)	16	25	8	7	10	40	35	5	50	22
기계(K)	6.25	4	12.50	14.29	10	2.50	2.86	20	2	4.54
산출(Y)	10	10	10	10	10	10	10	10	10	10

3.1 위 표의 자료를 이용하여 불변규모수익, 자유가처분성, 볼록성을 가정하여 Y=10일 때의 생산변경과 투입요구집합을 조각난 선분들의 연결(piece-wise liner) 형태로 L-K 평면에 그림으로 나타내보자.

3.2 이 공장들이 생산함수가 $Y = L^{0.5}K^{0.5}$ 와 같이 주어졌다고 하자. Y=10일 때의 생산경계를 도출하고, 투입요구집합을 L-K 평면 상에서 연속된 그래프 형태로 그려보자.

3.3 위 3.1과 3.2의 생산경계와 투입가능집합을 같은 그래프에 그려 비교해보자. 왜 차이가 발생하는지 찾아보자.

3. 기본모형: 투입기준 CCR 모형

3.1 개요

CCR 모형은 DEA라는 이름으로 최초 제시된 기본모형이기도 하지만, DEA가 가진 여러 방법론적 특징을 가장 축약해서 보여준다는 의미에서 가장 중요한 모형이기도 하다.

본 장에서 논의하는 투입기준 CCR 모형을 이용하면 불변규모수익(CRS)을 만족하는 생산가능집합에서 산출의 수준을 고정시킨 채 투입을 최대한 줄일 수 있는 비율이 도출된다. 불변규모수익 가정하에서 투입을 고정하고 산출을 최대한 늘릴 수 있는 비율을 도출하는 모형이 5장에서 논의할 산출기준 CCR 모형이다. 불변규모수익의 가정을 완화하면 6장에서 다룰 가변규모수익을 가정한 BCC 모형을 얻게 된다.

CCR 모형의 구조를 쉽게 이해하는 방법은 다음과 같다. 투입/산출 자료로부터 생산가능집합을 구성하고 분석대상 관측치와 생산변경과의 거리를 비효율성으로 간주한다. 따라서 물리적인 투입/산출 자료만으로 효율성을 도출하는 것으로 볼 수 있으므로 **물량기준 모형** 혹은 **원형모형**(primal model)으로 부른다. 본 장에서는 투입기준 CCR 모형의 원형모형을 설명한다. 원형모형은 분석대상 자료들을 convex hull로 감싸는 생산가능집합을 구성하기 때문에 **포락모형**이라 불리기도 한다. 가상가격(virtual price) 개념을 도입하여 집계된 가상투입(aggregated virtual input)과 집계된 가상산출(aggregated virtual output)의 비율로 효율성을 도출할 수도 있다. 비록 가상적인 가격이긴 하지만 가격의 개념이 활용되기 때문에 이러한 접근법을 **가상가격 기준 모형**(virtual price model) 혹은 **쌍대모형**(dual model)이라고 부른다. 4장에서는 가상가격 모형을 활용하여 투입기준 CCR 모형을 논의한다.

본 장에서 이해하여야 할 주요 개념은 다음과 같다.

- 단일한 실수 값으로 표현된 효율성 지표(θ)의 의미
- 강효율과 약효율 상태의 차이와 여유분(slack)의 의미
- 투영점의 의미와 벤치마킹 정보의 도출과정

3.2 모형의 개요

3.2.1 정의와 의미

생산가능집합이 주어지면, 생산가능집합 내에서 산출수준을 변화시키지 않으면서 투입수준을 얼마만큼 줄일 수 있는지를 비효율성 지표로서 정의할 수 있다. 비효율성 지표와 효율성 지표의 합은 항상 1이므로, 효율성 지표를 계산하면 비효율성을 제거하기 위한 투입수준의 변화량을 알아낼 수 있다. 이와 같이 투입수준의 비효율성을 제거하는 과정을 고려한 모형을 **투입기준 CCR 모형**(input-based CCR model)이라 한다.

우선 k번째 관측치가 불변규모수익을 만족하는 생산가능집합에 속하기 위한 조건은 다음과 같다 (2장 논의 참조).

$$x_m^k \geq \sum_{j=1}^{J} x_m^j \lambda^j \quad (m=1,2,\ldots,M);$$
$$y_n^k \leq \sum_{j=1}^{J} y_n^j \lambda^j \quad (n=1,2,\ldots,N); \tag{3.1}$$
$$\lambda^j \geq 0 \; (j=1,2,\ldots,J)$$

k번째 관측치가 생산가능집합에 속해 있다는 전제하에 이 관측치의 효율성 정도는 산출을 고정시킨 채 투입을 최대로 줄일 수 있는 비율로서 표현된다. 이를 수식으로 제시하면 다음과 같다.

모형 3.1 투입기준 CCR 모형

$$\theta^{k*} = \min_{\theta,\boldsymbol{\lambda}} \theta^k$$
$$subject\ to$$
$$\theta^k x_m^k \geq \sum_{j=1}^{J} x_m^j \lambda^j \quad (m=1,2,\ldots,M); \tag{3.2}$$
$$y_n^k \leq \sum_{j=1}^{J} y_n^j \lambda^j \quad (n=1,2,\ldots,N);$$
$$\lambda^j \geq 0 \; (j=1,2,\ldots,J)$$

이 모형은 다음과 같은 특징을 갖는다.

첫째, 제약식의 부등호들은 평가대상인 k번째 관측치가 투입을 줄인다고 하더라도 생산가능집합에 여전히 포함되어 있어야 한다는 것을 나타내고 있다.

둘째, 생산가능집합을 벗어나지 않는 범위에서 투입을 최대한 줄이는 것을 목표로 한다. 투입을 가장 많이 줄였을 때, 원래 투입량과 줄어든 투입량의 비율을 효율성 값으로서 간주한다. 따라서 위의 모형을 투입기준 모형이라 한다.

셋째, 모든 투입종류에 대해 같은 실수 값을 곱하여 줄여나가기 때문에 k번째 관측치에 대해 모든 투입요소들을 같은 비율로 줄여나갈 수 있는 공통된 비율값을 찾는다. 이러한 의미에서 CCR 모형은 **비율모형**(ratio model) 혹은 **방사효율성 모형**(radial efficiency model)이라고도 한다.

투입기준 CCR 모형의 의미를 이해하기 위하여 [그림 3-1]에 1투입-1산출 및 2투입-1산출의 경우를 (a)와 (b)에 각각 표현하였다. 이 예제에서는 불변규모수익을 가정한다.

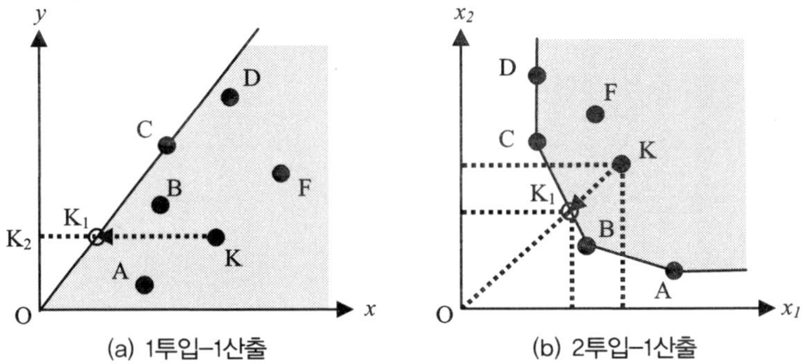

[그림 3-1] 투입기준모형의 의미

[그림 3-1]의 (a)에서 K점에 대하여 투입기준 효율성 모형을 적용해 보자. 산출 수준은 고정한 상태에서 생산가능집합을 벗어나지 않되 투입요소를 최대한 줄이는 점을 찾으면 효율성 정도를 계산할 수 있다. 즉, K점의 효율성 수준은 $\theta^k = \overline{K_1K_2} / \overline{KK_2}$ 이다. 두 개의 투입요소가 있는 경우에는 위 그림 (b)와 같이 $\theta^k = \overline{OK_1} / \overline{OK}$ 로 구해진다. 이 경우 x_1 이 줄어드는 비율과 x_2 가 줄어드는 비율이 모두 단일한 실수 값인 θ^k 로 주어진다는 점을 눈 여겨볼 필요가 있다. 효율성 값대로 모든 투입을 조정해나가면 비효율적인 관측치가 원점을 향해 방사선을 따라 움직이게 된다. 즉, 투입기준 CCR 모형은 방사효율성 모형으로서 특징을 가지고 있다. 참고로 투입기준 CCR 모형 뿐 아니라 산출기준 CCR 모형 및 BCC 모형들도 모두 방사효율성 모형의 일종이다.

3.2.2 효율성 척도의 성질

투입기준 CCR 모형에서 구해지는 투입기준 효율성 척도 θ^k 는 다음과 같은 성질을 갖는다.

첫째, 관측대상 점의 모든 투입요소를 동시에 z배 증가시키게 되면 효율성 척도 값은 1/z배로 감소한다. 이 성질은 [그림 3-1]을 참조하면 쉽게 이해할 수 있다.

둘째, 효율성 척도 θ^k 는 0과 1사이의 값을 갖는다. 효율성 값이 1에 가까워 질수록 관측치가 생산변경에 더 가깝다는 것을 의미하고, 1일 경우 생산변경 상에 놓여있다는 것을 의미한다. 관측점이 생산변경으로부터 멀어질수록 비효율성이 커지며, 효율성 척도 값은 0에 가깝게 된다. 효율성 척도값에 100을 곱할 경우 효율성 수준을 백분율로 파악할 수 있다. 예를 들어 θ^k 값이 0.75로 나타나면, k번째 관측점은 75% 효율적이다. 달리 풀이하면, k번째 관측치의 모든 투입요소를 25%씩 줄일 수 있음을 의미한다.

셋째, 모든 관측치에 대해 특정한 투입/산출요소의 측정단위를 바꾸더라도 효율성 척도 θ^k 값은 바뀌지 않는다. 예를 들어 [그림 3-1]의 (b)에서 x_1 의 측정단위를 1,000배 하였다고 하더라도 K점에 대한 효율성 값은 변화하지 않는다. 효율성 값이 절대값이 아니라 상대적인 비율로서 측정되고, 방사효율성 모형이기 때문에 성립하는 성질이다. 이러한 성질을 효율성 척도의 **단위무관성**(unit invariance)라고 한다.

넷째, 효율성 척도가 1이라고 하더라도 추가적으로 투입요소를 줄여나갈 여지가 있을 수 있다. 2장에서 효율적인 상태의 종류에 대해 논한 바처럼, 약효율적인 점들은 추가적으로 투입요소를 줄여나갈 여지를 갖는다. 예를 들어 [그림 3-1]의 (b)에서 D점은 생산변경에 있으므로 $\theta^D = 1$ 이지만, C점과 비교해 보면 x_2 투입을 더 줄여나갈 여지가 있다. 약효율적인 점이 강효율적인 점과 비교하여 추가적으로 투입과 산출을 조정할 수 있을 때, 이 추가적인 개선여지를 **여유분**이라고 한다. 따라서 효율성 척도가 1이라고 하더라도 효율성의 개선 여지가 전혀 없는 점이라고 말할 수 없다. 여유분은 각 투입/산출 요소에 대해 물리적 단위로 측정되므로 측정단위가 바뀌면 여유분 값이 바뀐다. 즉, 여유분은 단위무관하지 않다.

3.3 모형의 해법

식 (3.2)의 모형은 전형적인 **선형계획법**(linear programming; LP) 문제의 형태를 취하고 있어 선형계획법 소프트웨어로 효율성 척도를 구할 수 있다. 그러나 여유분이 존재하는 경우가 있으므로, 다음과 같은 두 단계의 프로그램을 이용하여 해를 구하는 것이 일반적이다.

모형 3.2 **1단계 프로그램(투입기준 CCR 모형)**

$$\theta^{k*} = \min_{\theta,\boldsymbol{\lambda}} \theta^k$$

subject to

$$\theta^k x_m^k \ge \sum_{j=1}^{J} x_m^j \lambda^j \quad (m = 1, 2, \ldots, M)\ ; \tag{3.3}$$

$$y_n^k \le \sum_{j=1}^{J} y_n^j \lambda^j \quad (n = 1, 2, \ldots, N)\ ;$$

$$\lambda^j \ge 0 \ (j = 1, 2, \ldots, J)$$

위 1단계 LP프로그램의 목적함수는 관심대상인 k번째 관측치의 투입요소들을 줄이는 비율(θ^{k*})이다. 모든 투입요소에 대해서 θ^{k*} 만큼 투입이 동일하게 줄어들면 k번째 관측치가 생산변경에 도달한다. 그러나 생산변경에 도달한 점이 약효율적이면 추가적인 여유분을 제거할 수 있으므로, 그 가능성을 탐색하기 위하여 다음과 같은 두 번째 단계 프로그램을 사용한다.

모형 3.3 **2단계 프로그램(투입기준 CCR 모형)**

$$
\begin{aligned}
& Max\ (\sum_{m=1}^{M} s_m^- + \sum_{n=1}^{N} s_n^+) \\
& subject\ to \\
& \theta^{k*} x_m^k = \sum_{j=1}^{J} x_m^j \lambda^j + s_m^- \ \ (m = 1, 2, \ldots, M)\ ; \\
& y_n^k = \sum_{j=1}^{J} y_n^j \lambda^j - s_n^+ \ (n = 1, 2, \ldots, N)\ ; \\
& \lambda^j \geq 0\ (j = 1, 2, \ldots, J)\ ; \\
& s_m^- \geq 0\ (m = 1, 2, \cdots, M)\ ; \\
& s_n^+ \geq 0\ (n = 1, 2, \cdots, N)
\end{aligned}
\tag{3.4}
$$

이 두 번째 단계 프로그램의 목적함수는 여유분들의 합의 최대치를 알아내는 것이다. 첫번째 제약식에서 주어진 것처럼, 여유분을 구하기 이전에 각각의 투입요소를 θ^{k*} 만큼 줄인다는 점에 유의할 필요가 있다. 일부 문헌에 따라 다음과 같은 통합모형을 사용하기도 한다.

모형 3.4 통합모형(투입기준 CCR 모형)

$$\theta^{k*} = \min_{\theta,\boldsymbol{\lambda},\mathbf{s}-,\mathbf{s}+} \left\{ \theta^k - \varepsilon(\sum_{m=1}^{M} s_m^- + \sum_{n=1}^{N} s_n^+) \right\}$$

subject to

$$\theta^k x_m^k = \sum_{j=1}^{J} x_m^j \lambda^j + s_m^- \quad (m = 1,2,\ldots,M) ;$$

$$y_n^k = \sum_{j=1}^{J} y_n^j \lambda^j - s_n^+ \ (n = 1,2,\ldots,N) ; \qquad (3.5)$$

$$\lambda^j \geq 0 \ (j = 1,2,\ldots,J) ;$$

$$s_m^- \geq 0 \ (m = 1,2,\cdots,M) ;$$

$$s_n^+ \geq 0 \ (n = 1,2,\cdots,N)$$

위 모형에서 ε 은 0보다 크지만 무한히 작은 실수인 비아르키메데스 상수(non-Archimedian number)이다. 이 통합모형을 활용하면 효율성 척도와 여유분의 최대치를 동시에 계산할 수 있다. 위 모형을 실제 구현할 때는 ε 을 연구자가 설정해야 하므로, 설정된 ε 값에 따라 효율성 척도 및 여유분이 달라질 수도 있다.

참고로 관측치가 변경에 있는지 아닌지를 확인하려고 하거나, 효율성 척도만을 계산하고자 한다면 두 단계 프로그램 중 1단계 프로그램만으로 충분하다.

두단계 프로그램의 의미를 [그림 3-2]를 이용하여 살펴보자. 1단계 프로그램을 K 관측치에 적용하면 K_1까지 이르기 위한 비율 값인 효율성 척도 θ^{k*} 인 OK_1/OK 를 얻는다. 2단계 프로그램을 적용하면, K_1에서 C에 이르는 만큼의 여유분을 찾는다.

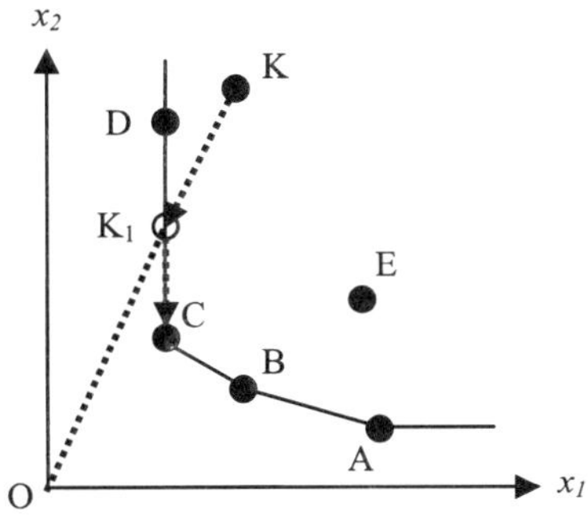

[그림 3-2] 효율성 모형의 계산과정

3.4 결과해석

3.4.1 효율적 상태의 판단

효율성 척도 θ^*는 관심대상 관측치의 효율성 수준을 보여주는 가장 직접적인 정보가 된다. 그러나 생산변경에 도달하였다고 하더라도 추가적인 효율성 개선의 여지가 있을 수 있기 때문에 여유분을 함께 살펴보아야 한다. 효율성 척도와 여유분의 존재를 감안하여 다음과 같이 효율성 상태를 세분화하여 재정의한다.

정의 3.1 강효율성
어떤 관측치가 효율성 척도 $\theta^* = 1$의 값을 가지고 모든 여유분 (s^-, s^+)이 0이면, 그 관측치는 강효율 상태에 있다.

정의 3.2 약효율성
어떤 관측치가 효율성 척도 $\theta^* = 1$의 값을 가지고는 있으나 단 하나의 여유분이라도 양수이면, 그 관측치는 약효율 상태에 있다.

정의 3.3 비효율

어떤 관측치의 효율성 척도 θ^* 가 1이 아니면 여유분에 상관없이 비효율 상태에 있다.

[그림 3-2]에서 A, B, C점이 강효율 상태에 있고, D가 약효율, 그리고 E와 K가 비효율 상태에 있다.

효율성 관점에서 관측치들의 우열을 정하는데 있어서는 일반적으로 강효율>약효율>비효율의 순서로 생각을 한다. 약효율적인 관측치들 가운데서는 여유분이 작은 것이 더 효율적인 것으로 간주한다. 비효율적인 관측치들 가운데서는 효율성 척도가 높은 순서대로 우열을 가리며, 여유분을 추가적으로 고려한다. 그러나 이러한 방식으로 우열을 논하는데 있어서는 다음과 같은 점을 고려해야 한다. 첫째, 다수의 강효율적인 점들이 있을 때 일반적인 경우 이들간의 우열을 가릴 수는 없다. 둘째, 다수의 투입과 산출에서 여유분이 있을 경우 이들간의 우열을 가릴 수는 없다. 이는 서로 단위가 다른 여유분을 일률적으로 더할 수 없기 때문이다. 가령 노동과 기계에 각각 5명과 3대의 여유분이 있는 경우와, 2명과 6대의 여유분이 있는 경우는 직접적으로 비교할 수 없다.

3.4.2 벤치마킹 정보의 도출

비효율적인 관측치에 대하여 효율성 분석을 수행하여 θ^{k*}, $\boldsymbol{\lambda}^{j*}$, $\mathbf{s}^{-*}$, $\mathbf{s}^{+*}$의 해를 얻게 된다. 이를 이용하면 비효율적인 관측치가 어떤 점을 벤치마킹의 대상으로 삼아 효율적인 상태로 이동할 수 있는지에 대한 정보를 얻을 수 있다.

최적 해(θ^{k*}, $\boldsymbol{\lambda}^{j*}$, $\mathbf{s}^{-*}$, $\mathbf{s}^{+*}$)를 투입기준 CCR 모형을 이용한 효율성 측정 문제의 제약식에 대입하면 다음의 관계를 알 수 있다.

$$\begin{aligned} &\theta^{k*}x_m^k - s_m^{-*} = \sum_{j=1}^{J} x_m^j \lambda^{j*} \quad (m=1,2,\ldots,M)\ ; \\ &y_n^k + s_n^{+*} = \sum_{j=1}^{J} y_n^j \lambda^{j*} \quad (n=1,2,\ldots,N) \end{aligned} \tag{3.6}$$

수식 (3.6)의 첫번째 줄의 좌변은 k번째 관측치가 더 효율적으로 되기 위해서는, 각각의 투입요소를 동일한 비율대로 줄인 이후에 여유분만큼 투입을 더 줄여야 함을 의미한다. 위 식의 두번째 줄의 좌변은 k번째 관측치의 산출요소를 여유분만큼 더함을 의미한다. 이를 단계별로 정리하면 다음과 같다.

$$\begin{pmatrix} x_m^k \\ y_n^k \end{pmatrix} \rightarrow \begin{pmatrix} \theta^{k*}x_m^k \\ y_n^k \end{pmatrix} \rightarrow \begin{pmatrix} \theta^{k*}x_m^k - s_m^{-*} \\ y_n^k + s_n^{+*} \end{pmatrix} \tag{3.7}$$

앞의 [그림 3-2]를 참조하면 K점이 K_1점으로 이동하고, 다시 여유분의 존재에 의해 C점으로 이동하는 과정으로 볼 수 있다.

최종적으로 변환된 값인 $(\theta^{k*}x_m^k - s_m^{-*},\ y_n^k + s_n^{+*})$ 을 k번째 관측치인 $(x_1^k, \cdots, x_m^k, y_1^k,\ \ \cdots, y_n^k)$ 의 **투영점**(projected point)이라고 한다. 투영점은 해당 관측치의 비효율성이 모두 제거된 상태로서 효율성을 개선하고자 할 때의 최종 목표치이다.

한편, 위 수식 (3.6)의 우변은 k번째 관측치의 투영점은 생산변경에 존재하는 기존 관측치의 조합으로 표현된다는 것을 의미한다. 가령, [그림 3-3]에서 K점의 투영점이 K_1으로 주어지는데, 이 점은 곧 B와 C의 조합으로 표현이 가능하다. 이때 $\boldsymbol{\lambda}^{j*}$ 는 B와 C의 조합 비율을 나타낸다. [그림 3-2]에서도 짐작할 수 있는 것처럼 모든 관측치의 λ^{j*} 가 양의 값을 갖는 것은 아니며, 투영점을 형성하는 강효율적인 점들만이 양의 λ^{j*} 를 갖는다. 따라서 [그림 3-3]에서 K에 대한 $\boldsymbol{\lambda}$ 의 최적해를 찾았을 때 B와 C를 제외한 점들의 $\boldsymbol{\lambda}$ 는 0이 된다. 즉, λ^{B*} 와 λ^{C*} 는 양수이며, B와 C를 제외한 점들의 λ^{j*} 는 0이다. 이처럼 임의의 k번째 관측치에 대한 효율성 모형을 풀었을 때 양의 λ^{j*} 를 갖는 관측치들을 k번째 관측치의 **참조집합** (reference set)이라고 한다. 참조집합에 속하는 모든 점들은 강효율적이다.

참조집합은 특정 관측치가 효율적이 되고자 할 때 어떤 점들을 기준으로 삼아서 변화해나가야 하는지에 대한 정보를 제공한다. 특히 참조집합은 평가대상 관측치와 유사한 투입조합을 가지고 있기 때문에 현재의 생산구조를 대체적으로 유지한 상태로 효율성을 향상시킬 수 있는 방향성을 제공한다. 가령, [그림 3-3]에서 각 관측치의 투입조합비율을 R이라 할 때 K점은 그와 가장 유사한 투입조합비율을 가진 B와 C의 투입조합비율인 R^B 혹은 R^C와 유사한 투입조합비율로 효율성을 개선시켜나갈 수 있다.

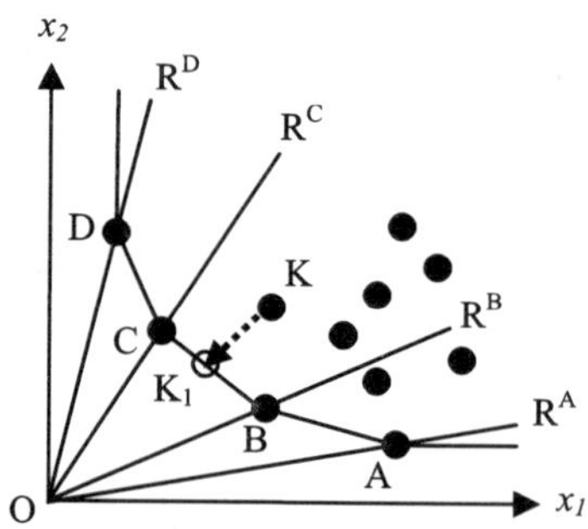

[그림 3-3] 참조집합의 의미

모든 강효율적인 점들은 다른 비효율적인 관측치의 참조집합에 포함될 가능성이 있다. 그러나 참조집합에 얼마나 자주 포함되는가는 강효율적인 점들마다 다르다. [그림 3-3]과 같이 많은 관측치들이 대체로 B와 유사한 투입구조를 가지고 있다면, B는 다른 관측치들의 참조집합에 자주 등장하게 된다. 반면 D의 경우에는 자신을 평가하는 경우를 제외하고 참조집합에 등장하지 않을 것이다. 이 경우 B는 D에 비하여 다른 관측치들의 효율성을 결정하는데 더 큰 영향력을 행사하고 있다고 해석할 수 있다. 반면 D는 다수의 관측치들이 채택하지 않고 있는 극단적인 투입특성을 가지고 있다고 할 수 있으며, 분석 대상 집단에 대하여 전체적으로 벤치마킹 대상이 되기에 적절하지 않다는 것을 알 수 있다.

3.5 예제 1 (1투입–1산출)

3.5.1 가상 자료

1투입-1산출의 경우에 대하여 [표 3-1]과 같이 7개의 관측점에 대하여 투입산출자료가 주어져 있다고 하자. 이 자료들을 x-y 평면에 표시하면 [그림 3-4]와 같다.

[표 3–1] 가상투입산출자료 (1투입–1산출)

관측치	A	B	C	D	E	F	G
x	3	2	6	4	8	8	10
y	1	2	4	6	7	9	9

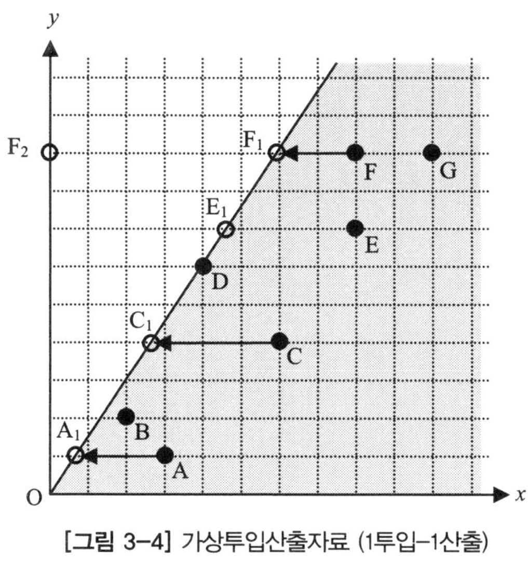

[그림 3–4] 가상투입산출자료 (1투입–1산출)

[그림 3-4]로부터 D점만이 강효율적인 점이고, 나머지 점들은 모두 비효율적인 점들이라는 것을 직관적으로 알 수 있다. 투입기준 효율성 모형은 각각의 비효율적인 점들에 대하여 산출을 유지한 채 투입을 최대한 줄이는 비율을 찾는다. 가령 A점에 대한 효율성 분석모형은 다음과 같이 주어진다.

$$\theta^{A*} = \min_{\theta,\lambda,s-,s+} \theta^{A} - \varepsilon(s^{-} + s^{+})$$
$$subject\ to$$
$$3\theta^{A} - s^{-} = 3\lambda^{A} + 2\lambda^{B} + 6\lambda^{C} + 4\lambda^{D} + 8\lambda^{E} + 8\lambda^{F} + 10\lambda^{G}\ (for\ x)\ ;$$
$$1 + s^{+} = 1\lambda^{A} + 2\lambda^{B} + 4\lambda^{C} + 6\lambda^{D} + 7\lambda^{E} + 9\lambda^{F} + 9\lambda^{G}\ (for\ y);$$
$$\lambda^{A}, \lambda^{B}, \lambda^{C}, \lambda^{D}, \lambda^{E}, \lambda^{F}, \lambda^{G}, s^{-}, s^{+} \geq 0 \tag{3.8}$$

위의 모형에서 제약식의 좌변 첫항에 있는 수치(위의 예제에서는 3과 1)를 바꿔 넣음으로써 모든 관측치에 대하여 효율성을 분석할 수 있다. 즉, J개의 관측치가 있을 때 효율성 측정시 계산해야 하는 횟수는 총 J번이다.

3.5.2 결과해석

각각의 관측치에 대하여 효율성 모형을 분석한 결과는 [표 3-2]에 정리되어 있다. 이 표의 λ^{j*} 중 양의 값으로 기록되지 않은 것은 모두 0이다. 예를 들어 A점의 효율성 평가 시 $\lambda^{D*} = 0.167$ 를 제외하고, $\lambda^{A*} = \lambda^{B*} = \lambda^{C*} = \lambda^{E*} = \lambda^{F*} = 0$ 임을 나타낸다.

[표 3-2] 가상자료에 대한 효율성 분석결과 (1투입-1산출)

DMU	θ^{j*}	λ^{j*}	s^{+*}	s^{-*}
A	0.222	$\lambda^{D*}=0.167$	0	0
B	0.667	$\lambda^{D*}=0.333$	0	0
C	0.444	$\lambda^{D*}=0.667$	0	0
D	1.000	$\lambda^{D*}=1.000$	0	0
E	0.583	$\lambda^{D*}=1.167$	0	0
F	0.750	$\lambda^{D*}=1.500$	0	0
G	0.600	$\lambda^{D*}=1.500$	0	0

결과를 살펴보면 다음과 같은 점을 알 수 있다. 첫째, 투입기준 효율성 모형에서 각 점들은 투입을 줄임으로써 변경에 도달하게 되고, 변경에 있는 점과 관측치간의 거리를 비율로 나타낸 것이 효율성 척도로 측정된다. 예를 들어 F점의 경우 $\overline{F_1F_2}/\overline{FF_2}$ 이 0.75로 주어진다. 이와 같이 구해진 효율성 척도를 살펴보면, 모두 1보다 작거나 같고, 생산변경으로부터 거리가 멀어질수록 그 값이 작아지는 것을 알 수 있다.

둘째, 가중치를 살펴보면 모두 λ^{D*} 만이 양수이고, 나머지 λ^* 들은 모두 0이다. 이는 비효율적인 내부 점들을 변경으로 옮겼을 때의 투영점은 D점을 원점 방향으로 줄이거나 원점에서부터 D점을 통과하는 방향으로 확장되는 점이기 때문이다. 가령, C점의 경우 D점의 투입산출을 0.667배한 점은 C점의 산출량은 고정한 채 투입요소를 0.444배 하여 만들어진 점과 같다. 이를 수식으로 표현하면 다음과 같다.

$$\begin{pmatrix} \theta^C x^C - s^- \\ y^C + s^+ \end{pmatrix} = \lambda^{D*} \begin{pmatrix} x^D \\ y^D \end{pmatrix} = \begin{pmatrix} 2.668 \\ 4.002 \end{pmatrix} \tag{3.9}$$

셋째, F와 G를 비교하면 생산변경으로부터 떨어진 거리는 다르지만 모두 동일한 투영점을 갖는다는 것을 알 수 있다. 즉, F와 G는 투입기준 CCR 효율성은 다르지만, 벤치마크의 대상의 되는 생산점은 동일하다.

3.6 예제 2 (2투입-1산출)

3.6.1 가상자료

2투입-1산출의 가상적 상황을 묘사한 투입/산출 자료가 [표 3-3]과 [그림 3-5]에 나타나 있다.

[표 3-3] 가상투입산출자료 (2투입-1산출)

	A	B	C	D	E	F
x_1	1	3	6	2	5	9
x_2	4	1	1	8	5	2
y	1	1	1	1	1	1

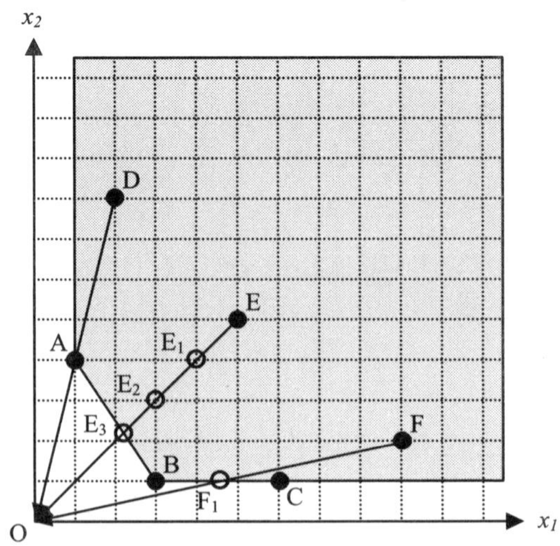

[그림 3-5] 가상투입산출자료 (2투입-1산출)

[그림 3-5]에서 짐작할 수 있는 바와 같이 A, B, C가 생산변경에 있으며 A, B는 강효율적이고, C는 약효율적이다. D, E, F는 모두 비효율적인 점이고, 투입공간에서 볼 때 각 투입요소를 같은 비율로 축소하는 방식으로 효율성을 높이게 된다. 관측점을 원점방향으로 줄여나가다가 생산변경과 만나는 점과 관측점과의 비율로서 효율성 척도가 계산된다. 예를 들어 E점에 대한 효율성 분석 모형은 다음과 같다.

$$\theta^{E*} = \min_{\theta,\lambda,s-,s+} \theta^E - \varepsilon(s_1^- + s_2^- + s^+)$$

$$\begin{aligned}
&\textit{subject to} \\
&5\theta^E - s_1^- = 1\lambda^A + 3\lambda^B + 6\lambda^C + 2\lambda^D + 5\lambda^E + 9\lambda^F \ (\textit{for}\ x_1); \\
&5\theta^E - s_2^- = 4\lambda^A + 1\lambda^B + 1\lambda^C + 8\lambda^D + 5\lambda^E + 2\lambda^F \ (\textit{for}\ x_2); \\
&1 + s^+ = 1\lambda^A + 1\lambda^B + 1\lambda^C + 1\lambda^D + 1\lambda^E + 1\lambda^F + 1\lambda^G \ (\textit{for}\ y); \\
&\lambda^A, \lambda^B, \lambda^C, \lambda^D, \lambda^E, \lambda^F, s_1^-, s_2^-, s^+ \geq 0
\end{aligned} \tag{3.10}$$

3.6.2 결과해석

위의 자료에 대하여 효율성을 분석한 결과는 [표 3-4]에 정리되어 있다.

[표 3-4] 가상자료에 대한 효율성 분석결과 (2투입-1산출)

DMU	θ^{j*}	λ^{j*}	s_1^{-*}	s_2^{-*}	s^{+*}
A	1.000	$\lambda^{A*} = 1.000$	0	0	0
B	1.000	$\lambda^{B*} = 1.000$	0	0	0
C	1.000	$\lambda^{B*} = 1.000$	3.000	0	0
D	0.500	$\lambda^{A*} = 1.000$	0	0	0
E	0.440	$\lambda^{A*} = 0.400,\ \lambda^{B*} = 0.600$	0	0	0
F	0.500	$\lambda^{B*} = 1.000$	1.500	0	0

[표 3-4]에 제시된 결과를 해석하면 다음과 같다. 첫째, 생산변경 상에 존재하는 A, B, C는 θ^{j*} 값이 모두 1.000이다. 이 가운데 A, B는 여유분들이 0이지만, C점의 x_1 에 대한 여유분 s_1^{-*} 은 3.000이다. 즉, C점은 생산변경에 존재함에도 불구하고 x_1 투입을 3.000만큼 추가적으로 줄일 여지가 있다. 그렇기 때문에 A, B는 강효율적인데 반해, C는 약효율적이다.

둘째, D, E, F점들은 비효율적이며 이때 θ^{j*} 는 생산변경에 도달하기까지 두 투입요소를 같은 비율로 최대한 줄일 수 있는 값을 나타낸다. 예를 들어 E의 모든 투입요소들을 0.8배 하면 E_1점, 0.6배 하면 E_2점이 된다. 이와 같은 방식으로 생산변경을 벗어나지 않는다는 조건 하에 가장 작은 값을 찾으면 $\theta^{E*} = 0.440$이 된다.

셋째, λ^{j*} 의 정보로부터, E점의 투영 점(E_3)이 곧 강효율적인 A점과 B점을 4대 6의 비율로 내분한 점임을 알 수 있다. 이를 수식으로 나타내면 다음과 같다. 이 투영 점 역시 강효율적이다.

$$\begin{pmatrix} \theta^{E*} x_1^E - s_1^{-*} \\ \theta^{E*} x_2^E - s_2^{-*} \\ y^E + s^+ \end{pmatrix} = \lambda^{A*} \begin{pmatrix} x_1^A \\ x_2^A \\ y^A \end{pmatrix} + \lambda^{B*} \begin{pmatrix} x_1^B \\ x_2^B \\ y^B \end{pmatrix} = \begin{pmatrix} 2.200 \\ 2.200 \\ 1.000 \end{pmatrix} \tag{3.11}$$

3.7 R 코드

3.7.1 dea() 함수의 인수 및 데이터 형태

본 장을 포함하여 4, 5, 6장의 기본적인 방사효율성 모형들을 풀이하는데 사용되는 R 함수는 dea(...)이다. 이 함수는 효율성을 측정하고자 하는 자료와 효율성을 측정할 때 생산가능집합을 구성하는 자료를 따로 상정한다. 그 이유는 (i) 주어진 데이터 중에서 일부의 자료만 효율성을 측정할 경우 (예를 들어, 10개의 관측점이 있는데 첫 번째 관측점의 효율성만 구하고자 할 경우), 혹은 (ii) 효율성을 측정하는 관측점과 생산가능집합을 구성하는 관측점들이 다른 데이터 집합으로부터 구성될 경우 (예를 들어서, A라는 공장의 기계들을 기준으로 B라는 공장 기계들의 효율성을 측정할 경우) 등과 같이 여러 상황에서 효율성을 측정할 수 있게 하기 위함이다. dea(...)는 다음과 같은 인수를 갖는다.

```
dea(base = NULL, frontier = NULL, noutput = 1,
    orientation = 1, rts = 1, onlytheta = F)
```

dea(...)함수의 인수를 설명하면 다음과 같다.

- base는 효율성을 측정해야 할 자료를 의미한다.
- frontier는 생산가능집합을 구성하는 자료를 의미한다. frontier 인수가 주어지지 않으면(NULL) 자동적으로 base가 frontier를 대체한다.
- noutput은 산출요소의 개수이다.
- orientation은 1이나 2 둘 중 하나의 값을 갖는다. orientation이 1이면 투입기준, 2이면 산출기준을 의미한다.
- rts는 불변규모수익인지 가변규모수익인지를 지정하는 인수로서, 1이면 불변규모수익을 나타내며, 2이면 가변규모수익을 의미한다.
- onlytheta는 효율성 지표만을 도출할 것인지, 아니면 효율성 지표와 λ^* 및 여유분까지 전부 도출할 것인지를 결정하는 인수이다. onlytheta가 T이면 효율성 지표만을 도출하고 F이면 효율성지표와 λ^* 및 여유분까지를 전부 도출한다.

base 및 frontier의 데이터는 다음과 같은 형태를 가져야 한다.

```
data.frame(산출1, 산출2, ..., 산출n, 투입1, 투입2, ..., 투입m)
```

즉, 산출요소가 먼저 나와야 하고 투입요소가 뒤따라야 한다. `data.frame(...)`의 데이터 형태에 대해서는 16장의 R-프로그램 해설에 제시되어 있다.

3.7.2 1투입-1산출 예제

[표 3-1]에서 사용한 데이터를 입력하려면 다음과 같이 데이터를 구성한다.

```
tab3.1.dat <- data.frame(y = c(1, 2, 4, 6, 7, 9, 9), # 산출 1
                         x = c(3, 2, 6, 4, 8, 8, 10)) # 투입 1
```

위의 데이터로 투입기준 CCR 모형을 이용해 효율성을 측정하고자 할 때, 효율성 지표와 여유분까지 모두 얻고 싶으면 다음과 같은 명령어를 사용한다.

```
re <- dea(base = tab3.1.dat, noutput = 1, orientation = 1,
          rts = 1, onlytheta = F)
```

여기서 효율성을 측정해야 하는 데이터와 생산가능집합을 구성하는 데이터가 동일하므로 `frontier` 인수는 주어지지 않았다. 위 명령어의 결과를 살펴보려면 콘솔에 `re`라고 입력하고 엔터키를 친다. 그 결과는 다음과 같다.

```
     eff lambda1 lambda2 lambda3 lambda4 lambda5 lambda6 lambda7 slack.x1
1 0.2222       0       0       0  0.1667       0       0       0        0
2 0.6667       0       0       0  0.3333       0       0       0        0
3 0.4444       0       0       0  0.6667       0       0       0        0
```

```
4 1.0000  0     0     0   1.0000   0     0     0     0
5 0.5833  0     0     0   1.1667   0     0     0     0
6 0.7500  0     0     0   1.5000   0     0     0     0
7 0.6000  0     0     0   1.5000   0     0     0     0

  slack.y1
1        0
2        0
3        0
4        0
5        0
6        0
7        0
```

위 결과의 첫번째 열은 관측점의 이름을 나타낸다. A~G가 1~7로 표현된다. 두번째 열은 효율성값을 나타낸다. 세번째열부터 아홉번째 열까지는 λ^* 값을 나타낸다. 열번째열과 열한번째 열은 여유분을 나타낸다. 이 결과에서 벤치마킹이 되는 관측점을 쉽게 알아낼 수 있다. 즉, 모든 관측점들의 벤치마킹 대상이 되는 관측점은 D점이다. 또한 모든 관측점들의 여유분은 없다.

R 내부의 함수들을 이용해서 계산된 수치들을 그림으로 그리거나 새로운 수치 등으로 변환을 할 수 있으나, R을 처음 접하는 독자들은 Microsoft® Excel 등을 이용해서 작업을 하는 것이 편할 것이다.

계산된 결과를 Microsoft® Excel에서 열고자 할 때는, re라는 효율성 오브젝트를 텍스트 파일로 저장한 이후에 Excel에서 텍스트 파일을 열어보면 된다. 오브젝트를 텍스트 파일로 저장하기 위한 함수는 write.table(x, file = " ", sep = " ", ...)이다. 이 함수를 이용해서 re라는 오브젝트를 각각의 컬럼이 쉼표(,)으로 구분된 eff.txt라는 텍스트 파일에 저장하려면 다음과 같은 명령어를 수행한다.

```
write.table(re, file = "eff.txt", sep = ",")
```

탐색기 등을 이용해서 현재 작업하는 폴더에 들어가보면 eff.txt라는 파일이 생성되어 있을 것이다. 만약에 현재 작업하는 디렉토리를 알 수 없다면 getwd()라는 함수로 현재 작업 디렉토리를 확인한다. 같은 데이터로 효율성 값만 얻고자 할 때는 다음과 같이 명령어를 사용하면 된다. 그 결과는 생략한다.

```
re <- dea(base = tab3.1.dat, noutput = 1, orientation = 1,
          rts = 1, onlytheta = T)
```

3.7.3 2투입-1산출 예제

[표 3-3]에 제시된 2투입-1산출 데이터의 효율성을 분석하려면 다음과 같이 명령어를 사용한다.

```
tab3.3.dat <- data.frame(y = c(1, 1, 1, 1, 1, 1),
                         x1 = c(1, 3, 6, 2, 5, 9),
                         x2 = c(4, 1, 1, 8, 5, 2))
re <- dea(base=tab3.3.dat, noutput = 1, orientation = 1,
         rts = 1)
```

위의 예제에서는 onlytheta의 인수를 특별히 설정하지 않았다. 이처럼 onlytheta의 인수 값을 주지 않으면 자동적으로 기본값인 T가 주어진다. 그 결과는 다음과 같다.

```
   eff lambda1 lambda2 lambda3 lambda4 lambda5 lambda6 slack.x1 slack.x2
1 1.00     1.0     0.0       0       0       0       0      0.0        0
2 1.00     0.0     1.0       0       0       0       0      0.0        0
3 1.00     0.0     1.0       0       0       0       0      3.0        0
4 0.50     1.0     0.0       0       0       0       0      0.0        0
```

```
5 0.44 0.4   0.6   0    0    0    0    0.0   0
6 0.50 0.0   1.0   0    0    0    0    1.5   0
  slack.y1
1        0
2        0
3        0
4        0
5        0
6        0
```

결과를 해석하자면 관측점 A의 효율성은 1로서, 그 자신이 벤치마킹 대상이 되며 여유분은 없다. 따라서 A는 강효율적인 점이다. 관측점 C의 효율성은 1이나 x_1의 여유분이 있으므로 약효율점인 점이다. C의 벤치마킹 대상이 되는 점은 B이다. 또한 관측점 E의 효율성은 0.44이며, 관측점 A와 B가 벤치마킹 대상이 되며 여유분은 없다. E가 벤치마킹을 할 때는 A의 생산활동을 40%를 B의 생산활동을 60%를 참조해야 한다. 또한 E의 효율성이 1미만이므로 E는 비효율적인 점이다.

모든 관측점의 투영점을 확인하기 위한 코드는 다음과 같다.

```
ref <- data.frame(y = c(tab3.3.dat$y + re$slack.y1),
                  # y에는 여유분만 더한다.
                  x1 = c(tab3.3.dat$x1 * re$eff - re$slack.x1),
                  # x에는 효율성을 곱하고 여유분을 뺀다.
                  x2 = c(tab3.3.dat$x2 * re$eff - re$slack.x2))
```

투영점을 확인하기 위해서는 위의 코드에서 할당한 객체의 이름인 `ref`를 콘솔에 치고 엔터를 친다. 그 결과는 다음과 같다.

```
y  x1  x2
1 1 1.0 4.0
2 1 3.0 1.0
```

```
3 1 3.0 1.0
4 1 1.0 4.0
5 1 2.2 2.2
6 1 3.0 1.0
```

3.8 관련문헌

CCR 모형은 Charnes, Cooper and Rhodes (1978)에서 처음 제시되었다. Färe, Grosskopf and Lovell (1994)는 집합이론을 활용하여 3.2절에 제시된 효율성 지표의 성질을 엄밀하게 증명하였다. 투영점의 도출방법과 의미에 대해서는 Cooper, Seiford and Tone (2007)에 상세히 설명되어 있다.

3.9 연습문제

1. 투입기준 CCR 모형에서 목적함수를 최소화(minimization)하는 문제에서 최대화(maximization)하는 문제로 바꾸면 어떤 해가 도출될지에 대해서 생각해보자. 또한 이렇게 변경된 모형은 효율성 분석모형으로서 타당할지에 대해서도 생각해보자.

2. H사는 글로벌 시장을 대상으로 3가지 종류의 냉장고를 생산하여 판매하고 있다. 소비자들의 취향이 다양하다는 것을 고려하여 미국, 일본 등 주요 시장 별로 전세계에 30개 공장을 운영하고 있다. 이들 냉장고 생산공장의 효율성을 상대적으로 평가하여 개선이 필요한 공장이 있는지를 파악하고자 한다. 중요한 투입요소로 현장 근로자의 수 등 4가지를 생각하고, 3가지의 제품의 생산량을 산출요소로 생각하고 있다. 투입기준 CCR 모형을 이용하여 각 공장의 효율성을 평가 하고자 할 때 제약 식의 총 개수는 몇 개인가?

3. 3.6절의 예제에 $(x_1^T, x_2^T, y^T) = (2.6, 1.6, 1.0)$ 인 T점을 추가하여 보자. 이 T점에 대하여 효율성을 계산하면 최적해로서 여러 가지 λ^{j*} 조합이 있을 수 있다. 왜 그런가? 그 중에서 어떤 λ^{j*} 조합을 선택하는 것이 바람직한가?

4. 3.6절의 예제에서 (x_1, x_2) 의 단위가 각각 사람수를 나타내는 명(名)과 길이를 나타내는 미터(meter)라고 하자. 그러나 x_2 의 값을 기록자가 기록할 때 실수를 하여 km로 간주하고 잘못 기록하였다고 하자. 즉, A점의 x_2 값은 4(km)가 아니라 4,000(m)이 되었어야 한다. 이와 같이 자료를 모두 고쳐 넣고 분석을 다시 해보자. 최적해인 $\theta, \lambda, s^-, s^+$ 의 값에 어떤 변화가 있는지 관찰해보자.

5. 3.7.2에 나온 1투입-1산출의 데이터로 생산가능집합을 구성하되, (x, y)=(3, 8) 인 점의 효율성을 측정하는 R 코드를 작성해보자. (힌트: `dea(...)`함수의 `base` 인수를 관심대상 관측치의 자료에 맞게 주고, `frontier` 인수를 `tab3.1.dat`로 주면 된다.)

4. 기본모형: 가상가격 기준 CCR 모형

4.1 개요

CCR 모형은 3장에서 소개한 **원형모형** 혹은 **포락모형**과 본 장에서 소개하는 **가상가격 기준 모형**의 두 가지 방법으로 전개가 가능하다. **가상가격**(virtual price)이란 모형에서 부여하는 투입 및 산출 요소별 가중치를 일컫는 다른 표현이다. 이는 시장에서 거래되는 실제 가격인 시장가격과는 다르다는 점을 염두에 둘 필요가 있다.

포락모형과 가상가격 기준 모형은 서로 쌍대의 관계를 가지고 있으며, 목적함수의 최적해인 효율성 척도는 동일하다. 그러나 포락모형이 물량을 중심으로 논의를 하고, 가상가격 기준 모형은 가격을 중심으로 논의한다는 측면에서 차이가 있다. 포락모형이 효율성 값 외에 여유분이라는 정보를 제공한다면, 가상가격 기준 모형은 각 투입 및 산출 요소 별로 가상가격이라는 정보를 제공한다. 이러한 의미에서 이 두 모형은 상호 배타적이지 않다. 오히려, 두 모형은 관측치의 효율성 상태에 대해 서로 다른 정보를 제공한다는 점에서 상호 보완적이다.

본 장에서 이해하여야 할 중요한 개념은 다음과 같다.

- 포락모형과 가상가격 기준 모형의 쌍대관계
- 가상가격의 의미와 한계 대체율의 의미
- 상보성여유조건의 의미

4.2 모형의 개요

k번째 관측치의 투입이 $(x_1^k, x_2^k, \cdots, x_M^k)$ 과 같이 주어져 있을 때 각 투입요소에 가상적인 투입가격(virtual input prices)인 $(\upsilon_1, \upsilon_2, \cdots, \upsilon_M)$ 을 곱하면 실수값으로서 가상투입가치(virtual input value)인 $\sum_{m=1}^{M} \upsilon_m x_m^k$ 을 얻을 수 있다. 마찬가지 방식으로 가상산출가격(virtual output prices)이 $(\mu_1, \mu_2, \cdots, \mu_N)$ 으로 주어진다면, 가상산출가치(virtual output value)를 $\sum_{n=1}^{N} \mu_n y_n^k$ 으로 생각할 수 있다. 가상산출가치와 가상투입가치의 비율인 **가상가치비율**인 $\left(\sum_{n=1}^{N} \mu_n y_n^k\right) / \left(\sum_{m=1}^{M} \upsilon_m x_m^k\right)$ 은 k번째 관측치의 투입 대 산출의 가치에 대한 비율을 나타내고 있으므로, 일종의 효율성 척도를 표현하고 있다고 본다.

특정한 가상투입 및 산출가격 $(\upsilon_1, \upsilon_2, \cdots, \upsilon_M)$ 과 $(\mu_1, \mu_2, \cdots, \mu_N)$ 을 모든 관측치에 대해 적용하고, 그 중 가장 높은 가상가치비율을 가진 관측치를 기준으로 하여 k번째 관측치의 가상가치비율을 상대적으로 측정하는 방법을 생각할 수 있다. 이를 수식으로 나타내면 다음과 같다.

$$\max_{\mathbf{\mu}, \mathbf{v}} \left(\frac{\sum_{n=1}^{N} \mu_n y_n^k}{\sum_{m=1}^{M} \upsilon_m x_m^k} \right) \tag{4.1}$$

이제 다양한 가상가격 $(\upsilon_1, \upsilon_2, \cdots, \upsilon_M)$ 과 $(\mu_1, \mu_2, \cdots, \mu_N)$ 을 여러 번 대입하여 k번째 관측치의 효율성이 최대가 될 수 있도록 목적함수를 설정하면 다음과 같은 최적화 문제를 상정할 수 있다.

모형 4.1 가상가격 기준 CCR 모형(분수모형)

$$\max_{\mu,v}\left(\frac{\sum_{n=1}^{N}\mu_n y_n^k}{\sum_{m=1}^{M}\upsilon_m x_m^k}\right)$$

subject to

$$\left(\frac{\sum_{n=1}^{N}\mu_n y_n^j}{\sum_{m=1}^{M}\upsilon_m x_m^j}\right)\le 1 \ (j=1,2,\ldots,J)\ ; \tag{4.2}$$

$$\upsilon_m \ge 0 \ (n=1,2,\ldots,M)\ ;$$

$$\mu_n \ge 0 \ (m=1,2,\ldots,N)$$

위 수식은 다음과 같은 특징을 갖는다.

첫째, 가상가격 $(\upsilon_1,\upsilon_2,\cdots,\upsilon_M)$ 과 $(\mu_1,\mu_2,\cdots,\mu_N)$ 을 변화시켜 k번째 관측치의 효율성이 최대가 되게 한다. 이는 효율성을 평가할 때 평가대상이 되는 k번째 관측치를 가장 유리하도록 가상가격을 설정한다는 것을 의미한다.

둘째, k번째 관측치의 효율성이 최대가 되도록 가상가격을 설정할 때 그 가상가격을 모든 관측치에 동일하게 대입해서 가상산출가치와 가상투입산출의 비가 1을 넘지 않는다는 제약조건이 만족되어야 한다. 이 조건이 없다면 산출요소에 대해 무한히 큰 가상가격과, 투입요소에 대해 무한히 작은 가상가격을 대입하여 k번째 관측치의 효율성이 무한대가 될 수도 있다. 따라서 이 조건은 무한히 많은 가상가격의 조합 가운데 일정한 조건을 갖춘 조합만을 고려하고자 하는 의도를 담고 있다.

셋째, 이와 같은 과정을 통해 얻어지는 k번째 관측치의 효율성은 최대 1을 넘을 수 없다. 이는 제약조건에서 산출/투입의 비를 1보다 작게 제약하기 때문이다.

위의 효율성 모형은 목적함수와 제약조건이 분수형태를 갖기 때문에 **분수모형**(fractional programming model)이라고 한다. 분수모형은 일반적인 선형계획법의 알고리즘에 의하여 풀 수 없기 때문에 이를 선형계획법으로 전환할 필요가 있다.

이 분수모형을 선형계획법으로 전환하기 위하여 다음과 같이 매개변수인 t 를 도입하여 정규화 조건을 설정한다.

$$u_n = t\mu_n,\ v_m = t\upsilon_m, \\ \sum_{m=1}^{M} t\upsilon_m x_m^k = \sum_{m=1}^{M} v_m x_m^k = 1 \tag{4.3}$$

위의 변환을 이용하면 다음과 같은 선형계획법 문제를 얻을 수 있다.

모형 4.2 가상가격 기준 모형(선형계획법 모형)

$$\max_{u,v}\left(\sum_{n=1}^{N} u_n y_n^k\right) \\ \textit{subject to} \\ \sum_{m=1}^{M} v_m x_m^k = 1; \\ \sum_{n=1}^{N} u_n y_n^j \le \sum_{m=1}^{M} v_m x_m^j \quad (j = 1,2,\ldots,J); \\ v_m \ge 0 \ (m = 1,2,\ldots,M); \\ u_n \ge 0 \ (n = 1,2,\ldots,N) \tag{4.4}$$

선형계획법 이론에 따르면 분수모형과 선형모형은 동일한 목적함수 값을 갖는다. 즉, 식 (3.2)와 식 (4.4)를 통해서 측정된 효율성의 최적해는 서로 같다.

4.3 포락모형과 가상가격 기준 모형의 관계

3장의 포락모형과 본 장의 가상가격 기준 모형은 선형계획법 이론에 따라 서로 **쌍대**(dual)의 관계를 가지고 있다. 이 두 모형의 관계는 [표 4-1]에 정리되어 있다. 15장의 선형계획모형 소개를 참조하면 이 관계를 직접 유도해 볼 수 있다.

[표 4-1] 포락모형과 가상가격 기준 모형의 쌍대관계

	제약식	쌍대변수
포락모형 → 가상가격 기준 모형	$\theta x_m^k \ge \sum_{j=1}^{J} x_m^j \lambda^j \quad (m=1,2,\ldots,M)$	$v_m \quad (m=1,2,\ldots,M)$
	$y_n^k \le \sum_{j=1}^{J} y_n^j \lambda^j \quad (n=1,2,\ldots,N)$	$u_n \quad (n=1,2,\ldots,N)$
가상가격 기준 모형 → 포락모형	$\sum_{m=1}^{M} v_m x_m^k = 1$	θ
	$\sum_{n=1}^{N} u_n y_n^j \le \sum_{m=1}^{M} v_m x_m^j \quad (j=1,2,\ldots,J)$	$\lambda^j \quad (j=1,2,\cdots,J)$

이 쌍대관계에서 중요하게 살펴보아야 할 것은 다음과 같다. 첫째, 원형과 쌍대문제의 해가 동일하다. 둘째, 중요한 정리로서 **상보성여유조건**(complementary slackness condition)이 성립한다. 이 조건은 쌍대변수의 값이 양이면 원형문제의 제약조건이 부등식이 아니라 등식으로 성립하고, 그 반대 역시 성립한다는 한다는 것을 의미한다. 이를 수식으로 표현하면 다음과 같다.

$$
\begin{aligned}
& v_m \left(\theta x_m^k - \sum_{j=1}^{J} x_m^j \lambda^j \right) = 0 \quad (m=1,2,\ldots,M) \\
& u_n \left(\sum_{j=1}^{J} y_n^j \lambda^j - y_n^k \right) = 0 \quad (n=1,2,\ldots,N)
\end{aligned}
\qquad (4.5)
$$

예를 들어, 가상가격 기준 모형에서 k번째 관측치의 첫 번째 투입요소 가상가격인 v_1 이 양수라면 $\theta x_1^k - \sum_{j=1}^{J} x_1^j \lambda^j = 0$ 이다.

또는 여유분을 $s_m^- = \left(\theta x_m^k - \sum_{j=1}^{J} x_m^j \lambda^j\right)$, $s_n^+ = \left(\sum_{j=1}^{J} y_n^j \lambda^j - y_n^k\right)$와 같이 정의할 때, 다음과 같이 표현할 수도 있다.

$$
\begin{aligned}
& s_m^- v_m = 0 \quad (m = 1, 2, \cdots, M) \\
& s_n^+ u_n = 0 \quad (n = 1, 2, \cdots, N)
\end{aligned}
\tag{4.6}
$$

위 관계는 포락모형에서 특정 투입요소나 산출요소의 여유분이 양의 값을 가지면 가상가격 기준 모형에서 해당 투입요소 혹은 산출요소의 가상가격이 0이 된다는 것을 보여준다. 또한 가상가격 기준 모형에서 양의 가상가격이 있으면 포락모형에서는 여유분이 0이 된다는 것을 의미하기도 한다.

4.4 예제 (2투입–1산출)

4.4.1 가상가격 기준 모형의 도형적 표현

2투입-1산출 상황에서 가상적인 자료가 50페이지의 [표 3-3]과 같이 주어져 있다고 하자. 주어진 자료를 이용하여 제약식 중 $\sum_{n=1}^{N} u_n y_n^j \le \sum_{m=1}^{M} v_m x_m^j \;\; (j = 1, 2, \ldots, J)$ 에 해당하는 부분을 쓰고, 각 식의 양변을 u 로 나누면 다음과 같다.

$$
\begin{aligned}
& 1 \le 1(v_1/u) + 4(v_2/u) \;(for\ A); \\
& 1 \le 3(v_1/u) + 1(v_2/u) \;(for\ B); \\
& 1 \le 6(v_1/u) + 1(v_2/u) \;(for\ C); \\
& 1 \le 2(v_1/u) + 8(v_2/u) \;(for\ D); \\
& 1 \le 5(v_1/u) + 5(v_2/u) \;(for\ E); \\
& 1 \le 9(v_1/u) + 2(v_2/u) \;(for\ F)
\end{aligned}
\tag{4.7}
$$

v_1/u와 v_2/u를 각각 가로축과 세로축으로 하여 위 부등식을 모두 만족하는 영역을 나타내면 [그림 4-1]과 같다. 이 그림으로부터 알 수 있는 점은 다음과 같다. 첫째, 포락모형을 투입평면에 도시한 [그림 3-5]의 점들은 가상가격평면 상에서는 선으로 나타난다. 둘째, 생산변경을 구성함에 있어 A점과 B점만이 절대적으로 기여하고, 나머지 점들은 기여하지 못한다. 이는 포락모형의 예제에서 살펴보았던 바와 같이, [그림 3-5]에서 A와 B가 생산변경을 형성하는데 결정적으로 기여한다는 것과 대응한다.

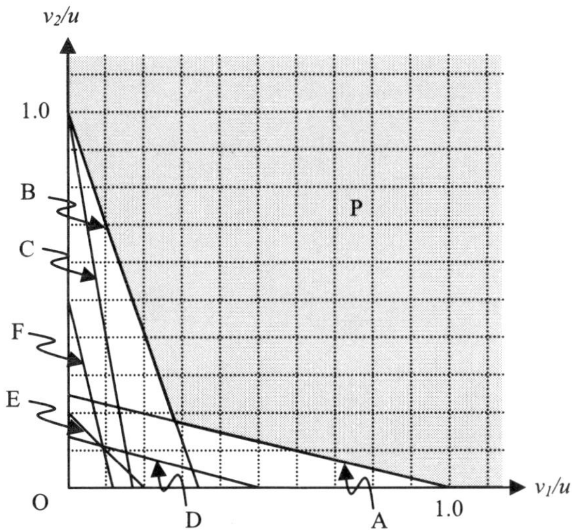

[그림 4-1] 가상가격 기준 모형의 생산가능집합

4.4.2 최적화 문제와 결과해석

생산가능집합이 [그림 4-1]과 같이 주어진다고 할 때 E점을 대상으로 한 효율성 분석모형은 다음과 같이 표현될 수 있다.

$$
\begin{aligned}
&\max_{u,v_1,v_2} u \\
&\textit{subject to} \\
&1 = 5v_1 + 5v_2 \\
&1 \le 1(v_1/u) + 4(v_2/u)\ (\textit{for } A); \\
&1 \le 3(v_1/u) + 1(v_2/u)\ (\textit{for } B); \\
&1 \le 6(v_1/u) + 1(v_2/u)\ (\textit{for } C); \\
&1 \le 2(v_1/u) + 8(v_2/u)\ (\textit{for } D); \\
&1 \le 5(v_1/u) + 5(v_2/u)\ (\textit{for } E); \\
&1 \le 9(v_1/u) + 2(v_2/u)\ (\textit{for } F)
\end{aligned}
\tag{4.8}
$$

위 제약식 중 첫 번째 제약식의 양변을 u 로 나누면, $5(v_1/u)+5(v_2/u)=1/u$ 가 된다. 여기서 목적함수인 u 를 최대화하는 것은, 생산가능집합 내에서 $5(v_1/u)+5(v_2/u)=1/u$ 으로 표현된 직선을 상하 이동시켜 최소절편을 찾는 문제와 같다. 여기서, $1/u$ 가 절편 역할을 한다.

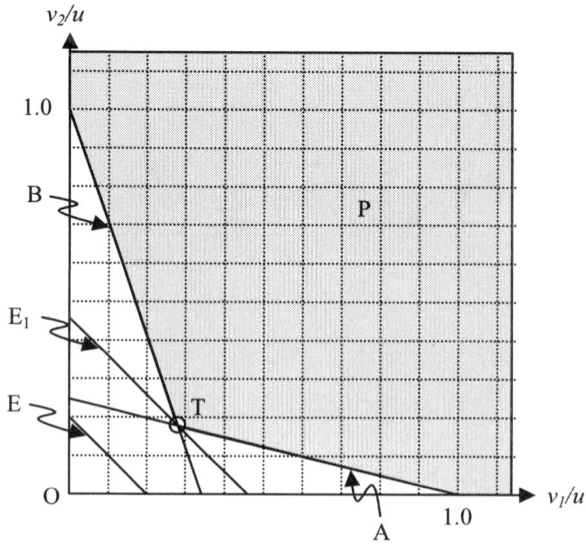

[그림 4-2] 가상가격 기준 모형의 해법

이를 [그림 4-2]를 이용하여 살펴보자. 이 그림에서 T점을 지나는 직선인 E_1이 생산가능집합에 접하면서 절편이 최소가 되는 조건을 만족한다. 이는 [그림 3-5]에서 E_1점에 해당한다.

[그림 4-2]에서 A와 B점을 나타내는 두 개의 직선이 만나는 점 T는 $v_2/v_1=2/3$를 나타낸다. v_m이 m번째 투입의 가상가격을 나타내고 있기 때문에, v_i/v_j는 i번째 투입요소와 j번째 투입요소의 가상가격 비, 즉 투입요소들 간의 중요도 비율을 의미한다. 이는 다른 투입이나 산출수준의 변화 없이 두 투입요소를 서로 바꿀 수 있는 교환비율을 의미하기도 한다. 즉, T점에서는 x_2의 가치가 x_1 가치의 2/3에 해당한다. [그림 3-5]의 E_1점을 참조하면, 생산변경의 기울기 $(-(\Delta x_2/\Delta x_1))$가 3/2로 주어지는 것과 대응한다. 경제학적인 관점에서는 이 생산변경에서의 교환비율을 투입요소간 **한계 대체율**(marginal rate of substitution)이라고 한다.

모든 관측치에 대하여 가상가격 기준 모형을 적용한 해를 정리하면 [표 4-2]와 같다. 이 표를 살펴보면 다음과 같은 점을 알 수 있다. 첫째, 가상가격 기준 모형의 최적값(u^*)과 포락모형의 최적값(θ^*)이 같다. 둘째, 포락모형에서는 얻을 수 없는 가상가격에 대한 정보인 v_1^*와 v_2^*는 가상가격 기준 모형을 통해 도출된다. 세째, C점의 가상가격을 살펴보면, v_1의 값이 0으로 나타나 있다. 이는 [그림 3-5]에 나타난 것처럼, C점의 위치에서 x_1 투입이 이미 필요이상으로 많이 있기 때문에 그 가치가 없다는 것을 의미한다. 수리적으로 보면 [표 3-4]에 나타난 바와 같이 C점에서는 x_1에 대한 여유분인 $s_1^{-*}=3.000$가 양수이므로 상보성여유조건에 의하여 v_1은 자동적으로 0이 된다는 것으로도 이해할 수 있다. 마찬가지로 [그림 3-5]에 나타난 것처럼 F점도 생산변경으로 이동하여 F_1에 이르렀다손 치더라도 여전히 x_1의 여유분이 있으므로, x_1의 가치인 v_1은 0이다. 이 경우에도 역시 상보성여유조건이 성립하는 것을 확인할 수 있다. [표 3-4]와 [표 4-2]를 비교해보면, 이와 같은 방법으로 상보성여유조건이 모든 투입요소에 대해 성립한다는 것을 알 수 있다.

[표 4-2] 가상가격 기준 모형의 해

	u^*	v_1^*	v_2^*	v_2^*/v_1^*	θ^*
A	1.000	0.273	0.182	0.667	1.000
B	1.000	0.273	0.182	0.667	1.000
C	1.000	0	1.000	Inf	1.000
D	0.500	0.136	0.091	0.667	0.500
E	0.440	0.120	0.080	0.667	0.440
F	0.500	0	0.500	Inf	0.500

4.5 R 코드

4.5.1 가상가격 기준 모형을 분석하기 위한 함수

가상가격 기준 모형을 분석하기 위한 함수는 `dual.dea(...)`이다. 이 함수의 인수는 다음과 같다.

```
dual.dea(base = NULL, frontier = NULL, noutput = 1,
         orientation = 1, rts = 1)
```

`dual.dea(...)`의 인수는 `dea(...)`의 인수와 동일하나, `onlytheta`라는 인수가 없다는 점만 다르다.

4.5.2 2투입-1산출 데이터 예제

[표 3-3]에 제시된 데이터를 가상가격 기준 모형으로 분석하는 코드는 다음과 같다.

```
tab3.3.dat <- data.frame(y = c(1, 1, 1, 1, 1, 1),
                         x1 = c(1, 3, 6, 2, 5, 9),
                         x2 = c(4, 1, 1, 8, 5, 2))
```

```
re <- dual.dea(base=tab3.3.dat, noutput = 1,
               orientation = 1, rts = 1)
```

위 예제에서 frontier 인수는 설정하지 않았다. frontier 인수가 주어지지 않았을 때는 효율성을 측정하는 데이터인 base가 frontier를 대체하여 생산가능집합이 구성된다.

위 코드의 실행결과는 다음과 같다.

```
objval  u1    v1     v2
1   1.00 1.00 0.2727 0.18182
2   1.00 1.00 0.2727 0.18182
3   1.00 1.00 0.0000 1.00000
4   0.50 0.50 0.1364 0.09091
5   0.44 0.44 0.1200 0.08000
6   0.50 0.50 0.0000 0.50000
```

위 결과에서 열이름이 주어지지 않은 첫번째 열은 관측점을 의미한다. 두번째 열인 objval은 효율성 값을, 세번째부터 다섯번째 열까지는 가상가격을 의미한다. 위 예제에서 살펴볼 수 있는 바처럼 가상가격 기준 모형을 이용하여 측정된 효율성은 포락모형의 효율성과 동일함을 알 수 있다.

4.6 관련문헌

Charnes, Cooper and Rhodes (1978)를 포함하여 경영과학적 입장을 견지한 DEA 문헌에서는 포락모형보다 가상가격 기준 모형을 더욱 중요하게 다룬다. 이들 연구에서는 가상가격 기준 모형의 쌍대 모형 정도로 포락모형을 소개한다. 반면 Färe, Grosskopf, Norris and Zhang (1994) 등 경제학적 입장에서 DEA를 연구하는 연구자들은 포락모형을 주로 사용한다. 그러나 본 장에서 살펴본 것처럼 이 두 모형은 서로 대치되는 모형이 아니다. 이 둘은 동일한 효율성 척도를 도출하면서 서로 다른 정보를 제공하는 상호보완적인 모형이다. 그렇기 때문에 두 모형을 함께 푸는 것이 중요하다.

본 장에서 소개된 가상가격 기준 모형에서는 특별한 제약이 없기 때문에 가상가격이 0에서부터 무한대까지 값을 가질 수 있도록 허용된다. 이러한 의미에서 이 모형을 **무제약모형**이라고 하기도 하고, **완전유연가격모형**(fully flexible virtual price model)이라고 하기도 한다. k번째 관측치의 효율성을 측정할 때 k번째 관측치의 입장에서 높이 평가하고자 하는 요소에는 높은 가중치를 주고 낭비되고 있는 요소에는 0의 가중치를 주어, 효율성 측정 시 k번째 관측치를 가장 유리하게 만드는 것이 본 모형의 특징이다. 이에 반하여 유사한 생산기술을 공유하고 있는 관측치들이 극단적으로 다른 가상가격을 갖는 것이 상식적으로 타당하지 않은 경우에는 적절한 판단기준을 도입하여 가상가격을 제약할 필요가 있다. Thompson et al. (1986)은 이와 같은 아이디어를 수리화하여 가상가격제약 모형을 제시하였다. 이에 대해서는 9장에서 자세히 살펴볼 것이다.

가상가격 기준 모형에서 해로서 도출되는 가상가격은 유일하지 않을 수도 있다. 가령 [그림 3-5]를 다시 참조하면, A점 같은 꼭지점(vortex)에서는 가상가격의 비율, v_2 / v_1 가 0에서부터 2/3사이에서 무수히 많이 있을 수 있다는 것을 알 수 있다. 이를 **복수 가상가격 문제**(alternative optimal solution problem)라 하며, 지금까지도 개념적으로나 실증적으로 특별한 해법이 제시되어 있지 않은 상태이다. 이와 관련한 최근의 연구로서는 Cooper, Ruiz and Sirvent (2007)를 참조하도록 한다.

4.7 연습문제

1. 4.2절의 프로그램에서 정규화 조건을 $\sum_{n=1}^{N} \upsilon_n x_n = 100$ 과 같이 바꾸어 보자.

1.1 [표 4-2]의 해가 어떻게 달라지는가?

1.2 바뀌어진 제약식을 반영하여 쌍대모형으로서 포락모형을 도출해보자. 제약식을 바꾸지 않았을 때와의 차이가 무엇인가?

2. [표 3-3]의 가상투입산출자료에 $(x_1, x_2, y) = (2,2,1)$ 인 점 Q를 추가해 보자.

2.1 [그림 4-1]의 생산가능집합을 다시 그려보자. 어떠한 변화가 발생하는가?

2.1 E점의 효율성을 구하는 가상가격 기준 모형을 다시 전개해보자. E점의 해를 계산해보자.

3. 가상산출가격과 가상투입가격의 비율, u_j / v_i 이 의미하는 바는 무엇일까? x_i / y_j 의 비율이 증가하면 이 값은 일반적으로 증가할까, 감소할까?

4. 꼭지점에서는 가상투입가격의 비율이 유일하게 결정되지 않는다. 이를 복수가상가격문제라 한다. 복수가상가격문제에 대한 해법을 스케치해보자.

5. 기본모형: 산출기준 CCR 모형

5.1 개요

3장과 4장에서 소개한 투입기준모형은 산출의 수준을 고정시킨 채 투입을 최대한 줄일 수 있는 비율로서 효율성을 정의한다. **산출기준모형**은 이와는 반대로 투입 수준을 고정시킨 채 산출을 최대한 늘릴 수 있는 비율로서 효율성을 정의한다. 이 두 가지 효율성 측정 방법은 효율성을 개선하는 가장 기본적인 방법이다.

본 장에서는 산출기준모형의 두 가지 다른 표현인 포락모형과 가상가격 기준 모형을 모두 소개한다. 산출의 수준을 변화시킨다는 점을 제외하면 모형의 논리적 구조는 투입기준모형과 동일하다.

실증분석을 수행할 때 투입기준 모형과 산출기준 모형 중에서 선택을 해야 할 경우에는 응용대상의 생산과정이 가진 특성과 효율성 개선 방향에 대한 직관을 따라 결정한다. 예를 들어, 응용대상 관측치들이 산출을 조정하는 것이 사실상 불가능하고 단지 투입을 줄임으로써 효율성을 개선할 수 있다면, 투입기준모형을 활용해야 한다. 반면 산출을 높이고 효율성을 개선하는 것이 목적이라면 산출기준모형을 활용하여야 한다.

본 장에서 이해하여야 할 중요한 점들은 다음과 같다.

- 산출기준 포락모형과 산출기준 가상가격 기준모형의 쌍대관계
- 산출기준모형과 투입기준모형에서 도출되는 효율성 값의 관계

5.2 산출기준 포락모형

본 장에서는 불변규모수익 가정 하의 산출기준 모형에 대하여 다룬다. 따라서 불변규모수익을 가정하여 생산가능집합을 구성하고, 생산가능집합 내부에서 현재 산출량 대비 산출요소를 최대한 늘릴 수 있는 양의 비율을 효율성 값으로 정의한다.

5.2.1 정의와 의미

산출기준모형의 생산가능집합을 구성하는 방법은 투입기준모형의 그것과 동일하지만 효율성 측정의 과정은 다르다. 즉, 효율성을 측정할 때 관측치의 투입수준을 변화시키지 않은 채 산출요소를 최대한 증가시켜 생산변경에 닿게 하는 것이 산출기준 포락모형의 목적함수이다. 이를 그림으로 나타내면 [그림 5-1]과 같다.

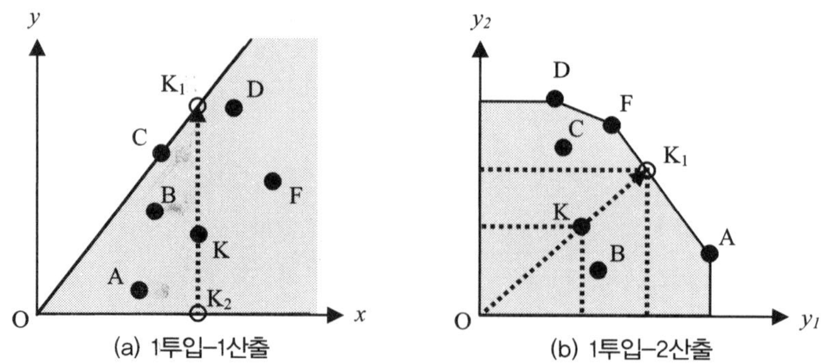

[그림 5-1] 산출기준모형의 의미

1투입-1산출의 경우가 [그림 5-1]의 (a)에 나타나 있다. 관측치 K의 효율성을 측정하는 방법에 대해서 간략하게 살펴보도록 하자. 상술한 바처럼, 산출기준 포락모형에서는 투입의 수준을 유지한 채 산출을 최대한 늘려 생산변경에 닿게 하도록 하는 산출확대비율을 효율성 척도로 정의한다. 즉, (a)에서 K의 효율성 척도는

$\overline{K_1K_2}\,/\,\overline{KK_2}$ 이다. 1투입-2산출의 경우는 (b)에 나타나 있다. 이 그림을 참조하면 효율성 척도는 $\overline{OK_1}\,/\,\overline{OK}$ 임을 쉽게 알 수 있다. 즉, 다수 산출상황에서 효율성 척도는 모든 산출을 동일한 비율로 확대하여 생산변경에 이르게 하는 비율이다.

이상의 논의를 이용해 산출기준 포락모형을 수리화하면 다음과 같다.

모형 5.1 산출기준 CCR 모형(포락모형)

$$\phi^{k*} = \max_{\theta,\boldsymbol{\lambda}} \phi^k$$

subject to

$$x_m^k \geq \sum_{j=1}^{J} x_m^j \lambda^j \quad (m = 1, 2, \ldots, M)\ ; \tag{5.1}$$

$$\phi^k y_n^k \leq \sum_{j=1}^{J} y_n^j \lambda^j \quad (n = 1, 2, \ldots, N)\ ;$$

$$\lambda^j \geq 0 \ (j = 1, 2, \ldots, J)$$

앞서 살펴본 투입기준모형에서와 마찬가지로, 산출기준 포락모형에서도 여유분의 개념이 적용된다. 즉, 모든 산출을 동일비율로 확대하여 생산변경에 이르게 하였을 때에도 추가적으로 산출량을 늘릴 수 있거나 투입량을 줄일 수 있다. 따라서 비효율을 완전히 제거한다는 의미에서 1단계 산출의 비율확대와 2단계 최대 여유분 검색의 두단계 과정을 거쳐서 효율성이 측정된다. 이를 하나의 식으로 간결하게 표현하면 다음과 같다.

모형 5.2 산출기준 CCR 모형(포락모형, 여유분 표시)

$$\phi^{k*} = \max_{\theta,\boldsymbol{\lambda},\mathbf{s}-,\mathbf{s}+} \phi^k + \varepsilon(\sum_{m=1}^{M} s_m^- + \sum_{n=1}^{N} s_n^+)$$

subject to

$$x_m^k = \sum_{j=1}^{J} x_m^j \lambda^j + s_m^- \ \ (m = 1,2,\ldots,M) ; \qquad (5.2)$$

$$\phi^k y_n^k = \sum_{j=1}^{J} y_n^j \lambda^j - s_n^+ \ (n = 1,2,\ldots,N) ;$$

$$\lambda^j \geq 0 \ (j = 1,2,\ldots,J)$$

5.2.2 효율성 척도의 성질

식 (5.2)에서 구해지는 효율성 척도는 다음과 같은 성질을 갖는다.

첫째, 효율성 척도 ϕ는 1보다 크고 무한대보다 작은 값을 갖는다. 동일한 투입수준에서 산출수준이 생산변경에 가까울수록 1에 가까운 값이 도출되고, 반대로 원점에 가까울수록 효율성 척도 값은 커진다. 즉, ϕ 값이 1보다 클수록 효율성 측정대상점이 생산변경으로부터 더 떨어져 있으며, 비효율적이다. 흔히 의사결정자의 이해를 돕기 위해 측정된 효율성 값의 역수인 ϕ^{-1}로 변환하여 결과를 제시한다. 이와 같이 하면 ϕ^{-1}의 값이 1에 가까울수록 더 효율적이고 0에 가까울수록 비효율적이다.

둘째, k번째 관측치의 모든 산출을 z배 증가시키면 효율성 척도 ϕ는 1/z배가 된다.

셋째, 모든 관측치에 대하여 특정한 산출요소 혹은 투입요소의 측정 단위를 바꾸더라도 효율성 척도 ϕ는 변화하지 않는다. 즉, 투입요소와 산출요소의 단위에 무관하다. 투입기준모형도 투입요소와 산출요소의 단위에 무관함을 이미 3장에서 살펴보았다.

넷째, 불변규모수익 가정 하에서 임의의 k번째 관측치에 대해 투입기준효율성을 θ^{k*}, 산출기준효율성을 ϕ^{k*} 라 할 때 $\phi^{k*} = 1/\theta^{k*}$ 의 관계가 성립한다. 이는 [그림 5-1]의 1투입-1산출의 경우에 대해 투입과 산출기준 효율성을 표현해보면 쉽게 이해할 수 있다. 불변규모수익 가정 하에서 투입기준 효율성을 알면 산출기준 효율성이 자동적으로 도출되기 때문에 흔히 두 모형을 동일한 것처럼 생각하는 오류를 범한다. 하지만, 투입기준 모형과 산출기준 모형은 여유분이나 투영점 등에 있어서 서로 다른 정보를 제시하므로, 두 모형을 동일한 모형으로 간주하는 것은 무리이다.

5.3 산출기준 포락모형의 결과해석

분석의 결과로서 효율성 척도인 ϕ 와 여유분인 $\mathbf{s}$ 를 얻었을 때, 강효율, 약효율, 비효율의 상태는 다음과 같이 판단한다.

정의 5.1 강효율성
어떤 관측치가 효율성 척도 $\phi^* = 1$ 의 값을 가지면서 모든 여유분 (s^-, s^+)이 0이면, 그 관측치는 강효율 상태에 있다.

정의 5.2 약효율성
어떤 관측치가 효율성 척도 $\phi^* = 1$ 의 값을 가지더라도 단 하나의 여유분만이라도 양수이면, 그 관측치는 약효율 상태에 있다.

정의 5.3 비효율성
어떤 관측치의 효율성 척도 ϕ^*가 1이 아니면 여유분에 상관없이 비효율 상태에 있다.

하나의 관측치는 주어진 효율성 척도인 ϕ와 여유분인 s를 생각할 때 다음과 같은 단계를 거쳐 효율적인 상태로 움직일 수 있다.

$$\begin{pmatrix} x_m^k \\ y_n^k \end{pmatrix} \to \begin{pmatrix} x_m^k \\ \phi^* y_n^k \end{pmatrix} \to \begin{pmatrix} x_m^k - s_m^{-*} \\ \phi^* y_n^k + s_n^{+*} \end{pmatrix} \tag{5.3}$$

위에서 첫 번째 변화는 투입을 고정한 채 모든 산출을 동일한 비율로 확장하여 생산변경에 이르도록 하는 과정이다. 이와 같은 과정을 거쳐 얻어진 생산변경 위의 점에서 여유분이 존재할 경우, 첫 번째 변화를 거쳐 생산변경에 도달한 점은 약효율점이다. 두 번째 변화를 통해, 생산변경 상의 약효율적인 점으로부터 여유분이 제거되어 강효율적인 점으로 변화한다. 이 과정을 종합하면 투입과 산출 각각에 대해 다음과 같은 양만큼의 효율성 개선이 가능하다.

$$\begin{pmatrix} x_m^k - (x_m^k - s_m^{-*}) \\ (\phi^* y_n^k + s_n^{+*}) - y_n^k \end{pmatrix} \tag{5.4}$$

효율성 모형의 제약식을 살펴보면 다음과 같은 관계가 성립하는 것을 알 수 있다.

$$\begin{aligned} x_m^k - s_m^{-*} &= \sum_{j=1}^{J} x_m^j \lambda^{j*} \quad (m = 1, 2, \ldots, M) ; \\ \phi^{k*} y_n^k + s_n^{+*} &= \sum_{j=1}^{J} y_n^j \lambda^{j*} \quad (n = 1, 2, \ldots, N) \end{aligned} \tag{5.5}$$

위 식의 우변에서 λ^*가 양수인 관측치가 k번째 관측의 참조집합 원소이다. 이 참조집합의 원소들은 모두 강효율적이다. 위의 식은, k번째 관측치에서 비효율성이 제거된 점은 참조집합의 원소의 선형조합으로 표현할 수 있음을 의미한다.

5.4 산출기준 가상가격 기준모형

k번째 관측치의 투입을$(x_1^k, x_2^k, \cdots, x_M^k)$, 산출을 $(y_1^k, y_2^k, \cdots, y_N^k)$ 이라 하고, 가상적인 투입과 산출의 가격을 각각 $(\upsilon_1, \upsilon_2, \cdots, \upsilon_M)$, $(\mu_1, \mu_2, \cdots, \mu_N)$ 이라 한다면, k번째 관측치의 상대효율성을 다음과 같이 나타낼 수 있다.

$$\sum_{m=1}^{M} \upsilon_m x_m^k \,/ \sum_{n=1}^{N} \mu_n y_n^k \tag{5.6}$$

식 (5.6)을 최소화하는 문제는 주어진 산출량을 달성하기 위한 최소투입량을 찾는다. 이제 다양한 가상가격 $(\upsilon_1, \upsilon_2, \cdots, \upsilon_M)$ 과 $(\mu_1, \mu_2, \cdots, \mu_N)$ 을 여러 번 대입하여 k번째 관측치의 효율성이 최소가 될 수 있도록 목적함수를 설정하면 다음과 같은 최적화 문제를 상정할 수 있다.

$$\begin{aligned} &\min_{\mathbf{v},\boldsymbol{\mu}} \left(\frac{\sum_{m=1}^{M} \upsilon_m x_m^k}{\sum_{n=1}^{N} \mu_n y_n^k} \right) \\ &\textit{subject to} \\ &\left(\frac{\sum_{m=1}^{M} \upsilon_m x_m^j}{\sum_{n=1}^{N} \mu_n y_n^j} \right) \geq 1 \ \ (j = 1, 2, \ldots, J) \ ; \\ &\upsilon_m \geq 0 \ (m = 1, 2, \ldots, M) \ ; \\ &\mu_n \geq 0 \ (n = 1, 2, \ldots, N) \end{aligned} \tag{5.7}$$

위 비율모형을 선형계획모형으로 전환하기 위해 다음과 같은 변환을 설정한다.

$$\begin{aligned} &u_n = t\mu_n,\ v_m = t\upsilon_m, \\ &\sum_{n=1}^{N} t\mu_n y_n^k = \sum_{n=1}^{N} u_n y_n^k = 1 \end{aligned} \tag{5.8}$$

위 변환과정을 식 (5.7)의 비율모형에 적용하면 다음과 같이 표현된다.

$$\min_{\boldsymbol{u},\boldsymbol{v}} \left(\sum_{m=1}^{M} v_m x_m^k \right)$$
$$subject\ to$$
$$\sum_{n=1}^{N} u_n y_n^k = 1 \ ; \tag{5.9}$$
$$\sum_{n=1}^{N} u_n y_n^j \le \sum_{m=1}^{M} v_m x_m^j \quad (j = 1, 2, \ldots, J) \ ;$$
$$v_m \ge 0 \ (m = 1, 2, \cdots, M) \ ;$$
$$u_n \ge 0 \ (n = 1, 2, \cdots, N)$$

산출기준 가상가격 기준 모형의 해를 통해 각 투입요소의 상대적 가치인 $\mathbf{v}^*$ 와 각 산출요소의 상대적 가치인 $\mathbf{u}^*$ 를 얻게 된다.

5.5 예제 (1투입-2산출)

5.5.1 가상자료

하나의 투입요소를 활용하여 2가지 산출을 생산하는 6개의 관측치가 있다고 하고, 각 관측치의 투입산출자료가 [표 5-1]과 같이 주어져 있다고 하자.

[표 5-1] 가상투입산출자료 (1투입-2산출)

	A	B	C	D	E	F
x	1	1	1	1	1	1
y_1	4	8	8	4	3	1
y_2	9	6	4	3	5	6

이 자료를 (y_1, y_2)공간상에서 표시하면 [그림 5-2]와 같다. 그림에서 A와 B는 강효율적임을 쉽게 알 수 있다. 또한 C는 생산변경

상에 존재하기는 하지만 y_2를 B의 수준만큼 높일 수 있는 여유분이 있으므로 약효율적이다. D, E, F는 모두 비효율적이다.

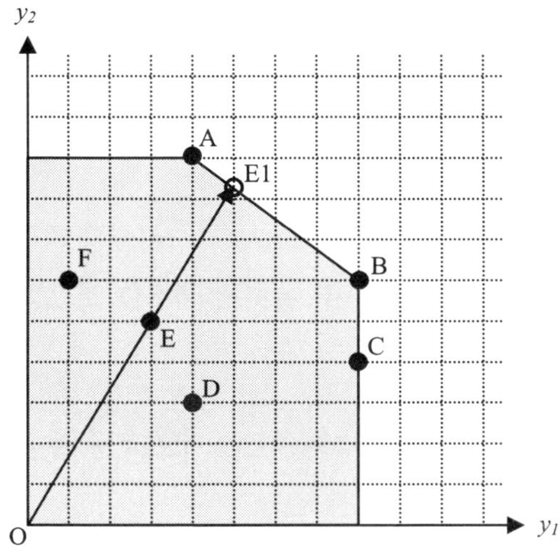

[그림 5-2] 가상투입산출자료 (1투입-2산출)

5.5.2 포락모형의 결과해석

[표 5-1]의 데이터를 산출기준 포락모형을 이용하여 효율성을 측정할 때, 관측치 E에 대한 선형계획모형은 다음과 같다.

$$
\begin{aligned}
&\phi^{E*} = \max_{\theta,\boldsymbol{\lambda},s-,s_1^+,s_2^+} \phi^E + \varepsilon(s^- + s_1^+ + s_2^+) \\
&\textit{subject to} \\
&1 = 1\lambda^A + 1\lambda^B + 1\lambda^C + 1\lambda^D + 1\lambda^E + 1\lambda^F + 1\lambda^G + s^- \ (\textit{for}\, x); \\
&3\phi^E = 4\lambda^A + 8\lambda^B + 8\lambda^C + 4\lambda^D + 3\lambda^E + 1\lambda^F - s_1^+ \ (\textit{for}\, y_1); \\
&5\phi^E = 9\lambda^A + 6\lambda^B + 4\lambda^C + 3\lambda^D + 5\lambda^E + 6\lambda^F - s_2^+ \ (\textit{for}\, y_2); \\
&\lambda^A, \lambda^B, \lambda^C, \lambda^D, \lambda^E, \lambda^F, s^-, s_1^+, s_2^+ \geq 0
\end{aligned}
\tag{5.10}
$$

이와 같은 방식으로 모든 관측치 별로 모형을 적용하고 해를 구하면 [표 5-2]와 같다. 이를 해석하면 다음과 같다.

첫째, E점의 효율성 척도가 1.655인 것은 투입을 더 늘리지 않고도 현재 수준의 산출보다 65.5%를 더 생산할 수 있다는 것을 의미한다. 1.665의 역수를 취한 값인 0.604는 현재의 산출 수준이 효율성 100%일 때에 비해 60.4%에 불과하다는 것을 의미한다.

둘째, E점에 대하여 $\lambda^{A*} = 0.759$와 $\lambda^{B*} = 0.241$가 도출되었으므로 A점의 75.9%와 B점의 24.1%를 조합한 점은 E점이 가장 효율적으로 되었을 때의 상태를 표현할 수 있다는 것을 알 수 있다.

셋째, C점은 현재 상태로 생산변경에 놓여있지만 ($\phi^{C*} = 1.000$), s_2^{+*}가 2이므로, y_2 산출을 2단위 만큼 더 증가시킬 수 있는 여지가 있다. F점의 경우에는 완전히 효율적이 되기 위해서는 현재 산출보다 50% 더 증가시킨 후에도, 추가적으로 y_1 산출을 2.5단위 만큼 더 높여야 한다는 것을 알 수 있다.

[표 5-2] 산출기준 포락모형의 분석결과

	$\phi^*(\phi^{*-1})$	λ^{j*}	s^{-*}	s_1^{+*}	s_2^{+*}
A	1.000 (1.000)	$\lambda^{A*} = 1.000$	0	0	0
B	1.000 (1.000)	$\lambda^{B*} = 1.000$	0	0	0
C	1.000 (1.000)	$\lambda^{B*} = 1.000$	0	0	2.000
D	2.000 (0.500)	$\lambda^{B*} = 1.000$	0	0	0
E	1.655 (0.604)	$\lambda^{A*} = 0.759,\ \lambda^{B*} = 0.241$	0	0	0
F	1.500 (0.667)	$\lambda^{A*} = 1.000$	0	2.500	0

5.5.3 가상가격 기준모형의 결과해석

[표 5-1]의 관측치 E에 대하여 가상가격 기준 모형을 적용하면 다음과 같다.

$$
\begin{aligned}
&\theta^{E*} = \min_{u_1, u_2, v} v \\
&\textit{subject to} \\
&3u_1 + 5u_2 = 1\,; \\
&4u_1 + 9u_2 \le v\ (\textit{for } A); \\
&8u_1 + 6u_2 \le v\ (\textit{for } B); \\
&8u_1 + 4u_2 \le v\ (\textit{for } C); \\
&4u_1 + 3u_2 \le v\ (\textit{for } D); \\
&3u_1 + 5u_2 \le v\ (\textit{for } E); \\
&1u_1 + 6u_2 \le v\ (\textit{for } F); \\
&v, u_1, u_2 \ge 0
\end{aligned}
\tag{5.11}
$$

이와 같은 모형을 모든 관측치에 대해 적용하고 결과를 도출하면 다음 [표 5-3]과 같다.

[표 5-3] 산출기준 가상가격 기준모형의 분석결과

	v^*	u_1^*	u_2^*	u_1^* / u_2^*
A	1.000	0	0.1110	0
B	1.000	0.0625	0.0833	0.7500
C	1.000	0.1250	0	–
D	2.000	0.1250	0.1670	0.7500
E	1.655	0.1030	0.1380	0.7500
F	1.500	0	0.1670	–

[표 5-3]에 제시된 결과를 해석해 보면 다음과 같다.

첫째, 가상가격 기준모형의 목적함수 값이 포락모형에서의 목적함수 값과 동일하다. 이것은 두 모형이 쌍대 관계에 있기 때문에 당연히 성립하는 결과이다.

둘째, 가상가격의 비는 두 산출물의 상대적 가치를 나타내고 있다. 이 예제에서는 E점의 경우 y_2 와 y_1 의 상대적 가치가 4:3 (0.750)으로 주어져 있음을 알 수 있다. 즉, E가 생산변경에 도달하였다고 하였을 때 그 생산변경 상에서 3단위 y_2 에 대해 4단위 y_1 를 교환할 수 있음을 의미한다. 앞서 가상자료를 나타낸 [그림 5-2]를 참조하면 E의 확장점이 A와 B를 연결하는 선분상에 놓이게 되는데, 이점에서의 생산변경 기울기가 $\Delta y_2 / \Delta y_1 = -3/4 = -0.75$로 주어져 있음을 확인할 수 있다.

셋째, [표 5-2]와 [표 5-3]을 연결해서 살펴보면, 상보성여유조건이 성립한다. 즉 $s_1^{+*}u_1^* = 0$ 와 $s_2^{+*}u_2^* = 0$ 의 조건이 모든 관측치에 대해 성립함을 알 수 있다. 이는 효율성을 평가하는 관점에서는 여유분이 존재할 경우 그 산출물의 가치가 0이 된다는 것을 의미한다.

5.6 R 코드

5.6.1 CRS 산출모형을 위한 함수

산출기준 CCR 모형을 위한 함수는 특별히 없다. `dea(...)`함수의 인수를 조절해서 사용하면 된다. `dea(...)`함수의 `orientation` 인수를 2로 조절하면 산출기준 CCR 포락모형의 효율성을 측정할 수 있다.

산출기준 CCR 모형의 가상가격 기준 모형을 분석하기 위한 함수 또한 따로 필요가 없다. `dual.dea(...)` 함수의 `orientation` 인수를 2로 조절하면 산출기준 CCR 가상가격 기준 모형의 효율성 및 가상가격을 도출해 낼 수 있다.

`dea(...)`나 `dual.dea(...)`의 인수로서 이용되는 `base`나 `frontier`의 데이터 형태는 산출물, 투입물 순으로 정리가 되어야 함을 다시 한번 강조한다.

5.6.2 1투입-2산출 예제

[표 5-1]에 나온 가상자료를 산출기준 CCR 포락모형을 이용해 효율성을 측정하려면 다음과 같은 코드를 작성하면 된다.

```
tab5.1.dat <- data.frame(y1 = c(4, 8, 8, 4, 3, 1),
                         y2 = c(9, 6, 4, 3, 5, 6),
                         x = c(1, 1, 1, 1, 1, 1))
re <- dea(tab5.1.dat, noutput = 2, orientation = 2, rts = 1)
```

dea(...)함수에서 산출물의 개수를 2로 설정하였고, orientation을 2로 설정하여 산출기준임을 선언한다. 또한 rts는 1로 설정하여 CRS 가정임을 알려준다. 실행결과는 다음과 같다.

```
    eff lambda1 lambda2 lambda3 lambda4 lambda5 lambda6 slack.x1 slack.y1
1 1.000  1.0000  0.0000       0       0       0       0        0      0.0
2 1.000  0.0000  1.0000       0       0       0       0        0      0.0
3 1.000  0.0000  1.0000       0       0       0       0        0      0.0
4 2.000  0.0000  1.0000       0       0       0       0        0      0.0
5 1.655  0.7586  0.2414       0       0       0       0        0      0.0
6 1.500  1.0000  0.0000       0       0       0       0        0      2.5
  slack.y2
1        0
2        0
3        2
4        0
5        0
6        0
```

결과에서 보여주는 정보는 dea(...) 함수를 자세히 설명한 3장의 R 코드 설명을 참조할 수 있다.

[표 5-1]에 나온 가상자료를 산출기준 CCR 가상가격 기준 모형을 통해 효율성을 측정하려면 다음과 같은 코드를 작성하면 된다.

```
re <- dual.dea(tab5.1.dat, noutput = 2, orientation = 2,
                rts = 1)
```

산출물의 개수를 2로 하였고, 산출기준이며 CRS 가정을 사용할 것임을 알려주고 있다. 실행결과는 다음과 같다.

```
  objval     u1     u2    v1
1  1.000 0.0000 0.1111 1.000
2  1.000 0.1250 0.0000 1.000
3  1.000 0.1250 0.0000 1.000
4  2.000 0.2500 0.0000 2.000
5  1.655 0.1034 0.1379 1.655
6  1.500 0.0000 0.1667 1.500
```

5.7 관련문헌

하나의 생산가능집합이 주어질 때 투입기준과 산출기준은 효율성 개선의 방향만 달라질 뿐 사실상 거의 모든 모형의 구조와 해석방법이 동일하다. CCR모형이 제시된 초기부터 이 두 모형은 같이 취급되어 왔다. 따라서 산출기준과 관련된 문헌이 특별히 존재하지 않는다.

5.8 연습문제

1. [표 5-3]에서 A점의 가상가격을 살펴보면 $u_1^* = 0$ 이므로 가상가격의 비율도 $u_1^* / u_2^* = 0$ 으로 기록되어 있다.

1.1 [그림 5-2]를 참조하여 이 값이 도출되는 이유를 설명해보자.

1.2 $u_1^* / u_2^* = 0.750$ 도 해가 될 수 있다는 논리를 설명해보자.

1.3 이외에 무한히 많은 가상가격비율이 해가 될 수 있다는 논리를 설명해 보자.

1.4 A점에서 산출물간의 상대적인 가치를 알아내고 싶다고 하자. 어떤 값을 제시하여야 할까? 혹은 어떤 방식으로 결과를 제시하여야 할까?

2. [표 3-1]의 자료에 대해 산출기준 모형을 적용해보자.

2.1 투입기준 모형에서의 결과와 효율성 척도, 참조집합, 여유분, 가상가격을 각각 비교해보자. 차이가 있다면 그 원인을 설명해 보자.

3. 산출기준 모형에서 도출되는 산출요소 여유분의 범위는 어떻게 되는지 생각을 해보자. 또한 산출기준 모형에서 도출되는 투입요소 여유분의 범위는 어떻게 되는지에 대해서 추가적으로 생각을 해보자. 이를 투입기준 모형에 적용해도 동일한 결과가 나올지에 대해서도 생각을 해보자.

6. 기본모형: BCC 모형

6.1 개요

생산가능집합이 불변규모수익 가정을 만족하지 않는다고 할 때 가변규모수익(VRS) 가정이 흔히 쓰인다. 2장의 기초개념에서 소개된 바와 같이 가변규모수익을 만족하는 생산가능집합은 불변규모수익을 만족하는 생산가능집합에 포함된다. 따라서 투입기준 효율성으로 살펴보았을 때, 관측점과 생산변경과의 거리로서 나타나는 효율성 값은 가변규모수익 모형에서 더 크게 나타난다.

가변규모수익 모형에는 투입기준과 산출기준의 두가지 모형이 있다. 또한 규모가 최적으로 주어져 있지 않기 때문에 발생하는 **규모 비효율성**(scale inefficiency)도 별도로 정의된다.

불변규모수익 모형과 가변규모수익 모형은 모든 DEA 모형의 기본이다. 7장 이후에서 논의하는 모든 변형모형들은 이 두가지 기본 모형에서 제약식을 바꾸거나 추가함으로서 만들어지는 것들이다.

6.2 가변규모수익-포락-투입기준 모형

6.2.1 정의와 성질

생산가능집합의 공리 중에서 불변규모수익 가정을 만족하지 않는다고 하면 가변규모수익을 만족하는 생산가능집합을 얻게 된다. 불변규모수익 하의 생산변경과 가변규모수익 하의 생산변경의 차이는 [그림 6-1]에 나타나 있다.

가변규모수익을 만족하는 생산가능집합에 대해 투입기준 효율성 모형은 다음과 같다.

모형 6.1 **가변규모수익–포락–투입기준 모형**

$$
\begin{aligned}
&\theta^{k,*} = \min_{\theta,\boldsymbol{\lambda}} \theta^k \\
&\textit{subject to} \\
&\theta^k x_m^k \geq \sum_{j=1}^{J} x_m^j \lambda^j \quad (m = 1, 2, \ldots, M)\ ; \\
&y_n^k \leq \sum_{j=1}^{J} y_n^j \lambda^j \quad (n = 1, 2, \ldots, N)\ ; \\
&\sum_{j=1}^{J} \lambda^j = 1\ ; \\
&\lambda^j \geq 0\ (j = 1, 2, \ldots, J)
\end{aligned}
\tag{6.1}
$$

이 모형에서는 모형 3.1의 불변규모수익 하의 제약식에 $\sum_{j=1}^{J} \lambda^j = 1$ 라는 조건이 추가되어 있다. 이 조건이 있기 때문에 관측치 혹은 관측치들을 선형내분으로 조합한 점을 무한히 축소하거나 확장하는 것을 허용하지 않는다. 대신 관측치들 간의 내분점 및 자유가처분성을 만족하는 점들만이 생산가능한 것으로 인정된다.

가변규모수익을 가정한 모형의 의미를 이해하기 위하여 1투입-1산출에 대해 그림으로 나타낸 [그림 6-1]을 참조하여 논의를 전개하자.

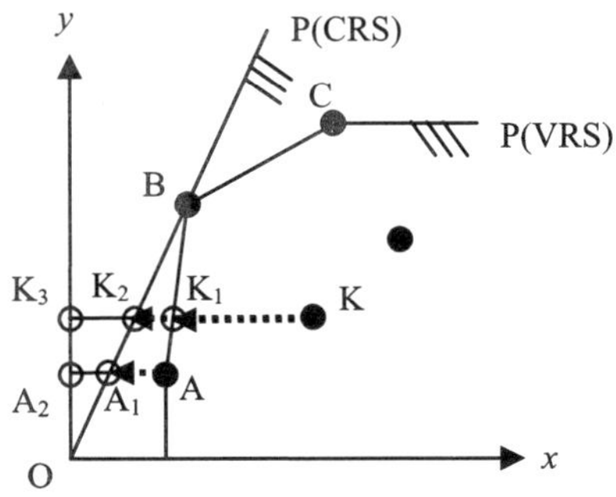

[그림 6–1] 불변규모와 가변규모수익 생산가능집합의 비교 (1투입–1산출)

[그림 6-1]에서 불변규모수익을 만족하는 생산변경은 원점에서 출발하여 B점을 지나는 반직선으로 주어진다. 반면, 가변규모수익을 만족하는 생산변경은 A, B, C점을 연결하는 선분과 A점으로부터 수직선 및 C점으로부터의 수평선으로 주어진다.

규모수익에 대한 가정에 따라 생산변경이 달라지기 때문에, 관측점에서 생산변경에 이르는 거리로서 효율성 수준을 정의하면 서로 다른 효율성 값을 얻는다. 예를 들어 K점은 불변규모수익 하에서는 K_2까지 투입을 줄여야 하므로, 투입기준 효율성 값은 $\overline{K_2K_3}/\overline{KK_3}$으로 주어진다. 반면 가변규모수익 하에서는 K_1까지만 투입을 줄일 수 있기 때문에 $\overline{K_1K_3}/\overline{KK_3}$로 효율성 값이 주어진다. 달리 말하면, 관측치 K의 위치가 불변규모수익 하의 생산변경에 비하여 가변규모수익 하의 생산변경에 좀 더 가깝기 때문에 가변규모수익 하에서 측정된 효율성이 더 크다.

A점은 불변규모수익 하에서 A_1점으로 투영되어 비효율적이지만, 가변규모수익 하에서는 생산변경에 놓이게 되므로 효율적이다. 이와 같이 불변규모수익 하의 생산가능집합이 가변규모수익 하의 생산가능집합을 포함하기 때문에 가변규모수익 하에서 효율성은 불변규모수익 하일 때보다 항상 크거나 같다. 비단 효율성 값뿐만 아니라 여유분의 크기나 참조집합까지도 모두 달라지게 된다.

가변규모수익 하에서 투입기준 효율성 척도는 불변규모수익 하에서의 투입기준 효율성 척도와 유사한 성질을 갖는다. 첫째, 관측대상 k점의 모든 투입요소를 동시에 z배 증가시키게 되면 효율성 척도 값은 1/z배로 감소한다. 둘째, 효율성 척도 θ^k 는 0과 1사이의 값을 갖는다. 효율성 값이 커질수록 생산변경에 더 가깝다는 것을 의미하고, 1일 경우 생산변경 상에 놓여있다는 것을 의미한다. 셋째, 모든 관측치에 대해 특정한 투입 혹은 산출요소의 측정단위를 바꾸더라도 효율성 값은 바뀌지 않는다. 즉, 효율성 척도는 단위무관하다. 넷째, 불변규모수익 하에서 효율적인 점은 가변규모수익 하에서도 효율적인 것으로 나타나지만, 그 역은 성립하지 않는다.

6.2.2 예제 (1투입–1산출)

1투입-1산출에 대하여 가상적인 투입과 산출이 [표 6-1]과 같이 주어져 있다고 하자. 이 가상 자료는 3.5절에서 주어졌던 불변규모수익 하의 가상자료와 동일하다.

[표 6–1] 가상투입산출자료 (1투입–1산출)

	A	B	C	D	E	F	G
x	3	2	6	4	8	8	10
y	1	2	4	6	7	9	9

주어진 가상 자료를 가변규모수익을 가정하고 투입-산출 공간에 그리면 생산가능집합은 [그림 6-2]와 같다. 이 예제 자료의 E점에 대해 가변규모수익을 가정하여 투입요소를 최대한 줄이면 E_1에 도달하게 된다. 한편, B와 F점은 불변규모수익 하에서는 비효율적이나 가변규모수익의 조건 하에서는 효율적인 점이다.

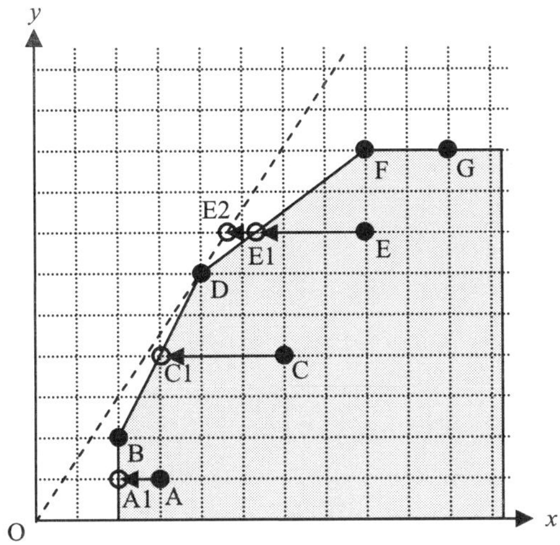

[그림 6-2] 가변규모수익 하의 투입기준 효율성 모형 (1투입-1산출)

모든 관측치에 대해 효율성을 분석한 결과는 [표 6-2]에 나타나 있다. 이 표에서 확인할 수 있는 사항은 다음과 같다. 첫째, 모든 관측치는 $\sum_{j=1}^{J} \lambda^{j*} = 1$ 의 조건을 만족한다.

둘째, 가변규모수익 가정 하의 효율성 값은 불변규모수익 가정 하의 효율성 값보다 크거나 같다. 예를 들어 B나 F점의 경우 비효율적인 상태에서 효율적인 상태로 판단이 바뀐 것을 알 수 있다.

[표 6-2] 가변규모수익 하의 투입기준 효율성 계산결과 (1투입-1산출)

	θ^{j*} (VRS)	λ^{j*}	s^{-*}	s^{+*}	θ^{j*} (CRS)
A	0.667	$\lambda^{B*} = 1.000$	0	1.000	0.222
B	1.000	$\lambda^{B*} = 1.000$	0	0	0.667
C	0.500	$\lambda^{B*} = 0.500,\ \lambda^{D*} = 0.500$	0	0	0.444
D	1.000	$\lambda^{D*} = 1.000$	0	0	1.000
E	0.667	$\lambda^{D*} = 0.667,\ \lambda^{F*} = 0.333$	0	0	0.583
F	1.000	$\lambda^{F*} = 1.000$	0	0	0.750
G	0.800	$\lambda^{F*} = 1.000$	0	0	0.600

6.3 가변규모수익-포락-산출기준 모형

6.3.1 정의와 성질

가변규모수익 하의 산출기준 효율성 모형에서 생산가능집합을 구성하는 논리는 투입기준 효율성 모형의 그것과 동일하다. 하지만 그 목적함수는 모든 산출요소들을 동일비율로 최대한 증가시키는 것으로 주어진다. 이를 수리모형으로 표현하면 다음과 같다.

모형 6.2 **가변규모수익-포락-산출기준 모형**

$$
\begin{aligned}
&\phi^{k*} = \max_{\theta,\boldsymbol{\lambda}} \phi^k \\
&\textit{subject to} \\
&x_m^k \geq \sum_{j=1}^{J} x_m^j \lambda^j \quad (m = 1, 2, \ldots, M)\ ; \\
&\phi^k y_n^k \leq \sum_{j=1}^{J} y_n^j \lambda^j \quad (n = 1, 2, \ldots, N)\ ; \\
&\sum_{j=1}^{J} \lambda^j = 1\ ; \\
&\lambda^j \geq 0 \ (j = 1, 2, \ldots, J)
\end{aligned}
\tag{6.2}
$$

위 식을 통해 구한 가변규모수익 하의 산출기준 효율성 척도의 성질은 불변규모수익 하에서 구한 효율성 척도의 성질들과 동일하다. 하지만 불변규모수익 하의 모델의 중요한 성질인 '투입기준 효율성의 역수는 산출기준 효율성과 그 값이 동일하다'는 것은 성립하지 않는다. 이를 [그림 6-3]의 예를 이용하여 살펴보도록 하자. 그림에서 K점의 경우 투입기준으로 볼 때 생산변경에 근접하여 있기 때문에 높은 효율성을 보이게 될 것이다. 그러나 산출기준으로 본다면 생산변경과 많이 떨어져 있기 때문에 효율성이 낮은 것으로 나타날 것이다. 이처럼 가변규모수익이 성립할 경우에는 방향성에 따라, 즉 투입기준인지 산출기준인지에 따라 효율성이 높게 나타나기도 하고 낮게 나타나기도 한다. 실증모형에서 모형 선택에 따라 효율성 절대값이나 순위가 달라질 수 있기 때문에 어떤 모형을 선택하는 것이 바람직한지에 대한 논의가 반드시 이루어져야 한다. 일반적으로는 분석대상 관측치들의 생산특성을 감안하여 정한다. 가령 공기업과 같이 목표산출량이 주어진 상태에서 비용을 최소화하는 것이 목적일 경우 투입기준 효율성 모형을 사용해서 분석하게 되고, 일반적인 사기업처럼 최대 산출을 목적으로 할 경우 산출기준 효율성 모형을 사용하게 된다.

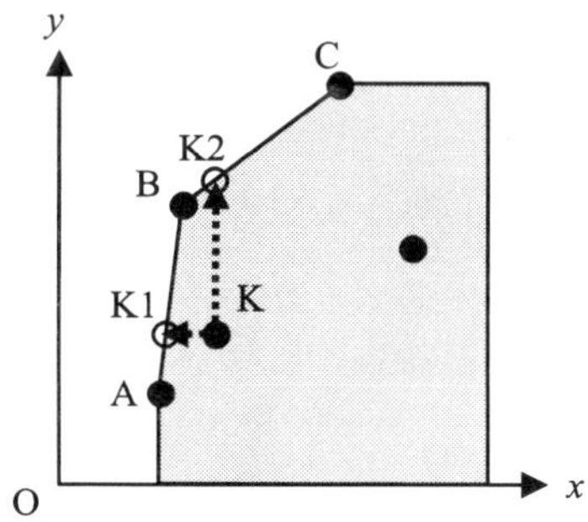

[그림 6-3] 가변규모경제하에서 투입기준과 산출기준 효율성 척도의 차이 (1투입-1산출)

6.3.2 예제 (1투입-1산출)

[표 6-1]의 가상적 투입산출 자료에 대하여 가변규모수익 하의 산출기준 효율성 모형을 적용하고, 그 결과를 정리하면 [표 6-3]과 같다. 산출기준 효율성 값인 ϕ^{j*}의 역수를 취한 것도 표기했다. 이것은 비효율적이면 0에 가깝게 되도록 하며, 최대값이 1, 최소값이 무한소가 되도록 하기 위해서이다.

[표 6-3] 가변규모수익 하의 산출기준 효율성 계산결과 (1투입-1산출)

	ϕ^{j*} (산출기준)	$1/\phi^{j*}$ (산출기준)	λ^{j*}	s^{-*}	s^{+*}	θ^{j*} (투입기준)
A	4.000	0.250	$\lambda^{B*}=0.500,\ \lambda^{D*}=0.500$	0	0	0.667
B	1.000	1.000	$\lambda^{B*}=1.000$	0	0	1.000
C	1.875	0.533	$\lambda^{D*}=0.500,\ \lambda^{F*}=0.500$	0	0	0.500
D	1.000	1.000	$\lambda^{D*}=1.000$	0	0	1.000
E	1.286	0.778	$\lambda^{F*}=1.000$	0	0	0.667
F	1.000	1.000	$\lambda^{F*}=1.000$	0	0	1.000
G	1.000	1.000	$\lambda^{F*}=1.000$	2.000	0	0.800

[표 6-3]에서 알 수 있는 것과 같이 가변규모수익을 가정하면, 동일한 자료를 사용하더라도 효율성 측정의 방향성에 따라 효율성 값이 다르게 나타남을 알 수 있다. 어떤 관측치(예를 들어 A)는 투입기준 효율성이 산출기준 효율성보다 크고, 어떤 관측치(예를 들어 C)는 투입기준 효율성이 산출기준 효율성보다 작다.

6.4 가변규모수익-가상가격 모형

가변규모수익 가정 하의 투입기준 포락모형에서 $\sum_{j=1}^{J}\lambda^j=1$ 의 제약조건에 해당하는 쌍대변수를 z 라고 하여 쌍대모형을 이용하면 투입기준 가상가격 기준 모형은 다음과 같이 표현된다.

모형 6.3 **가변규모수익-가상가격-투입기준 모형**

$$
\begin{aligned}
&\max_{\mathbf{u},\mathbf{v},z}\left(\sum_{n=1}^{N} u_n y_n^k - z^k\right) \\
&\textit{subject to} \\
&\sum_{m=1}^{M} v_m x_m^k = 1; \\
&\sum_{n=1}^{N} u_n y_n^j - \sum_{m=1}^{M} v_m x_m^j - z^k \le 0 \ \ (j = 1, 2, \ldots, J); \\
&v_m \ge 0 \ (m = 1, 2, \cdots, M); \\
&u_n \ge 0 \ (n = 1, 2, \cdots, N); \\
&z^k : \textit{free}
\end{aligned}
\tag{6.3}
$$

위 식에서 v_m 과 u_n 은 각 투입 및 산출요소의 상대적 가치를 나타낸다. 또한 위 식에서 눈여겨 보아야 할 점은 쌍대변수 z 에 대한 음/양의 제약이 없다는 것이다. 이 z 는 다음 6.5절에서 다룰 규모의 경제성을 판단하는데 중요한 역할을 하게 된다.

마찬가지 방식으로 가변규모수익 하의 산출기준 효율성 모형에 대해 쌍대모형을 이용해 가상가격 기준 모형을 도출하면 다음 식과 같다.

모형 6.4 **가변규모수익-가상가격-산출기준 모형**

$$
\begin{aligned}
&\min_{\mathbf{u},\mathbf{v},z}\left(\sum_{m=1}^{M} v_m x_m^k - z^k\right) \\
&\textit{subject to} \\
&\sum_{n=1}^{N} u_n y_n^k = 1; \\
&\sum_{n=1}^{N} u_n y_n^j - \sum_{m=1}^{M} v_m x_m^j + z^k \le 0 \ \ (j = 1, 2, \ldots, J); \\
&v_m \ge 0 \ (m = 1, 2, \cdots, M); \\
&u_n \ge 0 \ (n = 1, 2, \cdots, N); \\
&z^k : \ \textit{free}
\end{aligned}
\tag{6.4}
$$

위 식 또한 z 의 음/양에 대한 제약이 없다. 포락모형과 가상가격기준 모형 사이에 만족하는 상보성여유조건에 따라, 여유분이 양수이면 해당 가상가격이 0이 되고, 여유분이 없으면 가상가격이 양수가 되는 성질은 항상 성립한다.

6.5 규모의 경제성 및 규모의 효율성

6.5.1 가변규모수익의 다양한 상태

가변규모수익은 규모의 경제성(IRS; Increasing Returns to Scale), 불변규모수익(Constant Returns to Scale) 혹은 규모의 불경제성(DRS; Decreasing Returns to Scale)의 3가지 수익상태를 모두 포괄한다. 규모의 경제성이 있다는 것은 투입요소의 규모를 1% 증가시킬 때 산출요소가 1% 이상 증가하는 것을 의미한다. 반면 규모의 불경제성은 투입요소의 규모를 1% 증가시킬때 산출요소의 증가율이 1% 이하라는 것을 의미한다. 따라서 현재의 관측 점이 규모의 경제 상태에 있다면 생산자의 규모를 증가시킴으로써 투입대비 산출의 비율을 향상시킬 수 있고, 반대로 규모의 불경제가 있을 경우에는 투입규모를 감소시킴으로써 투입대비 산출의 비율을 개선할 수 있다. 불변규모수익 상태는 투입요소를 1% 변화시킬 때, 산출요소 또한 1% 변화한다는 것을 의미한다. 즉, 기존 상태에서 규모를 늘리거나 줄인다고 하더라도 투입대비 산출을 의미하는 생산성이 변화하지 않는다는 것을 나타낸다. 이 세가지 상태를 직관적으로 나타내면 [그림 6-4]와 같다.

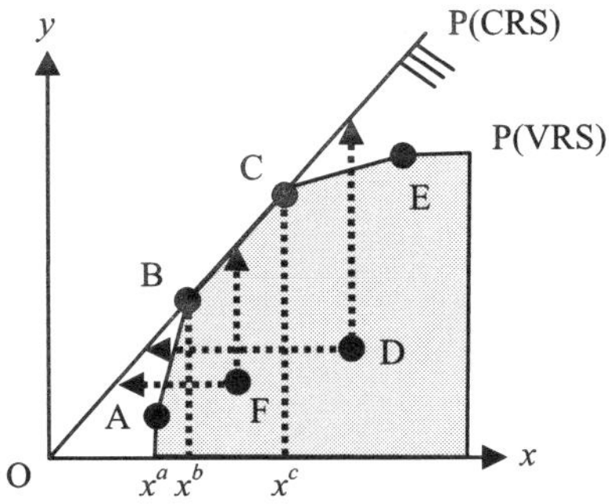

[그림 6-4] 생산변경의 규모 특성 (1투입-1산출)

[그림 6-4]에서 x^a 에서부터 x^b 까지는 투입규모를 늘릴 때 투입대 산출의 비율이 증가하고, 반대로 x^c 이상의 투입규모에서는 투입규모를 늘릴 때 투입대 산출의 비율이 감소한다. x^b 와 x^c 사이의 규모에 있을 때는 투입규모를 확장하는 비율만큼 동일한 비율로 산출이 늘어나기 때문에 불변규모수익이 성립한다. 이를 달리 생각해 보면 원점과 가변규모수익을 가정한 생산변경 상의 점을 연결하였을 때, 그 선의 기울기가 투입규모의 변화에 따라 커지는지(규모의 경제성), 작아지는지(규모의 불경제성), 혹은 변화가 없는지(불변규모수익)를 살펴보는 것과 같다.

한편, 생산변경의 **부분평면**(piecewise plain)을 연장하였을 때 절편의 위치로 규모의 경제성을 판단할 수도 있다. 만약에 그 절편이 음수이면 규모의 경제이고, 양수이면 규모의 불경제이며, 0이면 불변규모수익이다. [그림 6-4]를 예로 들어 살펴보면, 선분 AB를 연장하였을 때 y축에 닿는 절편은 음수이기 때문에 선분 AB에 해당하는 투입규모는 규모의 경제성을 보이고 있고, 선분 BC를 연장하였을 때 절편은 0이기 때문에 불변규모수익을 보이는 것으로 판단할 수 있다. 마지막으로 선분 CE를 연장하였을 때의 절편은 양수이기 때문에 규모의 불경제성을 보인다. 투입-산출요소의 개수가 2개 이상인 다차원의 공간에서도 이와 유사한 논리가 성립된다.

규모의 경제성, 불경제성 문제는 생산변경의 특성과 관련된 문제다. 즉, 생산변경의 모양을 특징짓는 개념이기 때문에 생산가능집합 내부의 점에 대하여 규모의 경제성 (혹은 불경제성)을 논할 때는 내부 점을 생산변경으로 투영한 후 투영된 위치에서의 생산변경 모양으로 논하는 것이 일반적이다.

규모의 경제성 문제를 분석하는 것은 효율성 수준을 판단하는 문제와 달리 현재의 규모가 최적 상태인지, 그렇지 않다면 효율을 높이기 위하여 생산자의 규모를 줄여야 하는지 혹은 늘려야 하는지에 대한 정보를 제공하게 된다.

6.5.2 가변규모수익 상태에 대한 판단

어떤 관측치가 불변규모수익상태에 있는지 아닌지를 판단하는 방법은 불변규모수익하의 효율성 척도와 가변규모수익 하의 효율성 척도가 같은지를 살펴보면 된다. 이를 표현하면 다음과 같다.

정의 6.1 불변규모수익 상태

투입기준 효율성 모형에서 $\theta^{k*}(CRS) = \theta^{k*}(VRS)$ 이면 k번째 관측치는 불변규모수익 상태에 있다. 산출기준 효율성 모형에서도 $\phi^{k*}(CRS) = \phi^{k*}(VRS)$ 이면 k번째 관측치는 불변규모수익 상태에 있다. 불변규모수익 상태가 아니면 규모의 경제 혹은 규모의 불경제성 상태에 있다.

위의 정의에서 특정한 관측치가 투입기준 효율성의 관점에서 불변규모수익 상태에 있다고 하더라도 산출기준 효율성 관점에서는 불변규모수익 상태가 아닐 수 있다. 예를 들어 앞서 [그림 6-4]의 F점을 살펴보면, 투입기준 관점에서는 규모의 경제성을 보이지만 산출기준 관점에서는 불변규모수익을 보인다.

위의 정의를 이용하면 특정 관측치가 불변규모수익 상태에 있는지 아닌지는 알 수 있지만, 규모의 경제성을 보이고 있는지, 규모의 불경제성을 보이고 있는지는 알 수 없다. 이를 판단하기 위해서는 비규모경제성(NIRS; Non-Increasing Returns to Scale) 모형과 비규모불경제성(NDRS; Non-Decreasing Returns to Scale) 모형을 생각할 필요가 있다. k번째 관측치에 대하여 투입기준으로 두 모형을 제시하면 다음과 같다.

모형 6.5 투입기준 비규모경제성 효율성 모형(Input-based NIRS model)

$$
\begin{aligned}
&\theta^{k*} = \min_{\theta,\boldsymbol{\lambda}} \theta^k \\
&\textit{subject to} \\
&\theta^k x_m^k \ge \sum_{j=1}^{J} x_m^j \lambda^j \quad (m = 1, 2, \ldots, M) \ ; \\
&y_n^k \le \sum_{j=1}^{J} y_n^j \lambda^j \quad (n = 1, 2, \ldots, N) \ ; \\
&\sum_{j=1}^{J} \lambda^j \le 1 \ ; \\
&\lambda^j \ge 0 \ (j = 1, 2, \ldots, J)
\end{aligned}
\tag{6.5}
$$

모형 6.6 투입기준 비규모불경제 효율성 모형(Input-based NDRS model)

$$
\begin{aligned}
&\theta^{k*} = \min_{\theta,\boldsymbol{\lambda}} \theta^k \\
&\textit{subject to} \\
&\theta^k x_m^k \ge \sum_{j=1}^{J} x_m^j \lambda^j \quad (m = 1, 2, \ldots, M) \ ; \\
&y_n^k \le \sum_{j=1}^{J} y_n^j \lambda^j \quad (n = 1, 2, \ldots, N) \ ; \\
&\sum_{j=1}^{J} \lambda^j \ge 1 \ ; \\
&\lambda^j \ge 0 \ (j = 1, 2, \ldots, J)
\end{aligned}
\tag{6.6}
$$

위 두 모형의 의미는 [그림 6-5]에서 확인가능하다.

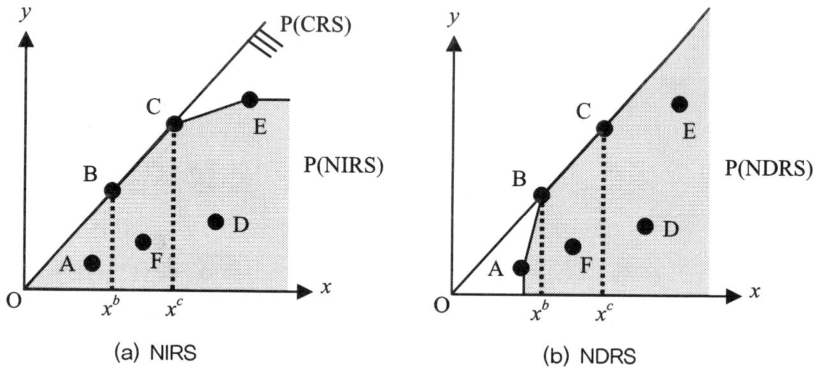

[그림 6-5] 비규모경제성(NIRS) 및 비규모불경제성(NDRS) 모형 (1투입-1산출)

[그림 6-5]의 (a)에서 생산가능집합은 $\sum_{j=1}^{J}\lambda^j \leq 1$ 조건에 따라 관측치 혹은 관측치 조합의 축소는 허용되지만 확대는 허용되지 않는 모양을 가지고 있다. 따라서 규모의 경제성이 나타나지 않고, 불변규모수익과 규모의 불경제성만이 나타나게 된다. (b)에서는 반대로 $\sum_{j=1}^{J}\lambda^j \geq 1$ 조건에 따라 관측치와 관측치 조합의 확대는 허용되나 축소는 허용되지 않는다. 따라서 불변규모수익과 규모의 경제성은 표현되지만 규모의 불경제성은 나타나지 않는다.

이제 불변규모수익(CRS), 가변규모수익(VRS), 비규모경제성(NIRS), 비규모불경제성(NDRS)모형을 조합하면 투입기준일 때 다음과 같이 특정 관측치의 규모 특성을 정의할 수 있다.

정의 6.2 다양한 생산가능집합을 이용한 규모 상태

k번째 관측치에 대하여 $\theta^{k*}(CRS) \neq \theta^{k*}(VRS)$ 이고, $\theta^{k*}(CRS) = \theta^{k*}(NIRS)$ 이면 k번째 관측치는 규모의 경제성 상태에 있다. 또한 $\theta^{k*}(CRS) \neq \theta^{k*}(VRS)$ 이고, $\theta^{k*}(CRS) = \theta^{k*}(NDRS)$ 이면 k번째 관측치는 규모의 불경제성 상태에 있다.

규모특성을 파악하기 위한 또 다른 방법은 다음과 같이 두 가지가 더 있다.

정의 6.3 가중치 합을 이용한 규모 상태

불변규모수익모형을 풀었을 때 k번째 관측치가 규모의 경제성을 보이면 $\sum_{j=1}^{J} \lambda^{j*} < 1$, 불변규모수익을 보이면 $\sum_{j=1}^{J} \lambda^{j*} = 1$, 규모의 불경제성을 보이면 $\sum_{j=1}^{J} \lambda^{j*} > 1$ 이다.

정의 6.4 절편값을 이용한 규모 상태

가변규모수익 하의 가상가격 기준 모형을 풀었을 때 k번째 관측치가 규모의 경제성을 보이면 $z^{k*} < 0$, 불변규모수익을 보이면 $z^{k*} = 0$, 규모의 불경제를 보이면 $z^{k*} > 0$ 이다.

위의 서로 다른 규모특성의 정의 방법은 동일한 관측치에 대해 적용할 때 동일한 결과를 얻는다.

6.5.3 규모의 효율성을 고려한 효율성 분해

규모의 경제성이나 규모의 불경제성을 보일 때는 규모를 조정함으로써 투입대비 산출의 비율인 생산성을 변화시킬 수 있다. 따라서 규모가 최적으로 조정되어 있지 않을 때는 (즉, 불변규모수익을 보이지 않을 때) 최적화되지 않은 규모로 인하여 비효율성이 존재한다고 볼 수 있다. 규모의 최적성 여부에 따른 효율성을 규모효율성이라 하며 투입기준으로 생각할 때 다음과 같이 정의한다.

$$SE_I^k = \frac{\theta^{k*}(CRS)}{\theta^{k*}(VRS)} \tag{6.7}$$

[그림 6-6]의 K점을 예로 들면, 위의 식은 다음과 같다.

$$SE_I^k = \frac{\theta^{k*}(CRS)}{\theta^{k*}(VRS)} = \frac{\overline{K_2K_3}\,/\,\overline{KK_3}}{\overline{K_1K_3}\,/\,\overline{KK_3}} = \frac{\overline{K_2K_3}}{\overline{K_1K_3}} \tag{6.8}$$

결국 규모효율성이란 불변규모수익을 나타내는 생산변경과 가변규모수익 하의 생산변경의 차이, 즉 K_1과 K_2간의 거리를 비율로써 나타낸 것이라 할 수 있다.

규모효율성 척도인 SE_I^k는 1보다 작고 0보다 크다. 1에 가까울수록 최적규모에 가까워 규모로 인한 효율성 손실이 없고, 1이면 불변규모수익을 나타낸다.

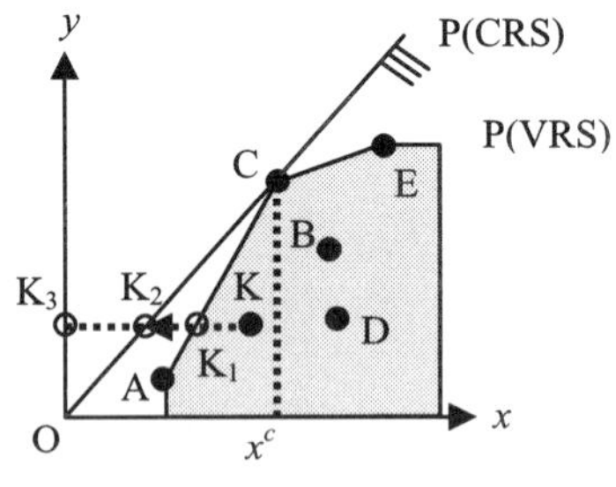

[그림 6-6] 규모효율성의 의미 (1투입-1산출)

위의 규모효율성 정의를 이용하면 다음과 같이 불변규모수익 하의 효율성을 분해할 수 있다.

$$\theta^{k*}(CRS) = \theta^{k*}(VRS) \times SE_I^k \tag{6.9}$$

산출기준 규모효율성도 다음과 같이 정의할 수 있고, 투입기준과 같은 방식으로 해석할 수도 있다.

$$SE_O^k = \frac{\phi^{k*}(CRS)}{\phi^{k*}(VRS)} \tag{6.10}$$

불변규모수익 하의 산출기준 효율성도 다음과 같이 분해할 수 있다.

$$\phi^{k*}(CRS) = \phi^{k*}(VRS) \times SE_O^k \tag{6.11}$$

6.5.4 예제

가상적인 투입산출 자료가 [표 6-1]과 같이 주어져 있다고 하자. 각 관측치에 대하여 투입기준 규모효율성을 구하고, 불변규모수익 하의 투입기준 효율성을 분해하면 [표 6-4]와 같다.

[표 6-4] 규모효율성의 도출과 효율성 분해 (1투입-1산출)

	θ^{j*}(CRS)	θ^{j*}(VRS)	SE_I^{k*}	$\theta^{k*}(VRS) \times SE_I^j$	$\sum \lambda^{j*}(CRS)$
A	0.222	0.667	0.333	0.222	0.167
B	0.667	1.000	0.667	0.667	0.333
C	0.444	0.500	0.888	0.444	0.667
D	1.000	1.000	1.000	1.000	1.000
E	0.583	0.667	0.874	0.583	1.167
F	0.750	1.000	0.750	0.750	1.500
G	0.600	0.800	0.750	0.600	1.500

분석결과를 살펴보면, A 점은 특히 규모의 측면에서 많은 비효율성이 존재함을 알 수 있다. 반면 불변규모수익 상태를 보이는 D점은 규모효율성이 1.000으로 나타남을 알 수 있다. B나 F점의 경우 가변규모수익 하에서는 생산변경에 놓여 있지만 규모의 측면에서 불리하기 때문에 불변규모수익 하에서는 비효율적인 것으로 평가된다.

[표 6-4]의 제일 마지막 열을 살펴보면, A, B, C점은 규모의 경제성을, D는 불변규모수익을, E, F는 규모의 불경제성을 보이고 있음을 알 수 있다.

6.6 R 코드

6.6.1 가변규모수익 모형들을 위한 함수

가변규모수익-포락-투입기준, 가변규모수익-포락-산출기준 모형을 위한 특별한 함수는 없고 dea(...)함수의 인수를 조절하면 된다. dea(...)함수의 인수 중에서 rts에 특정한 값을 부여하여 불변규모수익인지 가변규모수익인지를 결정한다. rts = 1이면 불변규모수익을, 그리고 rts = 2이면 가변규모수익을 갖게 된다.

역시 가변규모수익-가상가격-투입기준, 가변규모수익-가상가격-산출기준 모형을 위한 특별한 함수는 없고 dual.dea(...) 함수의 인수를 조절하여 사용한다. 즉, dual.dea(...) 함수의 인수 중에서 rts값을 조절하면 역시 불변규모수익(rts = 1)과 가변규모수익(rts = 2)을 표현할 수 있다.

6.6.2 1 투입-1산출 예제

[표 6-1]에 나온 가상데이터를 가변규모수익-포락-투입기준 모형으로 분석하기 위한 코드는 다음과 같다.

```
tab6.1.dat <- data.frame(y = c(1, 2, 4, 6, 7, 9, 9),
                         x = c(3, 2, 6, 4, 8, 8, 10))
re <- dea(tab6.1.dat, noutput = 1, orientation = 1, rts = 2)
```

또한 동일한 데이터를 가변규모수익-포락-산출기준 모형으로 분석하기 위한 코드는 다음과 같다.

```
re <- dea(tab6.1.dat, noutput = 1, orientation = 2, rts = 2)
```

여기에서 투입기준과 산출기준을 선택하는 인수 orientation이 2로 바뀌었음을 확인하자. 동일 데이터를 가변규모수익-가상가격-투입기준 모형으로 효율성을 측정하고 가상가격들을 도출해내는 코드는 다음과 같다.

```
re <- dual.dea(tab6.1.dat, noutput = 1, orientation = 1,
               rts = 2)
```

또한 가변규모수익-가상가격-산출기준 모형으로 효율성을 측정하고 가상가격들을 도출하는 코드는 다음과 같다.

```
re <- dual.dea(tab6.1.dat, noutut = 1, orientation = 2,
               rts = 2)
```

6.6.3 규모의 효율성 측정

규모의 효율성을 측정하기 위한 특별한 함수는 없고, dea(...) 함수의 인수들을 조절하여 계산하면 된다. dea(...) 함수의 인수 중에서 rts = 1로, onlytheta = T로 주면 불변규모수익 하에서 효율성만을 도출해 낼 수 있다. 또한 dea(...) 인수 중에서 rts = 2, onlytheta = T로 주면 가변규모수익 하에서 효율성만을 도출할 수 있다. 이것을 이용하여 다음과 같이 코드를 작성하면 규모의 효율성을 측정할 수 있다. 이 예제에서는 [표 6-1]의 자료를 이용했다.

```
re.crs <-
   dea(tab6.1.dat, noutput = 1, orientation = 1, rts = 1,
       onlytheta = T)
re.vrs<-
   dea(tab6.1.dat, noutput = 1, orientation = 1, rts = 2,
       onlytheeta = T)
scale.eff <- re.crs/re.vrs
```

$\sum_j \lambda_j^*$ 를 이용하여 규모의 경제, 규모의 불경제, 불변규모수익을 판단하는 코드 또한 살펴보도록 하자. 앞서 이론에서 제시된 여러 방법들 가운데 불변규모수익 하에서 효율성값을 측정할 때의 λ_j 들의 최적치의 합을 이용하여 판단하는 논리를 사용하였다.

```
dat6.1 <- data.frame(y = c(1, 2, 4, 6, 7, 9, 9),
                     x = c(3, 2, 6, 4, 8, 8, 10))
re <- dea(dat6.1, noutput = 1, rts = 1)
```

위 코드를 적용한 결과는 다음과 같다.

```
> re
eff lambda1 lambda2 lambda3 lambda4 lambda5 lambda6 lambda7 slack.x1
1 0.2222       0       0       0 0.1667       0       0       0        0
2 0.6667       0       0       0 0.3333       0       0       0        0
3 0.4444       0       0       0 0.6667       0       0       0        0
4 1.0000       0       0       0 1.0000       0       0       0        0
5 0.5833       0       0       0 1.1667       0       0       0        0
6 0.7500       0       0       0 1.5000       0       0       0        0
7 0.6000       0       0       0 1.5000       0       0       0        0

  slack.y1
1        0
2        0
3        0
4        0
5        0
6        0
7        0
```

위의 해에서 λ_j 들의 최적치가 나타난 열인 2열부터 8열까지를 추려내고 이들의 행합을 하면 각각의 관측치들에 대한 $\sum_j \lambda_j^*$ 를 구해낼 수 있다. 행합을 할 때 이용되는 함수는 R의 내장함수인 apply(...)를 이용한다. 그 이용법 및 결과는 다음과 같다.

```
lambdas <- re[, 2:8]  ## re의 2열부터 8열까지를 추려낸다.
apply(lambdas, 1, sum) ## lambdas의 행합을 구해낸다.
[1] 0.1667 0.3333 0.6667 1.0000 1.1667 1.5000 1.5000
```

위 결과는 [표 6-4]의 마지막 열에 나온 값과 동일하다.

6.7 관련문헌

Charnes, Cooper and Rhodes (1978)는 불변규모수익을 가정한 모형을 제시하였고, Banker, Charnes and Cooper (1984)는 이 가정을 전제하지 않은 가변규모수익 모형을 제시하였다. 이후 이 모형을 가변규모수익 모형, 혹은 VRS 모형이라고 하거나 연구자의 이름 첫 글자를 본 따 BCC 모형이라고 하기도 한다.

Färe, Grosskopf and Lovell (1985)은 단지 규모의 특성뿐 아니라 이로 인해 발생하는 비효율성인 규모의 (비)효율성을 계산하였다. 그들은 본 장에서 제시된 바와 같이 불변규모수익 하의 효율성이 가변규모수익 하의 효율성과 규모효율성으로 나뉘어 질 수 있음을 보였다. 이후 연구들에서는 가변규모수익 하의 효율성을 순수 기술적 효율성(pure technical efficiency)이라고 하여 일반적인 효율성이 아닌 규모비효율성을 배제한 효율성으로서 의미를 강조하게 되었다.

특정 관측치가 규모의 경제성, 규모의 불경제성, 불변규모수익 중 어떤 규모 특성을 갖는지를 식별하는 것과 관련하여 많은 연구가 이루어졌으며 본 장에서 소개한 3가지가 주로 이용된다. 이 중에서도 NIRS, NDRS와 같이 다양한 규모특성을 가진 생산가능집합을 비교하는 Färe, Grosskopf and Lovell (1985)의 방법이 많이 쓰인다. 이 방법은 각 규모특성 별로 모형을 따로 풀어야 하는 어려움이 있지만, 결정적으로 규묘효율성을 계산해 낼 수 있기 때문에 현실 응용의 관점에서 중요한 결과를 제시하는 장점이 있다. 반면 불변규모수익 가정 하에서 포락모형의 해인 가중치 합($\sum_{j=1}^{J} \lambda^{j*}$)을 이용하는 방법과 가상가격 기준 모형의 해인 z^{k*}를 이용하는 방법은 규모특성을 간단히 구분할 수 있는 방법이지만 규모효율성을 바로 계산해 낼 수는 없다. 이들 방법은 Banker and Thrall (1992)에 종합적으로 설명되어 있다.

생산기술의 규모특성은 경제학에서 오래도록 연구되어온 주제 중의 하나이다. 그러나, 경제학에서는 어떤 규모특성을 갖는가 못지않게, 그 규모특성의 정도에 대해 많은 관심을 기울여 왔다. 예를 들어 투입을 1% 증가시킬 때 산출이 1% 이상 증가하면 규모의 경제성을 가지고 있다고 한다. 그러나 이 규모의 경제성이 어느 정도인지를 표현하기 위해서는 투입 1% 증가 대비 산출이 몇 % 증가하는지를 알아야 한다. 이 투입 증가율 대비 산출 증가율의 비율을 규모탄력성(scale elasticity)라고 한다. DEA 연구에서는 (1) 규모의 특성이 무엇인가를 알아내는 문제와 (2) 규모가 적절한 수준이 아니기 때문에 발생하는 비효율성의 크기가 얼마인지에 대해서는 많은 논의가 있었으나, 규모탄력성이 얼마인지를 계산하는데 대해서는 많은 노력이 기울여지지 않았다. 이와 관련하여 Cooper, Thompson and Thrall (1996)은 다수투입-다수산출 상황에서 규모탄력성 값을 구하는 일반 모형을 제안했다.

6.8 연습문제

1. 공중보건소의 효율성을 측정하고자 한다. 투입기준과 산출기준 모형 가운데 어떤 것을 적용하여 분석하는 것이 타당할까?

2. 규모의 특성을 식별하기 위하여 다음 모형을 활용하기도 한다. 이 모형의 정성적 의미를 설명해보자. (Cooper, Thompson and Thrall, 1996)

$$
\begin{aligned}
&\max_{\alpha,\beta,\boldsymbol{\lambda}} \theta^k \beta / \alpha \\
&subject\ to \\
&\alpha x_m^k \geq \sum_{j=1}^{J} x_m^j \lambda^j \quad (m=1,2,\ldots,M)\ ; \\
&\beta y_n^k \leq \sum_{j=1}^{J} y_n^j \lambda^j \quad (n=1,2,\ldots,N)\ ; \\
&\sum_{j=1}^{J} \lambda^j = 1\ ; \\
&\lambda^j \geq 0 \ (j=1,2,\ldots,J)\ ; \\
&\alpha, \beta \geq 0
\end{aligned}
$$

위 모형은 목적함수가 분수 형태로 되어 있어 일반적인 선형계획법으로 풀 수 없다. Cooper, Thompson and Thrall (1996)을 참조하여 선형계획 모형으로 전환하는 방법에 대해 생각해보자.

3. 산출기준 규모효율성 척도인 SE_o^k 의 성질에 대해 생각해보자. (i) k 번째 관측치의 산출을 z배 하면 규모효율성 척도는 어떻게 변화할까? (ii) 모든 관측치에 걸쳐 특정 투입요소나 산출요소를 z배 하면 규모효율성 척도는 어떻게 변화할까?

4. [표 6-1]의 자료에 대해 산출기준 모형을 적용하여 [표 6-4]와 같이 규모효율성을 계산하고, 효율성 분해를 수행해보자. 분석결과를 [표 6-4]와 비교해보자. 차이가 있다면 그 원인이 무엇인지에 대해 생각해보자.

7. 대안적 생산변경 및 효율개선 방법

7.1 개요

지금까지 제시되었던 효율성 분석 모형들은 투입기준 혹은 산출기준, 불변규모수익 혹은 가변규모수익 등의 가정에 따라 몇 가지 특징을 가지게 된다. 가장 기본적인 모형 중 하나인 투입기준 가변규모수익 모형의 특징들을 살펴보면 다음과 같다. 첫째, 자유가처분성과 볼록성을 만족시키는 생산가능집합을 가정하고, 비효율적인 점과 생산변경과의 거리를 측정한다. 둘째, 산출의 수준을 유지한 채 모든 투입을 동일한 비율로 줄여나가는 효율성 규칙을 갖는다. 이를 그림으로 간단히 요약하면 [그림 7-1]과 같다.

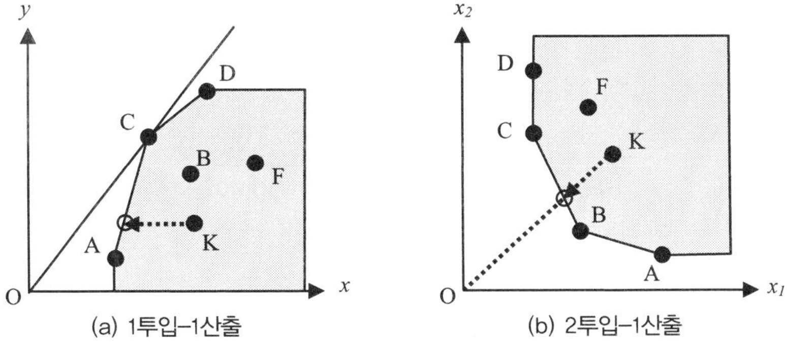

[그림 7–1] 가변규모수익 하의 투입기준 효율성 모형의 의미

관측점과 생산변경과의 거리를 측정하는 규칙을 달리 정하거나 생산가능집합의 모양에 대한 가정을 달리 함으로서 또 다른 효율성 모형들을 얻을 수 있다. 가령, 효율성 측정의 거리 측정 규칙을 달리 함으로서 **합계모형**(Additive Model), **여유분 기준 모형** (Slacks-based model; SBM), **방향거리 함수 모형** 등을 얻을 수 있다. 또한 생산가능집합 구축 시 볼록성과 불변규모수익 가정을 사용하지 않고, 자유가처분성만으로 생산가능집합을 구성하면 **FDH(Free Disposable Hull) 모형**이 된다.

효율성 분석모형에는 이 밖에도 다양한 가정에 따라 수없이 많은 모형이 존재한다. 특히 풀고자 하는 응용문제의 특성을 감안하여 새로운 모형들을 생각할 수 있고, 이에 따라 현재까지 수백가지가 넘는 모형들이 제시되어 왔다. 본 장에서는 생각할 수 있는 모든 대안적 모형의 가능성들을 보여준다기보다 지금껏 제시된 모형들 가운데 그나마 상대적으로 많이 활용되어 왔던 것들을 대표적인 예로서 소개하고자 한다.

7.2 합계모형

7.2.1 정의와 의의

합계모형은 관측점에서부터 투입을 줄임과 동시에 산출을 늘리면서 이를 수 있는 가장 먼 생산변경 상의 점을 찾는 효율성 규칙을 가지고 있다. 이를 그림으로 나타내면 [그림 7-2]와 같다.

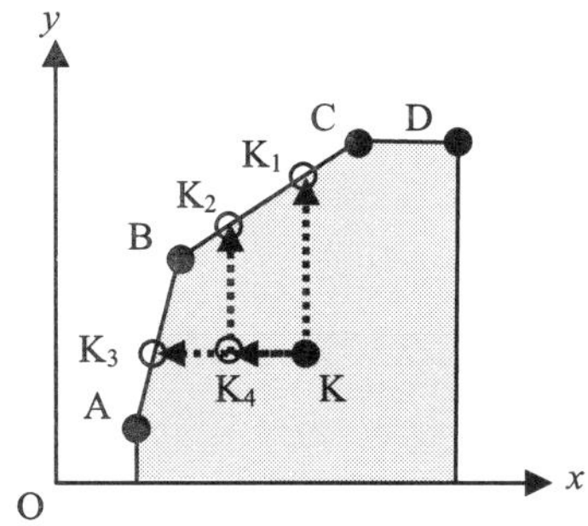

[그림 7-2] 합계모형의 의미 (1투입-1산출)

합계모형에서 효율성을 높이기 위해 생산변경 쪽으로 산출을 늘리거나 투입을 줄여나가며, 이들의 합을 최대로 하는 것이 합계모형의 목적이다. 예를 들어 관측점 K를 중심으로 생각해 보자. K점을 원점으로 간주하여 그려진 사분면의 2사분면에 있는 모든 점들이 K보다 효율성이 높은 점들이다. 관측점 K를 기준으로 한 합계모형은 관측점 K로부터 K_1BK_3 상의 강효율적인 점들까지 줄인 투입량과 늘린 산출량의 합을 최대로 하는 목적함수를 갖는다. 예를 들어 K점과 K_2까지의 거리를 생각하면 투입에서의 여유분으로 $\overline{KK_4}$ 를 얻을 수 있고, 산출에서의 여유분 $\overline{K_2K_4}$ 를 얻을 수 있기 때문에, 이 두 값의 절대값들을 모두 더하여 K와 K_2간의 거리로 간주하는 것이다.

앞서 살펴본 기본 모형들은 산출을 고정시킨 채 투입을 줄이거나(투입기준), 투입을 고정시킨 채 산출을 늘리는(산출기준) 특정한 방향성을 가지고 있다. 그러한 의미에서 이들 기본모형들을 **방향모형**(oriented model)이라고 부르기도 한다. 반면 본 절에서 제시된 합계모형은 투입을 줄이면서 동시에 산출을 늘리는 것을 허용하기 때문에 특정한 방향이 외부적으로 주어지지 않는다는 의미에서 **비방향모형**(non-oriented model)의 범주에 속한다.

이상에서 제시된 합계모형의 개념을 수식으로 표현하면 다음과 같다.

모형 7.1 **VRS-포락-합계모형**

$$\theta_{ADD}^{k*} = \max_{\boldsymbol{\lambda}, s^+, s^-} \left(\sum_{m=1}^{M} s_m^- + \sum_{n=1}^{N} s_n^+ \right)$$

subject to

$$
\begin{aligned}
& x_m^k = \sum_{j=1}^{J} x_m^j \lambda^j + s_m^- \ (m = 1, 2, \ldots, M) \ ; \\
& y_n^k = \sum_{j=1}^{J} y_n^j \lambda^j - s_n^+ \ (n = 1, 2, \ldots, N) \ ; \\
& \sum_{j=1}^{J} \lambda^j = 1 \ ; \\
& \lambda^j \geq 0 \ (j = 1, 2, \ldots, J) \ ; \\
& s_m^- \geq 0 \ (m = 1, 2, \cdots, M) \ ; \\
& s_n^+ \geq 0 \ (n = 1, 2, \cdots, N)
\end{aligned}
\tag{7.1}
$$

위 모형의 쌍대로서 가상가격 기준 모형은 다음과 같이 표현된다.

모형 7.2 **VRS-가상가격-합계모형**

$$\theta_{ADD}^{k*} = \min_{\boldsymbol{u}, \boldsymbol{v}, z} \left(\sum_{m=1}^{M} v_m x_m^k - \sum_{n=1}^{N} u_n y_n^k + z^k \right)$$

subject to

$$
\begin{aligned}
& \sum_{n=1}^{N} u_n y_n^j - \sum_{m=1}^{M} v_m x_m^j - z^k \leq 0 \ \ (j = 1, 2, \ldots, J) \ ; \\
& v_m \geq 0 \ (m = 1, 2 \cdots, M) \ ; \\
& u_n \geq 0 \ (n = 1, 2, \cdots, N) \ ; \\
& z^k \ : \ \mathit{free}
\end{aligned}
\tag{7.2}
$$

합계모형에는 투입을 최대한 줄이고 산출을 최대한 늘림으로서, 투입/산출을 동시에 고려하되 되도록이면 많은 비효율성을 개선하고자 하는 의도가 반영되어 있다. 이와 같이 하게 되면 벤치마킹 대상 점이 현재의 관측점으로부터 가장 먼 곳에 있는 점으로 주어지게 된다.

7.2.2 효율성 지표의 성질과 특징

합계모형의 효율성 척도, θ_{ADD}^{k*} 는 다음과 같은 특징을 갖는다. 첫째, 효율성 척도는 0보다 크고 무한대보다 작은 값으로 주어지며 0에 가까울수록 효율적이다. 둘째, 특정 투입 혹은 산출 요소에 일정한 값을 더하거나 빼도 효율성 척도 값은 변화하지 않는다. 이는 효율성 척도 값이 상대적인 비율이 아니라 절대값들의 합계로 되어 있기 때문이다. 이 성질을 이용하면 자료에 음의 값이 들어있을 경우에도 음의 자료를 갖는 투입/산출요소가 양이 될 정도로 일정한 값을 더함으로써 효율성을 측정할 수 있다는 장점을 갖는다.

기본모형들은 비율모형으로서의 특성을 가지고 있다는 점은 3장부터 6장까지 살펴보았다. 즉, k번째 관측치의 투입이나 산출을 모두 z배 할 경우 효율성 지표 값은 그 비율 혹은 그 비율의 역수만큼 변화하는 특성이 있다. 또한 기본모형들은 특정한 투입과 산출의 측정단위를 바꾸는 경우에도 측정된 효율성 값은 변화하지 않는다. 이와 같은 **동차성 조건**(homogeneity condition)이나 단위무관성의 성질이 합계모형에서는 성립하지 않는다. 특정 투입/산출의 측정단위가 달라지면 합계모형의 목적함수에 들어가는 투입/산출의 측정단위가 달라지게 되어 최적화 값 또한 달라지기 때문이다.

합계모형에서는 θ_{ADD}^{k*} 의 값에 따라, $\theta_{ADD}^{k*} = 0$이면 강효율적인 점이며, $\theta_{ADD}^{k*} > 0$이면 비효율적인 점이다. 모든 가능한 여유분을 미리 찾아서 목적함수에 더하는 형식이기 때문에 결과 해로서 여유분은 존재하지 않는다. 그러므로 합계모형의 관점에서는 강효율적인 점과 비효율적인 점만 존재하며, 약효율적인 점은 존재하지 않는다. BCC모형에서 강효율적인 점들은 합계모형에서도 강효율적이며, 그 역도 성립한다. 반면 BCC모형에서 약효율적 및 비효율적인 점들은 합계모형에서 비효율적인 점이다.

합계모형은 각 투입 및 산출요소들의 여유분을 한꺼번에 모두 더한 값으로 효율성 수준을 측정한다. 그러나 투입 및 산출의 여러 요소들은 단위가 다를 수 밖에 없는데, 서로 다른 물리적인 단위를 가진 값들을 더한다는 측면에서 직관적으로 납득되기 어려운 면이 있다. 가령 투입이 인원(명)이고 산출이 상품 개수(개)라고 할 때 이들을 더한 수치가 어떤 현실적인 의미를 갖는다고 말하기는 어렵다. 또한 (2명+3개)와 (4명+2개) 가운데 과연 어느 것이 더 효율적인가를 비교해서 말하기도 어렵다. 따라서 현실에서 합계모형을 직접 이용하기란 쉽지 않은 일이다.

7.2.3 예제 1 (1투입-1산출)

가상적인 투입과 산출자료가 [표 7-1]과 같이 주어져 있다고 하자.

[표 7-1] 가상투입산출자료 (1투입-1산출)

	A	B	C	D	E	F	G
x	3	2	6	4	8	8	10
y	1	2	4	6	7	9	9

이를 그림으로 표현하면 [그림 7-3]과 같다.

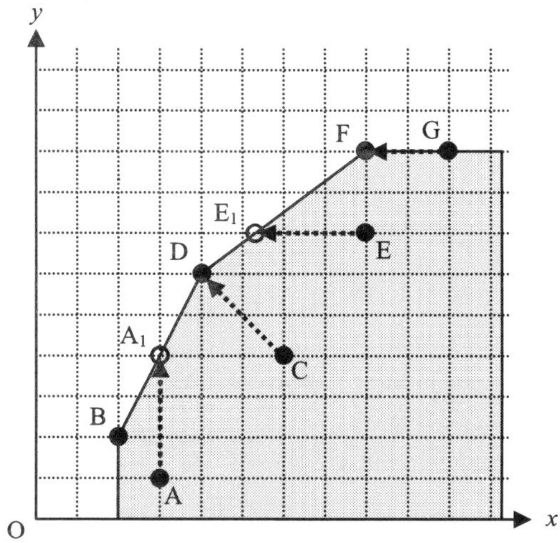

[그림 7-3] 가상자료에 대한 합계모형의 적용

[그림 7-3]에서 A점의 경우 A점의 좌상방 영역중에서 여유분의 합이 가장 큰 점인 A_1이 벤치마킹 대상점이 된다. 또한 C점의 경우 C점의 좌상방 영역중에서 여유분의 합이 가장 큰 D점이 이에 해당한다. 또한 마찬가지 논리로 E점에서 투입과 산출의 여유분을 단순 합한 것으로 정의된 거리가 가장 먼 점은 E_1점이 된다.

이 가상자료에 대하여 합계모형을 적용하면 [표 7-2]와 같은 결과를 얻는다.

[표 7-2]에서 볼 수 있는 것과 같이 θ_{ADD}^{j*} 의 값은 0보다 큰 값으로 나타난다. 효율성 척도의 크기가 클수록 비효율적이라고 할 수 있겠으나 투입과 산출에서의 여유분을 단위에 상관없이 단순히 합쳐놓은 것이므로, 이 값의 크기를 단순 비교함으로써 비효율성의 우위를 비교하는 데는 무리가 따른다.

[표 7-2] 가상자료에 대한 합계모형의 분석 결과

DMU	θ_{ADD}^{j*}	λ^{j*}	s^{-*}	s^{+*}	ϕ_{BCC-O}^{j*}
A	3.000	$\lambda^{B*}=0.500,\ \lambda^{D*}=0.500$	0	3.000	4.000
B	0	$\lambda^{B*}=1.000$	0	0	1.000
C	4.000	$\lambda^{D*}=1.000$	2.000	2.000	1.875
D	0	$\lambda^{D*}=1.000$	0	0	1.000
E	2.667	$\lambda^{D*}=0.667,\ \lambda^{F*}=0.333$	2.667	0	1.286
F	0	$\lambda^{F*}=1.000$	0	0	1.000
G	2.000	$\lambda^{F*}=1.000$	2.000	0	1.000

[표 7-2]의 마지막 열에 제시된 가변규모경제하의 산출기준 효율성 척도, ϕ_{BCC-O}^{j*} 와 비교하면, G점의 경우 방향모형에서는 효율적인 것으로 판단되지만(약효율), 합계모형에서는 비효율적인 것으로 나타남을 알 수 있다.

7.2.4 예제 2 (2투입-1산출)

2투입-1산출의 가상자료가 [표 7-3]과 같이 주어져 있다고 하자. 표에서는 원자료(Data 1)와 원자료의 x_1 에만 10을 '곱한' 자료(Data 2), 그리고 동일한 방식으로 x_1 에만 10을 '더한' 자료(Data 3)가 함께 제시되어 있다. 이 세 가지 자료에 대하여 합계모형을 적용한 결과를 정리하면 [표 7-4]와 같다.

[표 7-3] 가상투입산출자료 (2투입-1산출)

		A	B	C	D	E	F
Data 1	x_1	2	3	6	3	6	6
	x_2	5	3	1	8	4	2
	y	1	1	1	1	1	1
Data 2 (x_1 *10)	x_1	20	30	60	30	60	60
	x_2	5	3	1	8	4	2
	y	1	1	1	1	1	1
Data 3 (x_1 +10)	x_1	12	13	16	13	16	16
	x_2	5	3	1	8	4	2
	y	1	1	1	1	1	1

[표 7-4] 가상자료에 대한 합계모형의 분석결과 (2투입-1산출)

	합계모형 (Data 1)				합계모형 (Data 2)				합계모형 (Data 3)			
	θ^*	s_1^{-*}	s_2^{-*}	s^{+*}	θ^*	s_1^{-*}	s_2^{-*}	s^{+*}	θ^*	s_1^{-*}	s_2^{-*}	s^{+*}
A	0	0	0	0	0	0	0	0	0	0	0	0
B	0	0	0	0	0	0	0	0	0	0	0	0
C	0	0	0	0	0	0	0	0	0	0	0	0
D	5.0	0	5.0	0	13.0	10.0	3.0	0	5.0	0	5.0	0
E	4.0	3.0	1.0	0	35.0	35.0	0	0	4.0	3.0	1.0	0
F	1.5	1.5	0	0	15.0	15.0	0	0	1.5	1.5	0	0

먼저 Data 1과 Data 2의 분석결과를 비교하면 합계모형의 결과값이 달라진다는 것을 확인할 수 있다. 반면 Data 1과 Data 3이 분석결과를 비교하면 자료에 특정한 값을 더한 경우 그 결과가 달라지지 않는다는 것을 알 수 있다. 원자료에 특정 투입 및 산출요소에 상수값을 뺀 자료로도 동일한 효율성 척도를 얻게 된다.

7.3 여유분 기준 모형

7.3.1 정의와 의미

합계모형의 장점은 i) 투입 혹은 산출기준이라는 특정한 방향성을 사전에 강제하지 않는다는 것과, ii) 약효율적인 점을 인정하지 않음으로 인해 조금이라도 효율성 개선의 여지가 있다면 효율성 척도에서 이를 감안한다는 것이다. 하지만 단위가 서로 다른 여유분들을 직접 더하기 때문에 비효율성의 정도를 서로 다른 관측치들 간에 직접적으로 비교할 수 없다는 단점을 갖는다. 즉, 합계모형의 효율성 척도만으로 서로 다른 관측치들의 효율성 정도를 상호 비교하기가 힘들다.

이를 개선하기 위하여 제안된 모형이 **여유분 기준 모형**이다. 여유분 기준 모형을 이해하기 위해서는 다음과 같은 두가지 종류의 **효율 향상 비율**을 정의할 필요가 있다.

정의 7.1 **투입효율 향상 비율**

$$\frac{x_m^k - s_m^-}{x_m^k}$$

정의 7.2 **산출효율 향상비율**

$$\frac{y_n^k + s_n^+}{y_n^k}$$

투입효율 향상비율은 여유분만큼 줄어든 투입값이 원래 투입값에 비하여 얼마나 작은 값인지를 비율로 나타낸 것이다. 또한 산출효율 향상비율은 여유분만큼 늘어난 산출값이 원래 산출값에 비하여 얼마나 큰 값인지를 비율로 나타낸 것이다. 이와 같은 논리를 활용하면 각각의 투입 및 산출에 대하여 단위에 무관한 비율값들을 구할 수 있다.

위와 같이 각 투입 및 산출 요소 별로 효율 향상 비율을 정의하면, 다음과 같이 투입과 산출 요소에 대하여 **평균 향상비율**을 생각할 수 있다.

정의 7.3 **평균 투입효율 향상비율**

$$\frac{1}{M}\left(\sum_{m=1}^{M}\frac{x_m^k - s_m^-}{x_m^k}\right)$$

정의 7.4 **평균 산출효율 향상비율**

$$\frac{1}{N}\left(\sum_{n=1}^{N}\frac{y_n^k + s_n^+}{y_n^k}\right)$$

평균 투입효율 향상비율은 M개의 투입요소가 줄어드는 양의 평균값이고 단위무관하며, 평균 산출효율 향상비율은 N개의 산출요소가 늘어나는 양의 평균값이고 단위무관하다. 여유분 기준 모형의 구조하에서 k번째 관측치의 효율이 개선된다는 것은 생산가능집합 내에서 투입이 줄어들고, 산출이 늘어난다는 것과 동일하다. 투입이 줄어드는 양을 **투입여유분**(input slack), 산출이 늘어날 수 있는 양을 **산출여유분**(output slack)이라고 할 때 이들 투입여유분과 산출여유분들을 단위무관하게 만든 이후에 줄어든 투입량의 평균치와 늘어난 산출의 평균치를 이용하여 효율성 척도로 계산한다. 투입과 산출의 여유분들이 각각 다른 단위를 가지고 있기 때문에 원래의 관측값으로 나누어 비율값으로 전환한 값을 이용한다는 점이 합계모형과는 다르다. 즉, 단위무관하게 투입 여유분과 산출 여유분을 고려한다는 점에서 합계모형의 단점을 극복했다고 본다. 이 모형이 관측치와 생산변경 간의 여유분에 근거하고 있다는 점을 감안하여 여유분 기준 모형이라고 한다. 가변규모수익을 가정한 생산가능집합에 대하여 여유분 기준 모형을 수식으로 제시하면 다음과 같다.

모형 7.3 VRS–포락–SBM

$$\theta_{SBM}^{k*} = \min_{\boldsymbol{\lambda}, s^+, s^-} \left(\frac{1}{M} \sum_{m=1}^{M} \frac{x_m^k - s_m^-}{x_m^k} \right) \Big/ \left(\frac{1}{N} \sum_{n=1}^{N} \frac{y_n^k + s_n^+}{y_n^k} \right)$$

or

$$\theta_{SBM}^{k*} = \min_{\boldsymbol{\lambda}, s^+, s^-} \left(1 - \frac{1}{M} \sum_{m=1}^{M} \frac{s_m^-}{x_m^k} \right) \Big/ \left(1 + \frac{1}{N} \sum_{n=1}^{N} \frac{s_n^+}{y_n^k} \right)$$

subject to

$$\begin{aligned} & x_m^k = \sum_{j=1}^{J} x_m^j \lambda^j + s_m^- \ \ (m = 1, 2, \ldots, M) \ ; \\ & y_n^k = \sum_{j=1}^{J} y_n^j \lambda^j - s_n^+ \ (n = 1, 2, \ldots, N) \ ; \\ & \sum_{j=1}^{J} \lambda^j = 1 \ ; \\ & \lambda^j \geq 0 \ (j = 1, 2, \ldots, J) \ ; \\ & s_m^- \geq 0 \ (m = 1, 2, \cdots, M) \ ; \\ & s_n^+ \geq 0 \ (n = 1, 2, \cdots, N) \end{aligned} \tag{7.3}$$

위에서 목적함수는 평균적으로 투입을 최대한 줄임과 동시에 산출을 최대한 늘린다. 제약조건은 모든 관측치가 가변규모수익을 가정한 생산가능집합에 포함되어 있어야 함을 의미한다.

7.3.2 효율성 척도의 성질과 특징

여유분 기준 모형의 효율성 척도인 θ_{SBM}^{k*} 는 다음과 같은 특징을 갖는다. 첫째, 0과 1사이의 값을 갖고, 1에 가까울수록 효율적임을 나타낸다. 둘째, k번째 관측치보다 조금이라도 투입이 많거나, 산출이 적은 관측치는 k번째 관측치보다 더 낮은 효율성 척도를 갖게 된다. 이 성질은 투입과 산출에 대한 효율성 척도의 **단조성** (monotonicity)이라고 하며, 효율성 척도가 현실에서 의미를 갖기 위한 중요한 성질이다. 셋째, BCC모형에서 강효율적이면 $\theta_{SBM}^{k*}=1$ 이다. 또한 BCC 모형에서 약효율적이거나 비효율적이면 여유분 기준 모형에서는 1보다 작은 값을 갖게 된다.

여유분 기준 모형에서 도출되는 효율성 척도의 가장 중요한 특징은 모든 관측치에 대하여 특정 투입 혹은 산출요소의 측정단위를 바꾸더라도 효율성 척도가 달라지지 않는다는 것이다. 이는 합계모형에서는 찾을 수 없는 특징이다. 이 성질이 성립하는 이유는 여유분 기준 모형의 기초자료가 되는 투입효율 향상 비율이나 산출효율 향상비율이 모두 단위와 무관하도록 정의되었기 때문이다.

여유분 기준 모형은 효율성 개선의 방향성을 갖고 있지 않는 비방향성 모형이다. 따라서 산출을 고정하고, 투입만을 집중적으로 줄여가거나(투입기준) 혹은 그 반대의 경우를 가정하는 것이 적절하지 않은 경우에 활용가능하다.

여유분 기준 모형은 투입과 산출의 변화를 동시에 고려하며 단위무관한 효율성 척도를 제공한다는 장점이 갖고 있지만, 효율성 척도가 현실적으로 의미하는 바가 확실치 않다는 단점을 갖고 있다. 가령 투입기준 CCR 모형에서 θ_{CCR-I}^{k*} 이 0.7이라는 것은 k번째 관측치의 모든 투입을 현재수준의 70%로 줄이면 CRS 생산변경에 도달한다는 것을 의미한다. 그러나 $\theta_{SBM}^{k*}=0.7$이 현실에서 무엇을 의미하는지는 불확실하다. 이러한 점에서 여유분 기준 모형의 측정결과는 효율성 척도를 현실에 적용하여 해석할 때 어려움이 뒤따른다는 단점을 갖는다.

7.3.3 예제 1 (1투입-1산출)

가상적인 투입과 산출자료가 [표 7-1]과 같이 주어져 있다고 하자. 이에 대하여 가변규모수익을 감안한 생산가능집합 하에서 여유분 기준 모형을 적용하면 [표 7-5]와 같은 결과를 얻을 수 있다.

[표 7-5] 가상투입산출자료에 대한 SBM 모형의 적용결과

DMU	θ^*	λ^{j*}	s^{-*}	s^{+*}
A	0.250	$\lambda^{B*}=0.500,\ \lambda^{D*}=0.500$	0	3.000
B	1.000	$\lambda^{B*}=1.000$	0	0
C	0.444	$\lambda^{D*}=1.000$	2.000	2.000
D	1.000	$\lambda^{D*}=1.000$	0	0
E	0.667	$\lambda^{D*}=0.667,\ \lambda^{F*}=0.333$	2.667	0
F	1.000	$\lambda^{F*}=1.000$	0	0
G	0.800	$\lambda^{F*}=1.000$	2.000	0

분석결과 중 λ^{j*}, s^{-*}, s^{+*}는 합계모형의 결과와 동일하다. 그러나 측정된 효율성 척도가 다르다는 점을 눈여겨 볼 필요가 있다. [표 7-2]에 제시되었던 합계모형의 효율성 값은 여유분들을 더한 값이어서 효율성 척도의 상한값이 없지만, [표 7-5]의 여유분 기준 모형의 효율성 척도 상한값은 1이다. 이와 같이 여유분 기준 모형은 합계모형에 비하여 상대적으로 효율성의 정도를 쉽게 가늠할 수 있다는 장점을 갖는다.

7.3.4 예제 2 (2투입-1산출)

2투입-1산출의 상황에서 가상투입산출자료가 [표 7-6]과 같이 주어져 있다고 하자. 이 자료에 대하여 여유분 기준 모형을 적용하면 [그림 7-4] 및 [표 7-7]과 같은 결과를 얻는다.

[표 7-6] 가상투입산출자료 (2투입-1산출)

	A	B	C	D	E	F
x_1	1	3	6	2	5	9
x_2	4	1	1	8	5	2
y	1	1	1	1	1	1

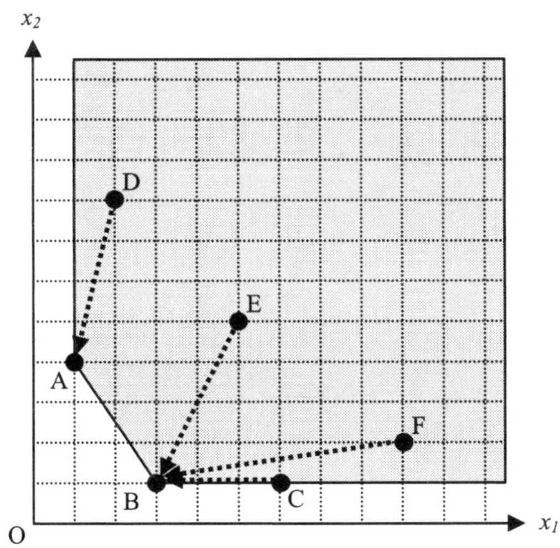

[그림 7-4] 가상투입산출자료에 대한 SBM 모형 적용결과 (2투입-1산출)

CCR 혹은 BCC모형과 같은 기본모형에서는 비효율적인 점들이 원점방향으로 이동하여 효율적이 되고 그 경로가 원점을 향한 방사선이므로 이 기본모형들을 **방사형 모형**(radial model)의 범주에 속한다. 그러나 [그림 7-4]에서 확인할 수 있는 것과 같이 여유분 기준 모형에서는 특정 관측점이 효율적으로 변하기 위해서 굳이 원점 방향으로 이동할 필요가 없다는 것을 알 수 있다. 이러한 의미에서 여유분 기준 모델은 **비방사형 모형**(non-radial model)으로 구분된다.

[표 7-7] 가상투입산출자료에 대한 SBM 모형 적용결과 (2투입-1산출)

DMU	SBM				BCC-I			
	θ_{SBM}^{k*}	s_1^{-*}	s_2^{-*}	s^{+*}	θ_{BCC-I}^{k*}	s_1^{-*}	s_2^{-*}	s^{+*}
A	1.000	0	0	0	1.000	0	0	0
B	1.000	0	0	0	1.000	0	0	0
C	0.750	3.000	0	0	1.000	3.000	0	0
D	0.500	1.000	4.000	0	0.500	0	0	0
E	0.400	2.000	4.000	0	0.440	0	0	0
F	0.417	6.000	1.000	0	0.500	1.500	0	0

여유분 기준 모형과 투입기준 BCC 모형의 결과를 비교하면, 효율적인 점에 대한 판단이 다를 수 있음을 알 수 있다. 가령 C 점의 경우, BCC 모형에서는 효율적으로 나타나지만(약효율) 여유분 기준 모형에서는 비효율적으로 나타난다. BCC 모형처럼 효율성 척도와 여유분을 따로 고려하여야 하는 비율모형들과 달리, 여유분 기준 모형에서는 효율성 척도와 여유분을 동시에 고려하여 하나의 집계된 척도로 표현한다는 장점이 있음을 알 수 있다.

7.4 방향거리 함수

7.4.1 정의와 의미

방향거리 함수 모형은 투입과 산출을 동시에 변화시킬 수 있다는 점에서 여유분 기준 모형과 유사하다. 하지만 비효율적인 관측치의 효율성을 개선시켜 나가고자 하는 방향이 분석자에 의하여 효율성 계산 이전에 주어진다는 점이 여유분 기준 모형과는 다르다. 이 효율성 개선방향은 비효율적인 점을 생산변경으로 투영할 때의 투영 경로를 의미하기도 한다. 요약하자면, 방향거리함수모형은 분석자에 의해 주어진 방향으로만 효율성의 개선이 이루어지도록 강제한다.

방향거리함수를 이해하기 위해서는 먼저 효율성 개선의 방향을 나타내는 방향벡터를 정의할 필요가 있다.

정의 7.5 방향벡터(directional vector)

$$(\mathbf{g}_m^x, \mathbf{g}_n^y) = (g_1^x, g_2^x, \cdots, g_M^x; g_1^y, g_2^y, \cdots, g_N^y)$$

방향벡터가 위와 같이 주어지면, 이 경로를 따라 방향벡터의 일정한 비율로 k번째 관측치의 투입을 줄이면서 동시에 산출을 늘려가도록 관측점을 생산변경으로 이동시킬 수 있다. 이를 수식으로 나타내면 다음과 같다.

정의 7.6 방향벡터에 의한 투입산출의 개선

$$\begin{pmatrix} x_m^* \\ y_n^* \end{pmatrix} = \begin{pmatrix} x_m - \theta g_m^x \\ y_n + \theta g_n^y \end{pmatrix}$$

이를 이용하면 다음 식과 같은 방향거리함수 효율성 모형을 얻을 수 있다.

모형 7.4 VRS-포락-방향거리함수 효율성 모형

$$\theta_{DIR}^{k*} = \max_{\theta,\lambda} \theta$$

subject to

$$x_m^k - \theta g_m^x \geq \sum_{j=1}^{J} x_m^j \lambda^j \quad (m = 1,2,\ldots,M) \; ;$$

$$y_n^k + \theta g_n^y \leq \sum_{j=1}^{J} y_n^j \lambda^j \quad (n = 1,2,\ldots,N) \; ; \tag{7.4}$$

$$\sum_{j=1}^{J} \lambda^j = 1 \quad ;$$

$$\lambda^j \geq 0 \; (j = 1,2,\ldots,J)$$

위 수식의 의미를 이해하기 위해 1투입-1산출의 예를 나타낸 [그림 7-5]를 참조하도록 하자. [그림 7-5]의 (a)에서는 방향벡터가 (1,1)과 같이 주어져 있다. (b)에서 확인할 수 있는 것과 같이 모든 관측치에 대하여 이 방향벡터에 기초하여 (-1,1) 방향으로 투입과 산출을 개선할 때 최대 변화 거리를 구하는 것이 방향거리함수모형의 목적함수이다. 만약 방향벡터가 달리 주어지면, 생산변경의 다른 점으로 이동하게 되어 효율성 척도값도 달라진다.

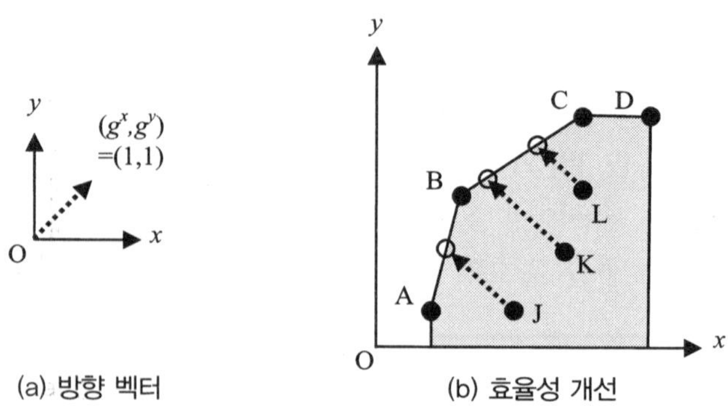

[그림 7-5] 방향거리함수모형의 의미 (1투입-1산출)

7.4.2 효율성 척도의 성질과 특징

방향거리함수 모형에서 구해지는 효율성 지표인 θ_{DIR}^{k*} 는 0보다 크다. 이 값이 0이면 투입을 줄이거나 산출을 늘릴 여지가 없으므로 관측치가 생산변경 상에 있음을 의미한다. 효율성 척도값인 θ_{DIR}^{k*} 이 커질수록 생산변경으로 이동할 수 있는 여지가 많다는 것을 의미하므로 더 비효율적임을 나타낸다.

방향거리함수 모형은 방향벡터를 어떻게 설정하는가에 따라 효율성 개선의 방향을 조절할 수 있기 때문에 투입기준 혹은 산출기준 모형 보다 더 일반화된 모형이라 할 수 있다. 가령 $(\mathbf{g}_m^x, \mathbf{g}_n^y) = (\mathbf{x}_m^k, \mathbf{0}_n)$ 와 같이 설정하면 투입기준 모형이 되고, $(\mathbf{g}_m^x, \mathbf{g}_n^y) = (\mathbf{0}, \mathbf{y}_n^k)$ 와 같이 설정하면 산출기준 모형이 된다. 뿐만 아니라 특정한 투입 혹은 산출 요소만을 개선하도록 방향벡터를 설정 할수도 있다. 이러한 이유로 인해 방향거리함수 효율성모형은 효율성 척도의 이론적 해석에서 많이 활용된다.

그러나 방향거리함수 효율성모형의 결과로 얻어지는 효율성 척도값이 현실적으로 무엇을 의미하는지가 불분명하므로, 효율성 개선을 위한 컨설팅에 활용하기에는 다소 무리가 있다는 견해도 있다.

7.4.3 예제 (1투입–1산출)

가상적인 투입과 산출자료가 [표 7-1]과 같이 주어져 있다고 하자. 효율성 개선을 위한 방향벡터가 $(g^x, g^y) = (1,1)$ 로 주어져 있다고 할 때 방향거리함수 효율성 모형을 적용하면 [그림 7-6] 및 [표 7-8]과 같은 결과를 얻을 수 있다.

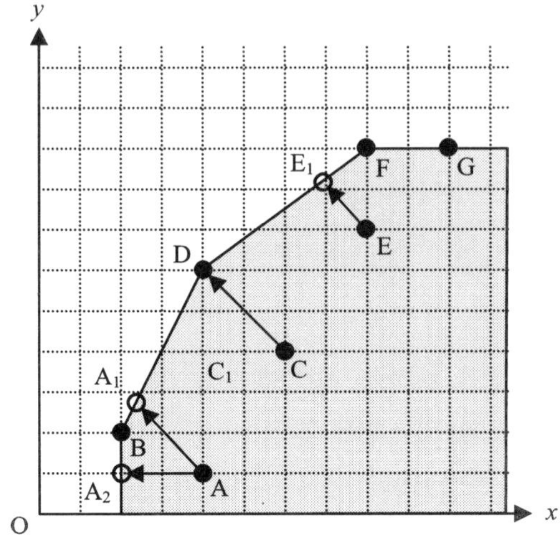

[그림 7-6] 가상투입산출자료에 대한 방향거리함수 모형 적용결과 (1투입-1산출)

[그림 7-6]을 참조하면, 각 점들이 투입을 줄이면서 산출을 늘리는 방향으로 효율성을 개선해나간다는 점을 알 수 있다. A점의 경우에 대하여 투입기준 BCC 모형을 적용하면 A_2점과 같이 투입만을 줄이는 방향으로 진전하겠지만, 방향거리함수모형에서는 A_1점과 같이 투입과 산출이 동시에 조정되는 방향으로 움직이게 된다.

[표 7-8] 가상투입산출자료에 대한 방향거리함수 모형 적용결과 (1투입-1산출)

DMU	VRS-방향거리함수 모형				BCC-I		
	θ_{DIR}^{k*}	λ^{j*}	s^{-*}	s^{+*}	θ_{BCC-I}^{k*}	s^{-*}	s^{+*}
A	1.667	$\lambda^{B*}=0.833,\ \lambda^{D*}=0.167$	0	0	0.667	0	1.000
B	0.000	$\lambda^{B*}=1.000$	0	0	1.000	0	0
C	2.000	$\lambda^{D*}=1.000$	0	0	0.500	0	0
D	0	$\lambda^{D*}=1.000$	0	0	1.000	0	0
E	1.143	$\lambda^{D*}=0.286,\ \lambda^{F*}=0.714$	0	0	0.667	0	0
F	0	$\lambda^{F*}=1.000$	0	0	1.000	0	0
G	0	$\lambda^{F*}=1.000$	2.000	0	0.800	0	0

[표 7-8]에 나온 결과에 의하면 C점이 방향벡터를 따라 가장 많은 비율로 움직여야 하기 때문에($\theta_{DIR}^{k*}=2$) 가장 비효율적이라 할 수 있다. 이 결과에서 특징적으로 알 수 있는 점은 앞서의 합계모형과 달리 생산변경에 있는 것으로 판명된 점이라 할지라도 여유분이 존재한다는 것이다. 따라서 방향거리함수 효율성모형에는 약효율적인 상태가 존재함을 알 수 있다. 가령, G점의 경우 현재 생산변경에 있기는 하나 추가적으로 투입요소를 2단위 만큼 줄일 수 있다. 마지막으로, 투입기준 BCC 모형의 효율성 순위와 방향거리함수 효율성 모형의 효율성 순위는 같지 않다는 점을 알 수 있다. 어떤 모형을 선택하는가에 따라 관측점간 효율성 순위가 달라질 수 있기 때문에, 순위를 중요하게 다루어야 하는 경우에는 현실상황을 가장 잘 대변할 수 있는 모형을 신중히 선택해야 한다.

7.5 FDH 모형

7.5.1 정의와 의미

지금까지 비효율적인 점이 효율적인 상태로 이동해 가는 경로인 효율성 규칙의 다양성에 대해서 살펴보았다. 본 절에서는 생산가능집합을 다르게 정의함으로서 또 다른 효율성 모형을 얻을 수 있다는 점에 대해 살펴본다. 지금까지 살펴본 생산가능집합은 자유가처분성과 볼록성을 가지고 있고, 필요에 따라 불변규모수익을 만족하는 것으로 가정되었다. 이와는 달리 FDH(Free Disposal Hull) 모형은 이들 공리 중에서 자유가처분성의 공리만을 유지한다.

이미 살펴보았듯이, 볼록성은 생산가능집합에 속하는 임의의 두 점인 A와 B가 있을 때 이 두 점의 선형내분점 역시 생산가능집합에 속한다는 공리이다. 하지만 관측점들 간의 선형결합점들은 현실에서 관측되지 않을 수도 있기 때문에, FDH에서는 이러한 선형결합점들을 생산불가능한 것으로 간주한다. 즉, 자유가처분성만을 가정하여 생산가능집합을 구성하게 된다. 관측된 점들을 기준으로 자유가처분성을 만족하는 볼록집합들을 형성하였을 때 이들의 합집합이 최종적으로 구축되는 FDH 생산가능집합이다. 이를 도식화하면 [그림 7-7]과 같다.

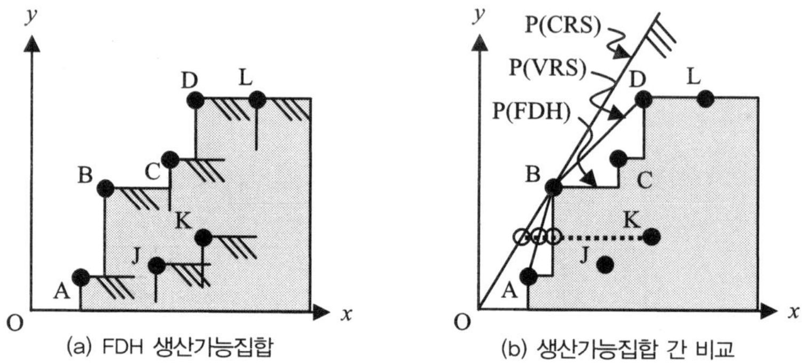

[그림 7-7] FDH 생산가능집합의 의미 (1투입-1산출)

[그림 7-7]의 (a)에서 점 B와 D가 관측되었으므로 생산가능한 것이 분명하다. 하지만, 이 두 점을 연결한 선분상의 점들은 현실에서 관측되지 않았으므로 FDH 모형 관점에서는 생산불가능한 것으로 본다. 또한 [그림 7-7]의 (b)에서 나타낸 바와 같이 점 B를 원점방향으로 확장한 점이나 축소한 점들 역시 관측되지 않은 가상의 점에 불과하므로 이들 확장점들을 생산불가능한 것으로 본다.

[그림 7-7]의 (b)에서는 서로 다른 가정을 사용한 여러 가지 생산가능집합이 제시되어 있다. 즉, 자유가처분성, 볼록성 및 불변규모수익 가정을 모두 사용한 생산가능집합인 P(CRS)와 자유가처분성과 볼록성을 사용한 생산가능집합인 P(VRS), 그리고 자유가처분성만을 사용한 생산가능집합인 P(FDH)의 모양이 모두 다르게 나타남을 알 수 있다.

특정 관측점 K에 대하여 동일한 투입기준 효율성 규칙을 적용한다고 하면, 생산변경까지의 거리를 긴 것부터 순서대로 나열하면 CRS, VRS 및 FDH의 순이다. 생산가능집합에 대한 가정을 달리하면 효율성 척도값, 투영점, 참조집합 등이 모두 달라지게 됨을 유추할 수 있다.

자유가처분성만을 인정한 FDH생산가능집합은 다음과 같이 표현된다.

정의 7.7 **FDH 생산가능집합**

$$\left\{(\boldsymbol{x},\boldsymbol{y}) \mid x \ge x_j,\ y \le y_j,\ x, y \ge 0,\ j = 1,2,\cdots,J\right\}$$

이 정의를 활용하여 투입기준 FDH 효율성 모형을 구성하면 다음과 같다.

모형 7.5 **FDH-포락-투입기준 효율성 모형**

$$\begin{aligned} &\theta_{FDH-I}^{k*} = \min_{\theta,\boldsymbol{\lambda}} \theta^k \\ &\textit{subject to} \\ &\theta^k x_m^k \ge \sum_{j=1}^{J} x_m^j \lambda^j \quad (m = 1,2,\ldots,M)\ ; \\ &y_n^k \le \sum_{j=1}^{J} y_n^j \lambda^j \quad (n = 1,2,\ldots,N)\ ; \\ &\sum_{j=1}^{J} \lambda^j = 1\ ; \\ &\lambda^j \in \{0,1\} \end{aligned} \qquad (7.5)$$

투영점을 찾을 때 $\sum_{j=1}^{J} \lambda^j = 1$ 의 제약식은 관측치간의 선형결합을 인정하는 것처럼 보이나, $\lambda^j \in \{0,1\}$ 의 제약으로 인하여 특정한 한 개의 관측점에만 의존한다는 점을 알 수 있다. 예를 들어, [그림 7-7]에서 점 K를 생산변경으로 투영할 때 B관측치에만 의존하므로 λ^B 만 1이고 나머지 λ 는 모두 0이 된다. 만약 $\lambda^j \in \{0,1\}$ 의 제약이 없다면, A와 B점의 선형결합 선분 상으로 투영되어 가변규모수익을 만족하게 된다.

FDH는 생산변경을 형성하는 규칙이므로, 이 생산변경 하에서 산출기준으로도 효율성 규칙을 적용할 수도 있다. 또한 합계모형이나 여유분 기준 모형의 목적함수들을 차용하여 효율성 척도를 개발해 낼 수도 있다.

7.5.2 효율성 척도의 성질

투입기준 FDH 모형의 경우, 효율성 척도는 0과 1사이의 값을 갖게 되며 이 값이 1인 관측치는 생산변경 상에 존재한다. 또한 FDH는 비율기준 모형이다. 즉, 모든 투입요소들을 동일한 비율로 줄여 효율적이 되도록 한다. 모든 투입을 동일비율로 축소하고 난 이후에도 여유분이 생길 수 있으므로 약효율성의 개념이 존재한다. 따라서, CCR 및 BCC 모형에서와 같이 θ 와 s^-, s^+ 를 동시에 해석할 필요가 있다.

투입기준 모형을 기준으로 효율성 척도의 크기를 비교하면, 다음과 같은 관계가 성립한다.

$$\theta^{k*}_{FDH-I} \geq \theta^{k*}_{BCC-I} \geq \theta^{k*}_{CCR-I} \tag{7.6}$$

이는 달리 말하면 FDH 생산가능집합이 BCC 모형의 생산가능집합에 포함되고, 이는 다시 CCR 모형의 생산가능집합에 포함된다는 것을 의미한다.

7.5.3 예제 1 (1투입-1산출)

1투입-1산출의 가상자료가 [표 7-1]과 같이 주어져 있다고 할 때, FDH 모형을 적용하면 [그림 7-8]과 같은 방식에 따라 효율성이 계산된다. 그 결과를 정리하면 [표 7-9]와 같다.

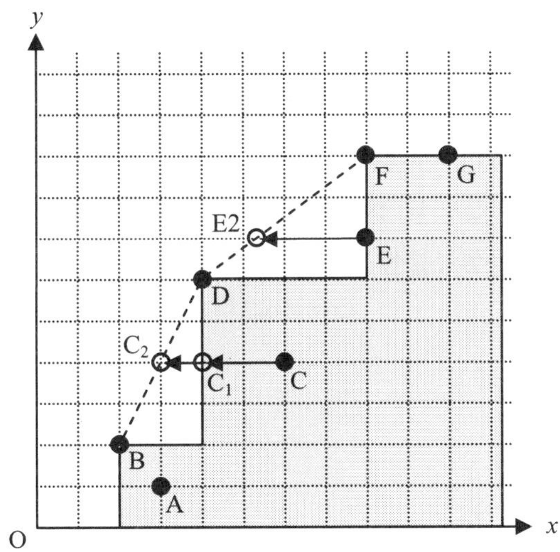

[그림 7-8] 가상자료에 대한 FDH 효율성 분석결과 (1투입-1산출)

[그림 7-8]에서 알 수 있는 바와 같이 FDH 생산가능집합은 계단형으로 나타난다. BCC모형의 생산가능집합보다 FDH 모형의 생산가능집합이 항상 작기 때문에, 비효율적인 점을 생산변경으로 투영할 때 FDH에 대한 투영점이 먼저 나타난다. 예를 들어, C를 각각의 생산변경에 투영할 때 C_1이 FDH 모형의 투영점이고 C_2가 BCC 모형의 투영점이다. 그러므로 투입기준 BCC 모형이 투입기준 FDH 모형보다 더 작은 효율성 값을 갖는다.

[표 7-9] 가상자료에 대한 FDH 효율성 분석결과 (1투입-1산출)

DMU	FDH-Input				BCC-Input		
	θ^{k*}_{FDH-I}	λ^{j*}	s^{-*}	s^{+*}	θ^{k*}_{BCC-I}	s^{-*}	s^{+*}
A	0.667	$\lambda^{B*}=1.000$	0	1.000	0.667	0	1.000
B	1.000	$\lambda^{B*}=1.000$	0	0	1.000	0	0
C	0.667	$\lambda^{D*}=1.000$	0	2.000	0.500	0	0
D	1.000	$\lambda^{D*}=1.000$	0	0	1.000	0	0
E	1.000	$\lambda^{F*}=1.000$	0	2.000	0.667	0	0
F	1.000	$\lambda^{F*}=1.000$	0	0	1.000	0	0
G	0.800	$\lambda^{F*}=1.000$	0	0	0.800	0	0

[표 7-9]의 결과로부터 투입기준 모형들에 대해 다음과 같은 사실을 확인할 수 있다. 첫째, FDH 모형의 효율성 척도가 BCC 모형의 효율성 척도보다 크거나 같다. 예를 들어 E점의 경우 BCC 모형에서는 33.3% 비효율적이나 FDH 모형에서는 효율적이다. 둘째, FDH 모형의 각 관측치 별 가중치 합계 $\sum_{j=1}^{J}\lambda^{j*}$ 가 항상 1이다. 셋째, FDH 모형에서도 여유분이 존재한다. 예를 들어 C점의 경우 투입들을 현재의 66.7% 수준으로 줄이면 생산변경에 도달하지만 산출을 2만큼 추가적으로 증가시킬 여유가 있음을 알 수 있다.

7.5.4 예제 2 (2투입-1산출)

2투입-1산출의 가상자료가 [표 7-10]과 같이 주어져 있다고 할 때, FDH 분석결과는 [표 7-11]과 같이 얻어진다.

[표 7-10] 가상투입산출 자료 (2투입-1산출)

	A	B	C	D	E	F
x_1	2	3	6	3	6	6
x_2	5	3	1	8	4	2
y	1	1	1	1	1	1

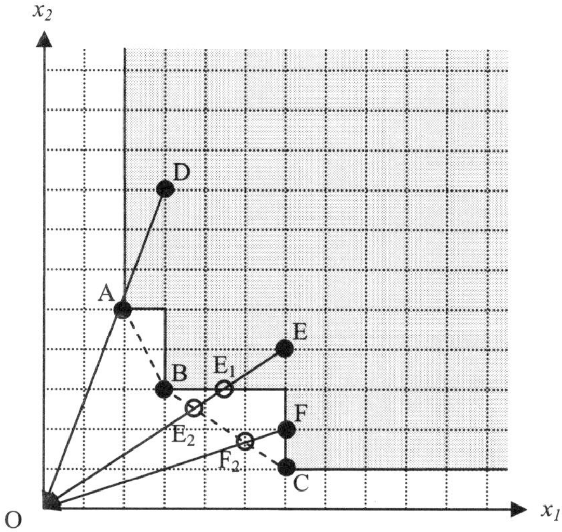

[그림 7-9] 가상자료에 대한 FDH 효율성 분석결과 (2투입-1산출)

[표 7-10]에 주어진 자료를 바탕으로 BCC 생산변경을 그리면 [그림 7-9]의 점선과 같다. 여기에 대하여 비효율적인 점인 E를 투영하면, 생산변경의 E_2점으로 이동하게 되며 여유분이 존재하지 않는다. 그러나 실선으로 표현된 FDH 생산변경에 투영하면, E_1점이 되므로 여유분이 존재한다.

[표 7-11] 가상자료에 대한 FDH 효율성 분석결과 (2투입-1산출)

DMU	FDH (투입기준)					BCC (투입기준)			
	θ^{k*}_{FDH-I}	λ^{j*}	s_1^{-*}	s_2^{-*}	s^{+*}	θ^{k*}_{BCC-I}	s_1^{-*}	s_2^{-*}	s^{+*}
A	1.000	$\lambda^{A*}=1.000$	0	0	0	1.000	0	0	0
B	1.000	$\lambda^{B*}=1.000$	0	0	0	1.000	0	0	0
C	1.000	$\lambda^{C*}=1.000$	0	0	0	1.000	0	0	0
D	0.667	$\lambda^{A*}=1.000$	0	0	0	0.667	0	0	0
E	0.750	$\lambda^{B*}=1.000$	1.500	0	0	0.625	0	0	0
F	1.000	$\lambda^{C*}=1.000$	0	1.000	0	0.833	0	0	0

[그림 7-9]에서 E점의 투영점을 살펴보자. BCC모형에서는 B점과 C점을 조합한 점인 E_2로 투영되므로 B점과 C점이 벤치마킹 점이 되지만, FDH 모형에서는 B점만을 기준으로 한 생산변경으로 투영되기 때문에 벤치마킹 점이 B점 하나뿐이다.

7.6 R 코드

7.6.1 합계모형을 위한 함수

합계모형을 위한 함수는 additive(...)이며, 이 함수의 인수는 다음과 같다.

```
additive(base = NULL, frontier = NULL, noutput = 1)
```

base, frontier, noutput은 dea(...)함수와 동일한 의미를 지니며 데이터의 형태도 동일하다. 합계모형은 방향성과 투입/산출 기준이 없기 때문에 additive(...) 함수에도 이에 대한 인수가 없음을 눈 여겨 볼 필요가 있다.

7.6.2 여유분 기준 모형을 위한 함수

가변규모수익을 가정한 생산가능집합 하에서의 SBM으로 효율성을 측정하기 위한 함수는 sbm.vrs(...)이며, 이 함수의 인수는 다음과 같다.

```
sbm.vrs(base = NULL, frontier = NULL, noutput = 1)
```

역시 모든 인수는 dea(...)와 동일한 의미를 지닌다. SBM은 방향성이 없기 때문에 sbm.vrs(...) 또한 마찬가지로 orientation 에 대한 인수가 없다.

7.6.3 방향거리함수를 위한 함수

방향거리함수를 측정하기 위한 함수는 ddf(...)이며, 이 함수의 인수는 다음과 같다.

```
ddf(base = NULL, frontier = NULL, noutput = 1,
    direction = NULL)
```

이 함수의 인수는 direction을 제외하고는 dea(...)인수와 동일한 의미를 지닌다. direction 인수는 분석자가 ddf(...) 함수에서 지정해야 할 방향벡터이다. direction 인수를 특별하게 지정하지 않으면 방향벡터는 기본값인 $(1,\cdots,1)$ 로 주어진다. 방향벡터는 다음과 같은 형식으로 주어져야 한다.

$$c(g_1^y, g_2^y, \cdots, g_n^y, g_1^x, g_2^x, \cdots, g_m^x)$$

7.6.4 FDH를 위한 함수

FDH를 위한 함수는 fdh(...)이며, 인수는 다음과 같다.

```
fdh(base = NULL, frontier = NULL, noutput = 1,
    orientation = 1)
```

모든 인수는 dea(...)의 인수와 동일하다.

7.6.5 합계모형 예제

[표 7-1]에 제시된 1투입-1산출 가상데이터를 합계모형으로 분석하기 위한 코드는 다음과 같다.

```
tab7.1.dat <- data.frame(y = c(1, 2, 4, 6, 7, 9, 9),
                         x = c(3, 2, 6, 4, 8, 8, 10))
re <- additive(tab7.1.dat, noutput = 1)
```

7.2.4절에서 다루었던 [표 7-3]의 2투입-1산출의 가상데이터를 분석하기 위한 코드는 다음과 같다.

```
tab7.3.dat <- data.frame(y = c(1, 1, 1, 1, 1, 1),
                         x1 = c(2, 3, 6, 3, 6, 6),
                         x2 = c(5, 3, 1, 8, 4, 2))
tab7.3.dat2 <- tab7.3.dat # tab7.3.dat2에 tab7.3.dat를
                          # 할당한다.
tab7.3.dat2$x1 <- tab7.3.dat2$x1 * 10 # tab7.3.dat2의 x1에
                                      # 10을 곱한다.
tab7.3.dat3 <- tab7.3.dat # tab7.3.dat3에 tab7.3.dat를
                          # 할당한다.
tab7.3.dat3$x1 <- tab7.3.dat3$x1 + 10 # tab7.3.dat3의 x1에
                                      # 10을 더한다.
re1 <- additive(tab7.3.dat, noutput = 1)  # tab7.3.dat 를
                                          # 분석한 결과를
                                          # re1에 할당
re2 <- additive(tab7.3.dat2, noutput = 1) # tab7.3.dat2 를
                                          # 분석한 결과를
                                          # re2에 할당
re3 <- additive(tab7.3.dat3, noutput = 1) # tab7.3.dat3 를
                                          # 분석한 결과를
                                          # re3에 할당
```

7.6.6 여유분 기준 모형 예제

[표 7-1]에 제시된 1투입-1산출 가상데이터를 SBM으로 분석하기 위한 코드는 다음과 같다.

```
re <- sbm.vrs(tab7.1.dat, noutput = 1)
```

[표 7-6]에 제시된 2투입-1산출 가상데이터를 SBM으로 분석하는 코드는 다음과 같다.

```
tab7.6.dat <- data.frame(y = c(1, 1, 1, 1, 1, 1),
                         x1 = c(1, 3, 6, 2, 5, 9),
                         x2 = c(4, 1, 1, 8, 5, 2))
re <- sbm.vrs(tab7.6.dat, noutput = 1)
```

7.6.7 방향거리함수 예제

[표 7-1]에 제시된 1투입-1산출 가상데이터를 방향거리함수로 분석하기 위한 코드는 다음과 같다. 아래에서 방향벡터를 (1, 1)로 지정하였다는 점을 눈 여겨 볼 필요가 있다. 이 값은 분석자의 의도에 의하여 (2, 1) 등의 다른 값으로 설정할 수 있음은 물론이다.

```
re <- ddf(tab7.1.dat, noutput = 1, direction = c(1, 1))
```

7.6.8 FDH 예제

[표 7-1]에 제시된 1투입-1산출 데이터를 투입기준 FDH로 분석하기 위한 코드는 다음과 같다.

```
re <- fdh(tab7.1.dat, noutput = 1, orientation = 1)
```

[표 7-10]에 나타난 2투입-1산출 데이터를 투입기준 FDH로 분석하기 위한 코드는 다음과 같다.

```
tab7.10.dat <- data.frame(y = c(1, 1, 1, 1, 1, 1),
                          x1 = c(2, 3, 6, 3, 6, 6),
                          x2 = c(5, 3, 1, 8, 4, 2))
re <- fdh(tab7.10.dat, noutput = 1, orientation = 1)
```

7.7 관련문헌

합계모형은 DEA연구 초기부터 개념적으로 제시되어 왔으나 현실적인 응용 가치가 있다기보다 DEA 효율성 척도가 가진 여러 가지 이론적 특성을 증명하는 도구로서 많이 활용되어 왔다.

여유분 기준 모형은 Tone (2001)에 의해 제시되었다. Tone는 CRS 생산가능집합에 대하여 모형을 제시하였으나, 본서에서는 VRS를 가정한 생산가능집합 하에서 여유분 기준 모형을 다루었다. 여유분 기준 모형은 그 자체로 최적화 대상변수(λ^j, s_n^-, s_m^+)들이 분수의 형태로 목적함수에 들어있기 때문에 선형계획모형이 아니다. Tone은 Charnes, Cooper and Rhodes (1978)가 전개한 것과 유사하게 매개변수를 도입하여 여유분 기준 모형을 선형계획모형으로 전환하는 과정을 제시하였다. Cooper, Park and Pastor (1999)은 여유분 기준 모형과 유사한 영역조절모형(Range Adjusted Model)을 제안한 바 있다.

방향거리함수의 개념은 Luenberger (1992)에 의해 제시되었다. 이 모형은 이후 Färe, Grosskopf and Zelenyuk (2004) 등에서 찾아볼 수 있는 바와 같이 효율성 지표의 경제학적 해석에 널리 이용되고 있다. 본문에서 언급된 바와 같이 해석상의 어려움으로 인해, 경영 컨설팅의 관점에서 효율성을 분석할 경우에는 많이 활용되지 않는다.

FDH 모형은 Deprins, Simar and Tulkens (1984)에 의하여 제시되었고, 그 이후 Tulkens에 의하여 지속적으로 모형이 개발되었다. 그러나 계단형의 생산가능집합이란 개념이 경제학의 오랜 전통인 볼록성을 만족하는 생산가능집합의 개념과 어울리지 않기 때문에 이후 많은 연구자들에 의해 활용되고 있지는 못하다. 그러나 생산가능집합의 모양이 다양하게 형성될 수 있다는 가능성을 보여주고 있다는 점에서 중요한 의의를 갖는 모형이다.

7.8 연습문제

1. Cooper, Park and Pastor (1999)를 참조하여 SBM모형과 RAM모형의 차이가 무엇인지 생각해보자.

2. 방향거리 함수모형에서 방향벡터를 어떻게 설정하는지가 결과에 큰 영향을 미친다.

   A. 방향거리 함수에서 방향벡터를 (1, 1)이 아니라 (-1, 1)로 두었을 때는 어떤 변화가 일어날지에 대해서 생각해보자.

   B. 방향벡터는 어떤 기준으로 설정하는 것이 타당할지에 대해 생각해보자.

3. FDH 모형 외에 생산가능집합의 모양을 다르게 정의할 수 있는 방법에 대해 생각해보자.

4. 본 장에서 CCR, BCC와 같은 기본 모형 외에 다양한 모형들의 대표적인 사례가 제시되었다. DEA에는 이외에도 무수히 많은 모형

들이 있을 수 있다. 이들 많은 모형들을 어떻게 나누어 볼 수 있는지, 분류기준과 분류방법에 대해 생각해보자.

8. 배분효율성: 비용, 수익, 이윤효율성

8.1 개요

배분효율성(allocative efficiency)의 개념은 Farrell (1957)이 제시하였다. Farrell은 **총효율성**(overall efficiency), **기술적 효율성**(technical efficiency)의 개념을 제시하고, 이들의 차이를 배분효율성으로 정의하였다.

배분효율성에는 투입배분효율성과 산출배분효율성이 있다. 투입배분효율성은 관측점이 생산경계 상에 있더라도 투입요소량들의 비율이 투입요소가격들의 비율에 맞게 적절히 조절되어 있지 않을 때 발생한다. 예를 들어 두 가지의 투입요소가 있고, 투입1보다 투입2의 단위가격이 극히 높은데도 불구하고 투입1이 투입2에 비해 많이 활용되고 있다면 비용의 최소화가 달성되지 않았을 가능성이 높다. 이러한 비용최소화의 실패를 투입배분 비효율성이라 한다. 산출배분효율성은 산출물들 간의 비율이 산출물 가격비율에 맞추어 적절히 조절되어 있지 않을 때 발생한다.

투입이나 산출의 배분효율성은 투입요소가격과 산출요소가격에 관한 정보를 필요로 하고, 비용최소화와 수익최대화의 개념을 사용한다. 따라서 지금까지 물량정보에만 근거하여 효율성을 분석하는 개념과 달리 가격정보까지 활용한 분석이다. 비용최소화와 수익최대화의 개념을 조합하면 이윤최대화의 개념까지 도출할 수 있다. 본 장에서는 비용최소화, 수익최대화, 이윤최대화의 개념에 근거한

배분효율성 측정 방법을 논의한다.

8.2 비용최소화 모형과 투입배분효율성

8.2.1 정의와 의미

한 가지 종류의 산출 y 를 만들어내기 위해 두 가지 종류의 투입요소인 노동 x_1 과 자본 x_2 를 사용하는 여러 개의 기업이 있다고 하고, 이들간의 효율성을 평가하는 상황을 생각해보자. 노동과 자본을 공급하는 시장이 따로 있고, 모든 기업들은 각 투입요소 시장에서 투입요소를 구매한다. 각각의 요소시장에서 투입요소의 가격이 결정되므로, 모든 기업들이 당면하는 단위 투입비용은 동일하다고 가정할 수 있다. 이 공통된 노동과 자본의 단위비용을 각각 w_1 와 w_2 라고 하면, k번째 기업의 총비용은 다음과 같이 표현된다.

$$C^k = w_1 x_1^k + w_2 x_2^k . \tag{8.1}$$

이 개념을 이용하면 모든 기업의 비용을 알 수 있다. 이를 이용해 k번째 기업의 비용과 관측치 중 가장 낮은 비용을 상호 비교하여 비용관점에서의 효율성을 다음과 같이 정의할 수 있다.

$$\frac{\min_j \{C^j\}}{C^k} = \frac{\min_j \{w_1 x_1^j + w_2 x_2^j\}}{w_1 x_1^k + w_2 x_2^k} . \tag{8.2}$$

이를 개념적으로 간단히 표현하면 [그림 8-1]과 같다. 이 그림에서 점선으로 표시된 비용선의 기울기는 투입요소의 시장에서 결정된 투입요소의 가격비율을 의미한다. 또한 비용선의 높이는 총비용을 대리한다. 즉, 비용선이 원점에서의 거리가 멀어질수록 총비용이 높아지며, 동일한 비용선 상의 점들에서는 동일한 비용으로 생산가능하다. [그림 8-1]의 (a)를 살펴보면, B점을 지나는 비용선 상에서 생산을 하는 것보다 C점을 지나는 점선 상에서 생산을 하는 것이 비용이 더 높고, B점을 지나는 비용선의 모든 생산조합에서는 B점과 동일한 비용으로 생산가능하다.

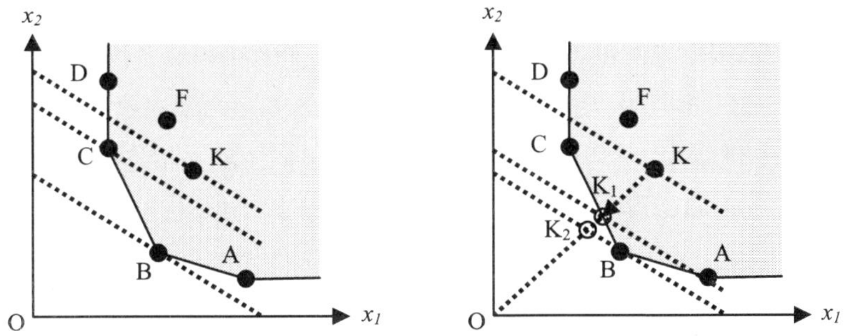

(a) 비용선 (b) 다양한 비용수준

[그림 8-1] 투입배분효율성의 의미

[그림 8-1]의 (a)는 각 관측치별로 비용선인 $C^j = w_1x_1^j + w_2x_2^j$ 을 그릴 수 있음을 나타낸다. (b)는 K점을 기준으로 하였을 때 3가지 다른 종류의 비용선이 있을 수 있다는 것을 보여준다. 즉, 현상태인 K점에서의 비용선은 현재의 비용수준을 나타내고, K_1에서의 비용선은 기술적 비효율성이 제거된 상태에서의 비용수준을 나타낸다. K_2는 전체 관측치 중에서 가장 낮은 수준의 비용을 나타낸다. 각 점에서의 비용 수준은 $C^K \geq C^{K_1} \geq C^{K_2}$ 이며, 이는 세 비용선의 x_2 축에 대한 절편을 비교해 보면 쉽게 확인할 수 있다.

위의 그림에서 C^{K_2}/C^K 를 **총효율성**(overall efficiency; OE)이라 하고, C^{K_1}/C^K 를 **기술적 효율성**(technical efficiency; TE)이라 한다. 총효율성과 기술적 효율성의 비인 C^{K_2}/C^{K_1} 를 **배분적 효율성**(allocative efficiency; AE)이라 한다.

비록 생산변경에 있다고 하더라도 비용정보에 기초해볼 때 투입의 비율을 바꾸면 더 낮은 비용을 달성할 수 있기 때문에 배분적 효율성이 존재한다. 즉, 그림에서 K점은 비효율성을 제거하여 생산변경 상의 한 점인 K_1에 도달하였다고 하더라도 B점과 같은 투입조합(x_2^B / x_1^B)을 가졌다면 비용이 더 낮아질 수 있었을 것이다. 배분적 효율성이란 이름은 투입의 배분이 적절하지 않았다는 의미를 강조하기 위해서 붙여졌다.

배분적 효율성을 구하기 위해서는 먼저 주어진 가격정보에 대해 관측치 중 가장 낮은 비용을 가져다 주는 투입조합을 찾아야 한다. 모든 관측치에 공통으로 주어진 가격이 $w_m \ (m = 1, 2, \cdots, M)$ 이라 할 때, 이 비용최소화 문제를 모형으로 표시하면 다음과 같다.

모형 8.1 비용최소화 문제

$$C^{k**} = \min_{\tilde{x}, \boldsymbol{\lambda}} \sum_{m=1}^{M} w_m \tilde{x}_m$$

subject to

$$\tilde{x}_m \geq \sum_{j=1}^{J} x_m^j \lambda^j \quad (m = 1, 2, \ldots, M)\ ; \tag{8.3}$$

$$y_n^k \leq \sum_{j=1}^{J} y_n^j \lambda^j \quad (n = 1, 2, \ldots, N)\ ;$$

$$\lambda^j \geq 0 \ (j = 1, 2, \ldots, J).$$

위 모형은 가격정보가 주어진 상태에서 투입 $\tilde{x}_m$ 을 조절함으로써 최소비용을 찾는다. 위 모형의 해로서 x_m^{k**} 가 구해지면, 최소비용은 $C^{k**} = \sum_{m=1}^{M} w_m x_m^{k**}$ 가 되고, 총효율성(OE)은 현재 비용대비 최소 비용의 비율로서 다음과 같이 표현된다.

정의 8.1 총효율성

$$OE^k = \frac{C^{k**}}{C^k} = \frac{\sum_{m=1}^{M} w_m x_m^{k**}}{\sum_{m=1}^{M} w_m x_m^k}. \tag{8.4}$$

기본모형에서 논의된 투입기준 CCR 모형의 해를 x_m^{k*} 라하고, 주어진 가격정보 w_m 와 결합하면 기술적 비효율성이 배제된 최소비용인 $C^{k*} = \sum_{m=1}^{M} w_m x_m^{k*}$ 를 구할 수 있다. 이를 이용하면 기술적 효율성(TE)을 다음과 같이 표현할 수 있다.

정의 8.2 기술적 효율성

$$TE^k = \frac{C^{k*}}{C^k} = \frac{\sum_{m=1}^{M} w_m x_m^{k*}}{\sum_{m=1}^{M} w_m x_m^{k}}. \tag{8.5}$$

배분적 효율성은 앞서 구한 총효율성과 기술적 효율성의 비로서 다음과 같이 표현된다.

정의 8.3 배분적 효율성

$$AE^k = \frac{C^{k**}}{C^{k*}} = \frac{\sum_{m=1}^{M} w_m x_m^{k**}}{\sum_{m=1}^{M} w_m x_m^{k*}}. \tag{8.6}$$

배분적 효율성의 값은 0과 1사이에 놓이게 되고, 이 값이 1이면 배분의 비효율성이 존재하지 않는다. 이 값이 작아질수록 배분의 비효율성이 커진다는 것을 의미한다.

총효율성, 기술적 효율성, 배분적 효율성 간에는 다음과 같은 관계가 성립한다.

$$OE_X^k = \frac{C^{k**}}{C^k} = \frac{C^{k*}}{C^k} \cdot \frac{C^{k**}}{C^{k*}} = TE_X^k \cdot AE_X^k. \tag{8.7}$$

이 식은 총효율성이 기술적 효율성과 배분적 효율성으로 분해될 수 있다는 것을 의미한다. 현실에서의 예를 들어 설명을 하자면, 동료 기업들과 비교해서 구해진 기술적 비효율성과 배분적 비효율성을 제거함으로서 현재의 비용수준을 더 낮게 만들 수 있음을 의미한다. 기업의 목표가 비용최소화에 있다고 가정한다면 비용최소화를 달성하지 못하는 두 가지 원인으로서 기술적 비효율성과 배분적 비효율성은 크게 다른 시사점을 제시한다. 예를 들어, 생산을 주로 하고 있는 어떤 기업의 주된 비효율성 원인이 기술적 비효율성에 있다면, 생산공정을 재점검하고 생산방식을 현대화함으로써 유사 공장과 비교하여 뒤처지지 않는 생산성을 확보하는 것이 중요하다. 그러나 배분적 비효율성이 그 원인이라면 투입요소의 비율을 조정하는 작업을 거쳐야 한다.

총효율성 및 배분적 효율성의 값들을 해석할 때는 다음과 같은 점을 유의해야 한다. 투입요소를 동일비율로 축소하는 기술적 비효율성과는 달리, 배분적 비효율성을 없애기 위해서는 투입요소들을 동일비율로 축소하지 않는다. 이 점을 살펴보기 위해 위의 [그림 8-1]의 (b)를 다시 참조하도록 하자. 기술적 효율성은 K점에서의 비용과 K_1점에서의 비용수준을 비교하는 것이므로 기술적 효율성으로 나타난 척도값을 K점에서의 투입수준에 곱하면 곧 K_1점의 투입수준이 된다. 이와 같은 방식으로 생각하면, 총효율성 역시 K점에서의 비용과 K_2점에서의 비용수준을 비율로 나타낸 것인데, 이 비율을 K점의 투입수준에 곱하면 K_2점의 투입수준이 된다. 그러나 이 같은 방식으로 형성된 K_2 점은 생산가능영역 밖에 존재하므로 생산이 불가능한 점이다. 그렇기 때문에 K점에 대하여 총효율성 척도만큼의 비율수준으로 투입을 줄이라는 처방은 타당하지 않다. 배분적 효율성의 경우에도 동일한 논리가 적용된다. 즉, K_1점에 대해 배분적 효율성 척도의 비율만큼 투입을 줄여 생산가능집합 밖의 점인 K_2점만큼의 투입요소를 사용하라고 제안하는 것은 타당하지 않다. 이 경우에 합리적인 제안은 B점과 같이 투입 비율을 조정하라는 것이 되어야 한다. 이상의 논의는 총효율성 및 배분적 효율성과 같은 가격정보를 추가적으로 활용한 효율성 값들은 '투입을 줄이는 것'과 관련된 것이 아니라 '투입의 비율을 바꾸는 것'과 관련이 있다는 점을 보여준다.

8.2.2 예제 (비용최소화와 투입배분효율성)

2투입-1산출에 대하여 가상적인 투입산출자료가 [표 8-1]과 같이 주어져 있다고 하자. 7개의 관측치가 공통적으로 당면한 투입요소의 단위가격이 $w_1 = 1$, $w_2 = 2$ 이라고 할 때 E점에 대하여 총효율성과 기술적 효율성 및 배분적 효율성을 구하는 과정을 나타내면 [그림 8-2]와 같다.

[표 8-1] 가상투입산출자료 (2투입-1산출) (투입 가격 $w_1 = 1$, $w_2 = 2$)

DMU	A	B	C	D	E	F	G
x_1	2	3	5	9	6	3	8
x_2	8	6	3	2	7	9	4
y	1	1	1	1	1	1	1

E점에서 기술적 비효율성을 제거하고 나면 E_1점이 된다. 또한 투입요소 시장에서 생산자에게 주어진 투입요소의 가격비율에 따라 투입의 조합을 최적으로 맞추면 C점과 같은 상태가 된다. C점에서의 총비용과 가상적인 E_2에서의 비용이 같기 때문에 E보다 E_1이, 다시 E_1보다 C가 낮은 비용을 갖는다. 그림에서 C^E 와 C^{E_1} 의 차이는 기술적 비효율성 때문에, 또 C^{E_1} 과 C^{E_2} 의 차이는 배분적 비효율성 때문에 발생하게 된다. 이와 같은 방식으로 모든 관측치에 대해 총효율성을 구하고, 이를 분해하면 [표 8-2]와 같다.

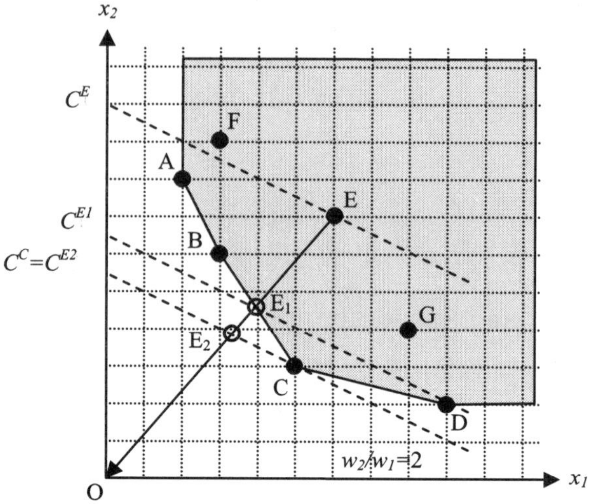

[그림 8-2] 가상투입산출자료에 대한 총효율성 및 기술적, 배분적 효율성 계산 (2투입-1산출)

[표 8-2]를 참조하면, 총효율성은 배분적 효율성과 기술적 효율성의 곱으로 나타남을 확인할 수 있다. A, B, D점의 경우 생산변경에 있기 때문에 비록 100%의 기술적 효율성을 달성하고 있다고 하더라도, 주어진 가격비율을 감안하면 최적 투입조합이 아니므로 배분적 비효율성이 있음을 알 수 있다. 반면, E점의 경우 배분적 비효율성 보다 기술적 비효율성이 커서 총효율성이 낮은 것을 알 수 있다. 상술한 바처럼 배분적 비효율성과 기술적 비효율성을 개선하는 방법이 다르기 때문에, 비용최소화를 위한 전략적 처방이 A, B, D점과 E점에 대해 서로 다르다.

[표 8-2] 가상 자료에 대한 총 효율성 분해결과

DMU	C^{j**}	C^{j*}	C^{j}	총효율성 (OE^j)	배분적 효율성 (AE^j)	기술적 효율성 (TE^j)
A	11.000	18.000	18.000	0.611	0.611	1.000
B	11.000	15.000	15.000	0.733	0.733	1.000
C	11.000	11.000	11.000	1.000	1.000	1.000
D	11.000	13.000	13.000	0.846	0.846	1.000
E	11.000	13.124	20.000	0.555	0.838	0.656
F	11.000	16.800	21.000	0.524	0.655	0.800
G	11.000	11.333	16.000	0.688	0.971	0.708

8.3 수익최대화 모형과 산출배분효율성

8.3.1 정의와 의미

수익최대화 모형은 비용최소화 모형과 완전히 동일한 구조이나, 비용이 최소가 되도록 투입을 설정하는 것이 아니라 동일한 투입을 유지한 채 수익이 최대화되도록 최적 산출을 선택한다. 하나의 투입을 활용해서 두 가지 산출물을 생산하는 생산자들을 상정한 [그림 8-3]을 참조하여 논의를 전개하도록 하자. 그림에서 모든 생산자들은 두 가지 산출물을 p_1 및 p_2 의 공통된 가격으로 판매한다고 가정한다. 그림에서 점선의 기울기는 산출물의 가격비를 의미하며, 점선의 높이는 수익의 수준을 대리하며 수익선(revenue curve)이라 칭한다. 동일한 수익선 상에서 생산하는 생산자는 동일한 수익을 얻게 된다. 원점과 수익선과의 거리가 멀어질수록 수익이 증가한다.

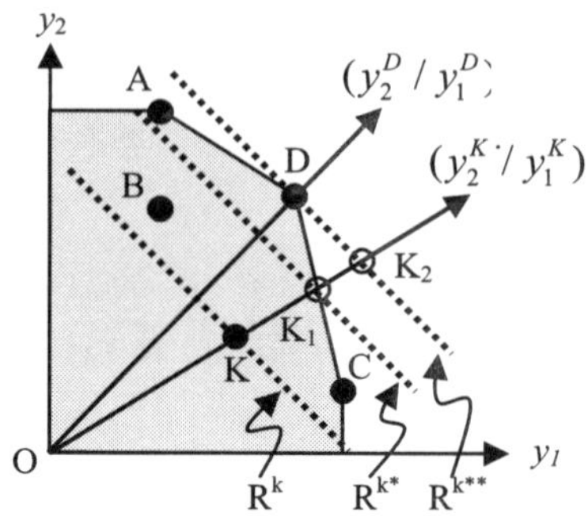

[그림 8-3] 산출배분효율성의 의미

[그림 8-3]에서 K점을 K_1으로 이동시킴으로써 기술적 비효율성을 제거할 수 있고 (즉, $R^k \to R^{k*}$), 주어진 산출가격의 비율을 감안하여 K의 현재 산출 조합인 (y_2^K / y_1^K)를 최적 산출조합인 (y_2^D / y_1^D)으로 변화시킴으로써 수익을 더 높일 수 있다 (즉, $R^{k*} \to R^{k**}$). 여기에서 R^k / R^{k*}를 기술적 효율성 (TE_Y^k), R^{k*} / R^{k**}를 산출배분적 효율성(AE_Y^k), 그리고 R^k / R^{k**}을 총효율성(OE_Y^k)이라 한다. 비용 최소화의 총효율과 마찬가지로 수익 최대화의 총효율성은 다음과 같이 배분적 효율성과 기술적 효율성으로 분해될 수 있다.

$$OE_Y^k = \frac{R^k}{R^{k**}} = \frac{R^k}{R^{k*}} \cdot \frac{R^{k*}}{R^{k**}} = TE_Y^k \cdot AE_Y^k. \tag{8.8}$$

위의 개념을 구현하기 위해서는 다음과 같은 수익최대화 모형의 해를 구해야 한다.

$$\begin{aligned}
& R^{k**} = \max_{\tilde{y},\boldsymbol{\lambda}} \sum_{n=1}^{N} p_n \tilde{y}_n \\
& \textit{subject to} \\
& x_m^k \geq \sum_{j=1}^{J} x_m^j \lambda^j \quad (m = 1, 2, \ldots, M)\,; \\
& \tilde{y}_n \leq \sum_{j=1}^{J} y_n^j \lambda^j \quad (n = 1, 2, \ldots, N)\,; \\
& \lambda^j \geq 0 \; (j = 1, 2, \ldots, J).
\end{aligned} \tag{8.9}$$

위 모형에서 구해지는 해를 이용하여 다음과 같이 최대수익을 도출할 수 있다.

$$R^{k**} = \sum_{n=1}^{N} p_n y_n^{k**}. \tag{8.10}$$

산출기준 CCR 모형을 이용하면 기술적 효율성을 달성하는 점을 도출할 수 있다. 이를 종합하면 총효율성과 배분적 효율성, 기술적 효율성을 도출할 수 있다. 수익최대화 기준에서도 총효율성, 배분적 효율성, 기술적 효율성 모두 1보다 작다. 비용 최소화의 총효율성에서 논의한 바와 마찬가지로 수익최대화의 총효율성에서도 기술적 효율성과 배분적 효율성을 개선하기 위한 전략적 초점이 각각 다를 수 있다는 점에 유의할 필요가 있다.

8.3.2 예제 (수익최대화와 산출배분효율성)

1투입-2산출의 가상자료가 [표 8-3]과 같이 주어져 있고, 모든 관측치가 동일하게 당면하고 있는 각 산출물의 가격이 $p_1 = 2$, $p_2 = 2$ 이라고 하자.

[표 8-3] 가상투입산출자료 (2투입-1산출) (산출 가격 $p_1 = 2, p_2 = 2$)

	A	B	C	D	E	F
x	1	1	1	1	1	1
y_1	1	3	6	6	3	9
y_2	6	6	3	5	4	1

[표 8-3]의 자료를 그림으로 표현하면 [그림 8-4]와 같다. 그림에서 산출물의 가격비율은 $p_1 / p_2 = 2/2 = 1$ 로 주어지므로, 이 가격비율에 대해 생산가능집합에 속하면서도 가장 높은 수익을 낼 수 있는 점은 D이다. 이 점과 같은 수익을 내는 E_2점에서의 수익과 현재의 관측치 E점에서의 수익을 비교하면 총효율성이 된다. E_1점은 생

산변경 상에 존재하므로 비록 100%의 기술적 효율성을 달성하고는 있으나, 산출조합을 D와 같이 바꿈으로써 수익을 더 증가시킬 수 있다. 즉, E_1점은 배분적으로 효율적(allocatively efficient)인 점이 아니다. E_1과 E_2에서의 수익을 비교하면 배분적 효율성의 수준을 알 수 있다. 이러한 논리로 모든 관측점에 대하여 총효율성, 배분적 효율성 및 기술적 효율성을 계산하면 [표 8-4]와 같다.

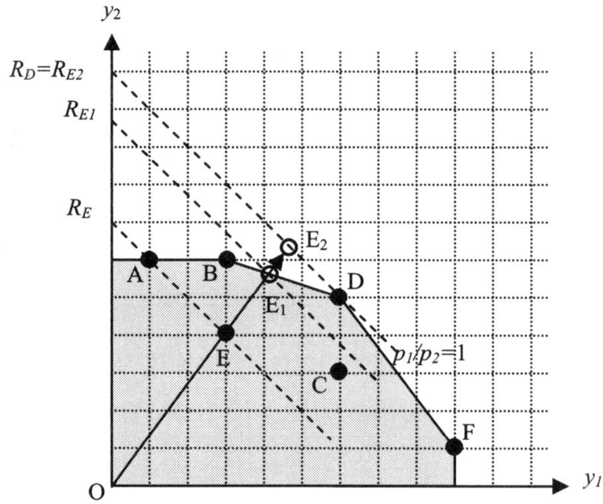

[그림 8-4] 산출비효율성의 도출

[표 8-4] 가상 자료에 대한 총 효율성 분해결과

DMU	R^{**}	R^{j*}	R^{j}	총 효율성 (OE_R^j)	배분적 효율성 (AE_R^j)	기술적 효율성 (TE_R^j)
A	22.000	14.000	14.000	0.636	0.636	1.000
B	22.000	18.000	18.000	0.818	0.818	1.000
C	22.000	21.272	18.000	0.818	0.967	0.846
D	22.000	22.000	22.000	1.000	1.000	1.000
E	22.000	19.600	14.000	0.636	0.891	0.714
F	22.000	20.000	20.000	0.909	0.909	1.000

분석결과에 의하면 A점의 경우 y_1 산출을 더 늘리고, y_2 산출을 줄이는 비율변화를 통해 현재보다 더 많은 수익을 거둘 수 있다. C점의 경우 상대적으로 최적 산출조합인 D의 조합에 가깝기 때문에 배분적 효율성은 높지만 상대적으로 기술적 효율성을 더 개선시킬 필요가 있다.

8.4 이윤최대화 모형과 배분효율성

산출과 투입에 대한 가격정보가 주어져 있을 때, 이윤을 최대화하는 투입과 산출의 조합과 이에 해당하는 최대 이윤을 구할 수 있다. 이를 바탕으로 현재의 이윤이 최대 이윤과 얼마나 차이가 나는지를 계산할 수 있는데, 이를 이윤효율성이라 한다.

최대 이윤을 가져다 주는 투입, 산출을 찾기 위한 모형은 다음과 같다.

$$\begin{aligned}
&\Pi^{**} = \max_{\tilde{x},\tilde{y},\boldsymbol{\lambda}}\left(\sum_{n=1}^{N} p_n \tilde{y}_n - \sum_{m=1}^{M} w_m \tilde{x}_m\right)\\
&\textit{subject to}\\
&\tilde{x}_m \geq \sum_{j=1}^{J} x_m^j \lambda^j \quad (m = 1,2,\ldots,M)\ ; \\
&\tilde{y}_n \leq \sum_{j=1}^{J} y_n^j \lambda^j \quad (n = 1,2,\ldots,N)\ ;\\
&\lambda^j \geq 0\ (j = 1,2,\ldots,J).
\end{aligned} \tag{8.11}$$

위 모형은 투입과 산출의 가격이 모두 외부적으로 주어진 상태에서 투입, 산출의 수준을 조절하여 최대 이윤을 구하는 것이 목적이다. 이 모형의 해로서 구해진 $(\mathbf{x}_m^{**}, \mathbf{y}_n^{**})$ 를 이용하면 다음과 같이 총효율성을 정의할 수 있다.

$$\frac{\Pi^k}{\Pi^{**}} = \frac{\sum_{n=1}^{N} p_n y_n^k - \sum_{m=1}^{M} w_m x_m^k}{\sum_{n=1}^{N} p_n y_n^{**} - \sum_{m=1}^{M} w_m x_m^{**}}. \tag{8.12}$$

이윤효율성은 0과 1사이의 값으로 구해지고, 1의 값을 가지면 더 이상 이윤이 늘어날 여지가 없는 최대 이윤효율성 수준에 있다는 것을 의미한다.

이윤효율성을 향상시키기 위해서는 투입과 산출을 동시에 조정해야 한다. 앞서 살펴보았던 비용 및 수익효율성 모형에서와 같이 산출을 고정한 채 투입을 조정하거나(투입기준모형) 혹은 투입을 고정한 채 산출을 조정하는(산출기준모형) 방향성 모형(oriented model)들을 활용해서는 이윤효율성을 구할 수 없다. 따라서 투입과 산출을 동시에 조정하여 효율성을 개선하는 모형을 활용해야 한다.

이에 대한 대안으로는 앞서 7장에서 논의한 합계모형이나 여유분 기준 모형 등을 활용할 수 있다. 가령, 여유분 기준 모형을 활용한다고 할 때, 이로부터 얻어지는 생산경계상의 투영점을 $(\mathbf{x}_m^{k*}, \mathbf{y}_n^{k*})$이라 하자. 그리고 주어진 투입산출 가격 정보 하에서 이 투입산출량을 활용한 이윤이 Π^{k*}로 주어진다고 하자. 이를 이용하면 다음과 같이 이윤을 중심으로 총효율성(OE_Π^j)을 배분적 효율성(AE_Π^k)과 기술적 효율성(TE_Π^k)으로 분해할 수 있다.

$$OE_\Pi^j = \frac{\Pi^k}{\Pi^{**}} = \frac{\Pi^k}{\Pi^{k*}} \cdot \frac{\Pi^{k*}}{\Pi^{**}} = TE_\Pi^k \cdot AE_\Pi^k. \tag{8.13}$$

위의 분해식에서 TE_Π^k는 기술적으로 생산경계에 도달하지 못하였기 때문에 발생한 이윤의 손실을 의미하며, AE_Π^k는 투입 및 산출의 조합들이 주어진 가격비율과 최적으로 조정되어 있지 않기 때문에 발생한 이윤의 손실을 의미한다.

위의 분해식이 이윤의 손실 원인을 보여준다는 점에서는 비교적 명쾌하다고 할 수 있으나, 여유분 기준 모형에 근거하고 있기 때문에 현재 비효율적인 점이 더 효율적인 상태로 되기 위해서 어떻게 하여야 하는지에 대한 직관적인 정보를 주지는 못한다. 예를 들어 TE_{Π}^{k} 가 0.5로 도출되었다고 하였을 때 투입과 산출을 0.5의 비율로 조정하면 기술적 비효율성을 모두 제거할 수 있다고 말할 수 없다.

이를 해결하기 위해서는 다음과 같은 쌍곡선 모형(hyperbolic model)을 활용할 수도 있다. 아래의 쌍곡선 모형은 기술적으로 효율적인 점인 생산경계 상의 점을 찾기 위해, 투입을 θ 배 만큼 줄이고 동시에 산출을 θ 배 만큼 늘이는 규칙을 가지고 있다.

$$\begin{aligned}
&\theta^{k**} = \min_{\theta,\boldsymbol{\lambda}} \theta^{k} \\
&subject\ to \\
&\theta^{k} x_m^{k} \geq \sum_{j=1}^{J} x_m^{j} \lambda^{j} \ \ (m = 1, 2, \ldots, M)\ ; \\
&(\theta^{k})^{-1} y_n^{k} \leq \sum_{j=1}^{J} y_n^{j} \lambda^{j} \ \ (n = 1, 2, \ldots, N)\ ; \\
&\sum_{j=1}^{J} \lambda^{j} = 1\ ; \\
&\lambda^{j} \geq 0\ (j = 1, 2, \ldots, J).
\end{aligned} \tag{8.14}$$

위 모형에서 현재 수준의 투입을 줄이고 산출을 늘려 최대이윤을 달성할 수 있는 비율인 θ^{k**} 를 구할 수 있다. 이를 이용하면 최대이윤인 $\Pi^{**} = \sum_{n=1}^{N} p_n \cdot \left(\dfrac{y_n^k}{\theta^{k**}} \right) - \sum_{m=1}^{M} w_m \cdot (\theta^{k**} \cdot x_m^k)$ 이 계산된다. 즉, θ^{k**} 가 곧 이윤효율성이다. 이 이윤효율성을 앞서 정의된 기술적 효율성 θ^{k*} 과 결합하면 다음과 같은 분해식을 생각할 수 있다.

$$\theta^{k**} = \theta^{k*} \cdot \gamma^{k*} = TE^{k} \cdot AE^{k} \tag{8.15}$$

위에서 배분효율성 γ^{k*} 는 총효율성과 기술적 효율성의 비로서 정의된다. 위 분해식의 특징은 기술적 효율성과 총효율성의 값 자체를 직관적으로 해석할 수 있다는 데 있다. 예를 들어 총효율성이 0.6으로 도출되었다면, 투입을 현재 수준의 0.6배로 하고, 산출을 1/0.6배, 즉 1.67배로 하면 최대이윤이 도출된다는 것을 의미한다.

8.5 R 코드

본 절에서는 이 장에서 다룬 비용최소화와 수익최대화 문제를 풀기 위한 R 코드에 대해서 다룬다. 비용최소화와 수익최대화 문제를 풀기 위한 함수는 각각 cost.dea(...)함수와 revenue.dea(...) 함수이며, 각각의 함수에 대한 인수는 다음과 같다.

```
cost.dea(base = NULL, frontier = NULL, noutput = 1,
         input.price = NULL)
revenue.dea(base = NULL, frontier = NULL, noutput = 1,
            output.price = NULL)
```

위 함수들의 인수에 대하여 살펴보자. base와 frontier는 dea(...) 함수의 base 및 frontier와 동일한 의미를 갖는다. 즉, base는 비용최소화나 수익최대화 문제에서 분석되는 대상이며, frontier는 비용최소화나 수익최대화 모형에서 생산가능집합을 구성하는 관측치들이다. dea(...)와 마찬가지로 frontier는 생략될 수 있으며 생략이 된다면 frontier는 base의 값들로 대체된다. 참고적으로 base와 frontier는 data.frame(...)의 형태를 갖는 데이터여야 한다. noutput은 산출요소의 개수를 나타낸다. input.price는 투입요소의 시장가격을 의미하며 투입요소의 개수와 동일한 길이를 갖는 벡터이다. input.price는 투입요소의 순서대로 주어져야 한다. output.price는 산출요소의 시장가격을 의미하며 산출요소의 개수와 동일한 길이를 갖는 벡터이다.

output.price는 산출요소의 순서대로 주어져야 한다.

8.5.1 2투입-1산출의 경우 비용최소화 문제

[표 8-1]에 나온 2투입-1산출의 데이터를 이용하여 비용최소화 문제를 푸는 R 코드를 살펴본다. [표 8-1]에 나온 것처럼 투입요소의 시장가격은 $w_1 = 1,\ w_2 = 2$ 로 주어졌다.

```
tab8.1.io <- data.frame(y = c(1, 1, 1, 1, 1, 1, 1),
                        x1 = c(2, 3, 5, 9, 6, 3, 8),
                        x2 = c(8, 6, 3, 2, 7, 9, 4))
                        ## 투입/산출 데이터
tab8.1.wm.f <- c(w1 = 1, w2 = 2)     ## 투입요소의 시장 가격
ex8.1 <- cost.dea(base = tab8.1.io, noutput = 1,
                  input.price = tab8.1.wm.f)
```

위 예제에서는 투입요소가 2개이므로 투입요소의 시장가격을 c(w1 = 1, w2 = 2)으로 주었다. 그 결과는 다음과 같다.

```
  x.star1 x.star2 OE.cost TE.cost Revealed.cost     OE     AE     TE
1       5       3      11   18.00            18 0.6111 0.6111 1.0000
2       5       3      11   15.00            15 0.7333 0.7333 1.0000
3       5       3      11   11.00            11 1.0000 1.0000 1.0000
4       5       3      11   13.00            13 0.8462 0.8462 1.0000
5       5       3      11   13.12            20 0.5500 0.8381 0.6562
6       5       3      11   16.80            21 0.5238 0.6548 0.8000
7       5       3      11   11.33            16 0.6875 0.9706 0.7083
```

결과의 첫번째 열은 생산자의 이름을 나타낸다. 두번째와 세번째 열은 비용을 최소화하는 점의 x_1^*와 x_2^*를 나타낸다. 모든 생산자에 대하여 비용최소화를 달성하는 관측점은 (5, 3)임을 알 수 있다. 네번째 열은 비용최소화 점에서의 비용을, 다섯번째 열은 기술적 효율적인 점에서의 비용을 나타낸다. 여섯번째 열은 생산자가 지불한

실제 비용을 나타낸다. 일곱번째 열은 총효율성을, 여덟번째는 배분적 효율성을, 아홉번째는 기술적 효율성을 나타낸다. 이 결과는 [표 8-2]와 동일하다.

8.5.2 1투입-2산출의 경우 수익최대화 문제

[표 8-3]에 주어진 1투입-2산출의 경우 수익최대화 문제를 푸는 R 코드를 살펴본다. 이 표에서는 시장의 산출가격이 $p_1 = 2, p_2 = 2$ 로 정해져 있다고 가정한다.

```
tab8.3 <- data.frame(y1 = c(1, 3, 6, 6, 3, 9),
                     y2 = c(6, 6, 3, 5, 4, 1),
                     x = c(1, 1, 1, 1, 1, 1))
tab8.3.ps.f <- c(p1 = 2, p2 = 2)
ex8.3 <- revenue.dea(base = tab8.3,
                     noutput = 2, output.price = tab8.3.ps.f)
```

위 코드에서 산출요소의 시장가격은 `c(p1 = 2, p2 = 2)`로 주어져 있다. 결과는 `ex8.3`에 할당되어 있으며 다음과 같다.

```
y.star1 y.star2 OE.revenue TE.revenue Revealed.revenue     OE     AE     TE
1     6       5         22      15.00               14 0.6364 0.6364 1.0000
2     6       5         22      18.00               18 0.8182 0.8182 1.0000
3     6       5         22      21.27               18 0.8182 0.9669 0.8462
4     6       5         22      22.00               22 1.0000 1.0000 1.0000
5     6       5         22      19.60               14 0.6364 0.8909 0.7143
6     6       5         22      20.00               20 0.9091 0.9091 1.0000
```

결과 열의 내용은 `cost.dea(...)`의 그것과 유사하므로 설명을 생략한다. 이 결과는 [표 8-4]와 동일하다.

8.6 관련문헌

배분적 효율성 문제는 Farrell (1957)에 의해 개념적으로 명쾌하게 제시되었다. Farrell의 논의는 다음의 [그림 8-5]로 간단히 요약된다.

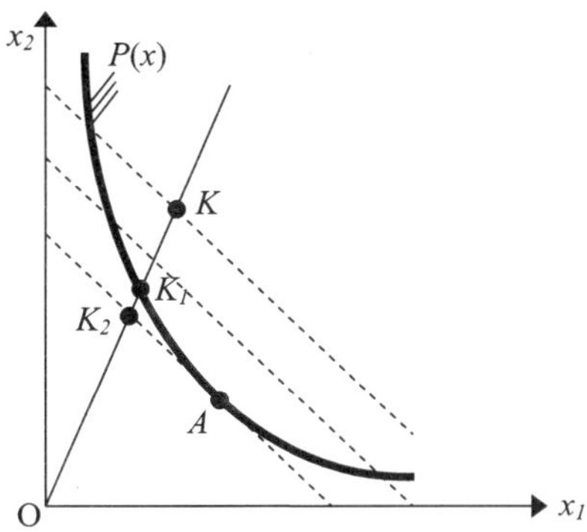

[그림 8-5] Farrell (1957)의 총효율성, 배분적 효율성, 기술적 효율성

[그림 8-5]에서 생산가능집합 P(x)와 K점이 주어져 있고, 두 투입요소의 가격들이 비용선의 기울기로 주어져 있다. K점과 대비하여 K_1점은 동일한 기술적 효율성을 달성한 점이고, A점은 배분적 효율성까지 달성하고 있는 점이다. 이러한 개념에 근거하여 총효율성, 기술적 효율성, 배분적 효율성을 각 점에서 달성 가능한 비용수준들의 비율로서 표시할 수 있다. Farrell의 개념적 논의를 실증적으로 구현하기 위해서는 생산가능집합을 구성하고, 최소비용점을 구할 수 있어야 한다. 본 장에서는 선형계획 비용최소화 모형을 이용한 DEA 방법론을 제시하였다. 이에 대한 대안으로서 Kumbhakar and Lovell (2000)은 확률적 변경추정법(Stochastic Frontier Analysis; SFA)으로 배분적 효율성과 총효율성을 계산하는 방법을 제시하고 있다.

배분적 효율성이나 총효율성 개념은 분명 흥미로운 주제이나 투입 및 산출의 가격에 관한 정보가 있을 때 분석이 가능하다. 그러나 흔히 가격에 관한 정보는 구하기가 어렵거나 구할 수 있다고 하더라도 정확하지 않은 경우가 많다. 한편, DEA모형을 이용하면 가격에 관한 정보가 필요없고 물량 정보만으로 경제분석을 할 수 있기 때문에 CCR, BCC 등 DEA 기본 모형들이 짧은 시간에 널리 확산될 수 있었다. 따라서 시장가격이 있어야 분석이 가능한 배분적 효율성과 총효율성의 개념은 DEA의 다른 모형들과는 달리 널리 현실문제를 푸는데 많이 응용되지 않았다. 그럼에도 불구하고 이 두 효율성의 개념은 가격정보를 활용하는 경제학적 분석에서는 여전히 활용될 여지가 있으며 DEA 모형의 경제학적 논거를 이론적으로 밝히는데도 활용할 수 있기 때문에 그 개념은 여전히 유용하다.

이윤효율성을 분해하는 방법에 대해서는 Grifell-Tarje and Lovell (1999)을 참조할 수 있다.

8.7 연습문제

1. 투입배분효율성을 논의할 때 모든 관측치가 동일한 투입요소가격을 접한다고 가정했다. 만약 각 관측치 별로 당면한 투입요소가격이 다르다고 가정하면 위의 논의 전체가 어떻게 달라져야 할지 생각해보자.

2. 배분적 비효율성이 발생하는 원인과 개선방법에 대해 현실적인 사례에 기초하여 논의하여 보자.

3. 이윤효율성을 분해하기 위해 활용할 수 있는 모형이 쌍곡선 모형 외의 다른 모형이 있을지에 대해 생각해보자.

4. 쌍곡선 모형은 선형계획법이 아니다. 그렇기 때문에 이를 선형화시켜 풀어야 한다. Färe, Grosskopf and Lovell (1995)를 참조하여 선형계획법으로 어떻게 전환할 수 있는지를 생각해보자.

5. [표 8-1]의 예제에서 투입요소의 가격이 $w_1=2$, $w_2=1$로 주어졌다고 하였을 때 각 관측치별 총효율성과 기술적 효율성, 배분적 효율성을 다시 구하여 보자. 그림을 그리고 각 관측치별 효율성 향상 전략이 어떻게 달라져야 하는지 논의해보자.

6. [표 8-1]의 예제에서 투입요소의 시장가격은 $w_1=1$, $w_2=2$로 거래되고 있지만, 모종의 규제로 인하여 $w_1=2$, $w_2=2$인 것처럼 구입할 수 밖에 없는 상황이라고 하자. 이 규제로 인하여 발생하는 추가적인 비효율성을 계산할 수 있을지 생각해보자.

9. 가상가격에 대한 제약 모형

9.1 개요

9.1.1 가상가격의 의미

가격은 단위 요소를 얻기 위해서 얼마를 지불해야 하는지를 알려주는 지표이다. x_1 의 가격이 x_2 의 가격보다 2배 높다는 것은 x_1 한 단위를 x_2 두 단위와 바꿀 수 있다는 것을 의미한다. 본 장에서 논의하는 가상가격(virtual price 혹은 shadow price)은 투입 및 산출의 각 요소에 부여된 가치를 의미한다. '가상'이라는 글자 그대로 '시장'가격은 아니지만 각 투입과 산출요소의 가격과 같은 의미를 갖고, 그 역할을 수행한다. 가상가격의 의미를 확인하기 위하여 [그림 9-1]에 제시된 것과 같은 2투입-1산출의 자료를 살펴보자.

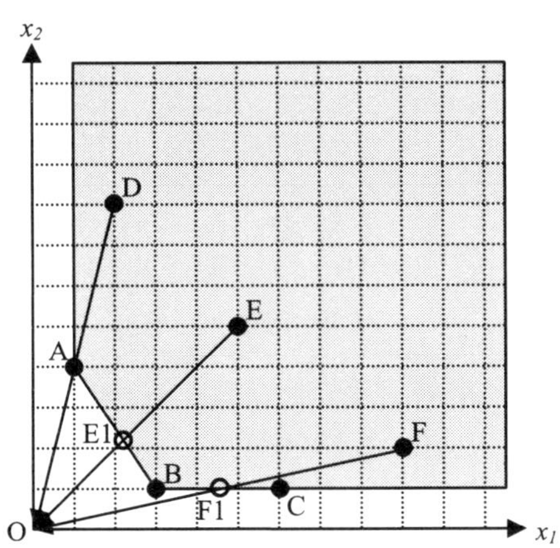

[그림 9-1] 가상투입산출자료 (2투입-1산출)

이 자료에 대하여 4장에서 제시되었던 투입기준 가상가격 CCR 모형을 적용하면 [표 9-1]의 결과를 얻을 수 있다.

[표 9-1] 가상가격 기준 모형의 해

DMU	u^*	v_1^*	v_2^*	v_2^*/v_1^*	$v_1^*x_1$	$v_2^*x_2$
A	1.000	0.273	0.182	0.667	0.273	0.728
B	1.000	0.273	0.182	0.667	0.819	0.182
C	1.000	0	1.000	-	0	1.000
D	0.500	0.136	0.0909	0.667	0.272	0.727
E	0.440	0.120	0.0800	0.667	0.600	0.400
F	0.500	0	0.500	-	0	1.000
최소값	0.440	0	0.0800	0.667	0	0.182
최대값	1.000	0.273	1.000	-	0.819	1.000

[표 9-1]의 결과로부터 가상가격이 가지는 다양한 의미를 읽어낼 수 있다. 첫째, 각 투입요소에 대한 가상가격의 비율인 v_2^*/v_1^* 또는 $-(v_2^*/v_1^*)$ 은 각 점을 생산변경으로 투영하였을 때 만나게 되는 생산변경의 기울기를 의미한다. 생산변경 상의 점들은 비록 투입요소의 조합은 다르더라도 동일한 산출을 생산할 수 있다. 따라서 생산변경 상에 있는 점들간의 교환비율은 동일한 산출수준을 유지하면서도 투입조합을 변화시킬 수 있는 비율인 **한계 대체율**과 동일하다. 가령 [그림 9-1]에서 E점이 A점과 B점을 연결하는 선분상의 점으로 투영되었다면 이때의 한계 대체율은 이 선분의 기울기인 2/3으로 주어지고, 이 값은 곧 $-(v_2^*/v_1^*)$ 의 값과 같다. 이 기울기는 두 투입요소의 상대적인 가치를 의미하며, 이 구간에서의 x_1과 x_2 의 상대가치를 나타낸다. 즉, 이 구간에서 산출수준을 변화시키지 않으면서 서로 바꿀 수 있는 비율은 2:3이다.

둘째, 수평 혹은 수직 구간에서 한 투입요소의 가상가격은 0이므로, 가상가격 간의 비율은 0이거나 무한대가 된다. 예를 들어 그림에서 A점으로부터 위로 수직인 구간에서는 x_2 의 가상가격인 v_2 가 0이므로 v_2^*/v_1^* 는 0이 된다. 이 구간에서 x_2 의 가상가격 v_2 가 0인 이유는 수직선을 따라 x_2 를 더 늘려 투입하더라도 여유분만 늘어날 뿐 산출을 늘리거나 다른 투입을 줄이는데 기여하지 못하기 때문이다. 즉 이 구간에서는 x_2 가 더 이상 필요하지 않기 때문에 가상가격인 v_2 가 0인 것으로 해석할 수 있다. 한편 B점으로부터 오른쪽으로 수평인 구간에서는 x_1 의 가상가격인 v_1 이 0이 되므로 v_2^*/v_1^* 의 값은 무한대가 된다.

셋째, 각 투입요소 별 가상가격의 절대값은 크게 차이가 있을 수 있다. 가령 v_2 의 경우 0.08에서부터 1.0까지 큰 차이가 있다.

넷째, $v_m^* x_m$ 의 값은 가상가격과 관측치의 곱으로서 투입 x_m 의 **가상가치**(virtual value)라고 한다. 이 값은 해당 투입요소가 전체 가상비용에서 차지하는 가치 비중을 나타낸다. 투입가상가치들의 합인 $C^* = \sum v_m^* x_m$ 를 **가상총비용**(virtual cost)이라 한다. 유사한 방식으로 산출요소별 가상가격을 u_n^* 이라 할 때 $u_n^* y_n$ 를 산출 y_n 의 가상가치라 하고, $R^* = \sum u_n^* y_n$ 을 **가상총수익**(virtual revenue)라 한다.

이상에서 살펴본 바와 같이 가상가격은 투입요소의 가치를 보여주는 값이다. 다만, 이 값이 현실의 시장에서 거래되는 값이 아니라 모형에서 도출되는 값이므로 '가상'가격이라고 하는 것이다.

9.1.2 가상가격에 대한 가치판단의 필요성

투입 혹은 산출요소의 가치로서 가상가격은 최적화 모형에서 자동적으로 도출되는 값이다. 4장에서 제시된 가상가격 모형은 가상총비용이 최소가 되거나 혹은 가상총수익이 최대가 되도록 가상가치들을 자동적으로 설정한다. 가령 [그림 9-1]의 C점의 경우 x_1 이 상대적으로 남아돌기 때문에 이 투입에 해당하는 가치를 0으로 부여하여 효율성에 미치는 부정적 영향을 최소화한다.

이와 같이 관측치 입장에서 가장 유리한 가상가격을 제한 없이 부여하는 것을 **무제약 가상가격 모형**(unrestricted virtual price model)이라고 한다. CCR, BCC, 합계 모형 등 지금까지의 모든 모형들이 무제약 가상가격 모형이라 할 수 있다.

그러나 투입 혹은 산출요소의 가치에 대해 사전적으로 분석자가 알고 있는 바가 있다면, 계산되는 가상가격이 이 주관적인 가치판단과 부합되도록 제약을 가할 수 있다. 예를 들어, 자동차 회사의 산출로서 대형차와 소형차가 있고 이들의 단위당 시장가격이 대체로 4:1에서 2:1 정도의 비율임을 알고 있다면, 분석결과 가상가격 비율이 이 범위 안에 있도록 사전에 제약하는 것이 현실적일 수 있다. 그렇지 않다면, 앞서의 예와 같이 특정 투입 혹은 산출의 가상가격에 0의 값을 부여하는 경우가 생길 수 있으므로 이 값을 해석하기가 쉽지 않다.

가상가격에 대한 제약이 필요한 두번째 이유는 투입 및 산출요소간 상대적 가치에 대해 분석자의 주관적인 가치판단이 있을 때 이를 반영하기 위해서이다. 예를 들어, 산업용 로봇의 성능을 상대적으로 평가하고자 할 때 정확성(accuracy)이 내구성(durability)보다 2배 이상 중요한 것으로 평가되어야 한다는 주관적인 가치 판단이 있다면, 분석결과가 이 판단을 만족시키도록 사전적으로 제약할 수 있다. 따라서 효율성 모형을 분석하기 이전에 이러한 가치판단을 미리 반영하는 것은 분석결과의 현실성을 높이는데 중요한 기여를 한다.

가상가격에 대한 제약이 필요한 세번째 이유는 식별력을 높이기 위해서이다. 가상가격이 0에서부터 무한대까지 아무런 제한 없이 설정될 수 있다면, 불리한 투입산출요소에 대해서는 0의 값을 주어 효율성값에 영향을 미치지 못하게 할 수 있다. 따라서 많은 수의 관측치들이 효율적인 것으로 나타날 가능성이 있다. 이처럼 많은 수의 관측치가 1의 효율성 값을 갖게 되면 그들간의 우열을 가릴 수가 없기 때문에 효율성을 상대비교한다는 DEA 분석의 본래 취지가 무색해지게 된다. 가상가격제약으로 0의 가상가격이 주어지지 않도록 제약하게 된다면 보다 적은 수의 관측치가 효율적인 것으로 나타나게 되어 식별력이 높아지게 된다.

9.1.3 가상가격 제약의 종류

가상가격에 대한 제약, 혹은 AR(Assurance Range) 제약은 가상가격 및 가상가치들의 하한과 상한을 제한한다. γ_m^x 와 μ_m^x 를 각각 투입 가상가격에 대한 하한(lower limit) 및 상한(upper limit)이라 하고 γ_n^y 와 μ_n^y 를 산출 가상가격에 대한 하한과 상한이라고 할 때 AR 제약은 다음과 같이 몇 가지 종류로 구분할 수 있다.

제약 9.1 **가상가격에 대한 절대제약**

$$\gamma_m^x \leq v_m \leq \mu_m^x, \quad \gamma_n^y \leq u_n \leq \mu_n^y$$

제약 9.2 **가상가격에 대한 상대제약**

$$\gamma_m^x \leq \frac{v_m}{v_{m+i}} \leq \mu_m^x, \quad \gamma_n^y \leq \frac{u_n}{u_{n+j}} \leq \mu_n^y, \quad \gamma \leq \frac{v_m}{u_n} \leq \mu$$

제약 9.3 **가상가치에 대한 절대제약**

$$\gamma_m^x \leq v_m x_m \leq \mu_m^x, \quad \gamma_n^y \leq u_n y_n \leq \mu_n^y$$

제약 9.4 **가상가치에 대한 상대제약**

$$\gamma_m^x \le \frac{v_m x_m}{v_{m+i} x_{m+i}} \le \mu_m^x,\ \gamma_n^y \le \frac{u_n y_n}{u_{n+j} y_{n+j}} \le \mu_n^y,\ \gamma \le \frac{v_m x_m}{u_n y_n} \le \mu$$

$$\text{혹은 } \gamma_m^x \le \frac{v_m x_m}{\sum_{m=1}^{M} v_m x_m} \le \mu_m^x,\ \gamma_n^y \le \frac{u_n y_n}{\sum_{n=1}^{N} u_n y_n} \le \mu_n^y$$

첫번째와 두번째 제약은 가상가격 자체에 대해 절대값이나 혹은 상대적인 비율을 특정한 값 범위내로 한정하는 것이다. 세번째와 네번째 제약은 가상가격과 관측값의 곱인 가상가치에 대해 절대값이나 혹은 상대적인 비율을 제약하는 것이다. 위와 같은 여러 가지 조합이 가능하지만, 두 번째의 제약조건인 가상가격에 대한 상대비율을 제약하는 것이 가장 많이 이용된다.

실제 모형에서는 상대적인 비율로 표현된 제약을 선형조건으로 변형하여 사용한다. 예를 들어, $\gamma_m^x \le \frac{v_m}{v_{m+1}} \le \mu_m^x$ 라는 제약조건은 $\gamma_m^x v_{m+1} - v_m \le 0$ 과 $-\mu_m^x v_{m+1} + v_m \le 0$ 로 이루어진 두 개의 선형조건으로 분해하여 모형에 추가한다.

9.2 가상가격 제약 모형의 구조와 해석

9.2.1 가상가격 제약 모형

다양한 가상가격 제약이 있을 수 있으나, 대표적으로 $\gamma \le \frac{v_t}{v_{t+1}}$ 혹은 $v_t - \gamma v_{t+1} \ge 0$ 의 제약조건을 예로 들어 생각해보자. 단 여기서 v_t 는 t로 표시되는 임의의 특정한 투입요소의 가상가격을 의미한다. 이 제약조건을 투입기준 CCR 모형에 추가하면 다음과 같은 가상가격제약모형을 얻을 수 있다.

모형 9.1　가상가격 제약 모형

$$\begin{aligned}
&\theta_{AR}^{k*} = \max_{\mathbf{u},\mathbf{v}} \left(\sum_{n=1}^{N} u_n y_n^k \right) \\
&subject\ to \\
&\sum_{m=1}^{M} v_m x_m^k = 1; \\
&\sum_{n=1}^{N} u_n y_n^j - \sum_{m=1}^{M} v_m x_m^j \le 0 \ \ (j = 1,2,\ldots,J) \,; \\
&v_t - \gamma v_{t+1} \ge 0 \,; \\
&v_m \ge 0 \,; u_n \ge 0 \,.
\end{aligned} \tag{9.1}$$

추가된 제약식에 해당하는 쌍대변수를 q 라 하면, 다음과 같은 포락모형을 얻을 수 있다.

모형 9.2　가상가격 제약 모형(포락모형)

$$\begin{aligned}
&\theta_{AR}^{k*} = \min_{\theta,\boldsymbol{\lambda}} \theta \\
&subject\ to \\
&\theta x_m^k \ge \sum_{j=1}^{J} x_m^j \lambda^j \ \ (m = 1,2,\ldots,t-1,t+2,\cdots M) \,; \\
&\theta x_t^k \ge \sum_{j=1}^{J} x_t^j \lambda^j + q \,; \\
&\theta x_{t+1}^k \ge \sum_{j=1}^{J} x_{t+1}^j \lambda^j - \gamma q \,; \\
&y_n^k \le \sum_{j=1}^{J} y_n^j \lambda^j \ \ (n = 1,2,\ldots,N) \,; \\
&\lambda^j \ge 0 \ (j = 1,2,\ldots,J).
\end{aligned} \tag{9.2}$$

9.2.2 가상가격 제약의 영향

가상가격에 대한 제약, 즉 AR 제약이 추가되면 각 관측점 별로 효율성 및 투영점이 바뀔 수 있으며 다음과 같은 특성을 갖는다. 첫째, 각 관측점의 효율성은 추가되기 전보다 항상 낮아진다. 가상가격 기준 모형에서 제약이 추가되어 선택가능영역이 축소됨에 따라 식 (9.1)의 목적함수 최대값은 일반 CCR 모형의 목적함수 최대값에 비해 작아지기 때문이다.

둘째, 가상가격 제약 하의 투영점은 다음과 같이 도출된다.

$$\begin{aligned}
\widehat{x_m^k} &= \sum_{j=1}^{J} x_m^j \lambda^{j*} = \theta^{k*} x_m^k - s_m^{-*} \quad (m=1,2,\ldots,t-1,t+2,\cdots,M)\ ; \\
\widehat{x_t^k} &= \sum_{j=1}^{J} x_t^j \lambda^{j*} = \theta^{k*} x_t^k - s_t^{-*} - q\ ; \\
\widehat{x_{t+1}^k} &= \sum_{j=1}^{J} x_{t+1}^j \lambda^{j*} = \theta^{k*} x_{t+1}^k - s_{t+1}^{-*} + \gamma q\ ; \\
\widehat{y_n^k} &= \sum_{j=1}^{J} y_n^j \lambda^{j*} = y_n^k + s_n^{+*} \quad (n=1,2,\ldots,N)\ .
\end{aligned} \tag{9.3}$$

만약 가상가격 제약에 해당하는 쌍대변수 q 가 양수가 된다면, $\widehat{x_{t+1}^k} \geq \theta^* x_{t+1}^k$ 이거나, 심지어 $\widehat{x_{t+1}^k} \geq x_{t+1}^k$ 인 경우도 발생할 수 있다. 즉, 방향모형인 경우에도 AR 제약이 추가되면 모든 투입요소가 같은 비율로 줄어들지 않을 수도 있다. 또한, 관측치 보다 더 많은 양의 투입요소를 사용하는 투영점이 도출될 수도 있다. 이렇게 때문에 가상가격에 대한 제약을 이용할 때는 효율성 개선의 방향을 해석하는데 주의를 요한다.

9.3 예제

2투입-1산출에 대하여 [표 9-2]와 같은 가상자료가 주어져 있다고 하자. 이 자료에 대하여 투입기준 CCR 모형으로 효율성을 분석하고자 한다. 단, $0.25 \leq v_2 / v_1 \leq 1$ 의 가상가격 제약을 추가하여 생각해보자.

[표 9-2] 가상투입산출 자료 (2투입-1산출)

	A	B	C	D	E	F
x_1	2	3	6	3	6	6
x_2	5	3	1	8	4	2
y	1	1	1	1	1	1

9.3.1 가상가격 평면에서의 생산가능집합

먼저 4장에서와 같이 가상가격 제약과 $\sum_{m=1}^{M} v_m x_m^k = 1$ 의 제약식을 제외한 나머지 제약식을 표현하면 다음과 같다.

$$\begin{aligned}
&1 \le 2(v_1/u) + 5(v_2/u)\ (for\ A);\\
&1 \le 3(v_1/u) + 3(v_2/u)\ (for\ B);\\
&1 \le 6(v_1/u) + 1(v_2/u)\ (for\ C);\\
&1 \le 3(v_1/u) + 8(v_2/u)\ (for\ D);\\
&1 \le 6(v_1/u) + 4(v_2/u)\ (for\ E);\\
&1 \le 6(v_1/u) + 2(v_2/u)\ (for\ F).
\end{aligned} \tag{9.4}$$

식 (9.4)를 그림으로 나타내면 [그림 9-2]와 같다.

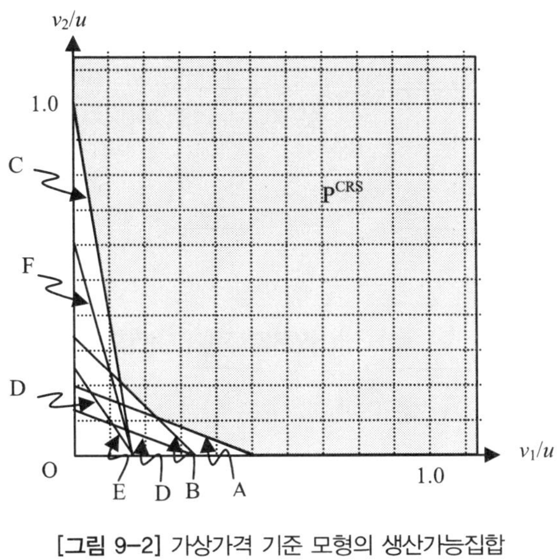

[그림 9-2] 가상가격 기준 모형의 생산가능집합

여기에 $0.25 \le v_2 / v_1 \le 1$ 의 가상가격 제약을 추가하면, [그림 9-3]과 같이 줄어든 생산가능집합을 얻게 된다.

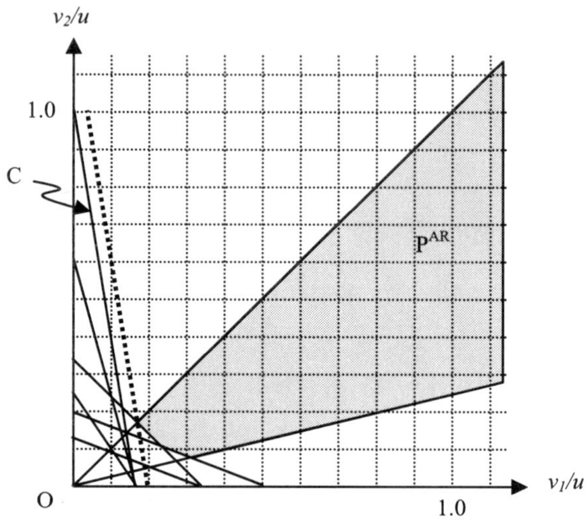

[그림 9-3] AR제약하의 생산가능집합

9.3.2 가상가격 모형에서의 해의 변화

가상가격 제약이 추가된 생산가능집합을 이용하면 목적함수인 효율성 값이 어떻게 변하는지를 예를 통해 살펴보자. C점은 [그림 9-2]에 제시된 바와 같이 가상가격 제약을 도입되기 전에는 생산변경을 구성하게 되어 효율적인 점이지만, 가상가격 제약을 도입하면 [그림 9-3]에 나타난 바와 같이 생산변경에서 제외되어 비효율적인 점으로 변한다. 따라서 [그림 9-3]의 점선으로 표시한 것과 같이 생산변경에 접하기 위해 이동해야 하며, 이때의 직선방정식이 $6(v_1/u) + 1(v_2/u) = 7/6 = 1/(6/7)$ 이다. 그러므로 이전의 효율성 수준 1.000보다 낮은 값인 0.857(=6/7)을 얻는다.

9.3.3 가상가격 모형의 행렬표현

본 세부절에서는 가상가격 제약을 이용하여 A점의 효율성을 측정하는 과정에 대하여 다룬다. 첫번째 제약식인 $\sum_{m=1}^{M} v_m x_m^A = 1$ 을 풀어 쓰면 다음과 같다.

$$2v_1 + 5v_2 = 1 \tag{9.5}$$

두번째 제약식인 $\sum_{n=1}^{N} u_n y_n^j - \sum_{m=1}^{M} v_m x_m^j \le 0 \ \ (j = 1, 2, \ldots, J)$ 을 자료를 이용하여 나타내면 다음과 같다.

$$\begin{aligned} &u - 2v_1 - 5v_2 \le 0; \\ &u - 3v_1 - 3v_2 \le 0; \\ &u - 6v_1 - 1v_2 \le 0; \\ &u - 3v_1 - 8v_2 \le 0; \\ &u - 6v_1 - 4v_2 \le 0; \\ &u - 6v_1 - 2v_2 \le 0; \end{aligned} \tag{9.6}$$

세번째 제약식인 $0.25 \le v_2 / v_1 \le 1$ 를 행렬의 형태로 표현해보자. 이 제약식을 선형제약으로 변환하기 위해 두가지 제약식으로 나누면 다음과 같다.

$$\begin{aligned} &0.25 \le v_2 / v_1; \\ &v_2 / v_1 \le 1. \end{aligned} \tag{9.7}$$

위 식의 양변에 v_1 을 곱하고 재 정렬하면 다음과 같다.

$$\begin{aligned} &0.25v_1 - v_2 \le 0; \\ &-v_1 + v_2 \le 0. \end{aligned} \tag{9.8}$$

식 (9.6), (9.7) 및 (9.8)을 통합하여 제약식을 모두 쓰면 다음과 같다.

$$
\begin{aligned}
&0u + 2v_1 + 5v_2 = 1;\\
&u - 2v_1 - 5v_2 \le 0;\\
&u - 3v_1 - 3v_2 \le 0;\\
&u - 6v_1 - 1v_2 \le 0;\\
&u - 3v_1 - 8v_2 \le 0;\\
&u - 6v_1 - 4v_2 \le 0;\\
&u - 6v_1 - 2v_2 \le 0;\\
&0u + 0.25v_1 - v_2 \le 0;\\
&0u - v_1 + v_2 \le 0.
\end{aligned}
\tag{9.9}
$$

식 (9.9)를 행렬식으로 표현하면 다음과 같다.

$$
\begin{gathered}
\begin{bmatrix} 0 & 2 & 5 \end{bmatrix} \begin{bmatrix} u \\ v_1 \\ v_2 \end{bmatrix} = [1] \\
\begin{bmatrix} 1 & -2 & -5 \\ 1 & -3 & -3 \\ 1 & -6 & -1 \\ 1 & -3 & -8 \\ 1 & -6 & -4 \\ 1 & -6 & -2 \\ 0 & 0.25 & -1 \\ 0 & -1 & 1 \end{bmatrix} \begin{bmatrix} u \\ v_1 \\ v_2 \end{bmatrix} \le \begin{bmatrix} 0 \\ 0 \\ 0 \\ 0 \\ 0 \\ 0 \\ 0 \\ 0 \end{bmatrix}
\end{gathered}
\tag{9.10}
$$

또한 목적함수를 유사한 방식으로 표현하면 다음과 같다.

$$
\begin{bmatrix} 1 & 0 & 0 \end{bmatrix} \cdot \begin{bmatrix} u \\ v_1 \\ v_2 \end{bmatrix} \tag{9.11}
$$

식 (9.10)과 식 (9.11)로 주어진 행렬들을 이용하여 선형계획문제를 풀면 A점에 대한 효율성을 도출할 수 있다. B점에 대한 효율성을 측정하고자 할 때는 식 (9.10)에 나타난 행렬의 첫 번째 행렬식과 식 (9.11)의 목적함수 계수들을 바꾸면 된다.

9.3.4 가상가격 제약식이 있을 때 해의 변화

이와 같은 방식으로 모든 관측치에 대해 가상가격 제약 하의 모형을 풀어 해를 정리하면 다음 [표 9-3]과 같다.

[표 9-3] 가상 자료에 대한 AR 모형 분석결과 (가상가격 기준 모형)

DMU	AR 제약				무제약			
	u^*	v_1^*	v_2^*	v_2^*/v_1^*	u^*	v_1^*	v_2^*	v_2^*/v_1^*
A	1.0000	0.2222	0.1111	0.5000	1.0000	0.2222	0.1111	0.5000
B	1.0000	1.6667	0.1667	1.0000	1.0000	0.1333	0.2000	1.5000
C	0.8571	0.1429	0.1429	1.0000	1.0000	0.1333	0.2000	1.5000
D	0.6500	0.2000	0.0500	0.2500	0.6667	0.3333	0.0000	0.0000
E	0.6000	0.1000	0.1000	1.0000	0.6250	0.0833	0.1250	1.5000
F	0.7500	0.1250	0.1250	1.0000	0.8333	0.1111	0.1667	1.5000

위의 결과표로부터 다음의 사실들을 확인할 수 있다.

첫째, 가상가격 제약하에서 도출된 v_2^* / v_1^* 값이 모두 제약조건을 만족시킨다. 가령, D 점의 경우 제약이 없을 때는 v_2^* 에 0의 값을 부여함으로서 x_2 값이 효율성 값을 나타내는 목적함수 계산에서 고려되지 않도록 배제하였으나, 제약이 주어졌을 때는 비록 작은 값이지만 양의 가상가격(0.05)을 부여하고 있음을 볼 수 있다.

둘째, 제약이 있을 때와 없을 때 목적함수 값인 효율성 수준을 비교해보면 제약이 있을 때 효율성 값이 제약이 없을 때에 비해서 작아지는 것을 확인할 수 있다. 이는 최적화 모형에서 제약식이 추가되기 때문에 목적함수 값이 작아지게 된 것을 반영한 것이다. 식별력의 관점에서는 제약식이 없을 때 3개의 관측치가 효율적인 것으로 나타났으나 제약이 부여되고 난 후 효율적인 관측치의 수가 2개 줄어들어 식별력이 개선된 것을 알 수 있다.

9.4 R 코드

9.4.1 가상가격 제약 모형을 위한 함수

가상가격 제약 하에서 효율성을 측정하기 위한 함수는 `ar.dual.dea(...)`이다. 이 함수는 가상가격에 대해 절대 혹은 상대 제약을 가할 수 있으나, 가상가격과 관측치를 곱한 가상가치에 대한 제약은 가할 수 없다. 이 함수의 인수는 다음과 같다.

```
ar.dual.dea(base = NULL, frontier = NULL, noutput = 1,
            orientation = 1, rts = 1, ar.l = NULL,
            ar.r = NULL, ar.dir = NULL)
```

`ar.dual.dea(...)` 함수는 `dual.dea(...)` 함수에 쓰이는 인수와 유사하나, `ar.l`, `ar.r`, `ar.dir`이 추가가 되었다. `ar.l` 인수는 가상가격 제약을 행렬식으로 풀어 썼을 때 좌변에 있는 행렬을 의미한다. `ar.r`은 가상가격 제약을 행렬식으로 풀어 썼을 때 우변에 있는 벡터를 의미한다. 마지막으로 `ar.dir`은 가상가격 제약식을 행렬식으로 풀어 썼을 때 부등호 및 등호관계를 나타내는 벡터이다. 예를 들어서, 식 (9.10)에서 추가된 제약식은 마지막 두 줄이다. 이 마지막 두 줄에서 좌변에 있는 행렬이 `ar.l`에 해당하고, 우변에 있는 원소가 2개인 벡터가 `ar.r`에 해당한다. 그리고 마지막 두 줄에 있는 부등호가 `ar.dir`에 해당한다. `ar.dir`은 각각의 원소가 문자로 표현된 부등호임을 주의해야 한다. 즉, '크다'는 >, '크거나 같다'는 >=, '같다'는 ==, '작거나 같다'는 <=, '작다'는 <를 이용하여 쓴다.

9.4.2 예제

[표 9-2]에 나온 데이터를 $0.25 \leq v_2 / v_1 \leq 1$ 의 제약을 주고 효율성을 측정하기 위해서는 가상가격 제약을 행렬로 풀어 쓰는 과정이

필요하다. 이 과정에 대해서는 이미 9.3.3절에서 다루었다. 가상가격 제약식을 행렬식을 이용하여 다시 쓰면 다음과 같다.

$$\begin{bmatrix} 0 & 0.25 & -1 \\ 0 & -1 & 1 \end{bmatrix} \begin{bmatrix} u \\ v_1 \\ v_2 \end{bmatrix} \le \begin{bmatrix} 0 \\ 0 \end{bmatrix} \tag{9.12}$$

식 (9.12)에서 `ar.l`에 해당하는 행렬은 `matrix(c(0, 0, 0.25, -1, -1, 1), nrow = 2, ncol = 3)`이고, `ar.r`에 해당하는 벡터는 `c(0,0)`이다. 또한 `ar.dir`에 해당하는 벡터는 `c("<=", "<=")`이다. 따라서 효율성을 구하기 위한 코드는 다음과 같다.

```
ar.dat <- data.frame(y = c(1, 1, 1, 1, 1, 1),
                     x1 = c(2, 3, 6, 3, 6, 6),
                     x2 = c(5, 3, 1, 8, 4, 2))
ar.dual.dea(ar.dat, noutput = 1, orientation = 1, rts = 1,
            ar.l = matrix(c(0, 0, 0.25, -1, -1, 1),
                          nrow = 2, ncol = 3),
            ar.r = c(0, 0), ar.dir = c("<=", "<="))
```

그 결과는 다음과 같다.

```
objval     u1     v1     v2
1 1.0000 1.0000 0.2222 0.1111
2 1.0000 1.0000 0.1667 0.1667
3 0.8571 0.8571 0.1429 0.1429
4 0.6500 0.6500 0.2000 0.0500
5 0.6000 0.6000 0.1000 0.1000
6 0.7500 0.7500 0.1250 0.1250
```

결과의 첫번째 열은 생산자의 이름을 나타낸다. 두번째 열은 효율성값을, 세번째 열부터는 산출요소와 투입요소의 가상가격을 보여준다. 이에 대한 해석은 이미 본문에서 다루었으므로 본 절에서는 생략한다.

9.5 관련문헌

DEA의 가장 큰 장점 중의 하나는 각 투입 및 산출요소의 가치 혹은 가중치에 대하여 분석자가 사전적으로 정보를 제공하는 것이 아니라, 모형에서 자동으로 생성해준다는데 있다. 이때 분석대상 관측점의 효율성이 가장 높게 되도록 가상가격을 설정하는 규칙을 가지고 있으므로 가중치 설정이 잘 되었는가를 둘러싼 불만이 발생할 수 없다는 장점을 갖고 있다. 그러나 결과로서 투입 및 산출요소의 가상가격이 0으로 도출되는 등 상식적으로 납득하기 어려운 경우가 많기 때문에 이 장점은 곧 단점이 되기도 한다.

가상가격 제약 모형이 제안된 또 다른 배경은 **식별력(discriminating power)**의 향상과 관련되어 있다. 앞서 논의한 것처럼, 분석대상 관측치에 가장 유리한 방식으로 투입산출의 가중치를 설정하기 때문에 많은 수의 관측치의 효율성이 1, 즉 100%의 효율성을 갖는 것으로 나타나는 문제가 종종 발생한다. 특히 관측치가 수가 적을 때 모두 1의 효율성을 갖게 되는 극단적인 경우도 발생할 수 있다. 이와 같이 많은 수의 관측치가 1의 효율성을 갖게 되면 상대적인 효율성 평가의 도구로서 DEA의 유용성이 크게 떨어질 수 밖에 없다. 이를 흔히 **식별력의 문제**(problem of discriminating power)라고 한다. 이 문제 역시 투입산출의 가상가격을 0과 같이 극단적인 값으로 설정할 수 있는 지나친 자율성 때문에 발생하는 문제로 볼 수 있다.

이러한 문제를 최초로 인식하고 가상가격 제약을 명시적으로 적용한 최초의 사례는 Thompson, Brinkmann, Dharmapala, Gonzalez-Lima and Thrall (1986)이다. Dyson and Thanassoulis (1988)은 가상가격 제약 모형을 정식화하고, 다양한 형태의 가상가격 제약 유형을 제시한 바 있다.

본 장에서 제시된 가상가격 제약을 AR(Assurance Range) 모형이라고 하는데, 이와 유사한 방식으로 Charnes, Cooper, Sun and Huang (1990)는 CR(Corn Ratio) 모형을 제안한 바 있다. CR 모형은 가상가격에 대한 가치 판단을 이용하여 원자료를 수정하는 방식으로 이루어진다. 비록 접근 방식은 다르지만, 가치판단을 반영하고 식별력을 높인다는 목적은 동일하다. 가상가격 제약 사고의 연원과 발전과정, 그리고 모형의 기본적인 개요에 대해서는 Allen, Athanassopoulos, Dyson and Thanassoulis (1997)을 참조할 수 있다.

가상가격 제약은 전문가의 견해를 반영하는 하나의 방법이다. 이외에도 가상적인 벤치마크 자료를 인위적으로 생성하여 반영하는 등의 방법이 있을 수 있다.

9.6 연습문제

1. 개인고객과 기업고객을 상대하고 있는 은행의 지점들에 대한 효율성 평가를 하고자 한다. 개인고객으로부터 발생하는 수익의 기여분이 기업고객으로 발생하는 수익의 기여분보다 커서는 안 된다는 경영적 판단이 있다고 하자. 이러한 가치판단을 가상가격 제약식으로 표현해보자.

2. 본문 내의 예제에서 가상가격 제약식이 $0.5 \le v_2 / v_1 \le 0.75$ 로 바뀌었다고 하자. 문제를 다시 풀어 해를 구하고, 원래 가상가격 제약식 하에서의 해와 비교해보자. 제약식이 더 좁게 주어지거나 넓게 주어질 때 해에는 어떤 변화가 생길지에 대해 생각해보자.

3. 본문의 예제에서 가상가격 제약이 없을 때와 있을 때 각 관측점별로 투영점을 계산하여 비교해보자.

4. 너무 많은 수의 기업들이 효율적인 것으로 나타나는 식별력의 문제가 있을 때 이를 해결하는 방법에는 어떤 것들이 있을지 생각해 보자.

10. 특수한 자료

10.1 개요

지금까지 DEA 모형들은 투입산출자료가 모두 연속적인 양의 실수로 측정될 수 있음을 암묵적으로 가정하고 있다. 그러나 실증 분석을 수행할 경우에는 0의 자료, 음수자료, 정수자료 등 다양한 형태의 자료가 관측될 수 있다. 뿐만 아니라 측정된 값이 양(quantity)을 나타내는 것이 아니라 순위이거나 범주의 형태로 주어질 수도 있다. 이러한 특수한 형태의 자료들이 있을 때는 기존의 DEA 모형을 적용할 수 없거나 적용한다 하더라도 상식적으로 납득하기 어려운 결과를 얻게 된다. 본 장에서는 정수 자료인 경우와 범주 및 서수 자료인 경우를 중심으로 특수 자료의 문제를 살펴보고자 한다.

10.1.1 정수자료 문제의 개요

투입산출자료가 정수인 경우를 예를 들어 생각해보기 위해 1투입-1산출을 가정하고, 투입이 산업용 로봇의 개수, 산출이 로봇을 이용하여 조립된 완성품의 개수라고 하자. [그림 10-1]에서 나타낸 것과 같이 3개의 공장이 있다고 하고, 이에 대해 투입기준 CCR 모형을 적용한다고 하자. 이 모형을 적용하면 그림으로부터 쉽게 알 수 있는 것과 같이 A, B, C 세 관측점의 효율성은 각각 1.000, 0.556, 0.667이 될 것이다. 이 결과는 각 관측점 입장에서의 효율적인 투입이 A, B, C에 대해 각각 3.000, 3.336, 6.000이 된다는 것을 의미한다. 그러나, 투입이 로봇의 개수로서 정수로만 측정될 수 있기 때문에 B공장에 대하여 현재 6개의 로봇을 '3.336'개로 줄이라는 효율성 분석결과는 현실적으로 납득하기 힘들다.

모든 투입이 정수로만 존재가능하다는 사실을 인정한다면 B의 경우 B_2점이 아니라 생산가능집합내에 있으면서 생산경계에 가장 가까운 B_1으로 이동하는 것이 바람직하다. 이에 대응하여 B점의 효율성 척도값도 0.556이 아니라 0.667이며, 투영점 역시 로봇의 개수가 4개로 보는 것이 타당하다. 이 간단한 사례로부터 알 수 있는 것은, 주어지는 자료가 연속적인 양의 실수가 아닐 때 기존 기본모형을 적용하면 상식적으로 납득하기 어려운 결과를 얻게 된다는 것이다.

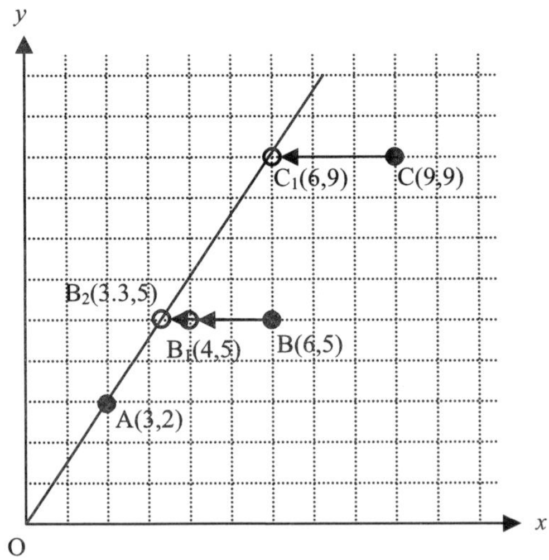

[그림 10-1] 정수값을 가져야 할 경우의 예제

10.1.2 범주자료와 서수자료 문제의 개요

자료가 양의 실수로서 정확한 값이 아니라 순위를 나타내는 것이거나(서수자료) 구간값으로 주어지는 경우(범주자료)에도 기본 DEA

모형을 적용하는 것이 불가능하거나 그 결과가 납득하기 어려울 수 있다. 이러한 자료들을 **불확실한 자료**(imprecise data)들이라고 한다.

예를 들어, 아이스크림을 판매하는 회사에서 전국에 있는 매장들의 효율성 평가에 기반하여 지점들의 경영효율성을 높이려고 하는 상황을 상정하자. 지점 평가 시 [표 10-1]과 같은 가상의 평가지표를 사용한다고 생각해보자.

[표 10-1] 지점평가를 위한 평가표

평가기준	측정기준
매장이 청결한가? (단위면적당 먼지) (x_1)	레벨 4 (3 mg 이하), 레벨 3 (3-6 mg), 레벨 2 (6-9 mg), 레벨 1 (9 mg 이상)
주차시설이 갖추어져 있는가? (x_2)	유(1), 무(0)
직원수는 몇 명인가? (x_3)	명
지점넓이는 얼마인가? (x_4)	m^2
매출액은 얼마인가? (y)	백만원

위와 같은 평가항목별로 각 지점별 조사결과에 근거하여 분석자료를 구축하게 되면, [표 10-2]와 같은 모양이 된다.

[표 10-2] 지점별 가상적 측정결과

지점	청결레벨 (x_1)	주차시설 (x_2)	직원수 (x_3)	지점넓이 (x_4)	매출액 (y)
A	3	1	30	59	500
B	2	1	25	62	302
C	4	0	20	34	223
D	1	0	33	86	529

[표 10-2]의 데이터에서 청결도, 주차시설, 직원수 및 지점넓이를 투입요소로 이용하고 매출액을 산출요소로 이용하여, 앞서 다뤘던 투입기준 CCR 모형을 적용한다고 가정하자. 지점 A의 효율성 값이 가상적으로 0.7로 측정되었다고 하면, 지점 A가 효율적이 되기 위해 각 투입을 현재의 70% 수준으로 낮추어야 한다는 것을 의미한다. 그러나 예를 들어 주차시설의 경우 주차시설이 있거나 (1), 없거나 (0) 둘 중 하나의 상황이지 0.7이라는 상태는 존재할 수 없다. 따라서 범주형이나 서수형 자료가 있을 때에는 기존의 모형을 그대로 적용하면 직관적으로 납득하기 어려운 결과를 얻을 수 있다.

범위자료 및 서수자료 등과 같이 연속적이지 않은 변수를 다루는 DEA 기법이 다수 개발되어 있으나, 본서에서는 이들을 하나의 통합적 모형에서 다룰 수 있는 IDEA (Imprecise DEA)에 대하여 살펴보기로 한다.

10.2 정수 값을 갖는 투입-산출자료

10.2.1 정수문제에 대한 접근방법

투입 및 산출요소가 정수값을 가지는 상황에서 효율성을 측정할 때 투영되어야 하는 점이 생산가능집합의 내부에 존재하면서 정수를 가질 수 있도록 제약식을 부여해야 한다. 이 제약식은 i) 투영되는 점이 정수 값을 가져야 한다는 조건과 ii) 그 투영점이 생산가능집합 내부에 존재해야 한다는 두개의 조건으로 구성된다.

10.2.2 정수자료를 포함한 DEA 모형의 정의

투입요소에 정수값이 있는 경우를 생각해보자. 투입요소집합 I 를 정수값만을 원소로 갖는 부분집합 I^I 와 정수가 아닌 실수를 원소로 갖는 부분집합 I^{NI} 로 나눈다. 여기서 I^{I} 와 I^{NI} 는 서로 배타적이기 때문에 I^{I} 에도 속하고 I^{NI} 에도 속하는 투입요소는 존재하지 않는다.

투입기준 효율성 모형을 얻기 위해서 다음과 같은 점을 고려한다. 첫째, 실수값을 가지는 투입요소들은 투영점이 정수값이 아니더라도 별 문제가 없으므로 일반적인 제약식을 쓸 수 있다. 둘째, 정수값을 가져야 하는 투입요소의 경우 투영점이 정수값을 가져야만 하기 때문에 일반적인 제약식을 수정해서 사용해야 한다. 이를 감안하여 투입기준 효율성 측정 문제를 표현하면 다음의 식과 같다.

모형 10.1 특정 투입요소가 정수값을 가질 때 투입기준 CCR모형

$$
\begin{aligned}
&\theta^* = \min_{\theta,\boldsymbol{\lambda},\tilde{x},\mathbf{s}} \theta - \varepsilon\left(\sum_{n=1}^{N} s_n^+ + \sum_{m=1}^{M} s_m^- + \sum_{m=1}^{p} s_m^I\right)\\
&\textit{subject to}\\
&y_n^k + s_n^+ = \sum_{j=1}^{J} y_n^j \lambda^j, \quad n \in O,\\
&\theta x_m^k - s_m^- = \sum_{j=1}^{J} x_m^j \lambda^j, \quad m \in I^{NI},\\
&\theta x_m^k - s_m^I = \tilde{x}_m \quad m \in I^I \qquad\qquad (10.1)\\
&\tilde{x}_m - s_m^- = \sum_{j=1}^{J} x_m^j \lambda^j, \quad m \in I^I,\\
&\tilde{x}_m \in Z_+, \ m \in I^I,\\
&\lambda^j \geq 0, \ j \in J,\\
&s_n^+ \geq 0, s_m^- \geq 0, s_j^I \geq 0, n \in O, i \in I, j \in I^I.
\end{aligned}
$$

여기서 p 는 정수값을 갖는 투입요소의 개수이고, Z_+ 는 정수집합을 의미한다. 수식 (10.1)의 첫 번째 및 두 번째 제약식은 3장에서 다루었던 투입기준 CCR 모형과 같으나, 세 번째 제약식과 네 번째 제약식은 정수조건을 감안하여 추가된 것이다. 세 번째 제약식과 네 번째 제약식에서 정수값인 $\tilde{x}_n$ 는 분석자에게 주어진 데이터가 아니라 최적화 문제의 해로서 얻어지는 값이며 최적화 과정에서 내생적으로 조절되는 정수값을 갖는 변수이다.

식 (10.1)의 세 번째 제약식과 네 번째 제약식을 적용하면 정수값을 갖는 투입요소의 최종 투영점을 찾을 수 있다. 세 번째 제약식인 $\theta x_m^k - s_m^I = \tilde{x}_m \quad m \in I^I$ 은 정수값을 갖는 투입요소를 θ 만큼 줄였을 때 가져야 하는 점이 정수임을 의미하며 이 정수값이 투영점이 될 수 있는 후보가 된다. 네 번째 제약식인 $\tilde{x}_m - s_m^- = \sum_{j=1}^{J} x_m^j \lambda^j, \quad m \in I^I$ 은 세 번째 제약식에서 구해진 투영된 정수값들이 생산가능집합 내부에 존재해야 함을 의미한다. 이를 종합하면, 세 번째 제약식은 투영되는 점이 정수값이기만 하면 된다는 것을 의미하고, 네 번째 제약식과 목적함수의 최적화 문제는 이 투영된 정수값이 생산변경에 가장 근접해야 한다는 것을 의미한다. 즉, 세 번째 제약식과 네 번째 제약식을 동시에 적용하면 생산변경에 가장 근접한 정수값인 투영점을 찾는다.

이를 요약하자면 다음과 같다. 일반적인 CCR 모형에 식 (10.1)의 세 번째 제약식과 네 번째 제약식을 추가함으로써, 정수값만을 가져야 하는 투입요소는 효율성 척도만큼 비례적으로 줄어들어서도 정수값을 가져야 한다. 이 때, 산출요소 중에 정수값만을 가져야 하는 산출요소가 있더라도 투입기준 효율성 문제에는 영향을 미치지 않는다.

생산변경에 존재하지 않는 관측치의 효율성이 측정되는 논리적 순서는 다음과 같다. 첫째, 효율성을 측정하고자 하는 점을 원점방향으로 최대한 줄여간다. 둘째, 그 줄어든 점이 정수값을 가지면서 변경에 존재하면 효율성은 이 점에 대해서 측정이 된다. 셋째, 변경까지 줄어들었던 점이 정수값이 아니면 변경에 최대한 근접하면서 정수값을 가지는 투입수준을 선택하게 되고, 이 점을 기준으로 효율성이 측정된다.

투입기준 효율성 측정의 문제와 마찬가지로 산출기준 효율성 측정의 문제도 다음과 같이 표현할 수 있다. 이 경우에는 산출요소 중 일부가 정수값을 갖는다.

모형 10.2 특정 산출요소가 정수값을 가질 때 산출기준 CCR모형

$$\varphi^* = \max_{\varphi,\boldsymbol{\lambda},\tilde{y},\mathbf{s}} \varphi - \varepsilon\left(\sum_{n=1}^{N} s_n^+ + \sum_{n=1}^{q} s_n^I + \sum_{m=1}^{M} s_m^-\right)$$

$$\begin{aligned}
& \textit{subject to} \\
& \varphi y_n^k + s_n^+ = \sum_{j=1}^{J} y_n^j \lambda^j, \quad n \in O^{NI}, \\
& \varphi y_n^k + s_n^I = \tilde{y}_n \quad n \in O^I \\
& \tilde{y}_n + s_n^+ = \sum_{j=1}^{J} y_n^j \lambda^j, \quad n \in O^I \qquad (10.2) \\
& x_m^k - s_m^- = \sum_{j=1}^{J} x_m^j \lambda^j, \quad m \in I, \\
& \tilde{y}_n \in Z_+, n \in O^I \\
& \lambda^j \geq 0, \ j \in J, \\
& s_n^+ \geq 0, s_m^- \geq 0, s_j^I \geq 0, n \in O, i \in I, j \in O^I.
\end{aligned}$$

여기서 q는 정수값을 갖는 산출요소의 개수이다. 두 번째 제약식과 세 번째 제약식은 투영되는 점이 생산가능집합 내부에서 정수값을 가지도록 제약한다. 투입요소 중에서 정수값만을 가져야 하는 투입요소가 있더라도 산출기준 효율성 문제에는 영향을 미치지 않는다는 것을 염두에 두어야 한다.

10.2.3 예제 (1산출-2투입)

[표 10-3]의 2 투입, 1 산출의 예제를 통해 정수값을 가져야만 하

는 상황에서의 효율성 측정 문제를 다루도록 하자. 여기서는 첫 번째 투입요소인 x_1 이 정수값만을 가져야 한다고 가정한다.

[표 10-3] 정수값 조건이 있는 가상적인 투입산출자료

관측점	A	B	C	D	E
y (실수)	1	1	1	1	1
x_1 (정수)	2	7	3	7	9
x_2 (실수)	4	1	4	2	4

[표 10-3]를 투입평면에 나타내면 [그림 10-2]와 같다. 예로서 점 E를 생각해보면 정수값 문제가 어떻게 해소될 수 있는지를 잘 알 수 있다. 만약 x_1 이 실수값을 가질 수 있는 일반적인 상황이라고 하면, 투입기준 CCR 모형을 사용할 때 E점의 투영점은 선분 OE와 선분 AB 의 교차점인 E1이 된다. 이 때 효율성은 $OE1/OE$ = 0.5532이다.

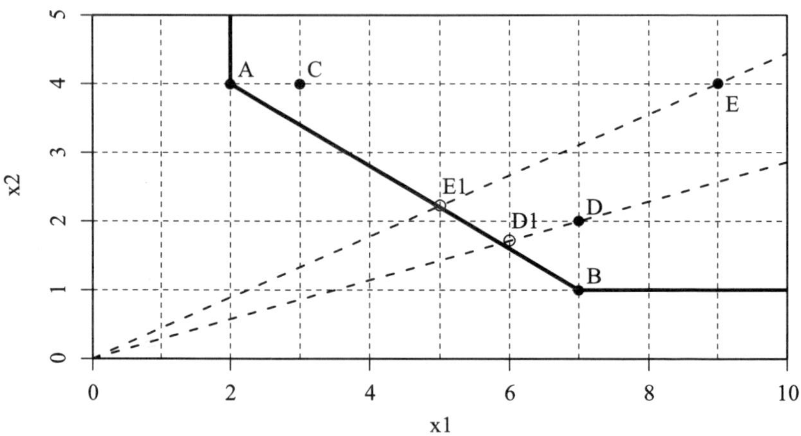

[그림 10-2] 정수값 조건을 가진 가상적 투입산출자료의 도시

이제 식 (10.1)을 이용하여 x_1 이 정수값만 가져야 한다는 가정 하에 문제를 풀어보자. 식 (10.1)의 세 번째 제약시인 $\theta x_m^k - s_m^I = \tilde{x}_m$

$m \in I^I$ 을 이용하면 점 E의 가능한 투영점은 선분 OE 중에서 x_1 값이 정수를 갖는 (1, 4/9), (2, 8/9), (3, 12/9), (4, 16/9), (5, 20/9), (6, 24/9), (7, 28/9), (8, 32/9), (9, 36/9)이다. 식 (10.1)의 네 번째 제약식인 $\tilde{x}_m - s_m^- = \sum_{j=1}^{J} x_m^j \lambda^j$, $m \in I^I$ 을 적용하면 이 점들 가운데 생산가능집합의 내부에 존재하는 점들인 (5, 20/9), (6, 24/9), (7, 28/9), (8, 32/9), (9, 36/9) 중에서 투영점을 선택하여야 하며, 목적함수에 따라 가장 생산변경에 근접한 점인 (5, 20/9)가 최종적으로 투영점으로 선택된다. 이점을 기준으로 하면 효율성이 5/9=0.5556으로 도출된다.

점 D의 경우에도 동일한 논리적 과정에 따라 정수조건 하에서의 효율성을 도출할 수 있다. 즉, D와 원점을 연결한 선분인 OD 위에 있는 점들 가운데 x_1 값이 정수를 갖는 점들인 (1, 2/7), (2, 4/7), (3, 6/7), (4, 8/7), (5, 10/7), (6, 12/7), (8, 14/7) 이 식 (10.1)의 세 번째 제약식, $\theta x_m^k - s_m^I = \tilde{x}_m \quad m \in I^I$ 을 만족하게 된다. 이 점들 가운데 식 (10.1)의 네 번째 제약식인 $\tilde{x}_m - s_m^- = \sum_{j=1}^{J} x_m^j \lambda^j$, $m \in I^I$ 을 적용하면 생산가능집합의 내부에 존재하면서 생산변경에 가장 근접한 (6, 12/7)이 최종적인 투영점이 된다. 따라서 효율성은 6/7=0.8571로 얻어진다.

[표 10-3]에 나와 있는 관측점들에 대하여 x_1 이 정수값을 갖는다는 가정하에 효율성 측정문제를 푼 해는 [표 10-4]와 같다. 이 표에서 보는 것처럼 정수값을 가져야만 하는 경우의 효율성은 항상 일반적인 CCR모형에서 구해진 효율성보다 크거나 같다.

[표 10-4] 정수값 조건이 있는 가상적 자료의 효율성 분석결과

DMU	정수조건 모형		기존 모형 (투입기준 CCR 모형)	
	θ	투영점	θ	투영점
A	1.0000	$y=1,\ x_1=2,\ x_2=4$	1.0000	$y=1,\ x_1=2,\ x_2=4$
B	1.0000	$y=1,\ x_1=7,\ x_2=1$	1.0000	$y=1,\ x_1=7,\ x_2=1$
C	1.0000	$y=1,\ x_1=3,\ x_2=4$	0.8966	$y=1,\ x_1=2.690,\ x_2=3.586$
D	0.8571	$y=1,\ x_1=6,\ x_2=1.714$	0.8387	$y=1,\ x_1=5.871,\ x_2=1.677$
E	0.5556	$y=1,\ x_1=5,\ x_2=2.222$	0.5532	$y=1,\ x_1=4.979,\ x_2=2.213$

10.3 범주자료와 서수자료

10.3.1 범주자료와 서수자료의 표현

범주자료를 DEA모형에 반영하기 위한 수식은 다음과 같다.

$$\underline{y}_n^j \le y_n^j \le \overline{y}_n^j,\ \ \underline{x}_m^j \le x_m^j \le \overline{x}_m^j,\ \ n \in BO, m \in BI. \tag{10.3}$$

여기서 $\underline{y}_n^j$ 와 $\underline{x}_m^j$ 는 하한값을, $\overline{y}_n^j$ 와 $\overline{x}_m^j$ 는 상한값을 의미하며, BO 와 BI 는 각각 범위자료를 갖는 산출집합과 투입집합을 의미한다. 예를 들어서 생산활동의 첫 번째 투입요소인 x_1 이 범주자료를 갖는다고 하자. 이 때 관측치 A의 x_1 은 1과 2사이의 값인 [1, 2]으로 주어져 있고, 관측치 B의 x_1 은 [2, 3], 관측치 C의 x_1 은 [1, 2]로 주어진다고 하자. 이들을 위의 수식에 따라 표현하면 $1 \le x_1^A \le 2$, $2 \le x_1^B \le 3$, $1 \le x_1^C \le 2$ 와 같이 나타낼 수 있다. 이 자료들은 관측치 A와 C의 x_1 가 1과 2 사이의 값을 갖지만 정확한 값을 알 수 없고, 관측치 B의 x_1 역시 2와 3 사이의 값을 가지지만 정확한 값은 알 수 없다는 것을 의미한다. 여기서 눈여겨 보아야 할 점은 범주자료는 일반자료와는 달리 정확한 값으로 주어지지 않고 데이터가 가질 수 있는 범위만으로 주어진다는 것이다.

범주자료와 달리 서수자료는 다음과 같이 표현할 수 있다.

$$y_n^j \le y_n^k,\ x_m^j \le x_m^k \quad \forall j \ne k,\ \ \mathrm{n} \in DO, m \in DI. \tag{10.4}$$

식 (10.4)에 나타난 서수자료는 다음과 같이 표현할 수도 있다.

$$\begin{aligned} &y_n^1 \le y_n^2 \le \cdots \le y_n^k \le \cdots \le y_n^J \quad (n \in DO) \\ &x_m^1 \le x_m^2 \le \cdots \le x_m^k \le \cdots \le x_m^J \quad (m \in DI) \end{aligned} \tag{10.5}$$

여기서 DO 와 DI 는 각각 서수자료를 갖는 투입, 산출요소들의 집합을 의미한다. 서수자료의 예를 살펴보자. 5명의 생산자가 생산활동을 통해서 생산된 산출물의 완성도를 상대평가하기로 하고, 이들에 대해 순위를 매겼다고 하자. DMU A가 1위, DMU C가 2위, DMU D가 3위, DMU E가 4위, DMU B가 5위로 매겨졌다면, $y_A^1 \ge y_C^1 \ge y_D^1 \ge \ y_E^1 \ge y_B^1$ 와 같이 쓸 수 있다.

10.3.2 범주자료 DEA 모형

범주자료에 대한 DEA 모형은 기본적인 CCR 모형을 활용하되, 사용되는 자료를 변형하여 활용한다. 먼저 CCR모형이 다음과 같이 주어져 있다고 가정하자.

$$\begin{aligned} &\theta^* = \min_{\theta,\boldsymbol{\lambda}} \theta \\ &subject\ to \\ &\theta x_m^k \ge \sum_{j=1}^{J} x_m^j \lambda^j \ \ (m = 1, 2, \ldots, M)\ ; \\ &y_n^k \le \sum_{j=1}^{J} y_n^j \lambda^j \ \ (n = 1, 2, \ldots, N)\ ; \\ &\lambda^j \ge 0\ (j = 1, 2, \ldots, J) \end{aligned} \tag{10.6}$$

식 (10.6)의 투입자료와 산출자료 중에서 그 일부가 범주자료로 주어져 있다고 가정하자. 범주자료는 연속적인 실수자료와 달리 정확한 값을 갖고 있지 않기 때문에 위 모형에 그대로 대입할 수 없다. 따라서 범주자료를 정확한 값으로 전환하는 과정이 필요하다.

먼저 분석대상인 특정 관측점의 효율성을 측정하고자 할 경우 그 점의 투입범주자료는 하한값을 취하고, 나머지 비교대상 관측점들의 투입범주자료는 상한값을 취한다. 반대로 분석대상인 특정 관측점의 산출범주자료는 상한값을 취하고, 나머지 비교대상 관측치들의 산출범주자료는 하한값을 취한다.

상기한 자료변형과정은 DEA 모형의 기본 원리를 반영한 것이다. DEA는 효율성을 측정하는 관측치와 생산가능집합을 구성하는 관측치들간의 투입-산출 공간에서의 상대적 '거리'로서 효율성을 정의하는 방법론임을 이미 2장에서 다루었다. 효율성을 측정해야 하는 관측점 K의 효율성 척도를 가장 유리한 값, 즉 가장 큰 값으로 만들기 위하여 선형계획법 내에서 모수들을 조정하게 된다. 범주자료를 정확한 값으로 변형을 할 때 논리적으로 가장 염두에 두어야 할 점이 바로 '관측점 K의 효율성을 가장 유리하게 만들어야 한다는 것'이다. 관측점 K의 범주산출요소의 하한값을 취하고 다른 관측치들의 범주산출요소의 상한값을 취하면 관측점 K의 효율성을 측정할 때 가장 불리하게 적용이 된다. 이와는 반대로 관측점 K의 범주산출요소의 상한값을 취하고 다른 관측치들의 범주산출요소의 하한값을 취하면 관측점 K에게는 가장 유리하게 적용이 된다. 마찬가지 논리로, 범주투입요소에 대해서는 관측점 K에 대해서는 하한값을 취하고 다른 관측치들에 대해서는 상한값을 취하는 것이 관측점 K를 가장 유리하게 만들어준다. 이와 같은 논리를 통해 범주자료를 변형하면 모든 자료가 유일한 실수를 가지므로 일반적인 DEA 모형을 적용할 수 있다.

자료 변환의 과정을 살펴보기 위하여 [표 10-5]의 1투입-2산출의 예를 살펴보자. 여기서 투입요소인 x와 두 번째 산출요소인 y_2가 범주자료이다.

[표 10-5] 범주자료를 포함한 가상적 투입산출자료 (1투입-2산출)

DMU	A	B	C	D	E
y_1	1	1	1	1	1
y_2	[2, 3]	[3, 4]	[2, 3]	[1, 2]	[2, 3]
x	[1, 2]	[1, 2]	[2, 3]	[3, 4]	[2, 3]

예를 들어, 관측치 A의 효율성을 측정할 때 [표 10-5]의 자료를 정확한 값으로 대체하는 과정을 생각해보자. 앞에서 설명한 바에 따라 분석대상 관측치인 A의 범주산출자료인 y_2 ([2, 3])에 대해서는 상한값인 3을 취하고, 투입범주자료인 x ([1, 2])의 하한값인 1을 취한다. 나머지 관측치들의 y_2 들은 각 범주값의 하한값을 취하고 x는 각 범주값의 상한값을 취한다. 그 결과, 분석대상 관측치인 A를 중심으로 변형된 자료는 [표 10-6]과 같다.

[표 10-6] 범주자료의 변형결과 (관측치 A를 중심으로)

DMU	A	B	C	D	E
y_1	1	1	1	1	1
y_2	3	3	2	1	2
x	1	2	3	4	3

이 변형된 자료를 바탕으로 관측치 A의 효율성을 평가하는 모형을 생각하면 다음 식과 같이 나타난다.

$$
\begin{aligned}
&\theta^* = \min_{\theta,\lambda} \theta \\
&\textit{subject to} \\
&\theta \cdot 1 \geq 1 \cdot \lambda_A + 2 \cdot \lambda_B + 3 \cdot \lambda_C + 4 \cdot \lambda_D + 3 \cdot \lambda_E; \\
&1 \leq 1 \cdot \lambda_A + 1 \cdot \lambda_B + 1 \cdot \lambda_C + 1 \cdot \lambda_D + 1 \cdot \lambda_E \ \ (\textit{for } y_1); \\
&3 \leq 3 \cdot \lambda_A + 3 \cdot \lambda_B + 2 \cdot \lambda_C + 1 \cdot \lambda_D + 2 \cdot \lambda_E \ \ (\textit{for } y_1); \\
&\lambda^j \geq 0 \ (j = 1, 2, \ldots, J).
\end{aligned}
\tag{10.7}
$$

마찬가지 방법으로 관측치 C의 효율성을 측정할 때는 관측치 C의 산출범주자료인 y_2([2, 3])의 상한값인 3을 취하고, 투입범주자료인 x([2, 3])의 하한값을 취한다. 나머지 비교대상 관측치들에 대해서는 y_2의 하한값을 취하고 x은 상한값을 취한다. 그 결과 만들어지는 분석대상 관측치 C를 중심으로 변형된 자료는 [표 10-7]에 제시되어 있다.

[표 10-7] 범주자료의 변형결과 (관측치 C를 중심으로)

DMU	A	B	C	D	E
y_1	1	1	1	1	1
y_2	2	3	3	1	2
x	2	2	2	4	3

이 자료를 이용하여 관측치 C의 효율성을 측정하는 모형은 다음과 같다.

$$
\begin{aligned}
&\theta^* = \min_{\theta,\lambda} \theta \\
&subject\ to \\
&\theta \cdot 2 \ge 2 \cdot \lambda_A + 2 \cdot \lambda_B + 2 \cdot \lambda_C + 4 \cdot \lambda_D + 3 \cdot \lambda_E; \\
&1 \le 1 \cdot \lambda_A + 1 \cdot \lambda_B + 1 \cdot \lambda_C + 1 \cdot \lambda_D + 1 \cdot \lambda_E \ (for\ y_1); \\
&3 \le 2 \cdot \lambda_A + 3 \cdot \lambda_B + 3 \cdot \lambda_C + 1 \cdot \lambda_D + 2 \cdot \lambda_E \ (for\ y_2); \\
&\lambda^j \ge 0 \ (j = 1, 2, \ldots, J).
\end{aligned}
\tag{10.8}
$$

각 관측치를 중심으로 변형된 자료에 대한 분석결과의 해석은 앞서 기본모형에서 설명한 바와 같다.

10.3.3 서수자료 DEA 모형

서수자료의 경우에도 통상적인 CCR모형을 활용하되 기본 자료를 변형하여 활용한다. 예를 들어 r번째 투입요소, x_r이 서수형 자료로 주어진다고 하고, 측정대상 관측점 K를 중심으로 자료를 변형한다고 하자. 먼저, K점의 투입서수자료를 1로 치환한다. 그리고 나머지 비교대상 관측점들의 경우 관측치 K보다 순위가 높은 경우에는 x_r 을 J로, 순위가 낮은 경우에는 x_r 을 1로 치환한다. 단, 여기서 J는 분석에 포함된 관측치의 총 개수이다. 산출서술형 자료의 경우에는 K점의 산출서수자료를 1로 치환하고, 나머지 비교대상 관측치들에 대하여 관측치 K보다 순위가 높을 경우에는 해당 산출서수자료를 1로, 순위가 낮을 경우에는 산출서수자료를 0으로 변형한다. 이 변환과정에서도 효율성을 측정해야 하는 관측점 입장에서 효율성이 가장 커질 수 있도록 한다는 DEA의 기본논리가 내재되어 있다.

위의 과정을 예를 통해 살펴보기 위해 [표 10-8]의 가상적 투입산출자료를 참조하자. 여기서 y_2 와 x 가 서수자료이며, 숫자가 낮을수록 높은 순위를 나타낸다.

[표 10-8] 서수자료를 가진 가상적 투입산출자료 (1투입-2산출)

DMU	A	B	C	D	E
y_1	3	3	2	2	4
y_2 (서수)	2	1	3	4	5
x (서수)	3	2	1	5	4

관측점 A의 효율성을 분석하고자 할 때 자료의 변형과정을 살펴보자. 우선 관측점 A의 y_2 를 1로 치환한다. 그리고 관측점 A의 y_2 순위(2위)보다 높은 순위를 가진 관측치 B의 y_2 는 1로 치환하고, 낮은 순위를 가진 C, D, E관측점들의 y_2 를 0으로 치환한다. 투입의 경우에는 먼저 관측점 A의 x 를 1로 치환한다. 그리고 관측치A의 x 순위(3위)보다 순위가 높은 관측치들인 B와 C의 x 를 총 관측치 수인 5로 치환한다. 마지막으로 관측점 A의 x 순위보다 낮은 순위를 가진 D와 E 관측치들에 대해 x 를 1로 치환한다. 그 치환결과는 [표 10-9]에 나타나 있다.

[표 10-9] 서수자료의 변형결과 (관측치 A를 중심으로).

DMU	A	B	C	D	E
y_1	3	3	2	2	4
y_2	1	1	0	0	0
x	1	5	5	1	1

이 자료를 이용하여 관측치 A의 효율성을 측정하는 모형을 작성하면 다음과 같다.

$$\begin{aligned} &\theta^* = \min_{\theta,\lambda} \theta \\ &\textit{subject to} \\ &\theta \cdot 1 \geq 1 \cdot \lambda_A + 5 \cdot \lambda_B + 5 \cdot \lambda_C + 1 \cdot \lambda_D + 1 \cdot \lambda_E \ (\textit{for } x)\ ; \\ &3 \leq 3 \cdot \lambda_A + 3 \cdot \lambda_B + 2 \cdot \lambda_C + 2 \cdot \lambda_D + 4 \cdot \lambda_E \ (\textit{for } y_1)\ ; \\ &1 \leq 1 \cdot \lambda_A + 1 \cdot \lambda_B + 0 \cdot \lambda_C + 0 \cdot \lambda_D + 0 \cdot \lambda_E \ (\textit{for } y_2)\ ; \\ &\lambda^j \geq 0\ (j = 1, 2, \ldots, J). \end{aligned} \tag{10.9}$$

마찬가지 방법으로 관측치 C의 효율성을 측정할 때 서수자료인 y_2와 x에 대해 자료를 변형한 결과는 [표 10-10]와 같다.

[표 10-10] 서수자료의 변형결과 (관측치 C를 중심으로)..

DMU	A	B	C	D	E
y_1	3	3	2	2	4
y_2	1	1	1	0	0
x	1	1	1	1	1

이 변형된 자료를 이용하여 관측치 C에 대한 효율성 분석모형을 세우면 다음과 같다.

$$
\begin{aligned}
&\theta^* = \min_{\theta,\lambda} \theta \\
&subject\ to \\
&\theta \cdot 1 \ge 1 \cdot \lambda_A + 1 \cdot \lambda_B + 1 \cdot \lambda_C + 1 \cdot \lambda_D + 1 \cdot \lambda_E\ (for\ x)\ ; \\
&3 \le 3 \cdot \lambda_A + 3 \cdot \lambda_B + 2 \cdot \lambda_C + 2 \cdot \lambda_D + 4 \cdot \lambda_E\ (for\ y_1)\ ; \\
&1 \le 1 \cdot \lambda_A + 1 \cdot \lambda_B + 1 \cdot \lambda_C + 0 \cdot \lambda_D + 0 \cdot \lambda_E\ (for\ y_2)\ ; \\
&\lambda^j \ge 0\ (j = 1,2,\ldots,J).
\end{aligned}
\tag{10.10}
$$

10.3.4 범주자료 및 서수자료에 대한 일반적인 DEA 모형 (IDEA)

이상에서 살펴본 논리를 일반화하여 범주자료 및 서수자료를 포함한 일반화된 모형을 IDEA (Imprecise DEA) 모형이라 하고 투입기준 IDEA 모형의 형태는 다음과 같다.

모형 10.3 투입기준 IDEA모형

$$
\begin{aligned}
&\theta^{k*} = \min \theta^k \\
&subject\ to \\
&\sum_{j \ne k} \lambda^j \overline{x}_m^j + \lambda^k \underline{x}_m^k \le \theta^k \underline{x}_m^k, \quad m \in BI; \\
&\sum_{j=1}^{J} \lambda^j x_m^j \le \theta^k x_m^k, \quad m \notin BI; \\
&\sum_{j \ne k} \lambda^j \underline{y}_n^j + \lambda^k \overline{y}_n^k \le \overline{y}_n^k, \quad n \in BO; \\
&\sum_{j=1}^{J} \lambda^j y_n^j \le y_n^j, \quad n \notin BO; \\
&\lambda^j \ge 0,\ j = 1,2,\cdots,J.
\end{aligned}
\tag{10.11}
$$

여기서 $y_n^j\ (n \notin BO)$ 와 $x_m^j\ (m \notin BI)$ 은 범주자료나 서수자료가 아닌 일반적인 형태의 자료이다. 위 식에서 범위자료와 산출자료를 치환할 때 사용되는 논리를 간략히 다시 정리하면 다음과 같다.

- 범주자료에 대하여 (i) 효율성을 분석하고자 하는 관심대상 K점의 산출범주 자료는 상한값을, 투입범주자료는 하한값을 대입한

다. (ii) 비교대상 관측점들의 산출범주자료는 하한값을, 투입범주자료는 상한값을 대입한다.

- 서수자료에 대하여 (i) 효율성을 분석하고자 하는 관심대상 K점의 투입 및 산출서수자료는 1로 대체한다. (ii) 비교대상 관측치들의 서수산출자료를 비교하여 관심대상 관측치보다 순위가 높으면 해당 서수산출을 1로, 순위가 낮으면 해당 서수산출을 0으로 대체한다. (iii) 비교대상 관측치들의 서수투입자료를 비교하여 관심대상 관측치보다 순위가 높으면 해당 서수투입을 관측치의 총 개수로, 순위가 낮으면 해당 서수투입을 1로 대체한다.
- 위와 같이 변형된 자료를 통상적인 DEA 모형에 대입하여 분석한다.

10.4 사례

예시를 통해서 살펴보도록 하자. 이 예시에서 사용한 데이터는 Zhu (2004)에서 활용된 한국전화회사의 지역별 투입/산출 자료이다. 아래의 표에서 여기서 x_3는 서수자료, y_3는 범위자료로 주어져 있다.

[표 10-11] 8개 도시의 통신사업자의 효율성을 측정하기 위한 데이터

	투입			산출		
지역명	x_1: 인력	x_2: 운영비용	x_3: 운영능력 (순위)	y_1: 수입	y_2: 시설 이용율	y_3: 통화 성공률 (%, 범위)
서울 (1)	124	18.22	4	25.53	89.8	[80, 85]
부산 (2)	95	9.23	2	18.43	99.6	[85, 90]
대구 (3)	92	8.07	6	10.29	87.0	[75, 80]
광주 (4)	61	5.62	8	8.32	99.4	100
대전 (5)	63	5.33	7	7.04	96.4	[70, 75]
전주 (6)	50	3.53	3	6.42	86.0	[90, 95]
강원 (7)	40	3.50	5	2.20	71.0	[80, 85]
제주 (8)	16	1.17	1	2.87	98.0	[95, 100]

비고: x_3은 숫자가 클수록 순위가 높음.

출처: Zhu (2004)

보기로 '서울'의 효율성을 측정해보자. x_3의 순위는 광주 > 대전 > 대구 > 강원 > 서울 > 전주 > 부산 > 제주 순이다. 따라서 광주, 대전, 대구, 강원의 x_3에는 8을, 서울, 전주, 부산, 제주의 x_3에는 1로 대체한다. y_3을 대체할 때는 서울에는 상한값을, 나머지 도시에는 하한값을 대입한다. 따라서 서울의 효율성을 분석하고자 할 때 변환된 투입과 산출 자료는 [표 10-12]와 같다.

[표 10-12] '서울'의 효율성을 측정하기 위해 변환된 투입 산출 자료.

지역명	투입			산출		
	x_1 : 인력	x_2 : 운영비용	x_3 : 운영능력 (순위)	y_1 : 수입	y_2 : 시설 이용율	y_3 : 통화 성공률 (%, 범위)
서울 (1)	124	18.22	1	25.53	89.8	85
부산 (2)	95	9.23	1	18.43	99.6	85
대구 (3)	92	8.07	8	10.29	87.0	75
광주 (4)	61	5.62	8	8.32	99.4	100
대전 (5)	63	5.33	8	7.04	96.4	70
전주 (6)	50	3.53	1	6.42	86.0	90
강원 (7)	40	3.50	8	2.20	71.0	80
제주 (8)	16	1.17	1	2.87	98.0	95

마찬가지로 '부산'의 효율성을 측정할 때는 부산보다 x_3가 큰 광주, 대전, 대구, 강원, 서울, 전주의 x_3 값을 8로 바꾸고, 부산과 제주는 1로 바꾼다. 또한 부산의 y_3는 상한값인 90을, 나머지 도시들에는 하한값을 넣어준다. 이와 같은 방식으로 '부산'의 효율성을 측정하고자 할 때 변환된 자료는 다음과 같다.

[표 10-13] '부산'의 효율성을 측정하기 위해 변환된 투입 산출 자료

	투입			산출		
지역명	x_1 : 인력	x_2 : 운영비용	x_3 : 운영능력 (순위)	y_1 : 수입	y_2 : 시설 이용율	y_3 : 통화 성공률 (%, 범위)
서울 (1)	124	18.22	8	25.53	89.8	80
부산 (2)	95	9.23	1	18.43	99.6	90
대구 (3)	92	8.07	8	10.29	87.0	75
광주 (4)	61	5.62	8	8.32	99.4	100
대전 (5)	63	5.33	8	7.04	96.4	70
전주 (6)	50	3.53	8	6.42	86.0	90
강원 (7)	40	3.50	8	2.20	71.0	80
제주 (8)	16	1.17	1	2.87	98.0	95

이와 같이 각 관측치별로 자료를 변환하여 효율성을 측정한 결과는 [표 10-14]에 종합되어 있다. 서울, 부산, 광주, 전주, 제주의 효율성이 1로서 높게 나타났고, 대구와 대전 및 강원의 효율성은 낮은 것으로 나타났다. 또한 벤치마킹 대상으로 쓰인 도시는 서울이 한 번, 부산이 세 번, 광주가 한번, 전주가 한번, 제주가 네 번이다. 이에 근거하면 대구가 효율성을 높이기 위해서는 부산과 제주의 영업활동을 벤치마킹 자료로 삼아야 하고, 대전은 부산과 제주를, 강원은 제주를 벤치마킹 자료로 삼아야 한다는 것을 알 수 있다. 한편, 대구가 부산과 제주를 벤치마킹 자료로 삼아서 효율성을 1로 만든 이후에도 여유분이 존재하기 때문에 투입을 더 줄이고, 산출을 더 늘릴 여지가 있다. 즉, x_1 을 28.8단위, x_2 를 2 단위 정도 더 줄일 수 있으며, y_2 를 1.5 단위 정도 더 늘릴 수 있다. 마찬가지로 대전과 강원도 여유분을 반영하여 효율성을 더욱 높일 수 있다.

[표 10-14] 효율성 측정 결과

	θ	λ_j	s_1^-	s_2^-	s_3^-	s_1^+	s_2^+	s_3^+
서울 (1)	1	$\lambda_1 = 1$	0	0	0	0	0	0
부산 (2)	1	$\lambda_2 = 1$	0	0	0	0	0	0
대구 (3)	0.8944	$\lambda_2 = 0.496$, $\lambda_8 = 0.398$	28.759	2.17	0	0	1.441	0
광주 (4)	1	$\lambda_4 = 1$	0	0	0	0	0	0
대전 (5)	0.9755	$\lambda_2 = 0.504$, $\lambda_8 = 0.472$	6.073	0	0	3.593	0	12.630
전주 (6)	1	$\lambda_6 = 1$	0	0	0	0	0	0
강원 (7)	0.8947	$\lambda_8 = 0.895$	21.474	2.085	0	0.368	16.684	0
제주 (8)	1	$\lambda_8 = 1$	0	0	0	0	0	0

10.5 R 코드

10.5.1 정수값을 갖는 자료의 효율성을 측정하기 위한 함수

정수 문제를 풀기 위한 DEA 함수는 int.dea(...)이다. 참고로 이 함수는 투입기준 효율성 모형의 정수문제만 다룰 수 있다. 이 함수의 사용법은 다음과 같다.

```
int.dea(base = NULL, frontier = NULL, noutput = 1,
        intinput = 1, orientation = 1, epsilon = 1e-06)
```

int.dea(...)의 인수는 총 7개로서, 첫번째 인수인 base는 효율성을 측정해야 하는 데이터이며, 두 번째 인수인 frontier는 생산가능집합을 구성해야 할 데이터이다. noutput은 산출물의 개수, intinput은 정수값을 가져야 하는 투입요소의 개수이다. orientation이 1이면 투입기준, 2이면 산출기준이다. epsilon은 식 (10.1)에서 목적함수에 주어지는 ε 값이다.

`int.dea(...)` 함수에 쓰이는 데이터는 `data.frame(`y_1, y_2, ..., y_m, x_1', x_2', ..., x_q', x_1, x_2, ..., x_p`)`와 같은 형태를 지녀야 한다. 즉 사용되는 데이터는 [산출물들, 비정수 투입 요소들, 정수 투입요소들]의 순서를 가져야 한다.

10.5.2 예제 1의 코드

10.2.3절의 [표 10-3]에 제시된 자료의 효율성을 측정하기 위해서는 다음과 같이 명령어를 준다.

```
int.dat <- data.frame(y = c(1, 1, 1, 1, 1),
                      x1 = c(2, 7, 3, 7, 9),
                      x2 = c(4, 1, 4, 2, 4))
int.dea(int.dat, noutput = 1, intinput = 1)
```

10.5.3 범주자료 및 서수자료에 대한 사례의 R 코드

10.4절에서 다루었던 데이터를 이용하여, 서울의 효율성을 분석하기 위한 R 코드는 다음과 같다.

```
dat <- data.frame(y1 = c(25.53, 18.43, 10.29, 8.32, 7.04,
                         6.42, 2.20, 2.87),
                  y2 = c(89.8, 99.6, 87.0, 99.4, 96.4,
                         86.0, 71.0,98.0),
                  y3 = c(85, 85, 75, 100, 75, 90, 80, 95),
                  x1 = c(124, 95, 92, 61, 63, 50, 40, 16),
                  x2 = c(18.22, 9.23, 8.07, 5.62, 5.33,
                         3.53, 3.50, 1.17),
                  x3 = c(1, 1, 8, 8, 8, 1, 8, 1))
dea(base = dat[1,], frontier = dat, noutput = 3,
    orientation = 1, rts = 1)
```

여기서, dea(...) 함수의 인수에 base와 frontier로 나누어서 데이터가 투입된다는 점에 유의할 필요가 있다. 지금까지 살펴보았던 dea(...)함수의 예제에서는 base와 frontier를 따로 구분하지 않고 같게 취급했다. 그러나 위의 예제에서처럼 base 데이터와 frontier 데이터를 나눠서 인수로 집어넣게 되면 frontier 데이터로 생산가능집합을 구성하고 이 생산가능집합에 대해서 base 데이터의 효율성을 측정할 수 있다. 위 예제는 dat라는 데이터로 생산가능집합을 구성하고 dat의 첫 번째 행 (서울) 의 효율성만을 측정한다. 위 데이터 구조하에서 서울 이외 도시의 효율성을 측정할 수는 없다. 측정되는 대상에 따라서 x_3 및 y_3 가 달라지기 때문이다.

부산의 효율성을 측정하는 R 코드는 다음과 같다.

```
dat <- data.frame(y1 = c(25.53, 18.43, 10.29, 8.32, 7.04,
                         6.42, 2.20, 2.87),
                  y2 = c(89.8, 99.6, 87.0, 99.4, 96.4,
                         86.0, 71.0, 98.0),
                  y3 = c(80, 90, 75, 100, 70, 90, 80, 95),
                  x1 = c(124, 95, 92, 61, 63, 50, 40, 16),
                  x2 = c(18.22, 9.23, 8.07, 5.62, 5.33,
                         3.53, 3.50, 1.17),
                  x3 = c(8, 1, 8, 8, 8, 8, 8, 1))
dea(base = dat[2,], frontier = dat, noutput = 3,
    orientation = 1, rts = 1)
```

서울의 효율성을 측정할 때 데이터 및 dea(...) 함수의 base에 들어가는 dat의 행의 순번이 달라졌음을 눈 여겨 볼 필요가 있다. 또한 dat가 서울의 경우와 달라졌다.

위와 같이 데이터를 일일이 조절하면서 효율성 분석을 하게 되면 상당한 시간을 데이터를 치환하는데 할애하게 될 것이다. 따라서 다음과 같이 for(...) 문을 이용하여 자동으로 데이터를 변환하고 계산 결과를 얻는 것이 훨씬 효율적이다.

```
re <- list() ## 효율성 측정 결과가 들어갈 list 를 생성한다.

## for() 문을 이용해서 8개 도시의 효율성을 측정한다.
for(i in 1:8){
  ## 주어진 데이터를 이용하여 데이터를 만들어준다.
  y1 <- c(25.53, 18.43, 10.29, 8.32, 7.04, 6.42, 2.20, 2.87)
  y2 <- c(89.8, 99.6, 87.0, 99.4, 96.4, 86.0, 71.0, 98.0)
  x1 <- c(124, 95, 92, 61, 63, 50, 40, 16)
  x2 <- c(18.22, 9.23, 8.07, 5.62, 5.33, 3.53, 3.50, 1.17)

  ## 치환되기 y3의 상한값 하한값 데이터를 만든다.
  y3.fore <- data.frame(y3l = c(80, 85, 75, 100, 70, 90, 80, 95),
                        y3h = c(85, 90, 80, 100, 75, 95, 85, 100))
  ## y3에 y3.fore의 하한값을 넣어준다.
  y3 <- y3.fore$y3l
  ## y3에 측정해야 할 도시에는 상한값을 넣어준다.
  y3[i] <- y3.fore$y3h[i]

  ## 치환되기 이전의 서수자료 데이터를 만들어준다.
  x3.fore <- c(4, 2, 6, 8, 7, 3, 5, 1)
  x3 <- x3.fore
  ## x3에서 측정해야 할 도시보다 좋은 순위를 가진 도시들에는 DMU의
  ## 개수인 8을 넣어준다.
  x3[x3.fore > x3.fore[i]] <- 8
  ## x3에서 측정해야 할 도시보다 낮은 순위를 가진 도시들에는 1을 넣어준다.
  x3[x3.fore < x3.fore[i]] <- 1
  ## 측정해야 할 도시의 x3에 1을 넣어준다.
  x3[i] <- 1

  ## 위에서 치환된 데이터를 가지고 분석을 하기 이전의 데이터 형태를 만든다.
  dat <- data.frame(y1, y2, y3, x1, x2, x3)

  ## re의 i 번째 요소에 결과치를 넣어준다.
  re[[i]] <- dea(base = dat[i,], frontier = dat, noutput = 3)
}
## list를 함수형태로 치환하여 보기 좋게 만든다.
do.call(rbind, re)
```

10.6 관련문헌

변수가 가진 특수한 성질을 다루기 위한 방법론 가운데 Banker and Morey (1986) 등은 더미변수와 같은 고정자료를 어떻게 해결해야 할지에 대한 해결책을 제시했다. Cooper, Park and Yu (1999)과 Zhu (2004) 등은 범위자료와 서수자료를 어떻게 해결해야 할지에 대한 해결책을 제시하였다. Zhu (2004)는 범위자료와 서수자료의 문제를 쉽게 해결하기 위하여 CCR 모형에 기반하여 Cooper, Park and Yu (1999)의 모형을 단순화하고 계산과정의 효율성을 증대시켰다.

10.7 연습문제

1. 음수자료가 있다면, 합계모형을 이용할 수 있다. SBM 모형으로도 음수자료의 문제를 해결할 수 있을지에 대해서 생각해보자.
2. [표 10-11]에서 제주를 분석하고자 한다면 자료를 어떻게 변환하여 활용해야 하는지 생각해보자.
3. [표 10-14]의 결과에서 대전의 y_3 에 대한 여유분이 12.630으로 제시되어 있다. 이것이 무엇을 의미하는지 설명해보자.

11. 생산성 변화 분석

11.1 개요

지금껏 살펴본 DEA효율성 분석에서는 특정한 시점에서 유사한 상황에 놓인 다수의 관측점들 간의 투입대비 산출의 상대적 비율을 비교하는데 목적을 두었다. 서로 다른 시점에 걸쳐 자료가 구해지면 시간이 지남에 따라 투입대비 산출의 비율이 증가하였는지 혹은 감소하였는지를 추적할 수 있다. 이를 **생산성 변화분석**(productivity growth analysis)이라 한다. 본 장에서는 여러 생산성 변화분석 방법 가운데 DEA를 이용한 **맘퀴스트 생산성 변화 지수**(Malmquist productivity growth index)에 대해 초점을 맞추어 논의를 전개한다. 본서에서는 맘퀴스트 생산성 변화 지수를 맘퀴스트 생산성 지수, 맘퀴스트 지수로 부르기도 한다.

생산성 변화를 논의하기 위해서는 먼저 생산성을 정의할 필요가 있다. 생산성은 산출량을 투입량으로 나눈 값으로 정의된다. 효율성과 유사한 개념이지만 효율성이 흔히 최대 효율성 대비 분석대상 관측치의 효율성, 즉 상대효율성으로 나타나는데 비해 생산성은 투입대비 산출의 값 자체로 정의되는 것이 일반적이다.

생산성 변화지수는 두 시점 간에 생산성이 얼마나 변화했는지를 나타내는 지수로서 통상적으로 이전 시점의 생산성 대비 현재 시점의 생산성 비율로서 표현된다. 먼저 1투입-1산출 상황을 나타낸 [그림 11-1]을 이용하여 생산성 변화지수가 어떻게 도출되는지를 살펴보자. 관측점 A가 시점1과 시점2에서 각각 A_1점과 A_2점에서 생산활동을 하였다고 가정하자. 이 경우 시점1에서 A의 생산성인 투입 대비 산출은 2/4=1/2이고 시점 2에서의 생산성은 4/5가 된다. 따라서 시점1의 생산성 대비 시점 2의 생산성 수준 비율인 생산성 변화지수는 (4/5)/(1/2)=8/5이 된다. 이는 시점 1에 비해서 시점 2에서의 생산성 수준이 60% (=(8/5-1)*100) 향상 되었다는 것을 의미한다.

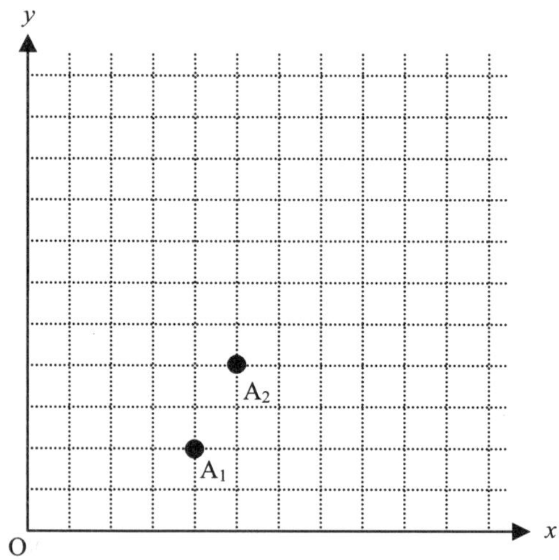

[그림 11-1] 생산성 변화 지수 (1투입-1산출)

1투입-1산출 상황에서 각 관측점의 생산성 변화를 계측하는 것은 어렵지 않다. 그러나 다수투입, 다수산출 상황이 되면, 위의 예제에서와 같은 간단한 나눗셈만으로는 생산성 변화를 표현할 수 없다. 이와 같은 문제를 해결하기 위하여 맘퀴스트 생산성 지수가 도입되었다. 맘퀴스트 생산성 지수는 거리함수의 개념을 활용하여 생산성 변화를 정의한다. 거리함수는 CCR모형에서 도출된 효율성 지표의 역수로 간주할 수 있기 때문에 DEA모형을 변형하여 쉽게 계산할 수 있다. 이하에서는 거리함수를 이용하여 생산성 지수를 정의하고, DEA모형으로 계산하는 방법을 살펴본다. 맘퀴스트 생산성 지수의 장점은 생산성 변화를 기술 변화와 효율성 변화로 분해할 수 있다는데 있다. 본 장의 마지막에서 생산성 분해의 체계를 살펴보고, 이를 확장한 글로벌 맘퀴스트 지수의 개념을 추가적으로 살펴본다.

11.2 맘퀴스트 생산성 지수

11.2.1 산출기준 거리함수의 개념

맘퀴스트 생산성 지수를 정의하기 위해서는 먼저 **거리함수**(distance function)의 개념을 이해할 필요가 있다. 거리함수는 주어진 관측치와 생산변경간의 거리를 표현한 것으로서, 투입을 고정한 채 산출 측면만을 생각하여 표현하면 다음과 같이 산출기준 거리함수(output based distance function)가 정의된다.

정의 11.1 **산출기준 거리함수**

$$D_o(\mathbf{x},\mathbf{y}) = \inf\{\delta \mid (\mathbf{x},\mathbf{y}/\delta) \in \mathbf{P}(\mathbf{x},\mathbf{y})\}. \qquad (11.1)$$

위에서 $\mathbf{x} = (x_1, x_2, \cdots, x_m)$ 는 투입벡터, $\mathbf{y} = (y_1, y_2, \cdots, y_n)$ 는 산출벡터, $\mathbf{P}(\mathbf{x},\mathbf{y})$ 는 투입과 산출벡터로 형성된 생산가능집합을 의미한다. δ 는 실수 값으로서 모든 산출물들의 수준을 동일 비율로 변화시켜 생산가능집합의 경계, 즉 생산변경에 도달할 수 있도록 하는 값이다. 즉, 거리함수는 투입을 고정한 채 생산변경에 이를 때까지 산출을 확대할 수 있는 비율값이다. 관측치가 생산변경에 있다면 거리함수 값은 1이 되겠지만 생산가능집합의 내부에 위치하게 되면 1보다 작은 값으로 나타난다. 따라서 거리함수는 1보다 작거나 같다.

불변규모수익이 성립한다는 가정하에서 측정된 자료의 선형조합으로 생산가능집합을 표현하면 위의 산출기준 거리함수는 앞서 논의한 산출기준 CCR 효율성 값의 역수와 동일하다는 점을 쉽게 이해할 수 있다.

이제 두 기간 간의 생산성변화를 맘퀴스트 생산성 지수로 정의하자. t와 t+1의 두 기간이 있다고 하고, 두 시점간 맘퀴스트 생산성 변화 지수를 도출해내기 위해서는 $D_o^t(\mathbf{x}^t,\mathbf{y}^t)$, $D_o^{t+1}(\mathbf{x}^{t+1},\mathbf{y}^{t+1})$, $D_o^{t+1}(\mathbf{x}^t,\mathbf{y}^t)$ 및 $D_o^t(\mathbf{x}^{t+1},\mathbf{y}^{t+1})$로 표현되는 4가지 종류의 거리함수를 계산해야 한다.

$D_o^t(\mathbf{x}^t,\mathbf{y}^t)$ 은 t기 생산활동의 거리함수를 t기의 생산가능집합을 기준으로 측정한 것이며, $D_o^{t+1}(\mathbf{x}^{t+1},\mathbf{y}^{t+1})$ 은 t+1기의 생산활동을 t+1기의 생산가능집합에 대하여 거리를 측정한 것으로서 다음과 같이 표현된다.

$$D_o^t(\mathbf{x}^t,\mathbf{y}^t)=\inf\{\delta\,|\,(\mathbf{x}^t,\mathbf{y}^t/\delta)\in\mathbf{P}^t(\mathbf{x}^t,\mathbf{y}^t)\}. \tag{11.2}$$

$$D_o^{t+1}(\mathbf{x}^{t+1},\mathbf{y}^{t+1})=\inf\{\delta\,|\,(\mathbf{x}^{t+1},\mathbf{y}^{t+1}/\delta)\in\mathbf{P}^{t+1}(\mathbf{x}^{t+1},\mathbf{y}^{t+1})\}. \tag{11.3}$$

식 (11.2) 및 (11.3)에 나타난 거리함수를 **동시점(同時點) 거리함수** (within-period distance function)라고 한다.

반면, $D_o^{t+1}(\mathbf{x}^t,\mathbf{y}^t)$ 및 $D_o^t(\mathbf{x}^{t+1},\mathbf{y}^{t+1})$ 은 서로 다른 시점의 관측치와 생산가능집합을 이용하여 측정된 거리함수이다. $D_o^{t+1}(\mathbf{x}^t,\mathbf{y}^t)$ 은 t기의 생산활동을 t+1기의 생산가능집합과 비교하여 측정되는 거리이며, $D_o^t(\mathbf{x}^{t+1},\mathbf{y}^{t+1})$ 은 t+1기의 생산활동을 t기의 생산가능집합과 비교하여 측정되는 거리로서 다음과 같이 표현된다.

$$D_o^{t+1}(\mathbf{x}^t,\mathbf{y}^t)=\inf\{\delta\,|\,(\mathbf{x}^t,\mathbf{y}^t/\delta)\in\mathbf{P}^{t+1}(\mathbf{x}^{t+1},\mathbf{y}^{t+1})\}. \tag{11.4}$$

$$D_o^t(\mathbf{x}^{t+1},\mathbf{y}^{t+1})=\inf\{\delta\,|\,(\mathbf{x}^{t+1},\mathbf{y}^{t+1}/\delta)\in\mathbf{P}^t(\mathbf{x}^t,\mathbf{y}^t)\}. \tag{11.5}$$

식 (11.4) 및 (11.5)에 표현된 거리함수들을 **이시점(異時點) 거리함수**(cross-period distance function)라고 한다.

참고로 동시점 거리함수는 모든 관측치가 같은 시점의 생산가능 집합에 포함되어 있기 때문에 1보다 작지만, 이시점 거리함수는 측정대상 관측치가 생산가능집합에 포함되어 있어야 하는 조건이 없기 때문에 1보다 클 수도 있고 작을 수도 있다.

11.2.2 산출기준 맘퀴스트 생산성 지수의 표현

t기의 생산가능집합이 주어져 있다고 하고, 이것을 바탕으로 산출기준 맘퀴스트 생산성 지수를 정의하면 다음과 같다.

정의 11.2 **t기의 생산가능집합 기준으로 측정한 산출기준 맘퀴스트 생산성 지수**

$$M_o^t(\mathbf{x}^t, \mathbf{y}^t, \mathbf{x}^{t+1}, \mathbf{y}^{t+1}) = \frac{D_o^t(\mathbf{x}^{t+1}, \mathbf{y}^{t+1})}{D_o^t(\mathbf{x}^t, \mathbf{y}^t)}. \tag{11.6}$$

위 식은 t기와 t+1기 각각에서 관측된 투입산출조합을 t기 생산가능집합에 대비하여 거리함수를 측정하고, 그 비율로서 이 관측점의 생산성 향상 지수를 표현할 수 있다는 것을 나타낸다.

유사한 방식으로 t+1기 생산가능집합을 기준으로 산출기준 맘퀴스트 생산성 지수를 정의하면 다음과 같이 표현된다.

정의 11.3 **t+1기의 생산가능집합으로 측정한 산출기준 맘퀴스트 생산성 지수**

$$M_o^{t+1}(\mathbf{x}^t, \mathbf{y}^t, \mathbf{x}^{t+1}, \mathbf{y}^{t+1}) = \frac{D_o^{t+1}(\mathbf{x}^{t+1}, \mathbf{y}^{t+1})}{D_o^{t+1}(\mathbf{x}^t, \mathbf{y}^t)}. \tag{11.7}$$

위 식이 의미하는 바를 직관적으로 살펴보기 위해 [그림 11-2]에서 1투입-1산출의 단순한 상황을 참고하도록 하자. 그림에서 각 기간별 생산가능집합은 $\mathbf{P}^t(\mathbf{x}^t,\mathbf{y}^t)$ 와 $\mathbf{P}^{t+1}(\mathbf{x}^{t+1},\mathbf{y}^{t+1})$ 로 주어져 있다. 여기서 관심대상 관측점 K의 t기와 t+1기 간의 생산성 향상 정도를 측정하고자 한다.

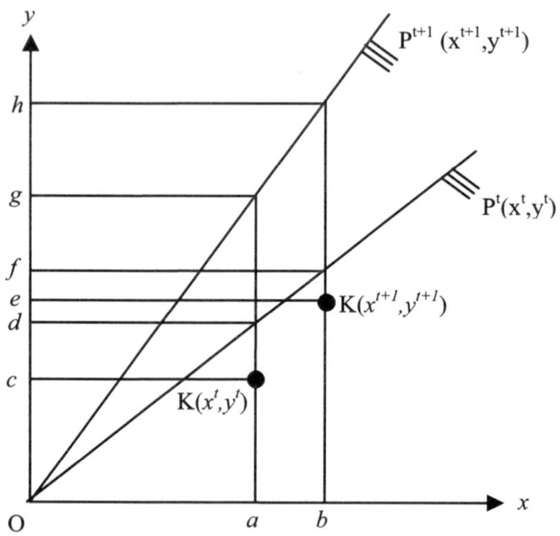

[그림 11-2] 맘퀴스트 생산성 지수의 의미 (1투입-1산출)

각 기간별 투입산출의 비율로서 생산성 변화(Δ)를 정의하면, K점의 생산성 변화는 다음과 같다.

$$\Delta=\frac{y_{t+1}/x_{t+1}}{y_t/x_t}=\frac{oe/ob}{oc/oa}=\frac{oe}{oc}\frac{oa}{ob}. \tag{11.8}$$

시점 t 기준의 각 거리함수를 계산하고, 이를 이용하여 맘퀴스트 생산성 지수를 표현하면 다음과 같다.

$$D_o^t(\mathbf{x}^{t+1},\mathbf{y}^{t+1})=oe/of. \tag{11.9}$$

$$D_o^t(\mathbf{x}^t,\mathbf{y}^t)=oc/od. \tag{11.10}$$

$$M_o^t(\mathbf{x}^t,\mathbf{y}^t,\mathbf{x}^{t+1},\mathbf{y}^{t+1})=\frac{D_o^t(\mathbf{x}^{t+1},\mathbf{y}^{t+1})}{D_o^t(\mathbf{x}^t,\mathbf{y}^t)}=\frac{oe/of}{oc/od}=\frac{oe}{oc}\frac{od}{of}. \tag{11.11}$$

삼각형의 닮음 성질을 이용하면 $od/of = oa/ob$ 이므로, 다음에 표현한 바와 같이 식 (11.8)에서 구한 생산성 변화지수가 맘퀴스트 생산성 변화 지수와 일치한다는 것을 알 수 있다.

$$\Delta = \frac{y_{t+1}/x_{t+1}}{y_t/x_t} = \frac{D_o^t(\mathbf{x}^{t+1}, \mathbf{y}^{t+1})}{D_o^t(\mathbf{x}^t, \mathbf{y}^t)} = M_o^t(\mathbf{x}^t, \mathbf{y}^t, \mathbf{x}^{t+1}, \mathbf{y}^{t+1}). \qquad (11.12)$$

한편, t+1기의 생산가능집합 $\mathbf{P}^{t+1}(\mathbf{x}^{t+1}, \mathbf{y}^{t+1})$ 을 기준으로 맘퀴스트 생산성 변화지수를 표현한다면 다음과 같다.

$$M_o^{t+1}(\mathbf{x}^t, \mathbf{y}^t, \mathbf{x}^{t+1}, \mathbf{y}^{t+1}) = \frac{D_o^{t+1}(\mathbf{x}^{t+1}, \mathbf{y}^{t+1})}{D_o^{t+1}(\mathbf{x}^t, \mathbf{y}^t)} = \frac{oe/oh}{oc/og} = \frac{oe}{oc}\frac{og}{oh}. \quad (11.13)$$

이 역시 삼각형의 닮음을 이용하면 $og/oh = oa/ob$ 이므로, 다음과 같이 맘퀴스트 생산성 변화지수는 식 (11.8)에서 구한 생산성 지수와 같음을 알 수 있다.

$$\Delta = \frac{y_{t+1}/x_{t+1}}{y_t/x_t} = \frac{D_o^{t+1}(\mathbf{x}^{t+1}, \mathbf{y}^{t+1})}{D_o^{t+1}(\mathbf{x}^t, \mathbf{y}^t)} = M_o^{t+1}(\mathbf{x}^t, \mathbf{y}^t, \mathbf{x}^{t+1}, \mathbf{y}^{t+1}). \quad (11.14)$$

식 (11.11) 및 (11.13)에서 맘퀴스트 생산성 변화지수가 1보다 크면 t기에 비해 t+1기의 투입대비 산출의 비율이 증가하였다는 것을 의미하며, 생산성이 증가했다고 본다. 반대로 맘퀴스트 생산성 변화지수가 1보다 작을 경우에는 생산성이 감소하였다는 것을 의미한다. 생산성 변화지수를 직관적으로 읽어내기 위해서 $(M_o - 1)*100$ 과 같이 계산하면 생산성의 백분율 변화를 살펴볼 수 있다.

식 (11.8)에서 살펴본 생산성 변화지수가 t기 및 t+1기 생산가능집합을 기준으로 측정된 맘퀴스트 생산성 변화지수와 같다고 하였으나 이는 1투입-1산출의 단순한 상황에서 성립하는 논리이다. 다수재가 있는 복잡한 상황에서는 진정한 생산성 지수를 알아낼 수 없고, 다만, t기 혹은 t+1기 기준의 맘퀴스트 생산성 변화지수 사이의 모종의 값이 될 것이란 점만 알 수 있다. 이를 감안하면 어느 특정한 시점의 생산가능집합을 기준으로 생산성 변화지수를 표현하는 것이 반드시 옳다고 할 수 없으므로, 다음과 같이 각 기를 기준으로 구하여진 맘퀴스트 생산성 변화지수를 기하평균하여 맘퀴스트 생산성 지수를 새로이 정의하여 사용하는 것이 합당하다.

정의 11.4 기하평균 형태의 산출기준 맘퀴스트 생산성 지수

$$M_o^{t,t+1}(\mathbf{x}^t,\mathbf{y}^t,\mathbf{x}^{t+1},\mathbf{y}^{t+1})$$
$$=\left[M_o^t\cdot M_o^{t+1}\right]^{1/2}=\left[\left(\frac{D_o^t(\mathbf{x}^{t+1},\mathbf{y}^{t+1})}{D_o^t(\mathbf{x}^t,\mathbf{y}^t)}\right)\cdot\left(\frac{D_o^{t+1}(\mathbf{x}^{t+1},\mathbf{y}^{t+1})}{D_o^{t+1}(\mathbf{x}^t,\mathbf{y}^t)}\right)\right]^{1/2} \tag{11.15}$$

11.2.3 투입기준 맘퀴스트 지수

산출을 고정한 채 투입을 얼마나 줄일 수 있는지를 투입거리함수라 하고, 이를 이용하여 t시점 기준의 투입기준 맘퀴스트 지수를 정의하면 다음과 같다.

정의 11.5 t기의 생산가능집합을 기준으로 측정한 투입기준 맘퀴스트 생산성 지수

$$M_i^t(\mathbf{x}^t,\mathbf{y}^t,\mathbf{x}^{t+1},\mathbf{y}^{t+1})=\frac{D_i^t(\mathbf{x}^t,\mathbf{y}^t)}{D_i^t(\mathbf{x}^{t+1},\mathbf{y}^{t+1})}. \tag{11.16}$$

여기서 $D_i^p(\mathbf{x}^q,\mathbf{y}^q)=\max\{\delta\,|\,(\mathbf{x}^q/\delta,\mathbf{y}^q)\in\mathbf{P}^p(\mathbf{x}^p,\mathbf{y}^p)\}$, $p,q=t,$ $t+1$ 는 p시점의 생산가능집합에 q시점의 관측치를 투영하여 얻은 거리함수를 의미한다. 또한 t+1시점을 기준으로 한 투입기준 맘퀴스트 지수는 다음과 같이 정의된다.

정의 11.6 **t+1기의 생산가능집합을 기준으로 측정한 투입기준 맘퀴스트 생산성 지수**

$$M_i^{t+1}(\mathbf{x}^t, \mathbf{y}^t, \mathbf{x}^{t+1}, \mathbf{y}^{t+1}) = \frac{D_i^{t+1}(\mathbf{x}^t, \mathbf{y}^t)}{D_i^{t+1}(\mathbf{x}^{t+1}, \mathbf{y}^{t+1})}. \tag{11.17}$$

어느 한 특정한 시점의 생산가능집합을 기준으로 생산성 변화지수를 정의하는 것이 타당하지 않을 수 있으므로 다음과 같이 각 시점 기준의 생산성 변화지수를 기하평균하여 나타낼 수도 있다.

정의 11.7 **기하평균 형태의 투입기준 맘퀴스트 생산성 지수**

$$M_i^{t,t+1}(\mathbf{x}^t, \mathbf{y}^t, \mathbf{x}^{t+1}, \mathbf{y}^{t+1}) = \left[\frac{D_i^t(\mathbf{x}^t, \mathbf{y}^t)}{D_i^t(\mathbf{x}^{t+1}, \mathbf{y}^{t+1})} \frac{D_i^{t+1}(\mathbf{x}^t, \mathbf{y}^t)}{D_i^{t+1}(\mathbf{x}^{t+1}, \mathbf{y}^{t+1})}\right]^{1/2}. \tag{11.18}$$

투입기준 맘퀴스트 생산성 지수가 1보다 크다는 것은 t기와 t+1기 사이에 동일한 산출을 만들어내기 위해 요구되는 투입량이 감소하였다는 것을 의미하며 생산성이 증가했다는 것을 의미한다. 그 반대의 경우는 생산성 감소를 나타낸다.

11.2.4 거리함수의 계산

상기한 바처럼 맘퀴스트 생산성 변화지수를 계산하기 위해서는 각 관측치별로 t기와 t+1기의 두 기간에 걸친 4개의 거리함수를 계산해야 한다. 이를 위해서는 먼저 관측된 투입산출 자료들을 이용하여 생산가능집합이 구성되어야 한다. 생산가능집합을 구성할 때는 다양한 방법이 있으나, 자유가처분성, 볼록성, 불변규모수익을 가정하여 관측점들의 선형결합 방식으로 생산변경을 표현하여 DEA 모형을 적용하는 것이 일반적이다.

가령, k번째 관측치를 중심으로 t기와 t+1기의 산출기준 동시점 거리함수 모형을 CCR모형으로 표현하면 다음과 같다.

$$\begin{aligned}[D_o^t(\mathbf{x}^{k,t},\mathbf{y}^{k,t})]^{-1} &= \max \phi^k \\ s.t.\ \ x_m^{k,t} &\geq \sum_{j=1}^{J} x_m^{j,t}\lambda^j, \quad m=1,\cdots,M, \\ \phi^k y_n^{k,t} &\leq \sum_{j=1}^{J} y_n^{j,t}\lambda^j, \quad n=1,\cdots,N, \\ \lambda^j &\geq 0.\end{aligned} \tag{11.19}$$

$$\begin{aligned}[D_o^{t+1}(\mathbf{x}^{k,t+1},\mathbf{y}^{k,t+1})]^{-1} &= \max \phi^k \\ s.t.\ \ x_m^{k,t+1} &\geq \sum_{j=1}^{J} x_m^{j,t+1}\lambda^j, \quad m=1,\cdots,M, \\ \phi^k y_n^{k,t+1} &\leq \sum_{j=1}^{J} y_n^{j,t+1}\lambda^j, \quad n=1,\cdots,N, \\ \lambda^j &\geq 0.\end{aligned} \tag{11.20}$$

두 시점의 관측치와 생산가능집합을 서로 교차하여 산출기준 이시점 거리함수들을 CCR모형으로 나타내면 다음과 같다.

$$\begin{aligned}[D_o^t(\mathbf{x}^{k,t+1},\mathbf{y}^{k,t+1})]^{-1} &= \max \phi^k \\ s.t.\ \ x_m^{k,t+1} &\geq \sum_{j=1}^{J} x_m^{j,t}\lambda^j, \quad m=1,\cdots,M, \\ \phi^k y_n^{k,t+1} &\leq \sum_{j=1}^{J} y_n^{j,t}\lambda^j, \quad n=1,\cdots,N, \\ \lambda^j &\geq 0.\end{aligned} \tag{11.21}$$

$$\begin{aligned}[D_o^{t+1}(\mathbf{x}^{k,t},\mathbf{y}^{k,t})]^{-1} &= \max \phi^k \\ s.t.\ \ x_m^{k,t} &\geq \sum_{j=1}^{J} x_m^{j,t+1}\lambda^j, \quad m=1,\cdots,M, \\ \phi^k y_n^{k,t} &\leq \sum_{j=1}^{J} y_n^{j,t+1}\lambda^j, \quad n=1,\cdots,N, \\ \lambda^j &\geq 0.\end{aligned} \tag{11.22}$$

투입기준 맘퀴스트 생산성 변화지수의 경우에도 투입기준 CCR 모형을 활용하여 투입기준거리함수를 실제자료로부터 계산할 수 있다.

11.3 맘퀴스트 생산성 지수의 분해

11.3.1 분해식

앞서 정의된 산출기준의 기하평균 맘퀴스트 지수는 다음과 같이 분해될 수 있다.

$$
\begin{aligned}
&M_o^{t,t+1}(\mathbf{x}^t,\mathbf{y}^t,\mathbf{x}^{t+1},\mathbf{y}^{t+1})\\
&=\left[\frac{D_o^t(\mathbf{x}^{t+1},\mathbf{y}^{t+1})}{D_o^t(\mathbf{x}^t,\mathbf{y}^t)}\cdot\frac{D_o^{t+1}(\mathbf{x}^{t+1},\mathbf{y}^{t+1})}{D_o^{t+1}(\mathbf{x}^t,\mathbf{y}^t)}\right]^{1/2}\\
&=\frac{D_o^{t+1}(\mathbf{x}^{t+1},\mathbf{y}^{t+1})}{D_o^t(\mathbf{x}^t,\mathbf{y}^t)}\times\left[\frac{D_o^t(\mathbf{x}^t,\mathbf{y}^t)}{D_o^{t+1}(\mathbf{x}^t,\mathbf{y}^t)}\cdot\frac{D_o^t(\mathbf{x}^{t+1},\mathbf{y}^{t+1})}{D_o^{t+1}(\mathbf{x}^{t+1},\mathbf{y}^{t+1})}\right]^{1/2}\\
&=EC\times TC.
\end{aligned}
\tag{11.23}
$$

위의 식 (11.23)에서 EC와 TC는 각각 **효율성 변화율**(rate of efficiency change)과 **기술 변화율**(rate of technical change)이다.

11.3.2 효율성 변화율(EC)의 의미

효율성 변화율(EC)의 의미를 더욱 자세히 살펴보기 위하여 [그림 11-3]에 제시된 1투입-1산출의 경우를 살펴보도록 하자.

효율성 변화율(EC)의 정의를 활용하면 다음과 같이 표현할 수 있다.

$$
EC=\frac{D_o^{t+1}(\mathbf{x}^{t+1},\mathbf{y}^{t+1})}{D_o^t(\mathbf{x}^t,\mathbf{y}^t)}=\frac{oe/oh}{oc/od}. \tag{11.24}
$$

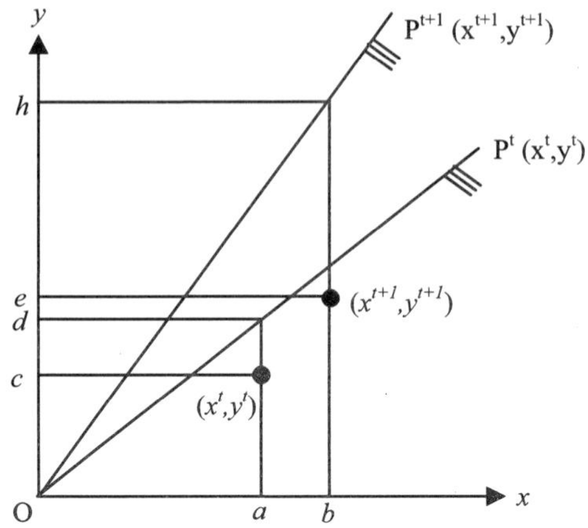

[그림 11-3] 효율성 변화의 의미

위의 식 (11.24)에 의하면 효율성 변화는 k번째 관측치가 각 시점의 생산변경으로부터 얼마나 떨어져 있는지를 상대적으로 비교한다. $EC > 1$ 이라면 t 기에 비하여 $t+1$ 기에서 생산변경에 좀 더 가까워졌다는 것을 의미하고, 반대로 $EC < 1$ 라면 t 기에 비하여 $t+1$ 기에 생산변경으로부터 더 떨어지게 되었다는 것을 의미하는 것이다. $EC = 1$ 이라면 각 기의 생산변경으로부터 떨어진 거리 비율에 변화가 없다는 것을 의미한다. 이를 종합하면, 효율성 변화율인 EC는 t 기와 $t+1$ 기 사이에 k번째 관측치가 이전 시점에 비해 생산변경으로부터 더 멀어졌는지 가까워졌는지를 표현하는 값이며, 현실적으로는 추격효과 (catching-up effect)를 나타낸다고 본다.

극단적으로 두 시점간에 생산가능집합의 변화가 없었다고 하자. 즉 경제학적 용어로 기술변화가 일어나지 않았다고 가정하고, t기와 t+1기 사이의 변화를 [그림 11-4]를 이용하여 생각해보자.

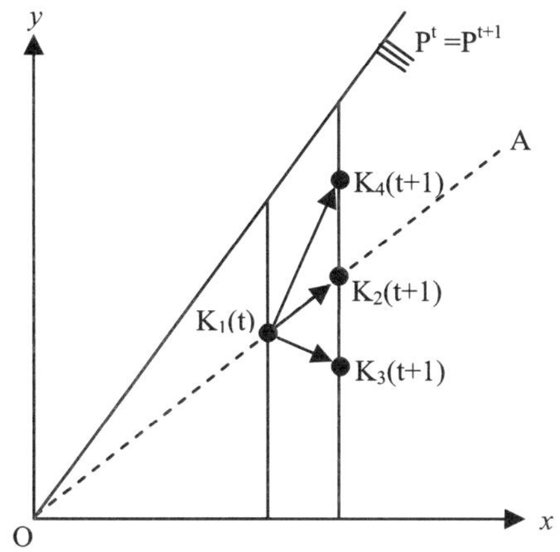

[그림 11-4] 효율성 변화의 의미

[그림 11-4]에서 t기에 K_1상태에 있다가 t+1기에 K_2, K_3, K_4의 3가지 상태로 움직일 수 있다고 가정하자. 먼저 K_1과 같은 투입산출의 비율을 가진 관측점이 K_2로 움직였다면 생산변경과의 상대적 거리가 변화하지 않은 것이며, 추격효과가 없었던 셈이다. 그러나 K_3와 같이 생산변경으로부터 더 멀어지게 되거나 K_4와 같이 생산변경으로 더 가깝게 다가가는 경우도 있을 수 있다. 이러한 상황에서 K_1에서 K_2로의 변화는 효율성 변화가 1인 경우(EC=1)이다. K_1에서 K_3로의 변화는 효율성이 낮아진 경우이고, 이때 효율성 변화 지수 값은 1보다 작게(EC<1) 된다. 반대로 K_1에서 K_4로의 변화는 효율성이 높아진 경우이고, 효율성 변화 지수 값은 1보다 크게(EC>1) 된다. 생산변경은 같은 시기에 존재하는 생산기술의 최대효율성을 나타내므로, 양의 효율성 변화가 있었다는 것은 최대 효율성을 발휘하는 생산자와 더 유사해졌다는 것을 의미한다. 이러한 점에서 효율성변화를 나타내는 EC를 추격효과라는 개념을 사용하여 해석가능한 것이다.

11.3.3 기술 변화율(TC)의 의미

생산변경이 더 확대되면 동일한 투입수준으로 더 많은 산출을 생산할 수 있는 가능성이 높아진다. 이를 기술진보라 하고, 그 반대의 경우를 기술퇴보라 한다. 기술진보나 퇴보와 같이 생산가능집합 혹은 생산변경의 변화를 종합하여 기술변화라 한다.

[그림 11-5]를 참조하여 앞서 수식으로 제시된 기술 변화율(TC)의 의미를 살펴보자.

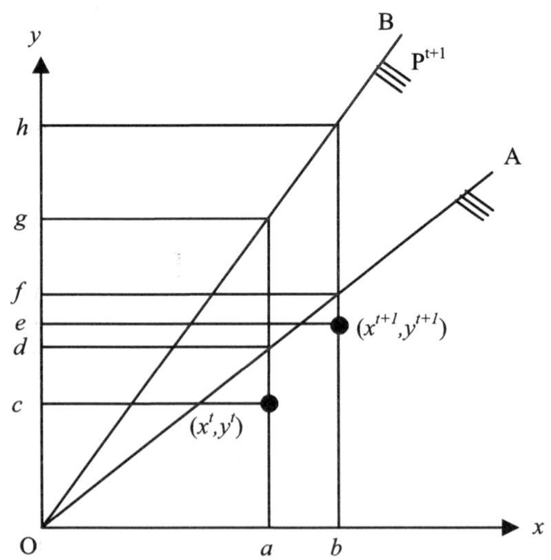

[그림 11–5] 기술변화의 의미

[그림 11-5]에서 t기와 t+1기 사이에 생산변경이 더욱 확대되었으므로 양의 기술변화, 즉 기술진보가 있었음을 알 수 있다. 생산변경의 확대된 폭을 측정하는 것이 기술변화율(TC)인데, t점의 관측치를 기준으로 측정할 수도 있고(TC^t), t+1점의 관측치를 기준으로 측정할 수도 있으므로(TC^{t+1}) 두 값의 기하평균으로서 기술변화율을 정의한다. [그림 11-5]를 활용하면 다음과 같다.

$$
\begin{aligned}
TC = [TC^t \cdot TC^{t+1}]^{1/2} &= \left[\frac{D_o^t(\mathbf{x}^t, \mathbf{y}^t)}{D_o^{t+1}(\mathbf{x}^t, \mathbf{y}^t)} \cdot \frac{D_o^t(\mathbf{x}^{t+1}, \mathbf{y}^{t+1})}{D_o^{t+1}(\mathbf{x}^{t+1}, \mathbf{y}^{t+1})} \right]^{1/2} \\
&= \left[\frac{oc/od}{oc/og} \cdot \frac{oe/of}{oe/oh} \right]^{1/2} = \left[\frac{og}{od} \cdot \frac{oh}{of} \right]^{1/2}.
\end{aligned}
\tag{11.25}
$$

식 (11.25)에서 제일 마지막 줄의 꺽쇠괄호 안에 있는 og/od 는 t기의 관측치 $(\mathbf{x}^t, \mathbf{y}^t)$ 를 기준으로 하여 생산변경이 얼마나 이동했는지를 나타내고 있고, 그 다음 항목 $\frac{oh}{of}$ 는 t+1기 관측치 $(\mathbf{x}^{t+1}, \mathbf{y}^{t+1})$ 을 기준으로 하여 생산변경이 얼마나 이동했는지를 나타내고 있다. 즉, TC는 t 기와 $t+1$ 기의 생산활동을 기준으로 하여 생산변경이 얼마나 이동되었는지를 나타내는 두 값을 기하평균한 것임을 알 수 있다. 1투입-1산출의 경우에는 위 그림에서 살펴본 바와 같이 t기 관측치를 기준으로 한 경우나 t+1기 관측치를 기준으로 한 경우 모두 동일한 값을 보여주기 때문에 기하평균의 의미가 없다. 그러나 일반적으로 다수투입-다수산출이 되면 두 경우의 값이 달라지기 때문에 어느 시점의 관측치를 기준으로 측정하는가에 따라 기술변화율이 달라질 수 있다. 특정 시점의 기준이 더 논리적으로 타당하다고 말할 수 없으므로 식 (11.25)와 같이 기하평균을 취하여 표현한다.

만약 두 시점 모두에서 비효율성이 존재하지 않는다고 가정하면 두 시점 모두에서 관측치는 생산변경 위에 놓이게 된다. 이러한 상황에서 기술이 진보하는가, 퇴보하는가 혹은 변화하지 않는가에 따라 [그림 11-6]과 같은 상황이 있을 수 있다.

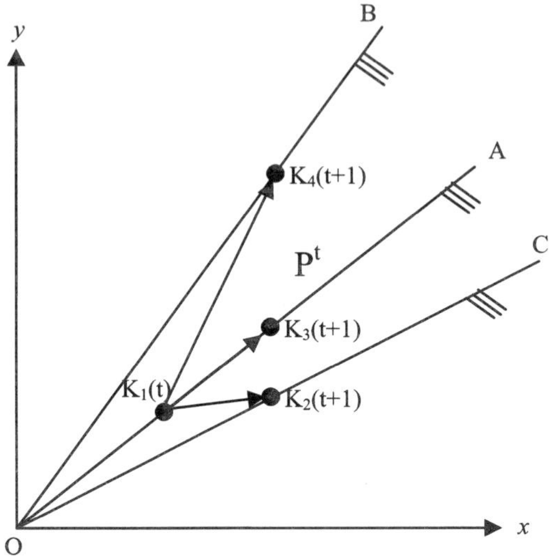

[그림 11-6] 기술변화의 의미

[그림 11-6]에서 t기의 생산변경은 선분 OA이며, t+1기의 생산변경은 OA, OB 혹은 OC 중에 하나로 결정된다고 하자. t+1기의 생산변경이 OB일 경우 OA에 비해서 생산가능집합이 확장되었으므로 기술진보가 일어났다고 볼 수 있으므로 생산변경간의 거리는 1보다 큰 값(TC > 1)으로 도출된다. t+1기의 생산변경이 OC가 된다면 OA에 비해 생산가능집합이 축소되었기 때문에 기술퇴보가 일어난 것으로 볼 수 있다. 따라서 생산변경간의 거리는 1보다 작은 값(TC <1)으로 나타나게 된다. t+1기의 생산변경이 t기의 생산변경과 동일한 OA로 유지된다면, 기술수준은 변화하지 않은 것으로 볼 수 있고, TC=1이 된다.

11.4 글로벌 맘퀴스트 생산성 지수

식 (11.15)에서 정의가 된 맘퀴스트 생산성 지수는 3기간 이상을 비교할 경우에 이행성(transitivity or circularity)이 성립하지 않는다는 단점이 있다. 어떤 지수 I가 이행성을 만족한다는 것은 $I^{t,t+1} \times I^{t+1,t+2} = I^{t,t+2}$, 즉 t기와 t+2기간의 변화를 나타내는 지수가 t기와 t+1기 사이의 지수와 t+1기와 t+2기 사이의 지수의 곱으로 나타낼 수 있다는 것을 의미한다. 식 (11.15)에서 정의된 맘퀴스트 생산성 변화지수는 이행성을 만족하지 않기 때문에 이를 해결하기 위한 방법으로 **글로벌 맘퀴스트 생산성 지수**가 제안되었다.

글로벌 맘퀴스트 생산성 변화지수는 글로벌 생산가능집합의 정의를 필요로 한다. 개별 시점의 생산가능집합을 $\mathbf{P}^s (s = 1,2,\cdots,T)$ 라 할 때, 글로벌 생산가능집합($\mathbf{P}^G$)은 다음과 같이 정의된다.

$$\mathbf{P}^G = \mathbf{P}^1 \cup \mathbf{P}^2 \cup \cdots \cup \mathbf{P}^T. \tag{11.26}$$

위 식에서 나타낸 글로벌 생산가능집합은 전기간에 걸친 모든 관측점으로 생산가능집합을 구성한다. 이에 근거하여 글로벌 맘퀴스트 지수를 다음과 같이 정의할 수 있다.

정의 11.8 글로벌 맘퀴스트 생산성 지수

$$M_G^{t,t+1}(\mathbf{x}^t, \mathbf{y}^t, \mathbf{x}^{t+1}, \mathbf{y}^{t+1}) = \frac{D_o^G(\mathbf{x}^{t+1}, \mathbf{y}^{t+1})}{D_o^G(\mathbf{x}^t, \mathbf{y}^t)}. \tag{11.27}$$

여기서 거리함수 $D_o^G(\bullet)$는 $D_o^G(\mathbf{x},\mathbf{y}) = \inf\{\delta \mid (\mathbf{x}, \mathbf{y}/\delta) \in \mathbf{P}^G(\mathbf{x}^s, \mathbf{y}^s)\}$, $s = t, t+1$이다. 글로벌 맘퀴스트 지수는 다음의 식에서 나타낸 것과 같이 이행성을 만족시킴을 알 수 있다.

$$\begin{aligned} & M_G^{t,t+1}(\mathbf{x}^t, \mathbf{y}^t, \mathbf{x}^{t+1}, \mathbf{y}^{t+1}) \times M_G^{t+1,t+2}(\mathbf{x}^t, \mathbf{y}^t, \mathbf{x}^{t+1}, \mathbf{y}^{t+1}) \\ & \quad = \frac{D_o^G(\mathbf{x}^{t+1}, \mathbf{y}^{t+1})}{D_o^G(\mathbf{x}^t, \mathbf{y}^t)} \times \frac{D_o^G(\mathbf{x}^{t+2}, \mathbf{y}^{t+2})}{D_o^G(\mathbf{x}^{t+1}, \mathbf{y}^{t+1})} = \frac{D_o^G(\mathbf{x}^{t+2}, \mathbf{y}^{t+2})}{D_o^G(\mathbf{x}^t, \mathbf{y}^t)} \\ & \quad = M_G^{t,t+2}(\mathbf{x}^t, \mathbf{y}^t, \mathbf{x}^{t+2}, \mathbf{y}^{t+2}). \end{aligned} \tag{11.28}$$

산출기준 거리함수가 산출물에 대해서 1차 동조함수라는 사실,

즉 $D_o(\mathbf{x},\delta\mathbf{y}) = \delta D_o(\mathbf{x},\mathbf{y})$ 를 이용하여 글로벌 맘퀴스트 생산성 변화지수를 다음과 같이 분해할 수 있다.

$$
\begin{aligned}
M_G^{t,t+1}(\mathbf{x}^t,\mathbf{y}^t,\mathbf{x}^{t+1},\mathbf{y}^{t+1}) &= \frac{D_o^G(\mathbf{x}^{t+1},\mathbf{y}^{t+1})}{D_o^G(\mathbf{x}^t,\mathbf{y}^t)} \\
&= \frac{D_o^{t+1}(\mathbf{x}^{t+1},\mathbf{y}^{t+1})}{D_o^t(\mathbf{x}^t,\mathbf{y}^t)} \times \left[\frac{D_o^t(\mathbf{x}^t,\mathbf{y}^t)}{D_o^{t+1}(\mathbf{x}^{t+1},\mathbf{y}^{t+1})} \cdot \frac{D_o^G(\mathbf{x}^{t+1},\mathbf{y}^{t+1})}{D_o^G(\mathbf{x}^t,\mathbf{y}^t)} \right] \\
&= \frac{D_o^{t+1}(\mathbf{x}^{t+1},\mathbf{y}^{t+1})}{D_o^t(\mathbf{x}^t,\mathbf{y}^t)} \times \frac{D_o^G(\mathbf{x}^{t+1},\mathbf{y}^{t+1}) / D_o^{t+1}(\mathbf{x}^{t+1},\mathbf{y}^{t+1})}{D_o^G(\mathbf{x}^t,\mathbf{y}^t) / D_o^t(\mathbf{x}^t,\mathbf{y}^t)} \qquad (11.29) \\
&= \frac{D_o^{t+1}(\mathbf{x}^{t+1},\mathbf{y}^{t+1})}{D_o^t(\mathbf{x}^t,\mathbf{y}^t)} \times \frac{D_o^G(\mathbf{x}^{t+1},\mathbf{y}^{t+1} / D_o^{t+1}(\mathbf{x}^{t+1},\mathbf{y}^{t+1}))}{D_o^G(\mathbf{x}^t,\mathbf{y}^t / D_o^t(\mathbf{x}^t,\mathbf{y}^t))} \\
&= \frac{TE^{t+1}}{TE^t} \times \frac{BPG^{t+1}}{BPG^t} = EC \times BPC.
\end{aligned}
$$

식 (11.29)에서 EC는 효율성 변화(EC)를 측정하는 지수로서 식 (11.23)에서 논의한 바와 같다. $BPG^s, s = t, t+1$ 는 $(\mathbf{x}^s, \mathbf{y}^s)$ 의 위치에서 측정된 $\mathbf{P}^s$ 변경과 $\mathbf{P}^G$ 의 변경간의 거리차이를 비율로 나타낸 것이다. 달리 말하면 BPG^s 는 s기의 생산변경과 글로벌 생산변경의 차이를 보여준다. BPC는 BPG^t 와 BPG^{t+1} 의 변화율을 나타내는 지수로서, t+1시점에서 측정한 해당시점 변경과 글로벌 변경 사이의 거리가 t기에 측정된 해당 시점의 변경과 글로벌 변경 사이의 거리보다 짧아졌는지, 멀어졌는지를 측정한다. t기에 비해서 t+1기의 BPG가 작다는 의미는 t+1기의 생산변경이 t기의 생산변경보다 더 글로벌 변경에 가깝다는 의미이고, 이는 t기에 비해서 t+1기의 생산변경이 확장되는 방향으로 이동했음을 나타낸다. 이때 $BPC > 1$ 이다. 반면 t기에 비해서 t+1기의 BPG가 크다는 것은 시간이 지나면서 생산변경이 글로벌 변경으로부터 더 멀어졌다는 것을 의미하고, $BPC < 1$ 이 된다. 생산변경의 이동이 없을 때는 $BPC = 1$ 이다. 이와 같이 BPC 는 생산변경이 시간이 지남에 따라 확장되고 있는지(기술진보) 혹은 축소되고 있는지(기술퇴보)를 측정하는 척도가 된다.

글로벌 맘퀴스트 생산성 변화지수는 위와 같이 효율성 변화와 기술변화의 개념을 비슷한 관점에서 표현하면서도 기존 맘퀴스트 생산성 변화지수가 갖지 못한 이행성을 만족한다는 장점을 갖고 있다. 다만, 모든 기의 관측치를 모아 글로벌 생산가능집합을 구성하므로, 단 한 기의 자료라도 추가가 되더라도 생산성변화지수를 새로 계산해야 한다는 단점을 갖고 있다.

11.5 예제 1 (1투입-1산출)

지금까지 논의한 맘퀴스트 지수를 예제를 통하여 논의하도록 하자. 논의를 간단하게 하기 위하여 1투입-1산출-3기간을 상정하고, [표 11-1] 및 [그림 11-7]과 같이 가상적인 자료가 주어져 있다고 하자.

[그림 11-7]에서 나타난 바처럼, 1기의 생산변경은 B점이 결정하고, 2기와 3기의 생산변경은 모두 C점이 결정하고 있다. 또한 1기에서 2기로 생산변경은 상향이동(기술진보)하였고, 2기에서 3기로 생산변경은 하향이동(기술퇴보)하였다. [표 11-1]에서 각 기에서의 A, B, C점의 생산성을 투입산출비율의 변화율로 계산하여 [표 11-1]의 마지막 줄에 나열하였다. 예를 들어, 1기에서 2기로 넘어가면서 점 A의 생산성 변화율은 1/(1/2)=2로 계산된다.

[표 11-1] 1투입-1산출-3기간 데이터

기간	1기			2기			3기		
관측점	A	B	C	A	B	C	A	B	C
산출	1	2	2	3	2	8	3	2	5
투입	2	3	7	3	5	6	8	9	6
생산성	1/2	2/3	2/7	1	2/5	4/3	3/8	2/9	5/6
생산성 변화율	-	-	-	2	3/5	14/3	3/8	5/9	5/8

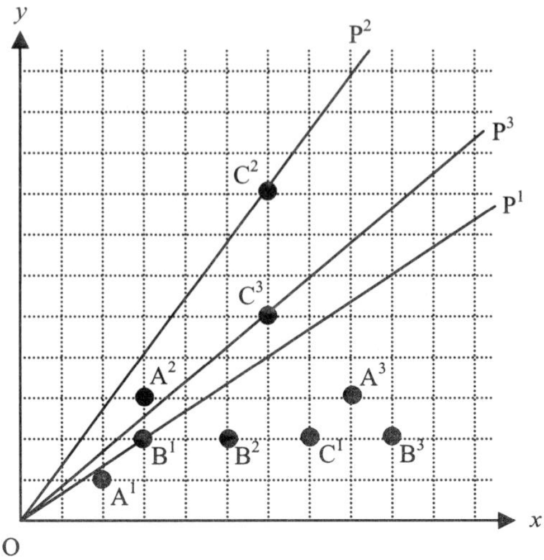

[그림 11-7] 맘퀴스트 생산성 분석 사례 (1투입-1산출)

맘퀴스트 생산성 지수를 이용하여 생산성을 분석한 결과는 [표 11-2]에 나타나 있다. 결과에서 보는 것처럼 맘퀴스트 생산성 변화지수를 이용하여 계산한 생산성 변화율은 직관적으로 계산된 생산성 변화율과 동일한 값을 갖는다. 예를 들어 1기에서 2기 사이에 A점의 생산성은 방법론에 무관하게 100% (=(2-1)*100(%)) 향상되었음을 알 수 있다. 생산성을 분해한 결과 A의 효율성 변화율(EC)은 1이며, 이는 생산변경까지의 상대거리 비율은 변하지 않았음을 의미한다. 이는1기와 2기 사이에 A점이 변경에 있는 효율적인 점들을 추격하지 못했음을 시사한다. 또한 생산성을 분해한 결과 기술변화율(TC)은 2로 나타났으며, 이는 1기에서 2기로 옮겨가면서 기술진보가 일어났음을 의미한다. 여기서 이 기술진보가 점 A에 의해 일어난 것이라기 보다 점 A가 위치한 영역에서 일어난 것이라고 해석하는 것이 타당하다. 본 예제에서와 같이 1투입-1산출의 경우에는 생산변경이 직선으로 표현되기 때문에 기술진보가 어느 영역에서 일어났던 모든 관측점에 대해 동일하게 도출될 수 밖에 없다.

[표 11–2] 1투입–1산출의 생산성 변화 계산

시기	DMU	Malmquist			직관적인 생산성 변화 계산
		생산성 변화	EC	TC	
1->2	A	2.0000	1.0000	2.0000	2.0000
1->2	B	0.6000	0.3000	2.0000	0.6000
1->2	C	4.6667	2.3333	2.0000	4.6667
2->3	A	0.3750	0.6000	0.6250	0.3750
2->3	B	0.5556	0.8889	0.6250	0.5556
2->3	C	0.6250	1.0000	0.6250	0.6250

다투입-다산출의 경우에는 각각의 생산자마다 기술변화율이 다를 수도 있다. 이 경우 어떤 관측점이 생산변경을 확장시켰는지를 판단하는 과정, 소위 혁신적인 관측점을 식별함으로써 중요한 정보를 얻을 수 있다. 이를 알아내기 위해서는 다음과 같은 논리를 적용하여 혁신적인 관측점을 구분해낼 수 있다. 만약 t기에서 t+1기로 바뀔 때 어떤 생산자가 생산가능집합을 확장시켰다고 하면 i) 이 생산자의 t+1기의 생산활동은 t기의 생산가능집합 밖에서 이루어지며, ii) t+1기의 생산활동은 t+1기의 생산변경 상에 존재할 것이다. 이러한 조건을 수식으로 표현하면 다음과 같다.

$$
\begin{aligned}
&D^{t+1}(\mathbf{x}^{t+1}, \mathbf{y}^{t+1}) = 1; \\
&D^{t}(\mathbf{x}^{t+1}, \mathbf{y}^{t+1}) > 1; \\
&TC > 1.
\end{aligned}
\tag{11.30}
$$

위 식을 이용하여 혁신적인 관측점을 찾아내면 1기에서 2기로 바뀔 때는 C가 이 조건을 만족시킨다는 것을 알 수 있다, 그러나, 2기에서 3기로 바뀔 때는 이런 조건을 만족하는 관측점이 존재하지 않는다. 이는 [그림 11-7]을 통해서도 쉽게 확인할 수 있다. 즉, 1기에서 2기로 바뀔 때는 C가 생산가능집합을 확장시키고 있으므로 C가 혁신적인 관측점이라 할 수 있다. 하지만 2기에서 3기로 전이될 때는 생산가능집합이 축소되고 있으므로 어떤 생산자도 혁신적인 생산자가 아니다.

11.6 예제 2: 국가수준 생산성 변화분석

1980-1990년도 OECD 국가의 생산성변화를 분석해보도록 하자. 본 예제에서 활용되는 각종 자료는 Penn World Table (Mark 5.6)에서 추출하였다. Penn World Table은 국가간 거시경제 지표의 비교에서 비교적 신뢰성 있는 자료로 널리 활용되고 있고, Färe, Grosskopf, Norris and Zhang (1994) 등에서도 활용된 바 있다. 본서에 활용하고 있는 R도 Penn World Table을 패키지 형태로 제공하고 있다. 이 데이터를 이용하여 1980-1990년도의 OECD국가에 대한 맘퀴스트 생산성 변화지수를 계산하는 연습을 해 보도록 하자. 이 예제에서 사용된 투입요소는 노동자 수와 자본스톡량이며 산출요소는 GDP이다. 또한 분석대상 국가는 OECD 국가들로서 호주, 오스트리아, 벨기에, 캐나다, 스위스, 덴마크, 스페인, 핀란드, 프랑스, 영국, 독일, 그리스, 아일랜드, 아이슬랜드, 이탈리아, 일본, 한국, 룩셈부르크, 멕시코, 네덜란드, 노르웨이, 뉴질랜드, 포루투갈, 스웨덴, 터키, 미국이다.

11.7절의 코드를 이용하여 실행하고, 국가간 결과를 기하평균하면 [그림 11-8]과 같은 결과를 얻게 된다. 이 그림에서 M은 맘퀴스트 생산성지수를, EC는 효율성변화율을, TC는 기술변화율을 의미한다. 참고로 그림에서 1981년의 맘퀴스트 지수는 1980-1981년 사이의 생산성 변화를 나타내며, 1982년의 맘퀴스트 지수는 1981-1982년 사이의 생산성 변화를 나타낸다. 분석결과에 의하면 OECD 국가들은 평균적으로 1980-1982년 동안에는 생산성이 감소했으며, 그 이후에는 생산성이 증가했음을 알 수 있다. 1970년 후반에서 80년대 초반에 일어난 제 2차 오일쇼크가 80년대 초반 OECD 경제 전체적

으로 상당한 부정적 영향으로 미쳤으며, 이로 인해 생산성이 저하되었음을 시사한다. 기술변화를 나타내는 TC 또한 1982년에 상당히 낮은 값을 보여준다. 이는 1981-1982년 동안에 생산가능집합이 감소했음을 의미하는데, 오일쇼크가 몇 년의 시차를 두고 기술변화 혹은 혁신에 부정적인 영향을 준 것으로 볼 수 있다. 효율성 변화율 EC는 1982년에 상당히 큰 값을 보여주고 있으며, 이는 1981-1982년 동안 생산가능집합이 축소되면서 관측치와 생산변경간의 거리가 가까워짐에 따라 발생한 현상으로 짐작된다.

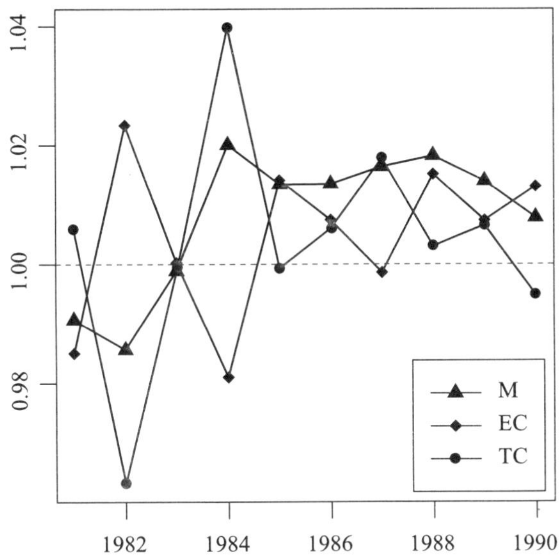

[그림 11-8] OECD국가의 생산성, 효율성, 기술 변화율

11.7 R 코드

맘퀴스트 생산성 변화지수를 분석하기 위한 함수는 `faremalm2(...)`이며, 이 함수는 다음과 같은 인수를 갖는다.

```
faremalm2(dat = NULL, noutput = 1, id = "id", year = "year")
```

`dat`는 분석할 데이터 이름, `noutput`은 데이터의 산출물 개수, `id`는 데이터에서 관측치의 고유이름을 기록한 열의 이름을, `year`는 관측기간을 나타내는 열의 이름이다. `noutput`, `id` 및 `year`의 인수를 정해주지 않으면 기본값이 이용된다.

`faremalm2(...)`에서 사용되는 데이터는 `data.frame(id,year,outputs,inputs)`의 순으로 정리가 되어 있어야 하며, 자료는 관측되지 않은 시점이 존재하지 않는, 소위 균형패널(balanced panel)이 되어야 한다.

11.7.1 예제 1의 R 코드

11.5절의 예제에 나타나 있는 데이터를 맘퀴스트 생산성지수를 통해 분석하기 위한 R 코드는 다음과 같다.

```
malm.dat1 <- read.csv("malm.dat", sep = ",") # 외부에 저장된 데이
                                             # 터를 불러들이고
                                             # 이것을 mlam.dat1
                                             # 이라는 객체에 할당
                                             # 한다.
head(malm.dat1) # malm.dat1의 처음 6번째 줄을 보여준다.
tail(malm.dat1) # malm.dat1의 마지막 6번째 줄을 보여준다.
malm.re <-
   faremalm2(dat = malm.dat1, noutput = 1, id = "id", year = "time")
# 맘퀴스트 생산성 지수를 계산해낸다.
malm.re        # 계산된 맘퀴스트 지수를 살펴본다.
## 출력되는 데이터는 각각 다음과 같은 열을 지닌다.
## 각각의 열이 의미하는 바는 다음과 같다.
## id: DMU의 이름이다.
## time: 시간을 나타내는 인덱스이다.
## y 및 x: id와 time 별로 주어진 데이터를 보여준다.
## Dt2t2: D^{t+1}(x^{t+1},y^{t+1}) , Dtt2: D^{t}(x^{t+1},y^{t+1}) ,Dt2t: D^{t+1}(x^{t},y^{t})
```

```
## Dtt: D^t(x^t,y^t) .
## ec: 효율성 변화율, tc: 기술변화율, pc: 생산성변화율

tapply(malm.re$pc, malm.re$id, geometric.mean) ## 맘퀴스트 지수를
                                               ## DMU 별로 기하평
                                               ## 균한다.
tapply(malm.re$pc, malm.re$time, geometric.mean) ## 맘퀴스트 지수
                                                 ## 를 연도별로
                                                 ## 기하평균한다.
```

각각의 열이 의미하는 바는 상기한 코드의 주석을 살펴보기 바란다. 그 실행결과는 다음과 같다.

```
        id time y x Dt2t2  Dtt2   Dt2t   Dtt     ec     tc     pc
X2.idA  A    2  3 3 0.7500 1.5000 0.3750 0.7500 1.0000 2.000 2.0000
X2.idB  B    2  2 5 0.3000 0.6000 0.5000 1.0000 0.3000 2.000 0.6000
X2.idC  C    2  8 6 1.0000 2.0000 0.2143 0.4286 2.3333 2.000 4.6667
X3.idA  A    3  3 8 0.4500 0.2812 1.2000 0.7500 0.6000 0.625 0.3750
X3.idB  B    3  2 9 0.2667 0.1667 0.4800 0.3000 0.8889 0.625 0.5556
X3.idC  C    3  5 6 1.0000 0.6250 1.6000 1.0000 1.0000 0.625 0.6250
```

결과를 해석하면 다음과 같다. 1기에서 2기로 가면서 관측치 A와 C의 효율성은 증가했으며, B의 효율성은 감소했다. 이는 [그림 11-7]에서 보는 것처럼 1기에서 2기로 진행하면서 생산변경으로까지의 상대적인 거리가 축소되었거나 확장된 결과와 일치한다. 또한 1기에서 2기로 가면서 생산변경이 위로 이동한 것은 1보다 큰 기술변화율(TC)로부터 유추해낼 수 있다. 일반적인 경우에는 TC값은 관측치마다 다르게 도출되지만, 이 예제에서와 같이 1산출-1투입의 경우에는 차이가 없다. 맘퀴스트 생산성 지수를 통하여 계산해낸 생산성 변화율은 [표 11-1]의 마지막 줄에서 나타난 생산성 변화율과 동일함을 확인할 수 있다. [그림 11-7]에서 보듯이 2기에서 3기로 넘어가면서 생산변경이 아래로 이동을 했는데 이는 기술퇴보와 동일한

의미를 갖는다. 이것은 기술변화율(TC)이 1보다 작은 0.625로 측정된 것으로부터도 확인할 수 있다. 혁신적인 관측점을 구분해 내기 위해서는 Dt2t2가 1이며 Dtt2가 1보다 큰 관측점을 시기별로 구별해 내면 된다.

11.7.2 예제 2의 R 코드

11.6에서 논의했던 OECD국가의 생산성을 측정하기 위한 R 코드는 다음과 같다. 참고로 각 명령별로 상세한 주석을 첨부하였다.

```
library(pwt)       ## PWT 데이터를 쓰기 위해 pwt 패키지를 불러들인다.
my.dat <- pwt5.6   ## my.dat에 PWT5.6을 할당한다.
head(my.dat)       ## my.dat의 앞부분을 본다.
## 국가 ISOCODE 벡터를 my.oecd.ctry에 할당한다.
my.oecd.ctry <- c("AUS", "AUT", "BEL", "CAN", "CHE", "DNK", "ESP",
                  "FIN", "FRA", "GBR", "GER", "GRC", "IRL", "ISL",
                  "ITA", "JPN", "KOR", "LUX", "MEX", "NLD", "NOR",
                  "NZL", "PRT", "SWE", "TUR", "USA", "DEU")
## my.dat 중에서 my.oecd.ctry에 있는 국가들만 선택한다.
my.dat <- my.dat[my.dat$wbcode %in% my.oecd.ctry,]
## my.dat 중에서 1980년부터 1990년까지 자료만 선택한다.
my.dat <- my.dat[my.dat$year %in% 1980:1990,]
## integer로 설정된 변수들을 numeric으로 바꿔준다.
my.dat$rgdpl <- as.numeric(my.dat$rgdpl) ## 1인당 GDP
my.dat$pop <- as.numeric(my.dat$pop) ## 총인구. 총인구는 천단위임
my.dat$rgdpwok <- as.numeric(my.dat$rgdpwok) ## 노동자 1인당 GDP
my.dat$kapw <- as.numeric(my.dat$kapw)  ## 노동자 1인당 자본스톡
my.dat$gdp <- my.dat$rgdpl * my.dat$pop ## 국가 총 GDP 계산
my.dat$labor <- with(my.dat, gdp/rgdpwok) ## 국가 총 노동자 수 계산
my.dat$capital <- with(my.dat, kapw * labor) ## 국가 총 자본스톡 계산
oecd <- my.dat[, c("wbcode", "year", "gdp", "labor", "capital")]
## 필요한 변수만 선택
re.oecd <- faremalm2(dat = oecd, noutput = 1, id = "wbcode",
year = "year") ## 계산
## 국가별 생산성변화 기하평균 계산하여 pc.c에 할당
pc.c <- tapply(re.oecd$pc, re.oecd$wbcode, geometric.mean)
```

```
## 연도별 생산성변화 기하평균 계산하여 pc.y에 할당
pc.y <- tapply(re.oecd$pc, re.oecd$year, geometric.mean)
## 국가별 효율성변화 기하평균 계산하여 ec.c에 할당
ec.c <- tapply(re.oecd$ec, re.oecd$wbcode, geometric.mean)
## 연도별 효율성변화 기하평균 계산하여 ec.y에 할당
ec.y <- tapply(re.oecd$ec, re.oecd$year, geometric.mean)
```

11.8 관련문헌

Caves, Christensen, Laurits and Diewert (1982)는 몇가지 조건 하에서 맘퀴스트 생산성 변화지수가 이론적인 생산성 변화지수와 동일하다는 점을 증명하였다. Färe, Grosskopf, Norris and Zhang (1994)은 맘퀴스트 지수를 DEA 모형으로 계산해낼 수 있다는 점을 제시하고, OECD 국가의 생산성 변화분석에 적용하여 맘퀴스트 생산성 변화율을 효율성 변화율과 기술 변화율로 분해하였다. 실증분석 결과, 미국이 기술변화를 주도한 반면 일본은 추격(catching-up)에 근거한 경제발전을 이루었다는 점을 보여주었다. Pastor and Lovell (2005)는 이행성을 만족하는 맘퀴스트 지수인 글로벌 맘퀴스트 지수를 제시한 바 있다.

맘퀴스트 지수는 기본 가정을 조금씩 바꿔가면서 새롭게 정의를 할 수가 있다. 예를 들어 Shestalova (2003)는 Tulkens and Vanden Eeckaut (1995)의 **순차적 생산가능집합 (sequential production possibility set)**의 개념을 도입하여 **순차적 맘퀴스트 지수**를 개발해 낸 바가 있다.

11.9 연습문제

1. 맘퀴스트 생산성 지수를 이용하여 OECD 국가의 생산성을 측정하고 분해한 사례에서 한국의 생산성변화와 효율성 변화, 기술변화를 살펴보고 논의를 해보자.

2. 예제 2에서 생산성변화율, 효율성변화율, 기술변화율을 국가별로 기하평균을 취해보고, 그 결과를 고찰하자. (힌트: 이 때 사용하는 R의 함수는 `tapply`이다.)

3. 어떤 관측점에 대해 특정 연도의 투입산출이 측정되지 않았다고 하면, 맘퀴스트 생산성 지수를 계산할 때 어떤 문제가 발생할까? 그 해법은 무엇일까?

4. 맘퀴스트 생산성 지수를 분해할 때 규모의 경제 변화효과를 추가적으로 분해해 낼 수 있을지에 대해 생각해보자.

12. DEA의 통계적 분석

12.1 개요

DEA를 통해 i) 관측치의 효율성 수준을 계산하며, ii) 효율성을 향상시키기 위해서는 어떤 생산자를 벤치마크의 대상으로 삼아서 투입과 산출을 어떻게 조정하여야 하는지에 대한 정보를 얻는다. 이 모든 과정은 통계적 가정이나 분석에 의하여 확률적으로 '추정'되지 않고, 선형계획법의 해로서 확정적으로 '계산'된다.

전통적인 DEA는 통계적인 가정이 불필요하기 때문에 분석절차가 상대적으로 간단하고, 통계적 가정과 관련된 연구자의 자의적 판단이 배제된다는 점에서 비통계적 속성으로서의 장점을 갖는다. 그러나 통계적 개념의 결여로부터 발생하는 문제들이 많기 때문에 이를 해결하기 위한 노력이 지속되어 왔다. 본 장에서는 이 가운데 **결정요인 분석**, **신뢰구간의 추정**, **특이치 문제의 해결**, 그리고 **집단간 비교**에 대해서 살펴본다. 각 주제에 대하여 개괄적으로 살펴보고, 구체적인 방법론은 다음 절에서 논의한다.

12.1.1 결정요인 분석(원인분석)

DEA분석의 궁극적인 목적은 효율성을 높이기 위한 전략을 도출하는데 있으므로, 현재의 효율성 수준이 낮은 원인을 파악하고 효율성을 개선하기 위해서는 어떤 요인에 대해 조치를 취해야 하는지를 아는 것이 중요하다. 현재의 효율성 수준에 이르게 된 원인을 알지 못하는 상태에서 단순히 투입을 줄이고 산출을 늘린다고 해서 궁극적으로 효율성을 높일 수는 없다. 달리 말하면 효율성 측정 모형에서 제시된 효율성 수준 및 투입산출 조정 요구치에 대한 정보는 현상을 설명하는 정보에 불과할 뿐 궁극적인 문제의 원인과 이를 해소하기 위한 전략을 제공해주지는 않는다. 원인분석이 잘못 이루어지게 되면 효율성 향상을 위한 전략적 처방이 잘못될 수 밖에 없기 때문에 원인분석은 효율성 자체에 대한 분석만큼이나 중요한 문제라 할 수 있다. 생산성 변화의 원인을 분석하는 것도 효율성 분석의 경우와 마찬가지로 생산성 향상 전략을 도출하기 위해 필수적인 절차이다.

효율성과 생산성 변화의 원인을 분석하기 위해서는 **케이스 스터디, 구조적 방법론** 및 **회귀분석법** 등을 활용할 수 있다. 기업의 효율성 분석을 예로 들어 각 방법론에 대해서 간략하게 살펴보자. 첫째, 케이스 스터디는 분석대상 기업의 효율성이 낮은 것으로 나타날 경우 이 기업보다 효율성이 높은 기업을 벤치마킹 대상으로 선정하여 심층적이고 정성적인 비교분석을 통해 원인을 진단하는 것이다. 흔히 경영컨설팅에서 수행되는 심층 벤치마킹 스터디와 유사하다. DEA 측정결과는 어떤 기업을 벤치마크해야 할지에 대한 정보를 주기 때문에 보다 현실적인 비교대상을 선택할 수 있다.

둘째 구조적 방법론(structural analysis)은 DEA모형을 이용하여 원인을 추출하는 방법이다. 예를 들어, 규모가 최적화되어 있지 않기 때문에 발생되는 비효율성을 분석하기 위해 규모의 경제성 분석 모형을 이용하는 경우가 이에 해당한다. 이외에도 고정변수 모형, 혼잡모형(congestion model) 등을 이용하여 비효율성의 원인을 분석해낼 수 있다. 이와 같은 방법론들은 DEA 모형의 구조자체를 변형하여 적용함으로써 원인분석을 하는 것이기 때문에 구조적 방법론이라 불린다. 구조적 방법론은 원인이 명확하고 모형으로 반영할 수 있는 경우에는 가장 정확한 원인 분석결과를 제시해 준다. 그러나 특정한 원인을 분석해기 위해서는 새로운 DEA 모형을 설계해야 하기 때문에 다양한 원인을 분석할 수 없다는 결정적인 단점을 내포하고 있다.

셋째, 회귀분석법(regression analysis)은 효율성 척도 혹은 생산성 변화율 척도를 종속변수로 하고, 이들을 설명할 수 있는 다양한 독립변수를 사용하여 통계적으로 회귀분석하는 것이다. 효율성 및 생산성 변화의 다양한 원인을 고려할 수 있고, 분석기법이 비교적 표준화되어 있다는 장점이 있어 현재까지 효율성 및 생산성 변화 원인분석의 방법 중 가장 보편적으로 활용되고 있다. 그러나 타당한 원인변수를 선택하고, 이 원인변수를 가장 잘 표현해주는 현실의 자료를 찾는 과정에서 연구자의 자의성이 개입될 여지가 많아 분석결과의 일반성과 신뢰성이 떨어질 수 있다.

원인분석을 위한 위의 대안적 방법론들은 각각 장단점을 갖고 있다. 따라서 효율성 및 생산성 변화의 원인을 올바로 분석하기 위해서는 위의 방법론들을 보완적으로 고루 활용하여 근거있는 결과를 얻고자 노력할 필요가 있다. 케이스 스터디와 구조적 방법론에 대해서는 비교적 이해가 쉽기 때문에 본 서에서는 생략하고, 회귀분석법에 대해서 살펴본다. 특히 기존 연구에서 많이 활용되어온 **토빗 회귀**(Tobit regression)를 중심으로 설명한다. 생산성 변화의 원인분석에서는 분석해야 할 자료가 시계열과 횡단면이 합쳐진 **패널자료**(panel data)의 형태로 주어지는 경우가 많기 때문에 **패널분석**(panel analysis)에 대해 간략하게 살펴본다.

12.1.2 신뢰구간의 추정

통계적 가정 하에서 추정치(estimate)들은 그 값이 존재할 수 있는 확률적 범위를 제공한다. 이를 흔히 신뢰구간이라 한다. 이를 활용하면 추정된 값이 특정한 값과 같은지 다른지에 대해 통계적 검정(statistical test)을 수행할 수도 있다. 가령 어떤 모수 β값이 0.6으로 추정되었고, 95%의 신뢰구간이 [0.35, 0.94]와 같이 주어질 수 있다고 하자. 그렇다면, $H_0 : \beta = 1$과 같은 귀무가설(null hypothesis)의 기각(reject) 혹은 채택(accept) 여부를 검정할 수 있다.

이에 반해 통상적인 DEA에서 도출되는 효율성 값은 통계적 가정을 활용하지 않고 단지 주어진 자료로부터 '계산'된 값들이다. 계산된 효율성 척도는 확정적으로 주어지는 값이기 때문에 통계적으로 어느 정도 신뢰할 만한 것인지를 확인할 방법이 없다. 예를 들어, 효율성 값(θ)이 0.9로 계산되었다고 하더라도 통계적인 의미의 신뢰구간이 주어지지 않기 때문에 이 값이 어떤 범위의 값을 대표하고 있는지를 알 수 없다. 신뢰구간의 개념이 없기 때문에 $H_0 : \theta = 1$과 같은 귀무가설(null hypothesis)을 검정할 수 없다는 문제점도 갖고 있다.

이러한 비통계적 속성은 분석의 절차를 간명하게 한다는 측면에서 장점이 될 수도 있다. 그러나 분석결과의 통계적 신뢰도에 대한 정보가 제공되지 않으므로 계산 결과의 신뢰도에 대해 의구심이 제기될 수도 있다. 예를 들어, 효율성 값이 0.99일 경우 이 관측점을 비효율적인 것으로 간주하여야 하는지, 혹은 효율적인 것으로 보아도 무리가 없는지에 대해 판단할 합리적인 근거가 없다.

이를 해결하기 위한 방법들은 **DEA의 통계적 추론**(statistical inference)이라는 분야에서 다수 제시되어 왔다. 그 가운데 본 장에서는 효율성 값의 신뢰구간을 도출하기 위한 **부트스트랩**(bootstrap) 방법을 소개한다.

12.1.3 특이치 문제의 해결

통상적인 DEA는 생산변경에 관한 사전적인 정보를 갖고 있지 않은 상태에서 주어진 관측점들만으로 생산가능집합을 구성하고 관측점과 생산변경의 거리로 효율성 값을 계산한다. 그렇기 때문에 효율성 척도치는 효율적인 점들의 위치에 크게 좌우된다. 만약 효율적인 점 중에 어떤 점이 다른 점들과 현격히 다른 투입/산출 구조를 가지고 있다면, 생산변경의 모양이 크게 변하므로 다른 점들의 효율성도 모두 달라진다. 이와 같이 투입산출이 표본과는 크게 다른 관측점을 **특이치**(outlier)라 한다.

다음과 같은 사고실험을 통하여 특이치 문제의 속성을 살펴보자. 1투입-1산출의 생산활동을 하는 3개의 생산자 A, B, C가 있고, A가 생산변경을 구성한다고 가정하자. A의 투입대비 산출이 2, B의 투입대비 산출이 1, C의 투입대비 산출이 0.5일 경우 CRS를 가정한 산출기준 효율성은 A, B, C가 각각 1, 0.5, 0.25로 나타날 것이다. 만약 A의 투입대비 산출이 8로 관측되었고, B와 C의 투입대비 산출이 변하지 않는다면, A, B, C 각각의 효율성은 1, 0.125, 0.0625로 될 것이다. 만약 A의 투입대비 산출이 16으로 관측되었고, B와 C의 투입대비 산출이 변하지 않는다면, A, B, C 각각의 효율성은 1, 0.0625, 0.0313이 된다. 생산변경을 구성하는 A의 투입대비 산출이 증가하면, A의 효율성은 변하지 않는데 반하여 B와 C의 효율성은 크게 낮아짐을 알 수 있다. 다투입-다산출의 경우에도 이와 같은 논리가 적용된다.

특이치가 단 한개라도 존재할 경우에도 이 특이치에 의해 생산변경이 왜곡되기 때문에, 효율성 분석 결과 전체가 한 개의 특이치에 따라 크게 좌우된다는 것이 통상적인 DEA의 단점이다.

이러한 특이치들은 대체로 **관측 오차**(measurement error)로부터 생기는 것이 보통이다. **확률적 변경추정법**(stochastic frontier analysis)과 같은 통계적 분석에서는 이러한 특이치들의 영향을 최소화 할 수 있는 메커니즘이 내생적으로 주어져 있다. 그러나 전통적인

DEA에서는 관측오차가 존재할 수 있는 가능성을 인정하지 않기 때문에 특이치가 주어지더라도 이로 인하여 왜곡된 생산변경을 받아들일 수 밖에 없다. 따라서 상식적으로 납득하기 어려운 DEA의 분석결과가 도출되기도 한다.

이러한 특이치의 문제는 비교적 다수의 관측치를 가진 대부분의 분석에서 발생할 수 있지만, 특히 수백 혹은 수천 개에 이르는 대규모 자료를 다룰 경우 흔히 부딪치는 문제이다. 이를 해결하기 위한 여러 방법 중 본 장에서는 **오더-m**(order-m)방법을 살펴본다.

12.1.4 집단간 비교

보통 두 개의 서로 다른 표본집단에 대해 평균과 같은 특정 모수를 비교하고자 할 때 가장 흔히 쓰이는 검정법은 **t-검정법**(t-test)이다. t-검정법은 두 표본이 각각 t-분포를 따른다고 가정을 하여 두 표본간의 평균치가 같다는 귀무가설을 검정한다. t-검정법 이외에도 다양한 통계적 검정법이 개발되어 있다. 그러나 이러한 표준적인 검정법들은 두 표본 간의 효율성 척도를 비교하는데 사용할 수 없다. 그 가장 큰 이유는 효율성 값은 특정한 통계적 분포로부터 추출된 값이 아니라 단순히 자료로부터 계산된 값이기 때문이다. 그렇기 때문에 집단간의 효율성 비교에는 대안적인 검정법이 주로 쓰이고 있다. 본 서에서는 이러한 검정법 중에서 가장 많이 쓰이는 **윌콕슨-만-위트니 검정법**(Wilcoxon-Mann-Whitney test)에 대해서 다루도록 한다.

DEA의 분석표본이 여러 집단으로 구성되어 있을 때 어느 집단이 평균적으로 더 효율적인가를 살펴보는 것은 전략적으로 중요한 정보를 제공하기 때문에, 집단 간의 효율성 비교는 원인 분석만큼이나 중요한 분석이라 할 수 있다.

12.2 효율성 결정요인 분석

12.2.1 토빗 추정

효율성 원인 분석은 DEA를 통해 측정된 효율성 척도를 종속변수로, 효율성에 영향을 미칠 것으로 짐작되는 잠재적인 변수들을 독립변수로 놓아 이들 사이의 관계를 회귀 분석하는 것이다. 절차적으로 첫째, DEA로 효율성 척도를 측정하고, 둘째, 효율성의 결정요인을 회귀분석한다는 의미에서 '**2단계 분석법**(two-stage approach)'이라고도 한다. 이 때 토빗 회귀(Tobit regression)를 이용한 추정법이 주로 활용된다. 토빗회귀추정법은 회귀모형의 종속변수가 특정한 값의 범위로 제한되어 있는 경우 사용하는 분석방법이다. 일반적으로 효율성 지표는 0보다 크고 1보다 작은 값으로 제한되어 있다는 속성을 감안하여 토빗회귀추정법이 효율성 원인분석에 이용된다.

토빗회귀추정법의 추정절차는 다음과 같이 이루어진다. 첫째, 모형의 종속변수에 대한 범위제한 속성(censoring pattern)을 정한다. 둘째, 오차항에 대한 통계적 분포가정하에 우도함수(likelihood function)를 도출한다. 셋째, 우도함수를 최대화하는 모수를 추정한다. 두번째와 세번째 과정인 우도함수를 도출하고 최대우도함수를 계산하는 것은 본서의 범위를 벗어나므로 다루지 않는다. 다만 최소자승법(OLS) 등의 추정법과는 달리 추정계수가 바로 **탄력성(한계영향)**을 의미하지는 않으므로, 토빗모형의 한계영향을 계산하는 법에 대해서만 살펴본다.

DEA를 통해 측정되는 효율성 값의 상한값이 1이며 하한값이 0이라는 점을 감안하여 양쪽으로 제한된 효율성 값을 전제로 J개의 관측치에 대해 다음과 같은 이중제한형 토빗모형(two-limit tobit method)을 이용한다. 그 수리적 형태는 다음과 같다. 이 모형을 설정함에 있어서 K개의 독립변수가 효율성 척도를 설명한다고 가정한다.

$$\begin{aligned} &\theta_i = \beta_0 + \sum_{k=1}^{K} \beta_k z_{ki} + \varepsilon_i \\ &If\ \theta_i^* \le 0,\ then\ \theta_i = 0 \\ &If\ \theta_i^* \ge 1,\ then\ \theta_i = 1 \\ &If\ 0 < \theta_i^* < 1,\ then\ \theta_i = \theta_i^*. \end{aligned} \tag{12.1}$$

위에서 θ_i^* 는 i번째 관측치의 실제 효율성 값이고, θ_i 는 관측된 효율성 값, z_{ki} 는 i번째 관측치에 대한 k번째 효율성 설명변수, β_k 는 추정계수, 그리고 ε_i 는 잔차항을 나타낸다. 위의 식은 진정한 효율성이 0보다 작거나 1보다 클 수는 있지만 이 경우에 각각 0 혹은 1을 부여하고, 따라서 관측된 효율성은 항상 0과 1사이의 값으로 주어지게 된다는 것을 의미한다. 이러한 의미에서 종속변수가 **제한**(censoring)되어 있다고 한다.

토빗회귀추정을 통한 결정요인 분석에서 얻을 수 있는 가장 중요한 정보는 i) 특정한 결정요인이 효율성을 높이는가 낮추는가에 관한 것(방향 혹은 부호)과 ii) 결정요인이 효율성 증감에 영향을 미치는 정도(크기)이다. 결정요인이 영향을 미치는 방향은 추정계수의 부호로부터 쉽게 판단할 수 있다. 그 영향력의 크기를 판단하기 위해서는 특정 변수가 효율성 값의 기대치에 미치는 한계영향(marginal effect)을 계산해야 한다. 이는 다음과 같은 순서에 따라 구해진다.

먼저 효율성 θ 의 기대값인 $E(\theta \mid z)$ 는 다음과 같이 주어진다.

$$\begin{aligned} E(\theta \mid z) = \sum \beta_k z_k \left[F\left(\frac{1-\sum \beta_k z_k}{\sigma} \right) - F\left(\frac{\sum \beta_k z_k}{\sigma} \right) \right] \\ +\sigma \left[f\left(\frac{\sum \beta_k z_k}{\sigma} \right) - f\left(\frac{1-\sum \beta_k z_k}{\sigma} \right) \right] + \left[1 - F\left(\frac{1-\sum \beta_k z_k}{\sigma} \right) \right]. \end{aligned} \tag{12.2}$$

여기서 F 와 f 는 각각 표준정규분포의 누적분포함수(CDF)와 확률밀도함수를 의미한다. 특정 원인변수가 효율성에 미치는 영향력을 파악하기 위해 식 (12.2)를 z_m 에 대해서 편미분하면 다음의 식을 얻을 수 있다.

$$\frac{\partial E(\theta \mid z)}{\partial z_m} = \beta_m \left[F\left(\frac{1-\sum \beta_k z_k}{\sigma} \right) - F\left(\frac{-\sum \beta_k x_k}{\sigma} \right) \right]. \tag{12.3}$$

식 (12.3)에 나타난 바와 같이 z_m 가 θ 의 기대값에 미치는 영향력을 정량화하기 위해서는 $\hat{\beta}_m$ 의 수준뿐만 아니라 모든 $\hat{\beta}$ 들 ($\hat{\beta}_1, \hat{\beta}_2, \cdots, \hat{\beta}_K$) 및 모든 원인변수값들 ($z_1, z_2, \cdots, z_K$)이 필요하다. 즉, 특정한 원인변수가 효율성에 영향력을 미치는 정도는 모수의 추정치 및 원인변수의 관측값에 크게 의존한다.

토빗회귀추정법은 효율성 원인분석에 관한 실증분석 연구에서 많이 활용되고 있으나, 실증분석에 적용할 때는 (i) 논리적 근거, (ii) 실증적 효과, (iii) **이분산성**(heteroskedasticity)에 대해 주의를 기울일 필요가 있다.

우선 논리적 근거 측면을 살펴보도록 하자. 결정요인 분석에서 토빗모형을 사용해야 하는지, 아니면 일반적인 최소자승법을 사용하여야 하는지에 대해 논쟁은 아직도 진행중이다. 본 절에서 소개한 것과 같은 이중제한형 토빗회귀추정법을 사용하는 이유는 효율성 값이 0과 1사이로 제한되어 관측되기 때문에 통상적인 최소자승법을 사용하게 되면 일치추정량(consistent estimator)을 얻을 수 없다고 생각되기 때문이다. 그러나 효율성 값이 과연 제한되어 있는가에 대해서는 다른 주장이 있을 수 있다. 첫째, DEA 모형의 구조상 0의 효율성 값은 원천적으로 도출될 수 없기 때문에 상한만이 1로 제한된 일방향 토빗모형을 사용하는 것이 바람직하다는 주장이 있다. 둘째, 1로 측정된 효율성 값에 대해서도 1이상의 효율성 값이 강제로 1로 기록된 것이 아니라, 최고 수준의 효율성 값으로 단지

정규화 (normalization) 하다보니 1로 표현된 것일 뿐이라는 주장이 있다. 이런 주장에 의하면, 상하한의 양측으로 제한된 효율성 값이라는 개념적 전제에 근거하여 토빗회귀추정을 해야 한다는 주장은 타당하지 않게 되고, 오히려 추정결과를 왜곡시킨다고 볼 수 있다. 따라서 토빗회귀추정법을 사용하는 것보다 오히려 통상적인 최소자승법을 사용하는 것이 바람직하다는 주장이 타당할 수도 있다. 이 논쟁에 대해서는 아직까지 뚜렷한 해답이 제시되고 있지는 않다. 다만, 토빗 추정이 완전무결한 유일한 분석방법이 아닐 수 있다는 점은 기억할 필요가 있다.

실증적 효과의 측면에서는 토빗 추정의 결과가 일반적인 최소자승법에 의한 결과와 현격한 차이가 있는지에 대해 생각해 볼 필요가 있다. 최근의 일부 실험을 통한 연구결과에 의하면 이 두 방법간에 질적으로 크게 다른 결과가 도출된다고 보기 어렵다. 이러한 결과들을 참조한다면 굳이 쉬운 최소자승법을 제쳐두고 토빗회귀추정법을 선택해야 할 이유가 없다고 볼 수도 있다.

이분산성은 토빗 추정을 하건 최소자승법을 활용하건 효율성 원인분석을 수행함에 있어서 통상적으로 회귀분석에서 고려해야 할 기본적인 사항중의 하나이다. 특히 효율성 결정요인 분석의 자료가 특정한 시기에 다수의 관측치들로부터 계산되는 것이기 때문에 이분산성이 발생할 가능성이 크다. 따라서 대부분의 경우에 이분산성의 가능성을 허용한 일반화된 추정방법을 활용해야 한다.

12.2.2 예시

토빗회귀추정법의 예시로 농업효율성에 영향을 미치는 요소를 찾기 위한 원인분석을 시도해보자. 본 예시에서는 필리핀의 탈락 (Tarlac) 지역 농장에 대한 데이터를 갖고 원인분석을 수행한다. 1990년부터 1997년까지 총 43개의 농장에 대한 데이터가 수집되어 있으며, 이 데이터는 R의 `frontier` 패키지에 들어있다. 이 데이터는 Pandey, Masciat, Velasco and Villano (1999)에 의해 수집된 것이다. 효율성을 측정하는데 쓰인 투입요소는 농장의 넓이와 농장에서 일한 농부의 수 및 비료사용량이며 산출요소는 수확량이다. 또한 효율성의 결정요인으로 생각되는 요소는 농장주의 교육년도(EDYRS), 농장의 총면적 중에서 고지대의 면적비(BANRAT)이다. 효율성을 측정한 결과 8년치 평균효율성은 0.450이 나왔으며, 연도별로 효율성 차이가 현격하게 드러난다. 토빗모형과 최소자승법을 수행한 결과는 [표 12-1]에 나와 있다. [표 12-1]에 나타난 것처럼 토빗회귀추정법의 결과와 최소자승법의 결과는 계수의 추정치가 아주 유사하게 나왔다. 또한 그 통계적 유의성도 상당히 유사하게 나왔음을 확인하자. 이를 통해 상술한 바처럼 효율성 원인분석을 수행함에 있어서 토빗회귀추정법의 추정결과와 최소자승법의 추정결과가 비슷하다는 점을 확인할 수 있다. 농장주의 교육정도는 효율성에 영향을 미친다고 할 수 없지만 고지대의 비율이 높을수록 수확의 효율성이 높아짐을 확인할 수 있다.

[표 12-1] 토빗회귀추정법과 최소자승법을 이용한 탈락 (Tarlac) 지역의 효율성 원인 분석 결과

	토빗		최소자승법	
	계수	표준편차	계수	표준편차
절편	0.4750[a]	0.0386	0.4746[a]	0.0384
EDYRS	-0.0008	0.0044	-0.0008	0.0044
BANRAT	0.0490[c]	0.0287	0.0492[c]	0.0286
Log(scale)	-1.8604[a]	0.0384	-	-
adj.R^2	0.0086		0.0087	

비고: 윗첨자 a 및 c 는 1%와 10% 유의수준을 나타냄.

이제 식 (12.3)에 따라 토빗회귀분석 추정의 결과를 이용하여 한계효과를 계산해보자. 최소자승법은 계수의 추정치가 곧 한계효과

를 나타낸다는 점을 다시 한번 상기하자. 한계효과를 계산한 결과는 [표 12-2]에 나열했다. 토빗회귀분석 추정 결과로부터 계산된 한계효과는 관측점마다 다르기 때문에 모든 관측치의 평균을 취해서 표에 표기했다. 토빗회귀분석과 최소자승법의 결과 농장주의 교육년도 (EDYRS)가 1년 올라갈수록 효율성은 각각 0.05%p(토빗회귀추정 결과) 및 0.08%p(최소자승법 결과) 감소하는 것으로 나온다. 또한 농장중에서 고지대의 비율이 1% 증가할수록 효율성은 2.8%p (토빗회귀추정 결과), 혹은 4.9%p(최소자승법 결과) 증가하는 것으로 나온다.

[표 12-2] 한계효과 계산결과

	토빗	최소자승법
EDYRS	-0.0005	-0.0008
BANRAT	0.0282	0.0492

12.3 생산성 결정요인 분석

12.3.1 패널 데이터 분석

생산성 변화 결정요인 분석도 앞서 효율성 결정요인 분석과 비슷한 틀로 접근을 한다. 즉, 생산성 변화지수를 종속변수로 하고, 이에 영향을 미칠 것으로 짐작되는 변수들을 독립변수로 하여 회귀분석한다. 그러나 생산성 변화 결정요인 분석에서는 주어지는 자료가 패널 자료임을 유의하여 접근해야 한다.

생산성 변화 분석은 J개의 관측치에 대해 T기간 동안 투입산출자료를 확보하여 각 관측치별로 시점간 변화를 분석하게 되는 것이 보통이다. 따라서 분석결과 얻어지는 생산성 변화지수는 관측치별, 시간별로 다른 M_{it} ($i=1,\cdots,J$, $t=1,\cdots,T-1$)로 주어지며 총

$J \times (T-1)$ 개 만큼 존재한다.

이 생산성 변화지수에 영향을 미칠 것으로 생각되는 K종류의 변수가 x_{kit} 로 주어질 때 생산성 변화지수를 설명하기 위한 가장 단순한 방법은 다음과 같은 관계식을 추정하는 것이다.

$$M_{it} = \beta_0 + \sum_{k=1}^{K} \beta_k x_{kit} + u_{it}. \tag{12.4}$$

위 식은 생산성 변화지수가 패널데이터, 즉 여러 관측치가 시간대별로 관측된 것이라는 점을 무시하고 모든 관측치를 모두 독립적인 관측치로 상정하여 분석한다. 횡단면 자료와 시계열 자료를 구분없이 사용하였다는 의미에서 이를 **풀링회귀분석**(pooled regression)이라고 한다. 참고로 위에서 β_0 을 절편(intercept)항이라 하고, β_k 들을 기울기(slope)항이라 한다.

위의 풀링회귀모형은 구조가 간단하고 추정과정이 쉽다는 장점을 갖고 있는 반면, 절편항과 기울기가 관측점과 시간에 상관없이 일정한 상수로 주어진다는 가정에 근거하여 추정한다는 단점을 갖고 있기도 하다. 이러한 가정은 생산성변화 요인분석을 수행할 때는 너무 강한 가정으로 인식된다. 한 생산자는 다른 생산자와는 체계적으로 다른 속성을 가지고 있을 가능성이 크기 때문에 생산성 변화지수 원인분석에서는 이런 속성을 감안하는 것이 일반적이다. 예를 들어 기업의 경우, 생산성이 빠르게 향상되는 기업은 경영능력이나 근로자의 자세 등이 우수하기 마련이며, 이런 특성들은 기업의 고유한 성질이어서 시간이 지나도 잘 변하지 않는다. 이처럼 생산자별로 고유한 속성이 있는 경우 풀링회귀모형을 사용하게 되면 생산자가 갖고 있는 고유한 속성을 무시하는 것이므로 분석결과의 신뢰도가 낮아질 수 있다.

이러한 문제를 해결하기 위하여 생산자별 고유한 속성을 감안한 모형이 **고정효과모형**(fixed effects model)이다. 고정효과모형은 다음

식과 같이 절편항이 각 생산자별로 다르게 주어진다고 가정하고 추정한다.

$$M_{it} = \beta_{0i} + \sum_{k=1}^{K} \beta_k x_{kit} + u_{it} \tag{12.5}$$

이 모형의 절편의 개수는 총 J개이다. 이 모형은 특정한 생산자의 절편과 나머지 (J-1)개의 생산자별 더미변수를 도입하여 추정하는 모형과 동일하다. 이러한 의미에서 이와 같은 추정을 **더미최소자승 추정**(least-square dummy variable method)이라고 하기도 한다. 고정효과 모형을 추정할 때에서는 다음의 두 가지 점에 대해 주의를 기울일 필요가 있다.

첫째, 생산자를 구분하는 더미변수인 β_{0i} 는 다른 독립변수와 독립적이어야 한다. 즉, 생산자별 고유한 속성이 반영된 더미변수는 다른 변수들과 독립적이어야 한다. 가령 지역별로 한 개씩의 기업을 관측하였을 때 지역속성을 갖는 더미변수와 기업별 더미변수를 동시에 이용하면 안된다. 두 더미 변수는 모두 기업을 구분하는 역할을 하기 때문이다.

둘째, 생산자들이 지극히 동질적이어서 생산자 고유의 속성이 크지 않을 경우에는 고정효과 모형은 추정의 효율성을 높여주지 않는다. 따라서 고정효과모형을 사용하는 것이 바람직한지를 통계적으로 검증할 필요가 있다. 풀링회귀분석과 고정효과모형은 모두 최소자승법을 이용하여 추정을 하기 때문에 다음과 같은 **F-검정**을 이용하여 '고정효과 모형이 풀링회귀 분석과 동일한 결과를 도출한다'는 귀무가설을 검정한다.

$$F = \frac{(R_{UR}^2 - R_R^2)/n}{(1 - R_{UR}^2)/df} \tag{12.6}$$

위에서 R_{UR}^2 는 제약되지 않은(unrestricted) 모형으로서 관측치별 더미변수를 반영한 고정효과모형의 적합도이며, R_R^2 는 생산자 제약

(restricted) 모형으로서 더미변수들의 모수가 모두 0이라고 가정한 풀링회귀분석의 적합도를 의미한다. n은 더미변수의 개수, df는 고정효과모형의 자유도(degree of freedom)를 의미한다. 이와 같이 구해진 검정량인 F값을 이용하여 두 모형 간의 차이가 있는지를 검정할 수 있다. 위의 식에서 구한 검정량은 $F(n, df)$ 분포를 따르기 때문에 임계값과의 크기를 비교하여 귀무가설을 검정한다.

임의효과모형(random effects model)은 관측치별 고유한 속성이 확률적으로 주어진다고 가정한다. 즉 어떤 기업의 생산성 향상이 빠른 것은 그 기업에만 주어진 고유한 특성에 연유하는 것이기는 하지만, 그 특성이 그 기업에게 확률적으로 주어진 것이라고 본다. 앞서 고정효과모형의 표현방식을 이용하면 다음과 같다.

$$M_{it} = \beta_{0i} + \sum_{k=1}^{K} \beta_k x_{kit} + u_{it} \tag{12.7}$$

여기서, $\beta_{0i} = \beta_0 + \varepsilon_i$ 이다. 일반적으로 ε_i 는 표준정규분포를 따른다고 가정한다. 즉, 관측치별 고유한 속성을 반영하여 서로 다른 절편항을 허용하기는 하지만, 그 값은 확률적으로 주어진다.

위 식을 달리 표현하면 다음과 같다.

$$M_{it} = \beta_0 + \sum_{k=1}^{K} \beta_k x_{kit} + \varepsilon_i + u_{it} = \beta_0 + \sum_{k=1}^{K} \beta_k x_{kit} + w_{it} \tag{12.8}$$

여기서, $w_{it} = \varepsilon_i + u_{it}$ 이다. 위 식은 표면적으로 풀링회귀분석과 유사하지만, 오차항이 관측치별로 고유한 오차(ε_i)와 순수한 비체계적 관측오차(u_{it})로 주어져 있다는 점이 다르다. 또한 분석결과 관측치별 고유한 오차의 추정치($\widehat{\varepsilon_i}$)를 이용하여 관측치별 절편항의 추정치($\widehat{\beta_0} + \widehat{\varepsilon_i}$)를 얻는다는 점이 풀링회귀분석과는 다르다.

위 모형에서는 관측치별 오차항과 순수한 관측오차에 대해 통계적 가정을 하고 최우도추정법을 이용하여 모수의 추정치를 얻게 된다.

생산성 변화지수의 결정요인 분석에서 어떤 모형을 사용하는 것이 바람직한가를 결정하기 위해 기계적인 검정방법을 사용할 수 있다. 예를 들어 위에서 살펴본 바와 같이 풀링회귀분석과 고정효과모형 간에는 F-검정을 이용하여 보다 나은 모형을 선택할 수 있다. 한편 고정효과모형과 임의효과모형 중에서 우월한 모형을 찾기 위해서는 **Hausman의 검정법**을 이용할 수 있다. Hausman의 검정법은 임의효과모형이 올바로 추정되기 위해서는 확률변수 ε_i 가 설명변수 x_{ki} 와 연관되지 않아야 한다(uncorrelated)는 점에 착안하고 있다. 검정결과 상관관계가 확인될 경우 임의효과모형은 편의(biased)되므로 고정효과모형을 활용하는 것이 바람직하다. Hausman검정법의 검정량은 카이제곱분포를 따르는 것으로 알려져 있으며, 그 자유도는 임의효과모형의 계수의 수와 같다.

이상과 같이 기계적이고 통계적인 방법에 의하여 모형을 선택하는 것도 하나의 방법이기도 하지만, 주어진 자료의 속성과 분석대상에 대한 분석자의 직관에 따라 모형을 택하는 것이 더 나을 경우도 많다. 지금까지 연구된 바에 따르면 다음과 같은 몇 가지 간단한 직관적 규칙이 존재한다.

첫째, 시계열이 길고 생산자의 수가 작을 경우 고정효과모형와 임의효과모형 사이에는 큰 차이가 없다. 따라서 추정이 상대적으로 간편한 고정효과모형을 써도 큰 문제가 없다.

둘째, 시계열이 짧고 생산자가 많을 경우, 고정효과모형은 많은 수의 더미변수를 이용해야 하기 때문에 추정의 효율성이 떨어지는 경우가 많다. 따라서 일반적으로 임의효과모형을 활용하는 것이 바람직하다.

셋째, 관측치가 큰 모집단에서 임의적으로 추출되어 나온 것일 경우, 관측치 별 고유 속성이 전체 모집단의 속성을 반영하는 것으로 보아 임의효과모형을 사용하는 것이 바람직하다. 가령 우리 나라 전체 기업을 산업별, 기업규모별, 지역별로 나누어 임의추출하여 이들에 대해 맘퀴스트 생산성 변화지수를 구한 경우, 각 기업은 모집단을 대표하기 위하여 활용된 것이기 때문에 고유속성을 확률변수로 보는 것이 바람직하다.

넷째, 관측치의 수가 전체집단의 수 혹은 그에 가까울 때는 관측치 별 고유 속성이 확률적일 수 있다는 가정이 불필요하다. 예를 들어 전국에 분포하고 있는 지점의 성과를 파악하기 위하여 연도별로 맘퀴스트 생산성 변화지수를 구하여 생산성 원인분석을 수행할 경우, 각 지점의 고유 속성을 더미로 반영하는 것이 논리적으로나 실증적으로 타당하다.

다섯째, 관측치 고유의 속성이 생산성 변화의 결정요인들과 상관관계를 갖고 있을 경우 임의효과모형은 편의(bias)를 야기한다. 따라서 이러한 사전적인 심증이 있을 경우에는 고정효과모형을 사용하는 것이 타당하다.

12.3.2 예시

국가간 경제적 생산성 변화를 추적하기 위하여 OECD 10개국에 대해 투입(노동, 자본스톡)과 산출(GDP)를 1971년부터 1980년까지 10년간 관측하여 맘퀴스트 생산성변화지수를 이용하여 생산성변화를 측정한 결과는 [표 12-3]에 나와 있다.

[표 12-3] OECD 10개국 국가별 생산성 변화 지수 (1971-1980)

국가	1971-1972	1972-1973	1973-1974	1974-1975	1975-1976	1976-1977	1977-1978	1978-1979	1979-1980
호주	1.004	1.016	1.025	0.982	1.003	1.013	0.986	1.035	0.998
캐나다	1.015	1.017	1.034	0.997	0.968	1.023	1.001	1.015	1.017
독일	0.975	1.031	1.039	0.988	0.986	1.059	1.028	1.029	1.043
프랑스	0.983	0.977	0.995	0.968	0.935	1.010	0.992	1.019	1.026
영국	0.968	0.994	1.033	0.938	0.954	0.999	0.996	1.010	1.006
이탈리아	0.957	0.975	1.033	1.006	0.919	1.043	0.997	1.003	1.033
일본	0.891	0.952	0.964	0.903	0.964	0.992	0.995	0.995	0.999
한국	0.935	0.904	1.025	0.967	0.944	1.005	0.986	1.042	0.981
스웨덴	0.957	0.978	0.996	0.991	0.988	0.982	0.966	1.002	1.030
미국	0.999	1.018	1.023	0.954	0.952	1.030	1.025	1.023	0.993

생산성 변화에 영향을 미치는 요소는 개방도라고 가정하고 생산성원인분석을 시도하였다. 개방도가 생산성변화에 미치는 영향을 파악하기 위하여 풀링회귀분석, 고정효과모형 및 임의효과모형을 추정하였고, 그 결과는 [표 12-4]에 제시하였다.

[표 12-4] 패널 추정결과

	풀링회귀분석	고정효과모형	임의효과모형
β_0 (or D_1 ; 호주)	0.986 (0.011)[a]	0.955 (0.022)[a]	0.987
D_2 (or ε_2); 캐나다	-	0.929 (0.033)[a]	0.984
D_3 (or ε_3); 독일	-	0.942 (0.031)[a]	0.991
D_4 (or ε_4); 프랑스	-	0.925 (0.027)[a]	0.973
D_5 (or ε_5); 영국	-	0.897 (0.037)[a]	0.968
D_6 (or ε_6); 이탈리아	-	0.925 (0.029)[a]	0.977
D_7 (or ε_7); 일본	-	0.922 (0.018)[a]	0.960
D_8 (or ε_8); 한국	-	0.875 (0.040)[a]	0.958
D_9 (or ε_9); 스웨덴	-	0.894 (0.037)[a]	0.967

(뒷 페이지에 계속)

	풀링회귀분석	고정효과모형	임의효과모형
D_{10} (or ε_{10}); 미국	-	0.975 (0.014)[a]	0.988
β_1	1.93e-4 (2.49E-4)	1.71e-3 (6.56E-4)	4.97e-4 (3.62E-4)
R^2	0.007	0.069	0.021
df	88	79	88
F-검정	3.505 (2.910)[a]		
Hausman-검정		4.909 (3.841)[c]	

비고: 1. 윗첨자 [a] 및 [c] 는 1%와 10%의 유의수준을 나타냄.
2. 계수 추정값의 괄호는 표준편차를 의미함.
3. F-검정과 Hausman-검정 결과의 괄호 안에 쓰인 숫자는 각각 통계적 유의도 1%와 5%의 임계값임.

위의 분석결과를 해석하면 다음과 같다. 첫째, 풀링회귀분석에서 개방도의 계수의 추정치가 통계적으로 무의미하며 고정효과모형 결정변수의 통계적 유의도가 높기 때문에, 개방도만으로 설명되지 않는 국가별 생산성관련 변수가 있음을 짐작할 수 있다. 특히 주어진 R^2 에 기반하여 F-검정을 수행하면 고정효과모형에서 추가된 국가별 더미 변수가 의미가 있다는 것을 확인할 수 있다. 둘째, 고정효과모형과 임의효과모형 간에는 개방도가 생산성변화에 영향을 미치는 크기 및 통계적 유의도에서 큰 차이를 보인다. Hausman-검정 결과도 임의효과모형에 비하여 고정효과모형이 통계적으로 타당하다고 보여주고 있으므로 고정효과모형의 결과를 이용하여 개방도와 생산성향상 간의 관계를 해석해야 한다는 것을 알 수 있다.

12.4 신뢰구간의 추정

12.4.1 부트스트랩(Bootstrap) 법

DEA를 통해 계측한 효율성 척도는 통계적인 성질을 갖지 않는다. 예를 들어, 0.99로 계측된 효율성이 1.0과 확률적으로 같은 것인지에 대한 통계적인 판단을 할 수 없다. DEA를 통해 계측된 효율성 값 자체가 통계적 가정 하에 '추정'된 것이 아니라 주어진 자료로부터 '계산'해낸 것이기 때문이다. 이처럼 DEA를 통해 계산해 낸 효율성 척도는 신뢰구간을 설정할 수 없다는 큰 단점을 갖고 있다. 이 단점을 극복하기 위하여 부트스트랩과 DEA를 결합한 응용사례들이 최근 다수 제시되고 있다. 본 서에서는 가장 간단한 부트스트랩 DEA과정에 대해서 살펴보도록 한다.

부트스트랩(bootstrap) 기법은 자료생성과정(data generating process)을 반복적으로 시뮬레이션 하여 모수의 추정치를 얻고, 이에 근거하여 신뢰구간을 추정해내는 기법이다. DEA에 부트스트랩을 적용하면 특정 관측치의 효율성 값에 대해 신뢰구간을 파악할 수 있고, 이에 근거하여 효율성 값 자체에 대한 통계적 가설검정을 수행할 수 있다.

부트스트랩 DEA를 이해하기 위해서는 k번째 관측치의 진정한 효율성(θ^k), 계산된 효율성($\widehat{\theta^k}$), 그리고 부트스트랩 과정을 통해 얻어진 효율성($\widehat{\widehat{\theta^k}}$)을 구분하여야 한다. 진정한 효율성($\theta^k$)은 효율성의 모수로서 분석자가 알 수 없는 참값이다. 계산된 효율성($\widehat{\theta^k}$)은 일반적인 DEA 기법을 활용하여 분석한 결과 얻는 효율성 값이다. 전체 관측점들을 대상으로 무작위로 추출한 후 생산가능집합을 구성하고, 이 생산가능집합을 기준으로 k번째 관측치의 효율성을 다시 측정하게 되면, 부트스트랩 효율성($\widehat{\widehat{\theta^k}}$)을 얻을 수 있다. θ^k는 알 수 없는 값인데 반하여, $\widehat{\theta^k}$와 $\widehat{\widehat{\theta^k}}$는 자료로부터 구할 수 있는 값이다.

부트스트랩 DEA의 핵심논리는 다음과 같다. 무작위 표본 추출과정이 합리적으로 이루어질 경우, 부트스트랩 효율성과 계산된 효율성의 차이($\widehat{\widehat{\theta^k}} - \widehat{\theta^k}$)는 진정한 효율성과 계산된 효율성의 차이($\widehat{\theta^k} - \theta^k$)로 수렴한다. 이 성질을 이용하면 관측되지 않는 진정한 효율성 값의 신뢰구간을 관측가능한 $\widehat{\theta^k}$ 와 $\widehat{\widehat{\theta^k}}$ 로부터 유추할 수 있다.

부트스트랩 DEA의 절차를 간략히 정리하면 다음과 같다.

(Step 1) 주어진 투입산출 자료로부터 효율성을 추정한다. 예를 들어 투입기준 CCR 모형을 사용한다면, k번째 DMU의 효율성은 다음의 식으로 측정될 것이다.

$$\begin{aligned}
&\hat{\theta}^k = \min_{\theta,\boldsymbol{\lambda}} \theta^k \\
&\textit{subject to} \\
&\theta^k x_m^k \geq \sum_{j=1}^{J} x_m^j \lambda^j \quad (m = 1, 2, \ldots, M), \\
&y_n^k \leq \sum_{j=1}^{J} y_n^j \lambda^j \quad (n = 1, 2, \ldots, N), \\
&\lambda^j \geq 0 \quad (j = 1, 2, \ldots, J).
\end{aligned} \tag{12.9}$$

식 (12.9)에서 계산해낸 $\widehat{\theta^k}$ 가 계산된 효율성 값이 된다.

(Step 2) J개의 관측치 중에서 p개의 관측치를 무작위로 복원 추출하여 생산가능집합을 구성하고 k 점의 효율성을 측정한다. 이를 수식으로 표현하면 다음과 같다.

$$\begin{aligned}
&\widehat{\widehat{\theta^k}} = \min_{\theta,\lambda} \theta^k \\
&\textit{subject to} \\
&\theta^k x_m^k \geq \sum_{j=1}^{p} x_m^j \lambda^j \quad (m = 1, 2, \ldots, M), \\
&y_n^k \leq \sum_{j=1}^{p} y_n^j \lambda^j \quad (n = 1, 2, \ldots, N), \\
&\lambda^j \geq 0 \quad (j = 1, 2, \ldots, p).
\end{aligned} \tag{12.10}$$

이 과정에서는 효율성 값이 도출되는 절차를 시뮬레이션한다. 이와 같이 구해낸 효율성 값 $\widehat{\widehat{\theta^k}}$ 가 부트스트랩된 효율성 값이다.

(Step 3) 위 Step 2를 B번 반복하여 $\left[\widehat{\widehat{\theta_1^k}}, \widehat{\widehat{\theta_2^k}}, \cdots, \widehat{\widehat{\theta_B^k}}\right]$와 같이 부트스트랩 된 효율성 값의 분포를 얻는다. B가 약 2,000 이상이면 충분하다고 알려져 있다.

(Step 4) Step 3의 부트스트랩된 값 $\widehat{\widehat{\theta^k}}$ 의 분포를 이용하여 계산된 효율성 $\widehat{\theta^k}$ 주위로 이 값들이 분포할 확률을 다음과 같이 구할 수 있다.

$$\Pr\left(-\widehat{b_\alpha} \le \left[\widehat{\widehat{\theta^k}} - \widehat{\theta^k}\right] \le -\widehat{a_\alpha}\right) \approx 1-\alpha \qquad (12.11)$$

상술한 바처럼, 식 (12.11)과 같이 구해진 확률은 진정한 효율성 값 θ^k를 중심으로 측정된 효율성 $\widehat{\theta^k}$ 값이 분포할 확률과 근사적으로 같아진다는 것이 부트스트랩 DEA의 기본적인 논리이다. 따라서 식 (12.11)에 표현된 수식은 $\Pr\left(-\widehat{b_\alpha} \le \left[\widehat{\theta^k} - \theta^k\right] \le -\widehat{a_\alpha}\right) \approx 1-\alpha$ 로 대체할 수 있다. 참고로 위의 식에서 $\widehat{a_\alpha}$와 $\widehat{b_\alpha}$를 찾아내기 위해서는 $\left[\widehat{\widehat{\theta^k}} - \widehat{\theta^k}\right]$의 값을 작은 것에서부터 큰 것 순서대로 정렬하고, 양쪽 끝 단의 $\left(\frac{\alpha}{2} \times 100\right)$ 퍼센트에 해당하는 값이 각각 $\widehat{a_\alpha}$ (하한)과 $\widehat{b_\alpha}$ (상한)이 된다.

이를 이용하면 다음의 식과 같이 진정한 효율성 값 θ^k이 $1-\alpha$의 확률로 존재할 신뢰구간을 다음과 같이 구할 수 있다.

$$\left[\widehat{\theta^k} + \widehat{a_\alpha}\right] \le \theta^k \le \left[\widehat{\theta^k} + \widehat{b_\alpha}\right] \qquad (12.12)$$

신뢰구간을 구하는 다른 방법으로 부트스트랩된 값들의 평균을 이용하여 편의(bias)를 계산한 이후에, 효율성에서 편의를 제거하는 방식을 선택할 수도 있다. 그러나 최근 연구는 이러한 이중적인 계산법이 불필요한 오차를 발생시킬 수도 있다고 주장한다.

12.4.2 예제 (1산출–1투입)

예제를 통해서 부트스트랩 DEA가 어떻게 적용되는지 살펴보도록 하자. 7개 기업에 대하여 1투입-1산출의 자료가 [표 12-5]와 같이 주어져 있다고 하자. 무작위 복원 추출을 500번 반복하되, 매회 복원 추출하는 관측치의 개수를 7개로 설정하여 부트스트랩 DEA를 수행하자. 투입기준 CCR 모형을 이용하여 부트스트랩 DEA를 적용한다.

[표 12-5] 부트스트랩 DEA의 예제 데이터

DMU	A	B	C	D	E	F	G
y	1	2	4	6	7	9	9
x	3	2	6	4	8	8	10

부트스트랩 DEA를 이용해 효율성을 측정한 결과는 [표 12-6]과 같다. 분석결과는 다음과 같은 점을 보여준다. 첫째, 관측치별로 부트스트랩된 신뢰구간이 다르게 주어진다. 둘째, 일부 관측치에 대해서는 신뢰구간의 상한값이 1보다 큰 값으로 주어지기도 한다. 셋째, 90%의 신뢰구간과 95%의 신뢰구간의 하한값이 모두 동일하다. 이는 측정된 효율성의 분포의 특성에 기인한다. 예를 들어, 관측치 A의 효율성의 빈도수는 0.222가 335개, 0.296이 115개, 0.333이 37개, 0.370이 9개, 0.381이 4개이다. 이 경우 90%의 신뢰구간과 95%의 신뢰구간의 경우 하한값은 모두 0.222로 측정된다.

[표 12-6] 부트스트랩 효율성 분석결과

관측치	관측된 CCR 효율성	신뢰구간		신뢰구간	
		5%	95%	2.5%	97.5%
A	0.222	0.222	0.333	0.222	0.370
B	0.667	0.667	1.000	0.667	1.111
C	0.444	0.444	0.667	0.444	0.741
D	1.000	1.000	1.500	1.000	1.667
E	0.583	0.583	0.875	0.583	0.875
F	0.750	0.750	1.125	0.750	1.125
G	0.600	0.600	0.900	0.600	0.952

12.5 특이치 문제의 해결

12.5.1 오더-m 방법

DEA는 변경에 있는 관측치의 위치에 따라 생산변경의 위치가 결정된다. 따라서 투입이 비상식적으로 작거나 산출이 비상식적으로 큰 특이치가 존재하는 경우에는 모든 관측치의 효율성이 극단적으로 낮아지는 문제가 발생한다.

가령 예를 들어 [그림 12-1]은 특이치가 얼마나 큰 영향을 끼치는지를 직관적으로 보여준다. 이 그림에서는 1투입-1산출의 공간상에 총 200개의 관측치가 그려져 있다. 특이치가 존재하지 않을 경우 관측치 F의 효율성이 CRS 투입기준으로 AF'/AF 와 같이 측정될 것이다. 그러나 특이치가 존재할 경우 그 효율성은 AF''/AF 로 크게 낮아지게 된다. 이러한 현상은 비단 관측치 F에 대해서뿐만 아니라 모든 관측치들에게서 동일하게 나타난다.

특이치의 문제를 해결하는 많은 방법 중에서 가장 쉬운 방법은 특이치를 제거하는 것이다. 그러나 이 해결책은 특이치에 대한 판단근거가 확실하지 않고, 분석자의 자의성이 개입될 수 있다는 문제가 있다.

본 절에서 소개하는 오더-m 방법은 부트스트랩의 원리를 활용하여 생산변경을 구축하고, 이로부터 효율성을 여러 번 계산하여 평균을 취함으로써 특이치의 영향력을 최소화하는 방법이다. 그 절차를 단계별로 나타내면 다음과 같다.

(Step 1) 효율성을 측정하고자 하는 k번째 관측치를 선정한다.

(Step 2) 전체 관측치 중 k번째 관측치보다 산출이 크거나 같은 관측치들을 골라낸다.

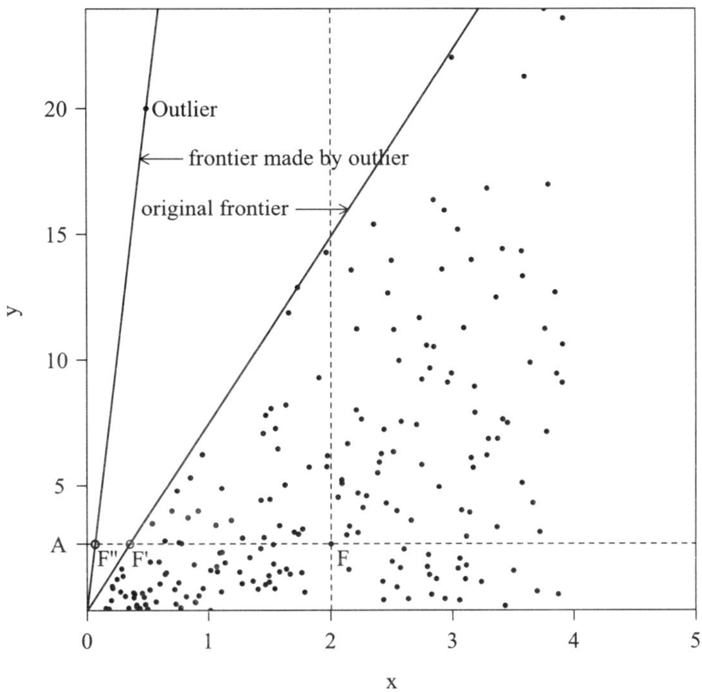

[그림 12-1] 특이치가 효율성 척도에 미치는 영향

(Step 3) Step 2에서 얻어진 관측치들에서 m개의 관측치를 무작위로 복원추출한다. 참고로 m값은 분석자에 의해서 결정이 되는 수이나 통상적으로 25정도면 안정적인 결과를 주는 것으로 알려져 있다.

(Step 4) Step 3에서 추출된 m개의 관측치들을 이용하여 생산변경을 구성하고, k번째 관측치의 효율성을 측정한다.

(Step 5) Step 3와 Step 4를 B번 반복하고, 그 결과로서 주어진 k번째 관측치의 효율성들을 평균한다. 이 값을 k번째 관측치의 효율성 값으로 간주한다.

오더-m은 위와 같은 절차에 의하여 구해진 평균효율성 값이 진정한 효율성 값으로 수렴한다는 이론적 사실에 근거한다.

위의 단계들을 [그림 12-1]에 제시된 F점의 효율성을 측정하는 문제에 적용해보자. 여기서 B = 500, m = 25로 가정한다. Step 2에서는 생산가능집합을 구성하는 표본들을 추출하기 위해, F점보다 산출이 크거나 같은 관측치들을 골라내면 F점을 중심으로 나뉜 4분면의 좌상방 (2사분면) 및 우상방 구역(1사분면)에 위치한 점들을 선택한다. Step 3에서는 이 점들 중에서 25개의 관측치들을 무작위로 복원추출한다. Step 4에서는 이 복원추출된 관측치로 생산가능집합을 구성하여 F점의 효율성을 측정한다. Step 5에서는 Step 3와 Step 4를 500번 반복하여 측정된 효율성들의 평균을 취하여 F점의 효율성을 얻는다.

이러한 과정에서 특이치의 영향력이 최소화되는 논리는 비교적 간단하다. m개(이 경우 25개)의 관측치를 B번(이 경우 500번) 동안 반복하여 복원추출하는 과정에서 특이치가 선택될 수도 있고 선택되지 않을 수도 있다. 만약 특이치가 선택된다면 효율성 값이 낮아지겠지만, 특이치가 선택되지 않는 많은 경우에서는 특이치의 영향이 배제된 효율성 값을 얻는다. 이와 같은 방식으로 구해진 효율성을 평균하면 특이치의 영향이 자연스럽게 최소화된 효율성 값을 얻을 수 있다.

12.5.2 예제

이 예제에서는 1산출-1투입의 경우를 상정한다. 투입은 하한 0.1, 상한 4인 균일분포에서 200개의 난수를 생성하여 투입수준을 결정한다. 이렇게 얻어진 투입에 일괄적으로 3을 곱하고, 다시 양의 값을 갖는 난수를 곱하여 산출이 결정되는 생산과정을 상정하고 분석한다. m 값은 25, B 값은 200을 사용한다. 극단적인 특이치를 하나 투입하여 특이치가 없는 경우와의 차이를 살펴보고자 한다. x = 0.1, y = 4인 점을 특이치로 상정한다. 본 예제에서 사용된 데이터는 [그림 12-2]에 나타나 있다.

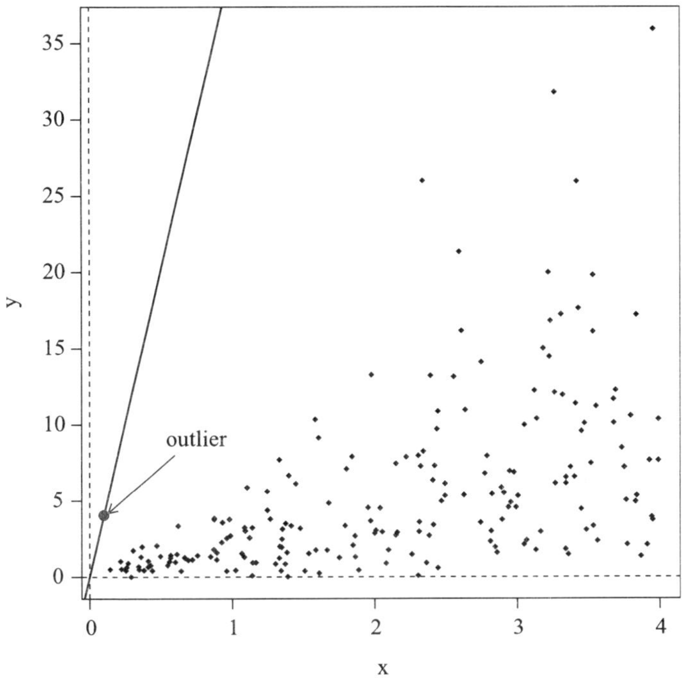

[그림 12-2] order-m을 이용하여 효율성을 측정하는 데이터

추정된 효율성 값의 분포함수(커널 밀도 함수)가 [그림 12-3]에 제시되어 있다. [그림 12-3]의 (a)는 특이치가 없을 경우 투입기준 CCR모형으로 측정한 효율성 값들의 분포이다. 높은 효율성 값에서부터 낮은 효율성 값까지 고루 분포하고 있음을 알 수 있다. [그림 12-3]의 (b)는 특이치가 포함된 경우 효율성 값의 분포이다. 특이치의 영향으로 대부분의 관측점들의 효율성이 낮게 측정된 분포이다.

본 절에서 논의한 order-m방법에 의하여 특이치의 영향력을 제거하면 [그림 12-3]의 (c)와 같은 효율성 분포를 얻을 수 있다. 비록 특이치가 존재하지 않을 때와 동일한 분포는 아니지만, 특이치의 영향력이 상대적으로 약화되어 일부 관측치의 효율성 값이 높아진 것을 알 수 있다.

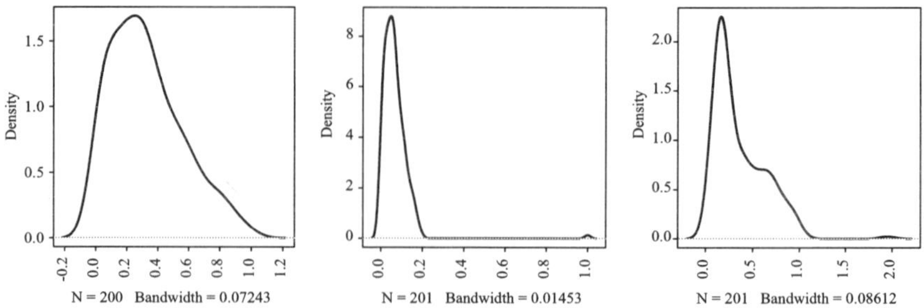

(a) 투입기준 CCR (특이치 무)

(b) 투입기준 CCR (특이치 유)

(c) order-m 결과

[그림 12-3] orderm을 이용하여 효율성을 측정한 결과

12.6 집단간 비교

12.6.1 집단간 비교의 방법과 윌콕슨-만-위트니 순위 검정

서로 다른 집단에 속한 관측치들의 효율성은 속한 집단에 따라 다를 가능성이 크다. 가령 프랜차이즈 지점들을 예로 들어 생각해 보자. 도시지역에 있는 지점과 농촌지역에 있는 지점들은 영업환경을 포함한 제반 조건이 다르기 때문에, 두 집단의 효율성은 평균적으로 차이가 날 것이다. 집단 간에 효율성 차이가 있는지를 살펴보기 위해서는 다음과 같은 방법들이 주로 이용된다.

첫 번째 방법은 두 집단을 섞어서 효율성 분석을 하고, 집단 별로 효율성 값의 평균을 구하여 비교한다.

두 번째 방법은 집단 별로 생산변경을 비교한다. 이는 다음과 같은 절차로 이루어진다.

(Step 1) 각 집단 별로 DEA 모형을 따로 구성하여, 효율성을 분석한다.

(Step 2) 각 집단 별로 관측치를 각 집단별 생산변경으로 투영한다.

(Step 3) Step 2에서 생산변경에 투영된 모든 관측치들로 하나의 생산가능집합을 구성하여 효율성을 계산한다.

(Step 4) Step 3에서 구해진 효율성을 초기에 설정한 집단 별로 묶어 어느 집단이 다른 집단에 비해 효율적인지를 비교한다.

세 번째 방법은 집단 간에 생산가능집합을 상호 교차하여 효율성을 분석한다. 예를 들어, A집단의 관측치는 B집단의 생산변경을 기준으로, 반대로 B집단의 관측치는 A집단의 생산변경을 기준으로 효율성을 계산한다. 분석결과로 얻어낸 효율성 값을 집단 별로 묶어 집단 간의 효율성을 비교한다.

위에서 두 번째와 세 번째 방법은 유사하지만 다음과 같은 점에서 차이점을 보인다. 두번째 방법은 자신이 속한 집단의 생산가능집합을 기준으로 효율성을 측정하고 세번째 방법은 상대편 집단의 생산가능집합을 기준으로 효율성을 측정한다. 일반적으로 세 번째 방법이 보다 큰 효율성 격차를 보여준다.

위와 같이 비교할 때 마지막 단계인 집단별 효율성 비교 단계에서는 t-검정법과 같은 일반적인 검정법을 사용하게 되면 문제가 발생한다. 이는 DEA효율성 값이 사전적으로 특정한 분포를 따른다고 볼 수 없기 때문이다. 이를 감안하여 분포에 대한 특정 분포가정을 요구하지 않는 비모수 검정법(non-parametric test approach)을 주로 활용하여 집단간의 효율성을 검정한다. 본서에서는 비모수 검정법 중에서 가장 많이 쓰이는 윌콕슨-만-위트니 순위 검정(WMW 순위 검정)에 대해서 다루도록 한다.

WMW순위 검정은 두 표본집단의 구성원소들이 갖는 값의 순위에 기반하여 집단간 차이를 검정한다. WMW 순위 검정의 귀무가설은 두 집단의 효율성 값이 같다는 것이다. 그 절차를 간단히 요약하면 다음과 같다. 참고로 아래에서 각 집단의 효율성은 위에서 논의한 3가지 방법 중 어떤 방법으로 도출되었던 모두 적용된다.

(Step 1) 크기가 N_1 인 표본집단 A와 크기가 N_2 인 표본집단 B를 합쳐 효율성을 측정한다.

(Step 2) Step 1에서 구해진 효율성을 큰 순서부터 작은 순서로 배열한 후에 효율성 별로 순위를 매긴다.

(Step 3) 샘플 A의 순위만을 뽑아서 그 순위를 더한다. 이 값을 R_1 이라고 하고 다음과 같은 통계량을 계산해낸다.

$$W_1 = R_1 - \frac{N_1(N_1+1)}{2} \tag{12.13}$$

N_1 및 N_2 가 충분히 클 때 ($N_1 + N_2 = 20$ 이상이면 가능하다) 다음의 통계량은 표준정규분포를 따른다고 알려져 있다.

$$T_{mw} = \frac{W_1 - N_1 N_2 / 2}{\sqrt{N_1 N_2 (N_1 + N_2 + 1)/12}} \tag{12.14}$$

(Step 4) 식 (12.14)에서 구한 T_{mw} 통계량을 이용하여 t 분포로부터 가설검증을 한다.

12.6.2 예시

12개의 관측점을 갖는 집단 A와 14개의 관측점을 갖는 집단 B의 효율성 차이가 있는지를 살펴보는 예로서 WMW검정의 과정을 살펴보도록 하자. 집단 A와 B를 합하여 효율성을 측정한 결과, 집단 A의 효율성이 {0.1, 0.1, 0.2, 0.3, 0.4, 0.5, 0.5, 0.6, 0.6, 0.8, 0.9, 1.0}과 같이 측정이 되었으며 집단 B의 효율성이 {0.1, 0.1, 0.2, 0.3, 0.4, 0.5, 0.6, 0.6, 0.7, 0.7, 0.8, 0.8, 0.9, 1.0}과 같이 측정이 되었다고 가정하자. 두 집단의 단순 평균을 구해보면 집단 A의 효율성 평균이 0.47, 집단 B의 효율성 평균 0.55로서 집단 B가 다소 효율적인 것처럼 보인다. 이를 확인하기 위해 WMW 순위 검정을 적용하면 다음과 같다.

집단 A의 크기는 $N_1 = 12$ 이며, 집단 B의 크기는 $N_2 = 14$ 이다. 집단 A와 집단 B의 효율성을 한데 묶어서 나열하면 다음과 같다. 여기서 배열된 수열의 각각의 요소는 '효율성 값(집단명, 순위)'을 나타낸다. 여기서, 낮은 효율성 값에서부터 높은 효율성 값 순으로 배열하였으며 효율성 값이 작을수록 순위가 높다.

{0.1(A,2.5), 0.1(A,2.5), 0.1 (B,2.5), 0.1(B,2.5), 0.2(A,5.5), 0.2(B,5.5), 0.3(A,7.5), 0.3(B,7.5), 0.4(A,9.5), 0.4(B,9.5), 0.5(A,12), 0.5(A,12), 0.5(B,12), 0.6(A,15.5), 0.6(A,15.5), 0.6(B,15.5), 0.6(B,15.5), 0.7(B,18.5), 0.7(B,18.5), 0.8(A,21), 0.8(B,21), 0.8(B,21), 0.9(A,23.5), 0.9(B,23.5), 1.0(A,25.5), 1.0(B,25.5)}

위에서 순위가 같을 경우(tie)에는 순위합의 평균치로 순위가 대치되어 있다는데 유의할 필요가 있다. 예를 들어 효율성이 0.1인 관측치가 총 4개 있으므로 1위부터 4위까지의 순위의 합인 10을 4로 나눈 2.5를 이 관측치들의 순위로 간주한다.

샘플 A의 순위를 모두 끄집어내면, {2.5, 2.5, 5.5, 7.5, 9.5, 12, 12, 15.5, 15.5, 21, 23.5, 25.5}이며 이 값을 모두 더하면 $R_1 = 152.5$이다. R_1 을 이용하여 W_1 을 계산하면 다음과 같다.

$$W_1 = 152.5 - \frac{12 \times (12+1)}{2} = 74.5 \tag{12.15}$$

식 (12.15)에서 계산해 낸 W_1 을 이용하여 T_{mw} 값을 계산하면 다음과 같다.

$$T_{mw} = \frac{74.5 - 12 \times 14/2}{\sqrt{12 \times 14(12+14+1)/12}} = -0.489 \tag{12.16}$$

자유도가 25인 t-분포의 5% 및 95% 경계 값은 각각 -1.708 및 1.708이므로 식 (12.16)에서 구한 T_{mw} 값은 신뢰도 10% 수준에서 두 집단이 동일한 효율성 수준을 가진다는 귀무가설을 기각할 수 없다. 즉, 두 집단의 효율성이 서로 통계적으로 유의할 만큼 다른 집단에서 온 것으로 볼 수 없고, 집단간 체계적인 차이가 존재한다고 말하기 어렵다.

12.7 R 코드

12.7.1 효율성 원인 분석

앞서 살펴보았듯이 효율성 원인을 분석하기 위해서는 토빗회귀추정법을 이용한다. R에서 토빗회귀추정법을 사용하기 위한 함수는 tobit(...)이다. tobit(...)은 AER 패키지에 내장되어 있으므로 tobit(...)을 이용하기 위해서는 우선 AER 패키지를 불러야 한다. tobit(...) 함수의 인수는 다음과 같다.

```
tobit(formula, left = 0, right = Inf, dist = "gaussian",
      subset = NULL, data = list(), ...)
```

여기서 formula는 R에서 추정모형을 설정하기 위한 모형의 형태를 의미한다. formula에 대해서는 매뉴얼을 참고하기 바란다. left는 하한 제한치, right는 상한 제한치를 의미한다. dist는 식 (12.1)에서 잔차항의 분포가정을 정해주는 인수이며, subset은 데이터에서 특정 집합을 추려내기 위한 조건이다. 마지막으로 data는 모형추정에 사용될 데이터의 이름을 정해준다. 12.2.2에 분석된 모형을 토빗회귀추정법을 이용하여 추정하는 과정은 다음과 같다.

```
library(frontier) ## riceProdPhil 데이터를 이용하기 위해 패키지 로드
library(AER)  ## tobit(...) 함수를 이용하기 위해 패키지 로드
library(qpcR) ## Rsq(...) 함수를 이용하기 위해 패키지 로드
data(riceProdPhil) ## riceProdPhil 데이터를 사용
```

```
my.dat <-
     riceProdPhil[, c("YEARDUM", "FMERCODE", "PROD", "AREA",
                      "LABOR", "NPK")]
## riceProdPhil 데이터에서 필요한 컬럼만 뽑음.
## YEARDUM: 연도, FMERCODE:농장 ID, PROD: 수확량, AREA: 농장의 면적,
## LABOR: 농부의 수, NPK: 비료사용량

eff <- dea(my.dat[, c("PROD", "AREA", "LABOR", "NPK")], noutput = 1,
          rts = 1, orientation = 1, onlytheta = T)[,1]
 ## 효율성을 계산하여 eff에 할당

tapply(eff, my.dat$YEARDUM, mean)
 ## 연도별 효율성 평균치 보기

second.dat <-
       data.frame(eff, riceProdPhil[, c("EDYRS", "BANRAT")])
## 원인분석을 하기 위한 데이터프레임 생성

my.model <- eff ~ EDYRS + BANRAT
 ## 원인분석 모형 설정

tobit.fit <- tobit(my.model, data = second.dat, left = 0, right = 1)
## 토빗회귀분석 추정

ols.fit <- lm(my.model, data = second.dat)
## 최소자승법 추정

summary(tobit.fit); Rsq(tobit.fit) ## 토빗회귀추정법결과 및 R^2 보기
summary(ols.fit) ## 최소자승법 추정결과 보기

## 이하는 토빗회귀분석 추정결과를 이용하여 한계효과를 계산하는 과정임
sigma <- summary(tobit.fit)$scale ## sigma 뽑기
beta <- coef(tobit.fit) ## 계수 추정치 뽑기
beta.z <- beta['EDYRS']*second.dat$EDYRS +
     beta['BANRAT']*second.dat$BANRAT
marginal.effect1 <-
  data.frame(EDYRS = beta['EDYRS']*(pnorm((1-beta.z)/sigma) -
                     pnorm(-beta.z/sigma)),
             BANRAT = beta['BANRAT']*(pnorm((1-beta.z)/sigma) -
                     pnorm(-beta.z/sigma))) ## 한계효과 계산
```

추정결과의 해석은 12.2.2절을 참조한다.

12.7.2 생산성 원인 분석

패널데이터를 선형추정하기 위해서는 plm 패키지의 plm(...)함수를 이용한다. plm(...) 함수의 인수는 다음과 같다.

```
plm(formula, data, subset, na.action, effect = c("individual",
    "time", "twoways"), model = c("within", "random", "ht",
    "between", "pooling", "fd"), random.method = c("swar",
    "walhus", "amemiya", "nerlove"), inst.method = c("bvk",
    "baltagi"), index = NULL, ...)
```

formula, data, subset은 tobit(...)의 설명과 동일하다. na.action은 데이터 중에서 미관측치를 어떻게 다루어야 할지를 정해주는 인수이나 일반적인 상황에서는 무시해도 된다. 고정효과모형을 추정하려면 effect 인수를 “individual”으로, model 인수를 “within”으로 선택한다. 임의효과모형에서는 model 인수를 “random”으로 선택하면 된다. 추정하려면 random.method와 inst.method는 고급수준의 인수이므로 본서에서는 설명을 생략한다.

다음 코드를 통해 12.3.2절에서 다루었던 예제를 살펴보자.

```
library(plm) ## plm 패키지 로드.
library(pwt) ## pwt 패키지 로드
my.oecd.ctry <- c("AUS", "CAN", "FRA", "GBR", "DEU", "ITA", "JPN",
                  "KOR", "SWE", "USA") ## 분석국가 선택
my.dat <- pwt5.6[pwt5.6$wbcode %in% my.oecd.ctry & pwt5.6$year %in%
                 1970:1979, ] ## 분석국가 데이터 중에서 1970~1979 데이
                              ## 터만 추려냄.
my.dat$rgdpl <- as.numeric(my.dat$rgdpl)
my.dat$rgdpwok <- as.numeric(my.dat$rgdpwok)
```

```
my.dat$gdp <- my.dat$rgdpl * my.dat$pop
my.dat$labor <- my.dat$gdp / my.dat$rgdpwok
my.dat$capital <- my.dat$kapw * my.dat$labor ## 자본스톡계산

ten.ctry <- my.dat[, c("wbcode", "year", "gdp", "labor", "capital")]
## id, year, 투입 및 산출만 골라내기
prod <- faremalm2(dat = ten.ctry, noutput = 1, id = "wbcode",
                  year = "year") ## Malmquist 생산성변화지수 계산
prod$wbcode <- as.character(prod$wbcode)    ## 필요없는 wbcode의
                                             ## factor를 버리기.
tapply(prod$pc, list(prod$wbcode, prod$year), function(x) x)
## 결과보기
row.names(prod) <- paste(prod$wbcode, "-", prod$year, sep = "")
## 행의 이름 새로 만들기
prod2 <- merge(prod, my.dat, by.x = "row.names", by.y = "row.names",
               suffixes = c("", ".y"))
## prod와 my.dat를 행의 이름을 기준으로 병합하기.
fi.prod <- prod2[, c("wbcode", "year", "pc", "open")]
## 모형추정에 필요한 데이터만 추려내기
re.lm <- plm(pc ~ open, data = fi.prod, model = "pooling") ## pooling
re.fix <- plm(pc ~ open, data = fi.prod, effect = “individual”,
model = "within") ## fixed effects
re.rnd <- plm(pc ~ open, data = fi.prod, model = "random",
              index = c("wbcode", "year"))  ## random effects
summary(re.lm) ## pooling regression 결과 보기
summary(re.fix) ## fixed effects regression 결과 보기
summary(re.rnd)  ## random effects regression 결과 보기
pFtest(re.fix, re.lm) ## pooling vs. fixed effects
qf(0.95, 9, 79) ## F(9, 79)의 95% 임계치 보기
phtest(pc ~ open, data = fi.prod) ## Hausman-검정
qchisq(0.95, 1) ## 자유도가 1인 카이제곱분포의 95% 임계치 보기
```

위 코드에서 살펴보아야 할 것은 `pFtest(...)`와 `phtest(...)`이다. `pFtest(...)`는 고정효과모형의 추정결과와 풀링회귀분석 추정결과를 인수로 가지며 식 (12.6)의 F-검정의 통계량을 계산해낸다. 임계치를 설정하고, 자유도를 주어 F-분포의 임계치를 계산하는 함수는 `qf(...)`이다. 예제의 주석을 보면 쉽게 이해할 수 있으므로

설명은 생략한다. phtest(...)는 Hausman-검정을 담당하는 함수이다. 이 함수의 인수는 추정모형의 형태와 데이터의 이름이다. qchisq(...)함수는 카이제곱분포의 임계치를 계산하는 함수이다.

12.7.3 부트스트랩 DEA

부트스트랩 DEA를 수행하기 위한 특별한 함수는 없다. 12.4.2절에서 설명된 내용을 for 문과 dea(...)함수를 이용하여 계산한다. 12.4.2절에서 다루었던 예제를 분석하는 코드를 살펴보자. k번째 관측치의 $\hat{\hat{\theta}}$를 계산하기 위해서 B번 동안 복원추출 후 효율성을 계산하는 과정이 반복됨을 눈여겨보자.

```
boot.dat <- data.frame(y = c(1, 2, 4, 6, 7, 9, 9),
                       x = c(3, 2, 6, 4, 8, 8, 10)) ## 데이터 생성
hat.theta <-
    dea(boot.dat, noutput = 1, rts = 1, orientation = 1, onlytheta = T)
## θ̂ 계산
hat.theta <- unlist(hat.theta) ## hat.theta를 벡터화

B <- 500  ## replicate값을 500을 준다.
hat.hat.theta <- data.frame(matrix(NA, B, 7))
## θ̂̂ 계산결과를 집어넣기 위한 데이터프레임 생성. 행의 수 B, 열의 수 7인 데이터
## 프레임임.
colnames(hat.hat.theta) <- LETTERS[1:7] ## hat.theta.theta 의
                                        ## 열이름 생성

for(k in 1:7){  ## 1번 관측치부터 7번 관측치까지 루프계산
  for(i in 1:B){  ## 각각의 관측치마다 B 번씩 복원추출 후 효율성 계산하는 루프
    idx <- sample(1:7, 7, replace = T) ## 임의 복원 추출할 index 생성
    pps.dat <- boot.dat[idx,]  ## boot.dat에서 데이터를 임의로 추출
    re.tmp <-
      dea(base = boot.dat[k, ], frontier = pps.dat, noutput = 1,
          orientation = 1, rts = 1, onlytheta = T)
    ## k관측치의 효율성을 계산하는데 임의 추출된 데이터로 PPS를 구성함
    re.tmp <- unlist(re.tmp)
```

```
    ## k 관측치의 효율성을 벡터화.
    hat.hat.theta[i, k] <- re.tmp
    ## k관측치의 효율성 척도를 hat.hat.theta의 i행, k열에 집어넣음.
  }
}

conf.int1 <-
     sapply(hat.hat.theta, function(x) quantile(x, c(0.05, 0.95)))
## hat.hat.theta의 각각의 열마다 상하위 5% quantile 값 계산.
conf.int2 <-
     sapply(hat.hat.theta, function(x) quantile(x, c(0.025, 0.975)))
## hat.theta.theta의 각각의 열마다 상하위 2.5% quantile 값 계산.

round(t(conf.int1), 3) ## 결과를 소수점 3자리로 반올림.
round(t(conf.int2), 3) ## 상동
```

위 코드에서 살펴볼 함수는 `sapply(...)`이다. `sapply(DAT, FUN)`은 데이터프레임으로 구성된 데이터인 `DAT`의 각각의 열을 `FUN`에 대입하여 그 결과를 뿌려준다. 위 예제에서는 `hat.hat.theta` 데이터의 각각의 열(여기서는 각각의 관측치마다 500번씩 계산된 효율성값)에 대해서 상하위 변위치(quantile)를 계산한다.

12.7.4 오더-m

오더-m을 계산하기 위한 함수는 `orderm(...)`이다. 그 인수는 다음과 같다.

```
orderm(base = NULL, frontier = NULL, noutput = 1,
       orientation = 1, M = 25, B = 500)
```

`base`, `frontier`, `noutput`, `orientation`은 `dea(...)`의 그것과 동일하다. `M`은 m값을, `B`는 반복횟수 값을 결정해주는 인수이다. `M`과 `B`를 정해주지 않으면 자동적으로 각각 25와 500으로 정해진다.

12.5.2절에서 다룬 예제를 다음 코드를 통해 살펴보자.

```
x <- abs(runif(200, min = 0.1, max = 4)) ## runif(…)는
                                          ## uniform dist.
y <- 3*x*abs(rnorm(200))
dat.orderm <- data.frame(y = y, x = x)  ## 데이터 생성
dat.orderm.out <- rbind(dat.orderm, c(4, 0.1)) ## outlier를
                                                ## 하나 집어
                                                ## 넣음.
eff <- orderm(dat.orderm.out, noutput = 1, M = 25, B = 200)
## M = 25, B = 200으로 설정하여 order-m 계산
```

12.7.5 윌콕슨-만-위트니 순위 검정

WMW 순위검정을 하기 위해서는 직접 코드를 작성할 수도 있으나 R의 내장함수인 wilcox.test(...)를 통해 쉽게 검정할 수 있다. wilcox.test(...)의 인수는 다음과 같다.

```
Wilcox.test(x, y, alternative = c(“two.sided”, “less”,
            “greater”))
```

wilcox.test(...)에서 x와 y는 표본의 원소들이 나열된 벡터이다. alternative 인수는 이름이 의미하는 바와 같이 x와 y가 같다는 귀무가설을 검정할 때는 “two.sided”를 선택하고, x가 y보다 작다는 귀무가설을 검정할 때는 “less”, 그 반대의 경우에는 “greater”를 선택하면 된다. alternative의 인수를 정해주지 않으면 자동적으로 “two.sided”가 선택된다.

12.6.2절에서 분석한 예제를 통해서 wilcox.test(...)를 어떻게 사용하는지 살펴보자.

```
eff.a <- c(0.1, 0.1, 0.2, 0.3, 0.4, 0.5, 0.5, 0.6, 0.6,
           0.8, 0.9, 1.0)
eff.b <- c(0.1, 0.1, 0.2, 0.3, 0.4, 0.5, 0.6, 0.6, 0.7,
           0.7, 0.8, 0.8, 0.9, 1.0)
wilcox.test(eff.a, eff.b)
```

그 결과는 다음과 같다.

```
Wilcoxon rank sum test with continuity correction

data:  eff.a and eff.b
W = 74.5, p-value = 0.6415
alternative hypothesis: true location shift is not equal to 0

Warning message:
In wilcox.test.default(eff.a, eff.b) :
  cannot compute exact p-value with ties
```

결과에서 보듯이 W_1 값은 74.5로 계산이 되며, 통계적 유의성은 약 65% 정도로 상당히 낮게 나온다. 따라서 이 경우에는 `eff.a`와 `eff.b`가 서로 같다는 귀무가설을 기각할 수 없다.

12.8 관련문헌

효율성 원인분석을 위한 원인분석에서 토빗회귀추정법을 활용하여야 한다는 주장은 Lovell, Walters and Wood (1995)에서부터 제기되었다. 그 이후 토빗회귀추정법은 DEA에서 표준적인 분석방법의 하나로 널리 활용되었다. 이에 반해 Hoff (2007) 등은 효율성 값이 구조적으로 제한된 자료가 아니며, 통상적인 최소자승법으로도 충분하거나 오히려 더 정확한 결과를 제시한다는 주장을 제기하고 있다.

패널분석은 맘퀴스트 생산성 변화지수 분석에서 역시 표준적인 분석절차에 해당한다. 고정효과모형과 임의효과모형간의 선택을 다룬 Hausman-검정은 Hausman (1978)이 제시하였다. 본 장에 소개된 정도의 간단한 패널분석은 Gujarati (2002)에서 찾아볼 수 있다.

신뢰구간의 추정 문제는 DEA 효율성 분석 초기부터 지속적으로 제기되어온 과제이다. 부트스트랩의 방법 자체는 1970년대 이래 제기되어 왔으나 Simar (1992)에 의하여 DEA에 적용될 수 있는 가능성이 제기되었다. 이후 Simar and Wilson (1998, 2000)에 의하여 지속적으로 개선되어 왔다. 본문에서 제시된 신뢰구간 도출의 절차는 Simar and Wilson (2008)의 논의를 참조한 것이다.

특이치의 식별과 오더-m 방법에 의한 특이치의 영향력의 감쇄 방법은 Simar (2003)과 Simar and Wilson (2008)에 잘 소개되어 있다.

12.9 연습문제

1. 부트스트랩의 시뮬레이션 반복횟수인 B를 충분히 크게 하지 않고 효율성을 계산하면 어떤 문제가 발생하게 될지에 대해서 생각해보자.
2. 2산출-3투입의 경우를 가정하고 DMU 100개의 효율성을 부트스트랩 DEA를 이용하여 계산하는 코드를 작성해보자.
3. 2산출-3투입의 경우를 가정하고 DMU 100개의 효율성을 오더-m을 이용하여 계산하는 코드를 작성해보자.

13. 확장된 주제

13.1 모수적 변경추정법 (Parametric Frontier Analysis)

13.1.1 모수적 생산함수의 의미

DEA에서 활용되는 생산변경은 관측된 점들의 선형조합으로 구성된다. 이 선형조합으로 생산가능집합을 구성할 때 자유가처분성, 볼록성, 불변규모수익 가정 등을 활용하게 되고, 그 결과로서 얻는 생산변경은 여러 개의 선형경계가 접합되어 있는 형태, 혹은 조각난 선분들의 연결 형태가 된다. 그렇기 때문에 DEA의 생산변경은 자료의 위치에 전적으로 의존하게 된다.

반면 투입과 산출의 관계가 특정한 함수의 형태로 주어질 경우, 이 함수를 **모수적 생산함수(parametric production function)**라 한다. 가령, 2투입-1산출의 상황에서 투입산출 간에 다음과 같이 Cobb-Douglas **생산함수**를 생각할 수 있다.

$$y = Ax_1^{\alpha 1}x_2^{\alpha 2} = f(x_1, x_2 \mid A, \alpha_1, \alpha_2) \tag{13.1}$$

위의 예에서는 (A, α_1, α_2) 라는 모수를 알면 투입과 산출의 관계를 알 수 있게 된다. 이와 같이 생산함수가 특정한 모수에 의하여 결정이 되기 대문에 이를 일컬어 '모수적' 생산함수라 한다. 이에 비하면 DEA생산경계는 비모수적 생산경계라 한다. 모수적 생산함수를 일반화하여 표현하면, $y = f(x \mid \beta)$ 와 같이 나타낼 수 있다. 여기서 x 는 투입벡터, β 는 모수벡터를 의미하며, $f(\cdot)$ 는 함수의 형태를 나타낸다.

모수적 생산함수 중에서도 함수형태가 모수의 1차 선형결합으로 표현되는 경우가 연구의 주요 관심 대상이다. 대부분의 계량경제모형들이 모수의 1차 선형결합 형태를 추정하는데 적합하기 때문이다. 얼핏 보아 식 (13.1)에 표현된 Cobb-Douglas생산함수는 비선형 모형처럼 보이지만, 다음과 같이 양변에 로그를 취하여 선형함수로 변형가능하다. 이 선형모형에 계량경제모형을 적용하면 모수를 쉽게 추정할 수 있다.

$$\ln y = \ln A + \alpha_1 \ln x_1 + \alpha_2 \ln x_2 \tag{13.2}$$

모수적 생산함수에는 Cobb-Douglas 형태 이외에도 여러 형태들이 존재한다. 예를 들어 다음과 같이 **초월대수함수**(translog functional form) 형태로 생산함수를 설정할 수도 있다.

$$\ln y_i = \ln A + \sum_{k=1}^{K}\left(\alpha_k \ln x_k + \frac{1}{2}\alpha_{kk}\left(\ln x_k\right)^2\right) + \sum_{k=1}^{K}\sum_{k'=1,k\neq k}^{K} \alpha_{kk'} \ln x_k \ln x_{k'} \tag{13.3}$$

초월대수함수형태는 투입요소의 2차 항까지 효과를 표현할 수 있어 생산활동을 보다 더 유연하게 표현가능하므로, 실증분석에서는 Cobb-Douglas 함수형태 보다 초월대수함수형태가 많이 활용된다.

비모수적 접근법인 DEA와 달리, 모수적 접근법을 이용하면 생산함수를 미분하여 다양한 변량 값을 도출할 수 있다. 가령, 산출이 고정되어 있다고 할 때 $\partial x_i / \partial x_j$ 는 i투입과 j 투입요소간의 교환비율인 한계 대체율을 나타낸다. 이 한계 대체율은 모수적인 생산함수 접근법에서는 미분을 통해 바로 계산될 수 있는 반면, DEA에서는 생산변경에 뾰족한 점(vertex)의 존재로 인해 계산불가한 경우가 있다.

13.1.2 확정적 생산변경 분석법

생산함수가 생산변경을 표현하기 위한 하나의 수단으로 보아, [그림 13-1]에서 나타낸 바와 같이 효율적인 점과 비효율적인 점을 이 생산변경에 대비하여 판단할 수 있다.

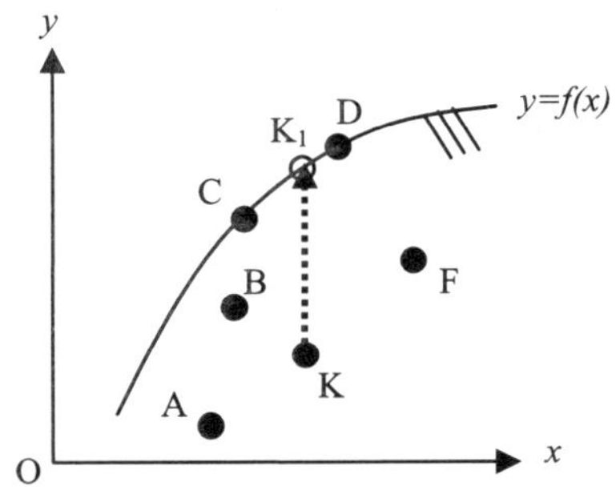

[그림 13-1] 모수적 생산변경과 비효율성 (1투입-1산출)

[그림 13-1]에 나타낸 바와 같이 C와 D점처럼 생산변경 상에 존재하는 효율적인 점이 있는 반면, K점과 같이 생산가능집합 내에 존재하기 때문에 비효율적인 점도 있다. 이를 수식으로 표현하면 다음과 같다.

$$y^j = f(x^j) - e^j \tag{13.4}$$

여기서 e^j 는 j번째 관측치가 생산변경으로 떨어진 거리인 비효율성의 크기를 나타낸다. $f(x^j)$ 는 x^j 가 주어졌을 때 이론적으로 가능한 최고의 산출수준이며 y^j 는 실현된 산출수준을 의미한다. 이 때, e^j 는 항상 0보다 크거나 같다. e^j 가 0이면 생산활동이 효율적이며, e^j 가 커질수록 비효율적이다.

모수에 대해 선형적으로 표현된 Cobb-Douglas함수 형태에 비효율성을 도입하여 표현하면 다음과 같다.

$$\ln y^j = \ln A + \alpha_1 \ln x_1^j + \alpha_2 \ln x_2^j - e^j \tag{13.5}$$

주어진 자료들이 생산변경에 가장 가깝게 놓일 수 있도록 다음과 같은 선형계획문제를 생각할 수 있다. 이와 같은 방법으로 구한 생산변경을 **확정적 생산변경**(deterministic production frontier)이라 한다.

$$\min_{A,\alpha_1,\alpha_2} \sum_{j=1}^{J} \left\{ (\ln A + \alpha_1 \ln x_1^j + \alpha_2 \ln x_2^j) - \ln y^j \right\}$$
$$\textit{subject to} \tag{13.6}$$
$$(\ln A + \alpha_1 \ln x_1^j + \alpha_2 \ln x_2^j) - \ln y^j \geq 0 \ (j = 1, 2, \cdots, J) ;$$
$$A \geq 0,\ \alpha_1 \geq 0,\ \alpha_2 \geq 0$$

위 식의 제약식은 모든 관측치의 (x_1, x_2, y) 가 생산가능집합 안에 존재해야 한다는 것을 의미한다. 위 식의 목적함수는 이론적으로 생산가능한 최고 생산치와 실제 실현된 생산치의 차이를 모든 관측치 별로 합한 값이다. 모든 관측치가 생산가능집합 내부에 존재하도록 하면서도 목적함수를 최소화시킬 수 있도록 모수인 A, α_1, α_2 를 조절하는 것이 식 (13.6)에 나타난 선형계획의 목적이다.

위와 같은 과정을 통해 구한 A^*, α_1^*, α_2^*를 이용하면 k번째 관측치에 대한 비효율성을 다음과 같이 구할 수 있다.

$$e^k = (\ln A^* + \alpha_1^* \ln x_1^k + \alpha_2^* \ln x_2^k) - \ln y^k \tag{13.7}$$

혹은 비효율성의 정도를 대수변환되기 전의 값으로 표현하여 $\exp(e^j)$ 로도 나타낼 수 있다.

위의 논의를 다수투입-다수산출 상황으로 일반화하기 위하여 투입벡터를 $\boldsymbol{x} = (x_1, x_2, \ \cdots, x_N)$, 산출벡터를 $\boldsymbol{y} = (y_1, y_2, \cdots, y_M)$, 모수벡터를 $\boldsymbol{\alpha} = (\alpha_1, \alpha_2, \cdots, \alpha_T)$ 이라고 하자. 이 때 모수적 거리함수를 $D(\boldsymbol{x}, \boldsymbol{y} \mid \boldsymbol{\alpha})$ 와 같이 표현하기로 하면, 확정적 생산변경을 추정하기 위한 선형계획법은 다음과 같다.

$$\min_{\substack{A,\alpha \\ \beta}} \sum_{j=1}^{J} D(x^j, y^j \mid \boldsymbol{\alpha})$$
$$\textit{subject to} \qquad (13.8)$$
$$D(x^j, y^j \mid \boldsymbol{\alpha}) \geq 0 \ \ (j = 1, 2, \cdots, J)$$

확정적 변경은 모수적 함수가 가진 장점을 보유하되, 선형계획법을 이용해 모수를 구할 수 있다는 장점을 갖고 있다. 비효율성에 대한 통계적 가정을 하는 것이 타당하지 않거나, 혹은 비효율성의 분포에 대한 사전적인 지식이 없을 경우에는 확정적 생산변경 모형을 이용하여 모수를 쉽게 구할 수 있다.

그러나, 위의 과정을 거쳐 구해지는 모수들은 통계적 추정이 아니라 선형계획법을 통해 계산된 것이다. 따라서 확정적 생산변경 모형은 모수들에 대한 통계적 가설검정 및 효율성 수준에 대한 통계적 가설검정이 불가능하다는 단점을 갖고 있다. 또한 확정적 생산변경 모형은 자료의 위치에 절대적으로 의존하기 때문에 특이치가 모수나 효율성 값에 상당한 영향을 미치기도 한다.

13.1.3 수정 최소자승 생산변경 추정법

수정최소자승 추정법(Corrected Ordinary Least Square; COLS)은 다음과 같이 2단계로 구성된다.

(Step 1) 주어진 자료에 근거하여 통상적인 최소자승 추정을 실행한다. 즉 생산함수가 $y = f(x;\beta) + \varepsilon$ 이며, 오차항 ε 이 정규분포 $N(0,\sigma^2)$ 를 따른다는 가정 하에 생산함수의 모수인 β 를 추정한다. 모수의 추정치를 $\hat{\beta}$ 이라고 하자. $\hat{\beta}$ 이 대입된 생산함수는 [그림 13-2]의 (a)에 나와있는 것과 같이 관측된 자료들의 가운데를 지난다.

(Step 2) Step 1에서 추정된 생산함수에서 절편항의 값을 최소한도로 변화시켜 생산함수가 모든 관측치를 포괄할 수 있도록

한다. 이 변화된 최소거리를 e 라 하면, 결과적으로 $y = f(x;\hat{\beta}) + \hat{\varepsilon} - e$ 를 얻게 된다. 그 결과는 [그림 13-2]의 (b)와 같다.

앞서 예를 든 Cobb-Douglas함수에 대해 예를 들면 다음과 같다.

$$\begin{aligned} \ln y^j &= (\ln A - e) + \alpha_1 \ln x_1^j + \alpha_2 \ln x_2^j + \varepsilon^j \\ &= \ln A + \alpha_1 \ln x_1^j + \alpha_2 \ln x_2^j + \varepsilon^j - e \end{aligned} \tag{13.9}$$

수정최소자승법에서는 모수의 추정이 통계적 가정하에 최소자승법의 원리에 따라 이루어진 것이므로 추정된 모수의 통계적 신뢰도에 대하여 가설검정을 할 수 있다. 하지만 효율성 수준은 임의적으로 변경을 조작하여 얻어진 것이므로 가설검정의 대상이 될 수 없다.

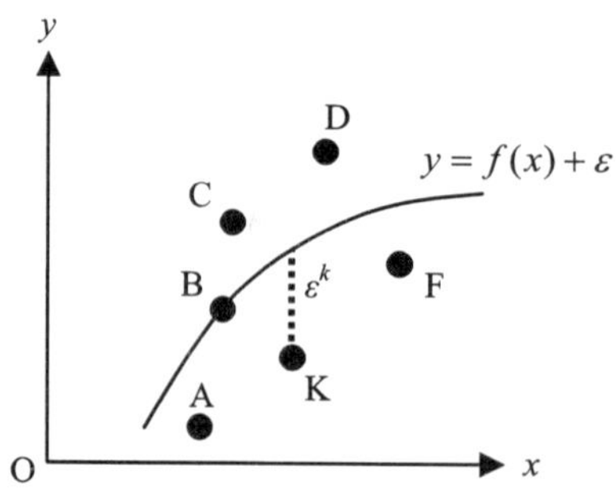

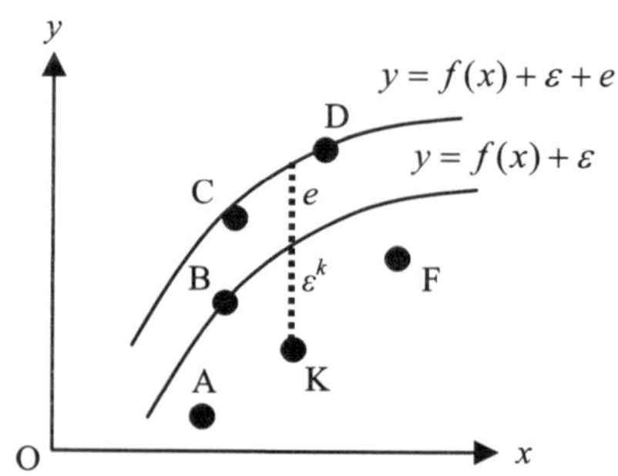

[그림 13-2] 수정 최소자승법 ((a) 1단계, (b) 2단계)

13.1.4 통계적 생산변경 분석법 (stochastic frontier analysis)

통계적 생산변경분석법은 관측오차와 비효율성 모두에 대해 통계적 가정을 부여하여 모수 및 효율성을 추정한다. 이 방법은 흔히 **통계적 변경추정법(Stochastic Frontier Analysis; SFA)**으로 불리운다. 통상적으로 모수적 생산함수 $y = f(\boldsymbol{x};\boldsymbol{\beta})$ 에 대하여 잔차항이 다음과 같이 주어져 있다고 가정한다.

$$y^j = f(\boldsymbol{x}^j; \boldsymbol{\beta}) + \varepsilon^j - u^j \tag{13.10}$$

잔차항의 두 구성요소에 대해 다음과 같은 통계적 가정을 한다.

$$\begin{aligned} &\varepsilon \sim N(0, \sigma_\varepsilon^2) \\ &u \sim N^+(0, \sigma_u^2) \end{aligned} \tag{13.11}$$

즉, 관측오차 ε 는 정규분포를 갖고, 비효율성 u 는 정규분포의 양의 부분에만 분포한다. 따라서, 어떤 점과 생산변경간의 거리는 확률적으로 주어지는 관측오차와 역시 확률적으로 주어지는 비효율성으로 구성된다.

통계적 변경추정법은 관측오차와 비효율성 모두에 대해 비체계적 오류의 가능성을 인정하기 때문에 효율성 측정 시 특이치의 영향을 크게 받지 않는다. 모수나 효율성 수준에 대하여 통계적 가설검정을 수행할 수도 있다.

13.2 초효율성 분석

13.2.1 정의와 의미

DEA분석의 결과 1의 효율성 값을 가진 것으로 판명된 관측점이 너무 많을 경우 이들 사이의 우열을 가려야 할 경우가 있다. 예를 들어 [표 13-1]의 자료를 그림으로 그려보면 6개의 관측점 중 5개가 1의 효율성을 보인다.

[표 13-1] 초효율성 분석을 위한 가상적 관측치

DMU	A	B	C	D	E	F
투입 1	2.0	2.0	5.0	10.0	10.0	3.5
투입 2	12.0	8.0	5.0	4.0	6.0	6.5
산출	1.0	1.0	1.0	1.0	1.0	1.0

출처: Cooper, Seiford and Tone (2007)

너무 많은 관측점이 1의 효율성 값을 갖는 문제를 식별력의 문제라고 한다. 식별력이 작을 때, 즉 1의 효율성 값을 갖는 관측점들이 너무 많은 경우에는 가장 효율성이 높은 관측점을 선택할 수 없다. 이 문제를 해결하기 위해서 흔히 사용되는 방법론이 **초효율성모형**(super-efficiency model)이다.

초효율성모형은 특정 관측점이 다른 관측점들의 효율성 측정과정에 미치는 영향의 정도에 대한 정보도 제공한다. 즉, 특정 관측점을 분석에서 배제했을 때 다른 관측점들의 효율성 변화 정도를 바탕으로 그 관측치의 영향력을 파악할 수 있다. 이 영향력이 지나치게 클 경우 그 관측점을 특이치로 판단할 수 있다.

초효율성을 구하는 절차는 비교적 간단하다. 초효율성을 구하고자 하는 관측점을 배제하여 생산가능집합을 구성하고, 이 생산가능집합에 대하여 이 관측점의 효율성을 측정한다. 이 때, 생산가능집합의 모양에 관한 가정에 따라서 초효율성 척도를 계산할 수 없는 관측점도 있다.

투입기준 CCR 초효율성 모형은 다음과 같다.

모형 13.1 CRS-Input-Super

$$\theta^* = \min_{\theta,\boldsymbol{\lambda},s-,s+} \theta - \varepsilon(\sum_{m=1}^{M} s_m^- + \sum_{n=1}^{N} s_n^+)$$

subject to

$$\theta x_m^k = \sum_{j=1,\, j\neq k}^{J} x_m^j \lambda_j + s_m^- \qquad (m=1,2,\ldots,M)\ ; \qquad (13.12)$$

$$y_n^k = \sum_{j=1,\, j\neq k}^{J} y_n^j \lambda_j - s_n^+ \qquad (n=1,2,\ldots,N)\ ;$$

$$\lambda_j \geq 0 \qquad (j=1,2,\ldots,J,\ j\neq k).$$

[그림 13-3]에 식 (13.12)의 개념이 나타나 있다. 이 그림을 살펴보면, 관심대상 관측점이 변경에 놓여있는가 아닌가에 따라 3가지 종류의 초효율성 결과를 예상할 수 있다.

첫째, 관심대상 관측점이 변경의 꼭지점에 놓여있는 경우에는 이 관측점의 초효율성 값은 1보다 크다. 예를 들어 [그림 13-3]에서 K점이 관심대상이라고 할 때 통상의 CCR 모형은 A-B-K-C-D로 이어지는 생산변경을 이용하여 효율성을 측정하게 되고, 그 결과 K점의 효율성 척도는 OK/OK인 1로 주어진다. 그러나 초효율성을 구하기 위해 K점을 생산변경에서 배제하여 분석하면 생산변경이 A-B-C-D와 같이 주어지고, K점은 K_1점으로 투영된다. 그 결과 K점의 초효율성은 OK_1/OK이 되므로 그 값이 1보다 크다.

둘째, 생산변경의 수직 혹은 수평에 관심대상 관측점이 놓여있는 경우, 달리 말해 여유분을 가지고 있는 경우는 초효율성 값이 1이다. 예를 들어 [그림 13-3]에서 A와 같은 경우, A를 빼고 다시 변경을 구성하더라도 변경의 모양이 변하지 않기 때문에 이전과 같은 1의 효율성 값을 갖는다. 이는 VRS 가정 하에서는 성립하지 않을 수도 있음을 염두에 두어야 한다.

셋째, 변경 내부에 관심대상 관측점이 존재하는 경우에는 초효율성 값이 1보다 작다. 예를 들어 그림에서 E점의 경우, E점을 빼고 생산변경을 다시 구성하더라도 변경의 모양이 변화하지 않기 때문에 이전과 같이 1보다 작은 효율성 값을 갖는다.

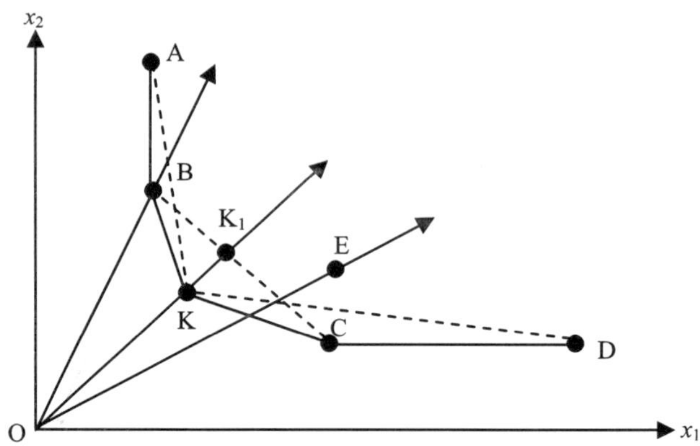

[그림 13-3] 초효율성의 의미

초효율성 값이 클수록 생산변경을 확장하는데 더 큰 공헌을 한다고 볼 수 있다. 가령 [그림 13-3]에 나타낸 것과 같이, B점은 그 점을 제거하고 나서 형성되는 변경(A-K-C-D)로부터 가깝게 놓여있기 때문에 K점보다 초효율성이 낮게 도출될 것이다. 달리 말하면 초효율성 값이 클수록 생산변경을 결정짓는 영향력이 더 크다. 그렇기 때문에, 초효율성이 더 큰 점이 더 효율적인 점이라고 말할 수 있다.

[표 13-1]에 주어진 가상자료에 대해 CCR 모형으로 초효율성을 계산하면 [표 13-2]와 같은 결과를 얻는다. 이 계산결과에 의하면 B, C, D의 초효율성이 1.0보다 크며, A와 F는 이전과 같이 1.0의 초효율성을 갖고 있다. 원래 비효율적이었던 E 점은 초효율성 계산결과에서도 비효율적이고, 효율성 수준도 변하지 않는다.

B, C, D 가운데 B점의 초효율성이 가장 크게 나타나므로 변경을 결정하는데 큰 영향을 미친 것으로 볼 수 있다. 초효율성의 크기에 대한 상기한 바와 같은 논리를 이용하여 초효율성이 큰 관측점부터

순서대로 나열하면 B, D, C이다.

[표 13-2] 초효율성 계산결과

	관측치	A	B	C	D	E	F
일반모형 계산결과	θ	1.000	1.000	1.000	1.000	0.750	1.000
초효율성 계산결과	θ	1.000	1.261	1.133	1.250	0.750	1.000
	참조집합	$\lambda_B = 1$	$\lambda_A = 0.652$ $\lambda_F = 0.348$	$\lambda_D = 0.333$ $\lambda_F = 0.667$	$\lambda_C = 1$	$\lambda_C = 0.5$ $\lambda_D = 0.5$	$\lambda_B = 0.5$ $\lambda_C = 0.5$
	s	$s_2^- = 4$	0	0	$s_1^- = 7.5$	0	0

13.2.2 해를 구할 수 없는 경우

앞서 CRS 가정에 기반한 CCR 초효율성을 측정할 때는 투입기준이나 산출기준 모두에서 해를 구할 수 있다. 그러나 VRS 가정을 도입한 경우에는 분석대상 관측치의 위치에 따라 투입기준 혹은 산출기준 초효율성 모형의 해를 구하지 못할 수도 있다. 이를 간단히 살펴보기 위해 1투입-1산출의 상황에서 가변규모수익을 가정한 [그림 13-4]를 살펴보자.

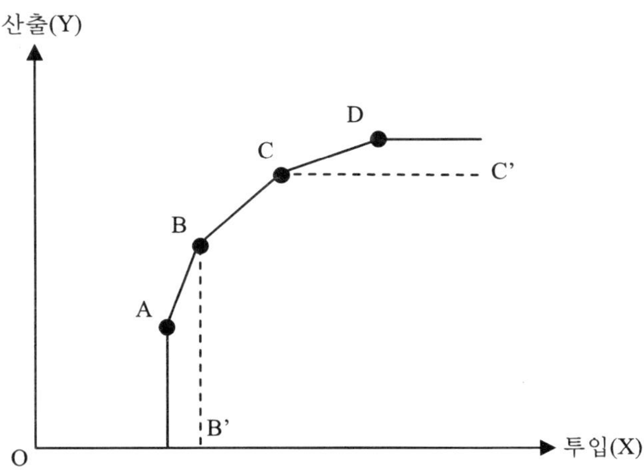

[그림 13-4] 초효율성의 해가 존재하지 않는 경우

[그림 13-4]의 D 점은 산출기준으로는 초효율성이 측정되나 투입기준으로는 초효율성이 측정되지 않는다. D 점을 배제하고 생산경계를 다시 구축하면 A-B-C-C'으로 이어지는 생산변경이 구축된다. 이 생산경계에는 D점의 산출기준 투영점이 있으나 투입기준 투영점은 없기 때문에 투입기준 초효율성 모형의 해를 구할 수가 없다. 산출기준 모형의 경우 같은 논리로 A점의 해를 구할 수 없다.

비방향 모형을 사용하면 이와 같은 문제를 해결할 수 있다. 예를 들어, 초효율성을 구하는 VRS-SBM 모형은 다음과 같이 주어진다.

모형 13.2 VRS-SBM-Super

$$\delta^k = \min\left(\frac{1}{M}\sum_{m=1}^{M} \bar{x}_m \Big/ x_m^k\right)\left(\frac{1}{N}\sum_{n=1}^{N} \bar{y}_n \Big/ y_n^k\right)^{-1}$$

subject to

$$\begin{aligned}
&\bar{x}_m \geq \sum_{j=1, j\neq k}^{J} x_m^j \lambda^j \quad (m=1,2,\ldots,M), \\
&\bar{y}_n \leq \sum_{j=1, j\neq k}^{J} y_n^j \lambda^j \quad (n=1,2,\ldots,N), \qquad (13.13) \\
&\bar{x}_m \geq x_m^k \ \ and \ \ \bar{y}_n \leq y_n^k, \\
&\sum_{j=1, j\neq k}^{J} \lambda^j = 1, \\
&\lambda_j \geq 0 \ (j=1,2,\ldots,J, \ j\neq k)
\end{aligned}$$

이 모형의 목적은 관심대상 관측점과 생산변경 간의 평균거리를 측정하는 것이기 때문에 항상 해를 구할 수 있다.

13.2.3 사례

메이저리그에서 가장 유명한 타자는 베이브 루스(Babe Ruth)다. 그러나 2000년대 들어 본즈(Bonds)가 최고 홈런기록을 갈아치우면서 가장 뛰어난 타자라고 일컬어지고 있다. Anderson (2004)은 메이저리그에서 가장 뛰어난 타자가 누구였는지에 대해 초효율성을 적용하여 분석하였다.

그는 루스가 활약하던 1920년과 1921년의 아메리칸 리그 기록과 본즈가 활약한 2001년 내셔널 리그 각각을 독립적으로 분석하였다. 투입요소를 타석에 들어선 회수, 산출요소를 1루타, 2루타, 3루타 및 홈런을 친 회수로 설정하였다. 각 연도의 표본에서 350 타석 이상 들어선 선수들을 추출하였고, 그 결과 60명(1920년)에서 118명(2001년)까지 관측점이 주어졌다. 산출기준 CCR 초효율성 모형을 사용하여 분석하였다. 따라서 비효율적인 관측치는 1보다 큰 값으로, 초효율적인 관측치는 1보다 작은 값으로 주어진다. 분석결과 상위를 기록한 선수들을 정리하면 [표 13-3]과 같다.

[표 13-3] 메이저리그 타자에 대한 초효율성 분석 결과

1920 년 American League (n=60)		1921 년 American League (n=64)		2001 년 National League (n=118)	
이름	초효율성	이름	초효율성	이름	초효율성
Ruth	0.3160	Ruth	0.4487	Bonds	0.8261
Sisler	0.9022	Heilman	0.9530	Helton	0.9581
Speaker	1.0141	Cobb	1.0071	Walker	0.9625
Jackson	1.0498	Sisler	1.0319	Sosa	0.9779
Collins	1.0691	Speaker	1.0654	Pierre	0.9825
		Williams	1.1020	Aurilia	1.0003
				Gonzalez	1.0067
				Vidro	1.0124
				Pujols	1.0129
				Alou	1.0137

초효율성 개념을 적용하지 않았다면 1920년과 1921년의 경우 Ruth와 Sisler가 모두 1.0의 효율성을 갖는 것으로 도출되었을 것이다. 2001년의 경우 무려 5명이 1.0의 효율성을 갖는 것으로 도출되

었을 것이다. 그러므로 일반적인 투입기준 CCR모형을 적용할 경우, Ruth와 Bonds는 여러 뛰어난 타자 중의 한 명으로 밖에 간주되지 않을 것이다. 참고로 2001년의 경우 Bonds는 홈런을 73개 기록하였고, 1루타는 49개, 2루타는 32개 기록하였다. 반면 Helton은 홈런이 49개 불과하였지만, 1루타를 무려 92개, 2루타를 54개 기록하였다. 따라서 일반적인 모형으로 분석하면 Helton은 홈런 이외 다른 기록을 바탕으로 효율성 1을 기록할 수 있게 된다.

그러나 초효율성을 분석한 결과 1920년의 경우 Ruth는 다른 효율적인 경쟁자에 비해 무려 70% 정도 뛰어났던 것으로 판명되었다. 즉, 산출기준 초효율성 모형에서 0.3160의 효율성 값이 도출되었다는 것은 Ruth 실적의 31.6% 정도만 하더라도 다른 경쟁자와 비교가능한 수준이 된다는 것을 의미한다. 1921년의 경우에도 Ruth는 55% 이상의 탁월한 실적을 보인 것으로 나타났다. 반면 2001년의 경우 Bonds는 홈런 73개로 탁월한 성적을 거두긴 하였지만 초효율성의 관점에서 보면 다른 효율적인 경쟁자에 비해 17%가량만 더 뛰어났던 것으로 판명되었다. 이러한 분석결과는 Ruth가 당대의 경쟁자들을 멀찌감치 따돌릴 수 있는 탁월함이 있었다는 점을 정량적으로 뒷받침한다.

위 분석사례는 초효율성 개념이 (i) 다수의 효율적인 관측치가 있을 때 이들간의 우열을 가릴 수 있는 수단이 되고, (ii) 서로 다른 표본에서 우수한 관측치간의 영향력을 비교할 때도 좋은 정보를 제공한다는 것을 보여준다.

13.3 비소망재의 분석

13.3.1 비소망재의 의미

발전소는 전력과 같은 바람직한 재화도 생산하지만 동시에 CO_2와 같은 바람직하지 않은 부산물도 동시에 배출한다. CO_2 배출과 같은 바람직하지 않은 산출물을 **비소망재**(undesirable output 혹은 bad output)라 한다. 이러한 비소망재는 경제활동의 많은 부분에서 발견할 수 있다. 예를 들어, 은행의 경우 '대출'이라는 바람직한 산출물을 제공함과 동시에 '회수불능(default)'이라는 바람직하지 않은 산출물을 불가피하게 얻게 된다. 병원에서는 '완치'라는 산출물이 나오기도 하지만 '의료사고'라는 바람직하지 않은 산출물도 함께 얻는다. 이 밖에도 스포츠팀에서의 선수부상, 국가경제의 성장의 이면에 존재하는 소득 불균형 등과 같이 비소망재에 대한 예를 주변에서 쉽게 찾아볼 수 있다.

비소망재는 몇 가지 흥미로운 특징을 가지고 있다. 첫째, 비소망재는 **소망재**(desirable output)와 함께 생산된다. 달리 표현하면 소망재가 생산되면 비소망재도 생산된다. 이러한 의미에서 비소망재를 **불가피한 부산물**(by-product)로 본다. 둘째, 비소망재를 줄이기 위해서는 소망재가 줄어드는 피해를 감수해야 한다. 예를 들어 발전소에서 CO_2 배출을 줄이기 위해서는 노동이나 투자자금을 환경관리로 돌릴 수 밖에 없기 때문에, 전력생산량이 줄어들 수 밖에 없다. 은행의 경우에도 회수불능 상태를 줄이기 위해서는 대출을 줄일 수 밖에 없다. 따라서 비소망재는 경제주체의 입장에서 볼 때 부(-)의 가치를 가진 것으로 해석된다. 셋째, 비소망재 생산에 있어서 소망재는 자유가처분 가능하지만, 일반적인 경우 비소망재는 자유가처분 할 수 없다. 즉, 일정 수준의 소망재와 비소망재를 생산하는 생산활동은 그것보다 적은 소망재와 동일한 수준의 비소망재를 산출하는 것이 가능하다. 예를 들어, 1톤의 폐수와 3톤의 화학약품을 생산하는 공장에서는 1톤의 폐수와 2톤의 화학약품 또한 생산해 낼 수 있다. 비소망재의 생산수준은 유지하면서 소망재의 생산수준을 줄이는 것은 항상 생산가능하다. 그러나 반대로 소망재의 수준을 그대로 유지하면서 비소망재만을 줄이는 것은 불가능한 경우가 많다.

대부분의 생산과정에는 부정적인 부산물의 생산은 피할 수 없으므로 대부분의 경영자들은 긍정적인 산출물인 소망재 생산은 늘리면서도 부정적인 산출물인 비소망재 생산을 줄여야 하는 과제를 안고 있다. 이러한 생산과정의 속성을 고려하는 것이 비소망재 모형이다.

비소망재가 존재할 경우의 효율성 분석모형은 비소망재의 특징을 고려하여 보다 더 현실적인 효율성 값을 도출하는데 그 의의가 있다.

13.3.2 모형의 개요

투입을 $\mathbf{x}$, 소망재를 $\mathbf{y}^g$, 비소망재를 $\mathbf{y}^b$ 라고 할 때 투입요소 $\mathbf{x}$로 생산가능한 소망재와 비소망재의 양을 나타내는 생산가능집합은 다음과 같이 표현된다.

$$\Psi = \{(\mathbf{x}, \mathbf{y}^g, \mathbf{y}^b) : \mathbf{x} \text{ can produce } (\mathbf{y}^g, \mathbf{y}^b)\} \tag{13.14}$$

비소망재 생산활동의 특징을 식 (13.14)의 생산가능집합을 수식화하여 선형계획법으로 표현하는 과정을 살펴보자.

우선 비소망재가 소망재와 함께 생산된다는 특징은 다음과 같이 수식화할 수 있다.

$$\text{if } (\mathbf{x}, \mathbf{y}^g, \mathbf{y}^b) \in \Psi \text{ and } \mathbf{y}^b = 0, \text{ then } \mathbf{y}^g = 0 \tag{13.15}$$

식 (13.15)에 표현된 특징을 **결합성**(null-jointness)이라고 한다.

비소망재 생산의 둘째 특징인, 비소망재를 줄이기 위해서는 소망재의 산출량이 줄어들 수 밖에 없다는 성질은 다음과 같이 수식화할 수 있다.

$$\text{if } (\mathbf{x}, \mathbf{y}^g, \mathbf{y}^b) \in \Psi \text{ and } 0 \le \theta \le 1, \text{ then } (\mathbf{x}, \theta\mathbf{y}^g, \theta\mathbf{y}^b) \in \Psi \qquad (13.16)$$

식 (13.16)에 표현된 성질을 **약가처분성**(weak disposability)이라 한다.

소망재의 **자유가처분성**은 다음과 같이 수식화할 수 있다.

$$\text{if } (\mathbf{x}, \mathbf{y}^g, \mathbf{y}^b) \in \Psi \text{ and } \mathbf{y}^{g'} \le \mathbf{y}^g, \text{ then } (\mathbf{x}, \mathbf{y}^{g'}, \mathbf{y}^b) \in \Psi \qquad (13.17)$$

이러한 가정에 따라 소망재와 비소망재를 동시에 생산하는 생산활동의 생산가능집합을 [그림 13-5]와 같이 도식화할 수 있다. 이 그림에서는 총 6개의 관측치 A, B, C, D, E, K가 생산을 하고 있다고 가정하였으며, 생산가능집합은 OABCDE와 같다.

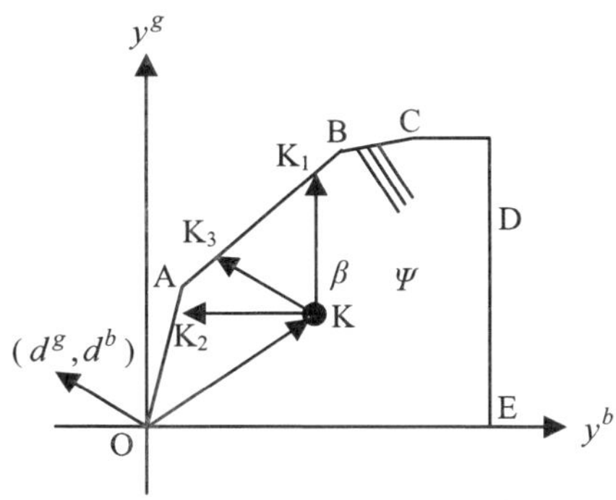

[그림 13-5] 소망재와 비소망재를 동시에 생산하는 생산가능집합

임의의 관측치가 생산가능집합의 내부에 있으면 비효율적이라 할 수 있다. 예를 들어, K 점은 K_1점에 비해서는 비소망재 수준이 동일함에도 불구하고 더 적은 소망재를 생산하고 있으며, K_2에 비해서는 동일한 소망재를 생산하면서도 더 많은 비소망재를 산출하고 있다는 점에서 비효율적이다. 마지막으로 K점은 K_3점에 비해서 소망재 생산은 더 적고 비소망재 생산은 더 많기 때문에 K_3에 비해서 비효

율적이다.

생산가능집합 내 관측치의 비효율성은 방향거리함수를 이용해서 측정할 수 있다. 방향거리함수는 분석자에 의하여 '비효율성을 제거해야 할 방향'이 사전적으로 정해지고 난 이후에, 주어진 방향을 따라 측정된 관측점과 생산가능집합과의 거리로서 비효율성의 정도를 계산한다. [그림 13-5]에서 관측치 K의 비효율성을 제거하기 위한 방향은 $K \rightarrow K_1$, $K \rightarrow K_2$ 및 $K \rightarrow K_3$ 등으로 정할 수 있다. $K \rightarrow K_1$방향으로 비효율성을 제거하는 것은 비소망재인 y^b 의 산출량을 고정하되 소망재인 y^g 를 최대한 늘린다. $K \rightarrow K_2$ 방향으로 효율성을 높이는 것은 소망재인 y^g 의 산출량을 고정시키고 비소망재인 y^b 의 산출을 최대한 줄인다. $K \rightarrow K_3$방향으로는 소망재인 y^g 의 산출을 늘리면서 비소망재인 y^b 의 산출을 줄인다.

효율성 개선의 방향에 따라서 효율성 수준이 계산되고, 이 개선의 방향이 효율개선의 전략과 상식적으로 부합하여야 하기 때문에 $K \rightarrow K_1$이나 $K \rightarrow K_2$ 방향 같이 소망재나 비소망재의 산출량을 고정한 채 비효율성을 제거하는 방향은 비합리적이다. 따라서 효율성 개선의 방향은 $K \rightarrow K_3$ 과 같이 y^g 를 늘이면서 y^b 를 줄이는 방향으로 정하는 것이 합리적이다.

비소망재를 생산하는 생산자의 비효율성 척도를 계산하기 위한 방향거리함수는 다음과 같이 정의된다.

$$\vec{D}(\mathbf{x},\mathbf{y}^g,\mathbf{y}^b;\mathbf{d}^g,\mathbf{d}^b) = \max\left\{\beta : (\mathbf{x},\mathbf{y}^g + \beta\mathbf{d}^g,\mathbf{y}^b - \beta\mathbf{d}^b) \in \Psi\right\} \quad (13.18)$$

여기서 방향벡터인 $(\mathbf{d}^g,\mathbf{d}^b)$ 는 소망재를 늘리고 비소망재를 줄여야 하는 방향을 지정하는 방향벡터이며 분석자에 의하여 정해져야 하는 벡터이다. 방향벡터인 $(\mathbf{d}^g,\mathbf{d}^b)$ 를 정해주는 고정된 규칙은 없다. 상기한 바와 같이 $K \rightarrow K_3$ 방향으로 방향벡터를 정해주는 것이 합리적이다. 일반적으로 많이 쓰이는 방향벡터는 $(\mathbf{y}^g,\mathbf{y}^b)$ 이다. 즉,

분석대상인 관측치가 현재 생산하는 만큼의 소망재/비소망재 비율로 소망재와 비소망재를 줄여가도록 하는 것이다. 예를 들어, 화학제품 3단위와 폐수 2단위를 생산하는 생산자는 화학제품:폐수의 비율이 3:2이므로 화학제품생산을 1단위 늘릴 때 폐수생산을 2/3단위 줄이는 것이 합리적이라고 본다. 이 때, 해당 생산자의 비효율성을 측정할 때 방향벡터는 (3, 2)로 준다. 또한 화학제품 2단위와 폐수 2단위를 생산하는 생산자에 대해서는 방향벡터를 (2, 2)로 준다. 이처럼 방향벡터를 $(\mathbf{y}^g, \mathbf{y}^b)$ 로 주면, 각 생산자의 생산특성이 반영되도록 방향이 설정된다는 장점을 갖는다.

방향거리함수의 방향벡터를 $(\mathbf{y}^g, \mathbf{y}^b)$ 로 두어 k번째 관측치의 비효율성을 계산하는 선형계획법은 다음과 같다.

$$
\begin{aligned}
&\vec{D}(x, y^g, y^b; y^g, y^b) = \max \beta \\
&\textit{subject to} \\
&x_m^k \geq \sum_{j=1}^{J} x_m^j \lambda^j && (m = 1, 2, \ldots, M) \\
&y_p^g + \beta y_p^g \leq \sum_{j=1}^{J} y_p^{g,j} \lambda^j && (p = 1, 2, \ldots, P) \\
&y_q^b - \beta y_q^b = \sum_{j=1}^{J} y_q^{b,j} \lambda^j && (q = 1, 2, \ldots, Q) \\
&\lambda^j \geq 0 && (j = 1, 2, \ldots, J)
\end{aligned}
\tag{13.19}
$$

13.3.3 예시

[표 13-4]의 투입산출자료에 근거하여 관측치별 비효율성을 계산해보자. 일반적으로 분석하는 틀을 따라 방향벡터를 $(\boldsymbol{d}^g, \boldsymbol{d}^b) = (\boldsymbol{y}^g, \boldsymbol{y}^b)$ 로 설정하여 이 자료를 분석하면 [표 13-4]의 제일 아래줄에 나타난 것과 같은 결과를 얻는다. 여기서 비효율성 값 β 가 0이면 효율적인 생산점이고 $\beta > 0$ 이면 비효율적인 생산점임을 의미한다. 따라서 관측점 B, C, D는 효율적으로 생산을 하고 있으며 생산

변경을 구성하고 있으리라고 예상할 수 있다. 관측점 A, E, F 및 G는 비효율적인 점이며 비효율성의 크기는 E > F > G > A로서 E가 가장 비효율적임을 시사한다. 비효율성 β는 '현재 생산하고 있는 소망재와 비소망재를 각각 최대한 $\beta\times100\%$ 증가 및 감소시켜 효율적이 될 수 있는 비율'을 의미한다. 예를 들어, 관측점 A의 경우 현재 생산되는 소망재를 11.1% 증가시키고 비소망재를 11.1% 감소시켜, 소망재와 비소망재를 각각 2.222개와 0.889개 생산하면 효율적인 생산점이 된다.

[표 13-4] 가상투입산출자료 (1투입-1소망재-1비소망재)

DMU	A	B	C	D	E	F	G
x	1	1	1	1	1	1	1
y^g	2	5	7	8	3	4	6
y^b	1	2	4	7	4	5	6
β	0.111	0.000	0.000	0.000	0.539	0.444	0.208

[그림 13-6]을 통해 생산가능집합과 비효율성을 살펴보도록 하자. 이 그림에서 보는 바와 같이 생산가능집합의 변경은 B, C 및 D 관측치가 구성하고 있으며 A, E, F 및 G 관측치는 생산가능집합 내부에 있다. A, E, F 및 G의 방향벡터는 각각 (2, 1), (3, 4), (4, 5), (6, 6)으로 정해진다. 이 그림으로부터 B, C, D 관측치의 비효율성은 0이며 A, E, F 및 G의 비효율성은 0보다 크다는 것을 알 수 있다. 비효율성의 정도는 관측치로부터 생산변경까지 방향벡터를 따라 측정된 거리와 같다는 것을 상기하면, A의 비효율성의 정도는 E, F, G 보다는 낮을 것으로 예상할 수 있다. 또한 E와 F는 비슷한 비효율성값을 보일 것으로 예상할 수 있다. 이는 [표 13-4]의 비효율성 척도 계산결과에서도 확인할 수 있다.

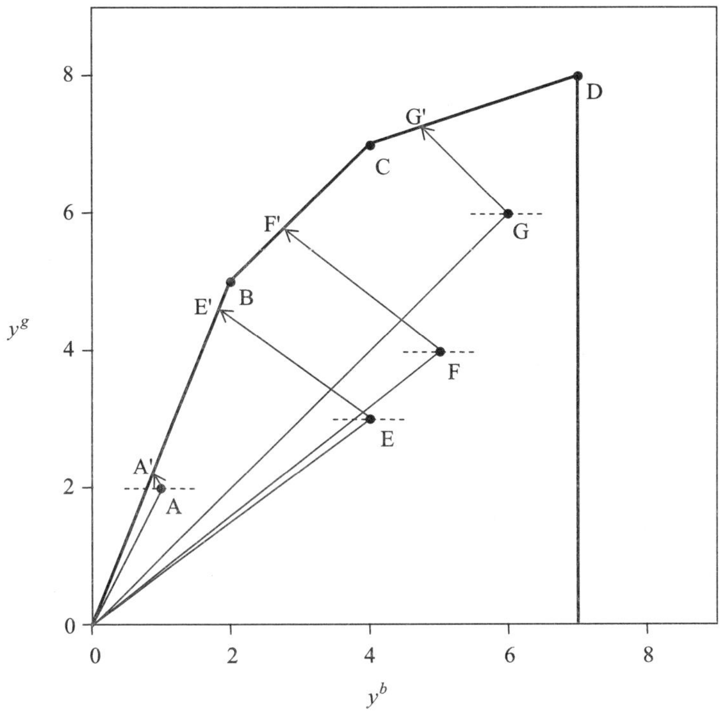

[그림 13-6] 가상투입 산출 자료를 이용하여 도식화한 생산가능집합과 방향거리함수

13.4 R 코드

13.4.1 초효율성 분석

초효율성을 분석하기 위한 특별한 함수는 없으며, `dea(...)`함수와 `for(...)`문을 이용하면 쉽게 계산을 해 낼 수 있다. `for(...)`문으로 한 바퀴 루프를 돌 때마다 i번째 관측치의 투입-산출값을 추출해내어 효율성을 계산해야 할 대상으로 삼고 i번째 관측치를 제외한 모든 관측치의 투입-산출물들로 생산가능집합을 구성해서 효율성을 계산하면 된다. 다음의 코드를 살펴보자.

```
super.dat <- data.frame(y = c(1, 1, 1, 1, 1, 1),
                        x1 = c(2, 2, 5, 10, 10, 3.5),
                        x2 = c(12, 8, 5, 4, 6, 6.5))

re.super <- list() ## 초효율성 결과를 집어넣을 리스트 생성

for(i in 1:nrow(super.dat)){
  re.super[[i]] <-
    dea(base = super.dat[i,], frontier = super.dat[-i,],
        noutput = 1, rts = 1, orientation = 1)
 ## base는 i번째 관측치를, frontier는 i번째 관측치를 제외한 모든
 ## 관측치를 쓴다.
}
```

결과는 다음과 같다. 결과 리스트의 첫번째 원소인 re.super[[1]]은 A 관측치의 초효율성을 측정할 때의 초효율성값, λ_B, λ_C, λ_D, λ_E 및 λ_F 와 여유분에 대한 정보를 보여준다. 또한 결과 리스트의 두번째 원소인 re.super[[2]]은 B 관측치의 초효율성을 측정할 때의 초효율성값, λ_A, λ_C, λ_D, λ_E 및 λ_F 와 여유분에 대한 정보를 보여준다. 결과 리스트의 나머지도 동일하다.

```
R> re.super
[[1]]
  eff lambda1 lambda2 lambda3 lambda4 lambda5 slack.x1 slack.x2 slack.y1
1 1       1       0       0       0       0        0        4        0

[[2]]
    eff lambda1 lambda2 lambda3 lambda4 lambda5 slack.x1 slack.x2 slack.y1
1 1.261  0.6522       0       0       0  0.3478        0        0        0

[[3]]
    eff lambda1 lambda2 lambda3 lambda4 lambda5 slack.x1 slack.x2 slack.y1
1 1.133       0       0  0.3333       0  0.6667        0        0        0

[[4]]
   eff lambda1 lambda2 lambda3 lambda4 lambda5 slack.x1 slack.x2 slack.y1
```

```
1 1.25    0    0    1    0    0    7.5    0    0

[[5]]
  eff lambda1 lambda2 lambda3 lambda4 lambda5 slack.x1 slack.x2 slack.y1
1 0.75    0    0    0.5    0.5    0    0    0    0

[[6]]
  eff lambda1 lambda2 lambda3 lambda4 lambda5 slack.x1 slack.x2 slack.y1
1  1    0    0.5    0.5    0    0    0    0    0
```

13.4.2 비소망재를 생산할 때의 비효율성 분석

비소망재를 생산하는 생산활동을 분석하기 위한 함수는 direc.dea(...)이다. direc.dea(...)는 방향거리함수의 개념을 사용했다는 점에서 ddf(...)와 유사하다. 하지만 direc.dea(...)의 방향벡터는 $(\boldsymbol{d}^g, \boldsymbol{d}^b) = (\boldsymbol{y}^g, \boldsymbol{y}^b)$ 으로 자동적으로 주어지고, ddf(...)는 분석자에 의하여 방향벡터를 정해준다는 점에서 차이를 갖는다. ddf(...)는 모든 관측치들에 대해서 동일한 방향벡터를 부여한다는 것을 다시 한번 상기하자. direc.dea(...)의 인수는 다음과 같다.

```
direc.dea(base = NULL, frontier = NULL, ngood = 1, nbad = 1)
```

direc.dea(...)의 base와 frontier는 dea(...)의 그것과 동일하지만 데이터프레임의 구성을 약간 다르게 해야 한다. direc.dea(...)의 base나 frontier로 넘겨지는 데이터프레임은 data.frame(소망재들, 비소망재들, 투입요소들)의 순으로 정리가 되어야 한다. ngood과 nbad는 각각 소망재와 비소망재의 개수를 정하는 인자이다. ngood와 nbad가 사용자에 의하여 주어지지 않으면 각각 기본값인 1과 1이 사용된다. [표 13-4]에 나타난 자료를 분석하는 코드를 살펴보자.

```
bad.dat <- data.frame(yg = c(2, 5, 7, 8, 3, 4, 6),
                      yb = c(1, 2, 4, 7, 4, 5, 6),
                      x = c(1, 1, 1, 1, 1, 1, 1))
direc.dea(bad.dat, ngood = 1, nbad = 1)
```

결과에 대한 해석이 이미 본문에서 다루었으므로 본 절에서는 다루지 않는다.

13.5 관련문헌

초효율성에 관한 논의는 Xue and Harker (2002)을 참조할 수 있다. 그들은 BCC 모형을 이용하여 초효율성을 응용할 때 해를 구할 수 없는 경우에 경영단위들끼리 어떻게 순위를 정해야 하는지에 대해서 이론적으로 고찰하였다.

비소망재 모형에 대한 논의는 Lee, Park and Kim (2002), Färe, Grosskopf, Noh and Weber (2005), Färe, Grosskopf and Weber (2006)를 참조할 수 있다. Oh (2010)는 비소망재 모형과 metafrontier의 개념을 이용하여 환경생산성을 측정하였다. 확률변경분석에 대한 이론적 전개 및 실증연구에 대한 간략한 소개는 Kumbhakar and Lovell (2000)을 참고하길 바란다.

13.6 연습문제

1. 가상적인 투입산출에 대해 DEA와 SFA를 적용하고, 효율성 값을 비교해보자. 두 방법론에서 결과가 다르게 도출되는 이유가 무엇인지 생각해보자.

2. SFA의 장점과 단점에 대해 생각해보자. 어떤 경우에 DEA 혹은 SFA를 적용해야 할 지 생각해보자.

3. 초효율성 분석을 통해 특이치를 제거하는 방법에 대해 생각해보자.

4. [표 13-4]의 자료를 (y^g, y^b) 평면에 도시한 [그림 13-6]에서 방향 벡터를 $(y^g, -y^b)$ 으로 바꾸었을 때 비효율성 값을 도출하고, 예제의 결과와 비교해보자. 어떤 방향벡터가 바람직할 지에 대해 생각해보자.

14. 응용의 제문제

14.1 개요

DEA는 기본적인 이론이 복잡하지 않아 쉽게 이해할 수 있다는 장점이 있다. 어떤 의미에서는 선형계획모형 가운데 비교적 단순한 형태의 최적화 모형을 이용하는 것 정도로 이해될 수도 있다. 그러나 이러한 이론적 단순함과는 달리 현실 응용연구에서는 수없이 많은 모형들이 제시되고 있다. 이는 응용을 할 때마다 주어진 문제의 특성을 고려하기 위하여 기본모형을 변형시켜 나가야 하기 때문이다. 따라서 DEA는 본질적으로 응용지향적인 방법론이라 할 수 있다.

응용이 비교적 쉽지만, 또 그만큼 실수를 범하기도 쉽다. 본 장에서는 DEA의 응용절차를 간단히 살펴보고, 응용과정에서 체크하여야 할 요소를 몇 가지로 정리하고자 한다.

14.2 실증 절차

실증분석은 i) 연구목적-연구가설-분석모형 확정, ii) 적용대상 확정, iii) 자료수집, iv) 분석, v) 결과 해석과 피드백, vi) 결과 제시의 순서대로 이루어진다. 응용분석을 하기 전에 각 단계마다 관련 문헌을 바탕으로 치밀한 사전 준비가 필요하다. 단계별로 고려하여야 할 중요한 점들은 다음과 같다.

① 연구목적–연구가설–분석모형 확정

DEA 효율성 분석을 수행하고자 할 때 무엇보다 분석하고자 하는 목적을 분명히 하여야 한다. 다음과 같은 목적들을 대표적으로 생각해 볼 수 있다.

- 의사결정단위(DMU)들 간의 효율성의 순위 혹은 척도값의 분석
- DMU들이 모인 집단의 효율성 분포의 분석
- 집단간 효율성 차이의 분석
- 효율성 혹은 비효율성의 원인분석과 그 해결방안 도출
- 효율성 값을 기준으로 한 각종 의사결정
- 시간에 따른 생산성의 변화와 그 원인 분석

응용분석의 목적이 정해지면, 이를 구체적으로 표현하는 연구가설(Research hypothesis)이 만들어진다. 연구가설에 따라 어떤 모형을 사용할지가 결정된다. 가령, 전자산업과 기계산업에 속한 상장기업들의 효율성을 비교하고자 하는 연구목적이 있다면, 연구가설이 두 집단의 '효율성 평균'이 차이가 없을 것이라는 구체적인 연구가설이 만들어지게 될 것이다. 집단의 효율성 평균이 중요하다면 모형간에 큰 차이가 없기 때문에 CCR이나 BCC와 같은 비교적 단순한 모형을 사용하는 것이 바람직하게 된다.

② 적용대상 확정

연구목적과 가설이 성립되면 분석대상을 설정하게 된다. 분석대상은 투입과 산출 구조를 가진 경제적인 생산단위가 된다. 분석대상을 어떻게 설정하는가에 맞추어 투입과 산출이 수집되고, 분석결과 역시 그에 따라 도출된다. 가령, 연구목적이 기업단위의 시사점을 도출하는 것임에도 불구하고 분석대상을 산업으로 설정하게 되면 타당한 결론을 얻을 수 없다.

③ 자료수집

적용대상이 설정되면, 그 대상의 투입과 산출자료를 가능한 넓은 범위에서 수집하여야 한다. 관련 변수 가운데 수치로 표현될 수 없거나, A, B, C와 같이 정성적 평가에 해당하는 것들도 있을 수 있다. 이들 자료 역시 특수한 모형을 활용할 경우 고려가 가능하므로, 자료 형태와 상관없이 가능한 많은 자료를 수집하는 것이 바람직하다. 연구의 초기단계에서는 투입과 산출자료뿐 아니라 그 대상을 둘러싼 환경과 관련된 변수도 모두 수집하여야 한다. 대체로 효율성 분석에 이어 원인분석이 이어지기 때문에 이를 감안하여 미리 수집해 두면 응용에 소요되는 시간을 크게 줄일 수 있다.

자료가 모두 수집되면, 일차적으로 투입, 산출, 환경변수를 별도로 분리하여 정리하여야 한다. 또한 가능하면 자료의 단위를 통일하거나, 숫자의 절대적인 크기를 유사한 범위로 맞추거나, 정성적 변수를 대리할 수 있는 정량적 변수를 찾는 노력을 해야 한다.

④ 분석

DEA 분석은 일반적인 경우 소프트웨어 프로그램을 활용해서 이루어지기 때문에 적절한 프로그램을 선정하거나, 모형이 특수할 경우 프로그램 코드를 직접 작성하여야 한다. 프로그램과 관련된 문제는 14.4절의 내용을 참고하길 바란다.

⑤ 결과 해석과 피드백

실증분석의 결과 도출된 값을 살펴보고, 연구가설과 목적에 부합하는 결과가 도출되었는지를 확인하는 과정이 해석이다. 본격적인 해석에 앞서 분석이 합리적으로 진행되었는지를 확인하는 절차(validation and verification)를 거쳐야 한다. 상식적으로 결과를 예상할 수 있는 특정한 관측치를 염두에 두고, 적절한 결과가 도출되었는지를 확인해보는 방법이 있을 수 있다. 예를 들자면, 어떤 기업이 평균에 미치지 못하는 산출을 내고 있으며 평균보다 높은 투입

구조를 갖고 있다면, 분명히 낮은 효율성 수준을 보이는 것으로 도출되어야 한다. 그러나 분석결과 이 기업의 효율성이 아주 높은 것으로 나타났다면, 분석과정에서 문제가 있는 것으로 볼 수 있다.

분석결과가 상식과 부합하지 않는 경우 앞서의 모든 절차를 다시 점검하는 피드백이 필요하다. 가령 모형이나 분석대상이 잘못 설정되거나 자료수집상의 오류가 있거나, 프로그램 적용상에 문제가 있을 수 있다. 각 단계를 되집어가며 마치 디버깅하는 것처럼 한단계 한단계 되짚어가면서 확인해 나가야 한다.

⑥ 결과제시

DEA는 응용지향적인 연구방법론이기 때문에, 분석결과를 받아 의사결정을 해야 할 사람이 분석의 전제, 과정, 결과, 그리고 시사점을 명쾌하게 이해하도록 해야 한다. 이를 위해서 단순한 수치 테이블이 아니라 다양한 그래프를 동원하여 결과와 시사점에 대한 설득력을 높이는 과정이 필요하다.

14.3 응용에서 흔히 부딪히는 문제

Dyson, Allen, Camanho, Podinovski, Sarrico and Shale (2001)은 DEA 응용분석에서 흔히 범하게 되는 실수와 이에 대한 처방을 몇 가지로 나열하여 제시한 바 있다. 본 절에서는 그들의 논의와 덧붙여 그 밖의 추가적으로 고려해야 할 사항 등에 대해 요약하였다.

① 분석대상으로 함께 분류될 수 있는 의사결정단위는 무엇인가?

DEA는 특정 시점에 존재하는 다수의 의사결정단위들을 분석대상으로 한다. 이때 같은 분석대상이 되려면 그 대상들이 동일한 (i) 활동목적과 (ii) 활동범위, (iii) 투입/산출 종류, (iv) 환경을 가지고 있어야 한다. 이런 동질성 조건이 충족되지 않으면 마치 귤과 사과를 비교하는 것과 같은 오류를 범하게 된다.

만약 동질적이지 않다고 판단되는 의사결정단위들이 있지만, 반드시 분석에 포함되어야 한다면, 집단간 비교를 하거나 범주변수(categorical variable)로 구별하여야 한다. 그렇지 않을 경우 최소한 결과해석에서 이질성이 있다는 점을 명기하여야 한다.

② 분석대상들이 서로 다른 환경에서 활동하고 있다면, 어떻게 처리하여야 하는가?

가령 동일한 기능을 수행하는 공기업과 사기업들을 분석해야 하는 상황에 있다면 이들은 서로 다른 환경에서 활동하고 있다고 보는 것이 타당하다. 도시지역과 농촌지역의 체인식당을 분석하는 경우에도 서로 영업환경이 다르다고 보아야 타당하다. 이처럼 환경 차이가 엄연히 존재하고 있을 때 이를 무시하고 분석하게 되면, 특정 환경하에 놓인 분석대상들이 부당하게 낮은 효율성을 가진 것으로 평가될 수 있다.

이처럼 환경이 다른 경우에는 i) 분석표본을 달리하여 별도로 분석하거나, ii) 같은 표본에 넣고 분석한 후 집단간 통계적 비교를 하여 환경이 주는 영향을 체계적으로 분석해내거나, iii) 12.2절에서 제시된 원인 분석을 위한 이차 회귀분석에서 설명변수 중 하나로 환경차이를 변수로 반영하는 등의 노력을 기울여야 한다.

③ 수 많은 DEA 모형 중 어떤 모형을 적용해야 하는가?

모형 선택은 분석대상 의사결정단위의 활동방식을 기준으로 이루어져야 하는 것이 원칙이다. 가령 공적 조직들은 활동 목적은 주어져 있고 그 목적을 최소한의 투입으로 달성하고자 하는 것이 일반적이다. 이때는 산출의 최대화를 목적함수로 하는 산출기준 모형들은 적합하지 않다. 이와 비슷한 논리를 사기업에 적용하면, 투입기준 모형을 적용하는 것보다 산출기준 모형을 적용하는 것이 더 바람직하다.

모형 선택의 두 번째 기준은 분석목적 혹은 연구가설이다. 규모의 경제성 여부를 판단하는 것이 중요하다면, BCC 모형을 활용해야 한다. 전문가의 직관을 모형에 반영하여야 한다면 9장에서 설명된 가상가격 제약모형들을 활용하는 것이 적합하다.

④ 관측치의 개수는 어느 정도가 충분한가?

관측치의 개수는 많을수록 바람직하다. 그 이유는 관측치의 개수가 충분하지 않을 경우 대체로 많은 의사결정단위들이 1의 효율성을 가지게 되어 식별력이 떨어지기 때문이다. 또한 관측치의 수가 적으면 특정 관측치를 반영하는가 그렇지 않은가에 따라 전체 결과값들이 크게 달라지는 등 결과의 안정성이 떨어지기도 한다.

관측치의 수가 비교적 적더라도 투입산출의 종류가 많지 않으면 분석이 원만하게 이루어질 수 있다. 그 반대의 경우 자유도가 떨어져 식별력이 크게 떨어지게 된다. 가령 2가지 종류의 투입으로 1가지 산출을 만들어내는 생산과정에서 3개 기업의 관측치만이 있다고 하자. 이 때, 투입과 산출로 3차원 평면을 구성하는데, 대체로 3개의 기업들은 서로 떨어진 곳에서 모두 생산가능집합의 꼭지점에 놓이게 될 가능성이 높기 때문에 모두 1의 효율성을 갖는 것으로 나타나기 쉽다. 이와 같은 상황에서는 효율성 분석 자체가 무의미해진다.

따라서 필요한 관측치의 수와 투입산출의 가지수는 서로 긴밀히 연관되어 있다. Dyson, Allen, Camanho, Podinovski, Sarrico and Shale (2001)은 투입과 산출의 종류를 각각 m과 n이라고 할 때 관측치는 2x(mxn)을 넘는 것이 바람직하다는 직관을 제시한 바 있다. 그러나 일부 연구자는 3x(mxn)을 넘는 것이 바람직하다고 하는 경우도 있는 등 특정한 기준이 있다기 보다 선험적인 법칙이 존재한다고 볼 수 있다. 예를 들어 3종류의 투입과 2종류의 산출을 상정한다면 관측치의 수는 12개 혹은 18개를 넘어야 한다는 정도로 생각할 수 있다. 물론 이 값은 최소한의 값이며, 대체로 많은 관측치가 안정된 결과를 준다고 보는 것이 타당하다.

투입산출의 개수를 인위적으로 줄여나가는 방법도 있을 수 있다. 예를 들어 주성분분석(PCS; Principal Component Analysis)을 수행하게 되면 몇 개의 변수를 묶어 하나의 주성분으로 표시할 수 있기 때문에 분석결과 식별력이 높아질 수 있다 (Adler and Yazhemsky, 2009).

⑤ 투입 혹은 산출 변수들 간에 상관관계가 클 경우 문제가 발생하지 않는가?

전통적인 계량경제학(econometrics)의 관점에서는 독립변수간의 상관관계는 추정계수의 통계적 유의도(statistical significance)를 떨어뜨리는 주요한 원인중 하나이다. 그러므로 상관관계가 클 경우 특정 변수를 배제하거나, 대리변수를 사용하는 등의 조치를 취하게 된다. 그러나 DEA 모형은 비통계적이므로 변수들 간의 상관관계가 분석결과에 어떤 통계적 영향을 미친다고 볼 수 없다. 따라서 그 변수가 분석대상 의사결정단위의 행동을 묘사하는데 있어 중요하다는 개념적, 실증적 증거가 있다면 모형에 반영하는 것이 원칙적으로 바람직하다.

그럼에도 불구하고 투입 혹은 산출 변수가 늘어나면 식별력에 문제가 발생할 수 있기 때문에, 변수의 개수를 무한정 늘리는 것보다 개념적으로 유사한 변수들은 가능한 하나의 변수를 선택하거나 혹은 여러 변수를 하나의 변수로 통합해서 사용하는 것이 바람직하다.

⑥ 환경변수와 투입/산출변수는 어떻게 구분하는가?

자료를 모으는 과정에서 어떤 변수가 환경변수로 분류되어야 하는지 혹은 투입/산출 변수로 분류되어야 하는지를 구분하기 어려운 경우가 있다. 예를 들어 은행지점의 성과를 평가할 때 주변지역 평균소득에 따라 지점의 성과가 달라질 수 있다. 이를 감안하기 위해 주변지역 소득을 변수로 관측하여 성과차이를 설명하기 위한 원인변수의 하나로 볼 수도 있지만, 생산과정에서 이용되는 한 종류의 투입으로도 볼 수도 있다. 또한 주차시설이 되어 있는 레스토랑 지점과 시설이 없는 지점간의 비교에서는 주차시설 여부 또한 투입변수 혹은 환경변수로 볼 수 있다.

어떻게 분류하여야 하는지에 대해 유일한 답이 있지는 않지만, 대체로 의사결정단위가 조절할 수 있는 변수들은 투입산출 요소로, 조절할 수 없는 변수들은 환경변수로 보는 것이 타당하다. 위의 예에서 주변지역 평균소득은 은행의 지점장이 조절할 수 없기 때문에 환경변수로 보는 것이 타당하고, 주차시설의 경우 레스토랑 점주의 결정에 의해 만들 수도 있으므로 투입 요소의 하나로 보는 것이 타당하다. 이와 같은 결정을 하기 이전에 분석대상 의사결정단위의 행동에 대한 면밀한 사전분석이 이루어져야 한다.

⑦ 전문가 혹은 분석자의 직관을 어떻게, 어느 정도 반영하여야 하는가?

DEA는 관측자료들에 기반하여 수학적인 계산의 결과 수치를 얻어내는 어찌보면 무미건조한 분석방법이다. 이에 반해 해당분야의 전문가나 분석자는 그간의 경험이나 직관에 의해 분석결과가 어떠할 것이다, 혹은 어떤 결과로 도출되어야 마땅하다는 견해를 가지고 있다.

원칙적으로 전문가와 분석자의 견해는 DEA 에 반영하지 않는 것이 타당하다. 그 이유는 결과를 의도적으로 왜곡시킬 가능성이 있을 뿐만 아니라, 전문가의 직관이 대체로 특정한 변수 혹은 측면에 기반한 것일 가능성이 있기 때문이다. DEA 모형에서 고려되는 것처럼, 다차원적인 변수를 동시에 고려할 수 있는 기법의 장점을 충실히 살리기 위해서는 전문가의 견해는 결과해석에서 활용하는 것이 바람직하다.

그럼에도 불구하고 명시적인 증거가 있고 직관을 반영하여 분석에 임하는 것이 타당하다고 판단될 경우, 가상가격 제약 모형 등을 활용하여 전문가의 견해를 모형에 반영할 수 있다.

⑧ 시간에 따른 변화는 어떻게 분석하는가?

DEA는 본질적으로 특정 시점의 효율성을 수평적으로 비교하는 정태적 분석 방법이다. 다른 시간대에 걸쳐 자료를 수집한 경우 연도별 효율성의 변화를 분석하는 목적을 생각하게 된다. 이 경우 범하게 되는 가장 흔한 실수 중 하나는 연도별로 DEA를 수행한 다음 효율성의 평균값을 구한 후 연도별 변화를 보아 효율성이 향상되있다거나 하락하였다고 해석을 하는 것이다. 연도별 평균 효율성 값은 당시 표본내에서 상대적으로 비교한 값을 평균한 것일 뿐 다른 연도와 비교하여 논할 수 있는 값이 아니다. 즉 2005년도의 0.8이라는 효율성 값과 2006년도의 0.9라는 값은 서로 비교할 수 없다. 개별 기업의 효율성인 경우에도 연도를 가로질러 비교하는 것은 무의미하다.

따라서 시간에 따른 변화를 보고자 할 때는 다음의 3가지 방법 중 하나를 선택하여야 한다.

첫째, 모든 연도의 자료를 동시에 반영한 하나의 표본을 만들어 분석할 수 있다. 이와 같은 풀링자료(pooled sample)에 대하여 분석이 이루어지면, 연도별 평균을 구할 수 있고, 이 경우에는 그 값을 다른 연도에 대해 비교하는 것이 가능하다.

둘째, 몇 개의 연도를 묶어 생산가능집합을 구성하여 특정 년도의 경영단위의 효율성을 분석하되, 다음 년도의 효율성을 측정할 때는 가장 초기 연도를 배제하고 새로운 연도의 자료를 추가하여 새로운 표본으로 생산가능집합을 만들어 분석하는 윈도우 분석(window analysis)을 이용할 수 있다 (Charnes, Clark, Cooper and Golany, 1985). 가령, 2001년에서 2005년까지 5개년 자료를 관측하였다면, 첫 번째 분석에서 2001, 2002, 2003년의 자료를 묶어 분석하고, 두 번째 분석에서 2002, 2003, 2004년도를 묶어 분석하는 방식으로 진행해 나가는 것이다. 이와 같이 하면 특정 관측치의 효율성이 시간에 따라 증가하고 있는지 감소하고 있는지를 추적해서 비교할 수 있다.

셋째, 이웃한 연도를 짝지어서 패널 데이터를 구축하여 11장에서 제시된 생산성변화 분석을 수행할 수 있다. 단, 맘퀴스트 생산성 변화지수를 분석할 때 모든 시점에 걸쳐 동일한 의사결정단위가 모두 존재하는 소위 균형패널(balanced panel)을 활용하여야 한다는데 유의할 필요가 있다.

⑨ DEA 분석결과를 어느 정도 신뢰할 수 있는가?

12장에서 논의된 바와 같이 DEA 분석결과는 통계적 가정없이 '계산'된 값이기 때문에 본질적으로 분석결과가 어느 정도 신뢰성을 갖는지에 대한 정보를 제공하지 않는다. 결과값의 통계적 유의성이라는 개념에 익숙한 사람들의 입장에서는 결과의 신뢰성이 큰 문제가 될 수 있다. 이에 답하기 위해서는 다음과 같은 2가지 접근법을 염두에 둘 수 있다.

첫째, 12장에서 제시된 다양한 기법을 활용하여 통계적 신뢰구간(confidence interval)을 제시할 수 있다.

둘째, 투입산출 값들을 조금씩 변화시켜가면서 분석결과가 어느 정도까지 안정적인지를 보여주는 민감도 분석(sensitivity analysis)을 수행하는 방법이 있을 수 있다 (Cooper, Shanling, Seiford, Tone, Thrall and Zhu, 2001).

14.4 DEA 소프트웨어 프로그램

14.4.1 DEA 소프트웨어 프로그램의 발전과정

DEA는 선형계획법의 일종이다. 따라서 문제를 형성하는 논리만 이해하면 실제 계산은 대체로 선형계획법을 풀기 위해 개발된 여러 가지 프로그램들을 이용하여 해결할 수 있다. DEA 프로그램은 다음과 같은 목적으로 개발되었다.

첫째, DEA 프로그램들은 사용자에 의해 최적화 문제가 직접 작성되지 않고, 특정한 모형의 이름으로 자동 생성하도록 한다. 예를 들어 CRS 가정하의 투입기준 CCR 모형의 원형문제는 목적함수가 1개이며 투입+산출 개수만큼의 제약식이 주어져야 한다. 이와 같이 형성된 최적화 문제의 구조가 복잡하기 때문에 주어진 자료를 바탕으로 DEA를 직접 선형계획 문제로 형성하다 보면 오류가 발생할 가능성이 커진다. 이러한 문제점을 해결하기 위하여 많은 DEA 프로그램이 개발되었다. 대부분의 DEA 프로그램은 'Input-CCR'등과 같은 특정한 명령어나 이 명령어가 포함된 아이콘을 이용하여 프로그램이 내부적으로 선형계획문제를 형성하도록 한다.

둘째, DEA 프로그램은 주어진 자료에서 필요한 자료를 추출하여 매번 모형을 자동으로 형성하기 위해 만들어진다. DEA 효율성 측정 문제는 관측치 별로 독립된 선형계획문제를 풀게 되어 있다. 따라서 동일한 계산과정을 약간의 자료만 변형하여 관측치의 수만큼 반복해야 한다. 관측치의 수가 적을 때는 수동으로도 할 수 있지만, 그 수가 수백 개 정도에 이르면 이와 같이 반복하는 과정이 물리적으로 힘이 들고 오류가 발생할 수 있어 자동화하는 것이 바람직하다.

셋째, DEA 분석결과 주어지는 효율성 척도 및 여유분에 대한 정보를 다양한 그래픽 수단들을 활용하여 직관적으로 이해하기 쉽도록 결과를 제시한다. 경영진단, 경영컨설팅의 목적으로 특화된 DEA 프로그램들은 결과치를 도식화하는 데 강점을 가지고 있다.

DEA 분야가 확대되면서 DEA 프로그램 역시 활발하게 개발되어 왔다. 초기에는 LINDO 등 자료해석 및 최적화 문제를 풀기 위한 일반적인 소프트웨어의 모듈 형태로 개발되어 오다가, 최근에는 DEA만을 전문적으로 다루는 프로그램들이 다수 발표되었다.

일부 프로그램들은 연구를 목적으로 무료 배포되고 있지만, 상당수 프로그램들은 유료로 판매되고 있다. 각 프로그램들은 입출력 자료의 처리방식, 분석 가능한 DEA 모형의 종류, 다룰 수 있는 투입산출 혹은 관측치의 수, 계산시간 등에서 조금씩 차이가 있다.

입출력방식이 쉽고 DEA 모형들을 반영하는 방식이 간단한 프로그램일수록 사용하기에는 편리하지만, 모형을 변형할 수 있는 자유도는 낮다. 반면 입출력이나 모형반영의 방식이 소위 '기계어'의 양식에 가까운 프로그램일수록 사용하기에는 불편하지만 자유롭게 모형을 변형할 수 있다. GAMS 등 최적화 문제를 위한 프로그램을 활용하면 매 관측치마다 직접 최적화 모형을 입력해야 하지만, 본인이 원하는 새로운 모형을 쉽게 시험해볼 수 있다. 반면 Frontier Analyst®과 같은 경우 윈도우 상에서 스프레드 쉬트 형식으로 자료를 입력하고 클릭만으로 분석이 쉽게 할 수 있지만, 새로운 모형은 전혀 시험해볼 수 없다.

14.4.2 주요 소프트웨어 프로그램

Barr (2004)에 소개된 주요 프로그램들을 간략히 정리하면 다음과 같다. 유료 프로그램의 가격은 가장 높은 사양의 가격을 대표적으로 기록했다.

[표 14-1] 주요 DEA 프로그램의 개요

프로그램 명	개발자	유료/무료	URL
Frontier Analyst®	Banxia Software Ltd.	유료 (£2,395)	www.banxia.com
DEA-Solver-Pro	SAITECH, Inc.	유료 ($1,600)	www.saitech-inc.com
OnFront	Färe, R. and S. Grosskopf	유료 ($1,750)	www.emq.com
Warwick DEA	Thanassoulis, E. et al.	유료 (£500)	www.deazone.com
DEA Frontier	Zhu, J.	유료 ($150)	www.deafrontier.com
DEAP	Coelli, T.	무료	www.uq.edu/economics/cepa/software.htm

최근 Lee and Ji (2009)에 의해 개발된 Stata 기반의 DEA 프로그램은 다양한 모형을 포괄할 뿐 아니라 결과제시에 있어서도 이해력 높은 형식이 많아 많은 다운로드를 기록하고 있는 중이다.

본 서에서 제시하는 R기반 DEA 프로그램은 다음과 같은 점에서 기존 프로그램들과 차별적인 우수함이 있다.

첫째, 기반언어인 R이 개방형 통계소프트웨어 이므로 비용이 들지 않고, R에서 공유되고 있는 다양한 모듈들을 활용할 수 있다.

둘째, 기존의 DEA 프로그램이 포괄하지 못하는 다양한 모형들을 모두 포괄하고 있다.

셋째, 연구자가 새로운 모형을 만들고자 할 때 본서에서 제시된 프로그램의 일부를 모듈로서 활용할 수 있다.

15. DEA와 선형계획법

15.1 선형계획법의 개요

전형적인 선형계획법은 다음과 같은 최적화 문제를 푸는 것이다.

$$
\begin{aligned}
&(P) \\
&\min_{\boldsymbol{x}}\ p = \sum_{i=1}^{N} c_i x_i \\
&\textit{subject to} \\
&\sum_{i=1}^{N} a_i^j x_i = b^j \quad (j = 1, 2, \cdots, J)\ ; \\
&x_i \geq 0 \quad (i = 1, 2, \cdots, N)
\end{aligned}
\tag{15.1}
$$

위 문제를 원형(primal) 문제라고 하면, 이에 대응하는 쌍대(dual) 문제는 다음과 같이 주어진다.

$$
\begin{aligned}
&(D) \\
&\max_{\boldsymbol{y}}\ d = \sum_{j=1}^{J} b^j y^j \\
&\textit{subject to} \\
&\sum_{j=1}^{J} a_i^j y^j = c_i \quad (i = 1, 2, \cdots, N)
\end{aligned}
\tag{15.2}
$$

위의 원형과 쌍대 문제의 해는 동일하다. 다음의 두 문제도 원형과 쌍대의 관계를 갖는다.

$$
\begin{aligned}
&(P1)\\
&\min_{\boldsymbol{x}}\ p=\sum_{i=1}^{N}c_i x_i\\
&\textit{subject to}\\
&\sum_{i=1}^{N}a_i^j x_i \ge b^j\ (j=1,2,\cdots,J)\ ;\\
&x_i \ge 0\ \ (i=1,2,\cdots,N)
\end{aligned}
\tag{15.3}
$$

$$
\begin{aligned}
&(D1)\\
&\max_{\boldsymbol{y}}\ d=\sum_{j=1}^{J}b^j y^j\\
&\textit{subject to}\\
&\sum_{j=1}^{J}a_i^j y^j \le c_i\ \ (i=1,2,\cdots,N)\ ;\\
&y^j \ge 0\ (j=1,2,\cdots,J)
\end{aligned}
\tag{15.4}
$$

위 원형(P1)과 쌍대(D1)문제는 다음과 같이 여유변수를 도입하여 다시 쓸 수 있다.

$$
\begin{aligned}
&(P2)\\
&\min_{\boldsymbol{x},\boldsymbol{s}}\ p=\sum_{i=1}^{N}c_i x_i\\
&\textit{subject to}\\
&\sum_{i=1}^{N}a_i^j x_i - s^j = b^j\ (j=1,2,\cdots,J)\ ;\\
&x_i \ge 0\ \ (i=1,2,\cdots,N)\ ;\\
&s^j \ge 0\ \ (j=1,2,\cdots,J)
\end{aligned}
\tag{15.5}
$$

$$
\begin{aligned}
&(D2)\\
&\max_{\boldsymbol{y},\boldsymbol{\rho}}\ d=\sum_{j=1}^{J}b^j y^j\\
&\textit{subject to}\\
&\sum_{j=1}^{J}a_i^j y^j + \rho_i = c_i\ \ (i=1,2,\cdots,N)\ ;\\
&y^j \ge 0\ (j=1,2,\cdots,J)\ ;\\
&\rho_i \ge 0\ (i=1,2,\cdots,N)
\end{aligned}
\tag{15.6}
$$

원형(P1)과 쌍대(D1)문제의 관계에서 $\sum_{i=1}^{N} c_i x_i^* = \sum_{j=1}^{J} b^j y^{j*}$ 이므로 두 문제의 해는 항상 같다. 또한 P2와 D2의 수식으로부터 얻어지는 해에 대해 다음과 같이 상보성여유조건이 성립한다.

$$\rho_i x_i = s^j y^j = 0 \tag{15.7}$$

15.2 선형계획 일반문제로 표현한 DEA 모형

가장 간단한 투입기준 CCR 모형을 위의 일반적인 선형계획 모형과 같이 표현하면 다음과 같다.

$$\begin{aligned}
&(DEA-P1)\\
&\theta^{k*} = \min_{\theta,\boldsymbol{\lambda}} \theta^k\\
&subject\ to\\
&\theta^k x_m^k - \sum_{j=1}^{J} x_m^j \lambda^j \geq 0 \quad (m=1,2,\ldots,M)\ ;\\
&\qquad \sum_{j=1}^{J} y_n^j \lambda^j \geq y_n^k \ (n=1,2,\ldots,N)\ ;\\
&\lambda^j \geq 0 \qquad\qquad (j=1,2,\ldots,J)\ ;\\
&\theta \geq 0.
\end{aligned} \tag{15.8}$$

여유변수를 도입하여 이를 다시 표현하면 다음과 같다.

$$\begin{aligned}
&(DEA-P2)\\
&\min_{\theta,\boldsymbol{\lambda},s-,s+} \theta - \varepsilon\Big(\sum_{m=1}^{M} s_m^- + \sum_{n=1}^{N} s_n^+\Big)\\
&subject\ to\\
&\theta x_m^k - \sum_{j=1}^{J} x_m^j \lambda^j - s_m^- \quad = 0 \quad (m=1,2,\ldots,M)\ ;\\
&\qquad \sum_{j=1}^{J} y_n^j \lambda^j \qquad + s_n^+ = y_n^k \quad (n=1,2,\ldots,N)\ ;\\
&\lambda^j \geq 0 \qquad\qquad (j=1,2,\ldots,J)\ ;\\
&s_m^- \geq 0 \qquad\qquad (m=1,2,\cdots,M)\ ;\\
&s_n^+ \geq 0 \qquad\qquad (n=1,2,\cdots,N)\ ;\\
&\theta \geq 0.
\end{aligned} \tag{15.9}$$

이에 대응하는 쌍대문제(DEA-P2)는 다음과 같다.

$$
\begin{aligned}
&(DEA-D2)\\
&\max_{\boldsymbol{u},\boldsymbol{v},\boldsymbol{\tau}}\left(\sum_{n=1}^{N} u_n y_n^k\right)\\
&\textit{subject to}\\
&\sum_{m=1}^{M} v_m x_m^k \qquad\qquad = 1;\\
&\sum_{m=1}^{M} v_m x_m^j - \sum_{n=1}^{N} u_n y_n^j - \tau^j = 0 \quad (j=1,2,\ldots,J)\ ;\\
&v_m \geq 0 \qquad\qquad (m=1,2,\ldots,M)\ ;\\
&u_n \geq 0 \qquad\qquad (n=1,2,\ldots,N)\ ;\\
&\lambda^j \geq 0 \qquad\qquad (j=1,2,\ldots,J)\ .
\end{aligned}
\tag{15.10}
$$

식 (15.9)와 식 (15.10)에 표현된 두 문제의 최적값은 동일하며 다음과 같이 상보성여유조건이 성립한다.

$$
s_m^- v_m = s_n^+ u_n = \tau^j \lambda^j = 0 \tag{15.11}
$$

식 (15.11)의 앞 두 조건($s_m^- v_m = s_n^+ u_n = 0$)은 투입이나 산출에 여유분이 존재하면, 거기에 해당하는 가상가격이 0이라는 의미이다. 마지막 조건 ($\tau^j \lambda^j = 0$)은 k번째 관측치의 원형 문제의 λ^j가 양수이면 이에 해당하는 쌍대 문제 제약조건이 $\tau^j = 0$ 이 되어, 제약식이 등식으로 성립한다는 것을 의미한다. 이는 곧 j 번째 관측치가 k 번째 관측치의 입장에서 효율적이라는 것을 나타낸다.

16. R을 이용한 DEA 프로그래밍

16.1 R과 DEA

R은 통계계산을 쉽게 수행하고 그 결과를 효과적인 방식으로 표현하기 위한 컴퓨터 언어이다. R은 무료일 뿐만 아니라 소스코드가 개방되어 있다. 따라서 다양한 사용자들이 서로 다른 패키지(일반적인 다른 프로그램에서는 모듈이라고 불림)를 개발하고 공유 및 검증하면서 스스로 발전해나가는 언어이다. R과 비슷한 성격을 갖는 통계 패키지로는 SAS가 있다. 하지만 SAS로는 통계결과를 그림으로 표현하는데 힘이 들고 오픈소스 정책을 따르지 않아 사용자가 새로운 함수 혹은 루틴을 만들어내기가 쉽지 않다.

지금까지 개발된 상용/비상용 DEA 프로그램들은 문제를 자동으로 여러 번 형성하고, 출력결과를 사용자의 입장에서 다양한 모습으로 보여주는데 초점을 맞추고 있다는 점은 앞서 살펴보았다. R로도 이러한 기능을 손쉽게 구현할 수 있으며, 데이터 전처리나 결과처리 등도 효율적으로 수행할 수 있다는 장점을 지니고 있다. 이와 더불어 R은 DEA 관련 함수를 작성함에 있어 다음과 같은 장점을 갖고 있다.

첫째, 연구자가 스스로 개발 및 적용하고자 하는 DEA모형이 있을 경우 R 언어를 사용하여 모형을 직접 작성할 수 있다.

둘째, 여러 개발자들이 조금씩 다른 목적과 기능을 가진 패키지를 개발, 공유 및 검증하기 때문에, 기존의 DEA 프로그램 보다 더 광범위하고 신뢰도 높은 확장성을 갖는다. 이는 오픈소스 프로젝트들만이 가진 장점이라 할 수 있다.

16.2 R의 개요

본 서의 모든 예제 DEA프로그램들은 R로 작성되어 있다. 프로그램들의 활용방법에 대해서는 본문 내 해당부분에서 설명하였으나, R 언어에 대한 최소한의 이해가 없이는 코드를 해석하는데 다소 어려움이 있을 수 있다.

R에 대해서 친숙하지 않은 독자들을 위해서 본 절에서는 R의 설치, 구동, 함수 등 최소한의 항목에 대해 소개를 하고자 한다. 본 절은 R 자체를 완전히 설명하지 않으며, R에 대한 개략적인 모습을 이해하기 위한 기초자료를 제공하는데 목적을 둔다. 특히 선형계획(LP)모형 및 이에 기반한 DEA 모형의 내부 알고리즘을 이해할 수 있기 위한 최소한의 지식을 제공하고자 한다. 보다 완전한 소개자료는 R 홈페이지(http://www.r-project.org)를 참조하여야 한다.

16.2.1 설치

R은 오픈소스 정책을 따르기 때문에 R 홈페이지(http://www.r-project.org)에서 관련 파일을 무료로 다운로드받아 설치할 수 있다. R을 다운로드받기 위해서는 [그림 16-1]에서 나타낸 것과 같이, 홈페이지 좌측메뉴의 ‘Download, Packages’라는 항목 밑의 CRAN을 클릭한다. 그러면 화면이 [그림 16-2]와 같이 바뀐다. 이 화면은 R을 다운로드 받을 수 있는 미러 사이트(mirror site) 리스트를 보여준다. 자신이 사는 지역과 가장 가까운 나라 중에서 마음에 드는 서버를 하나 택하여 클릭한다. 서버를 선택한 화면은 [그림 16-3]과

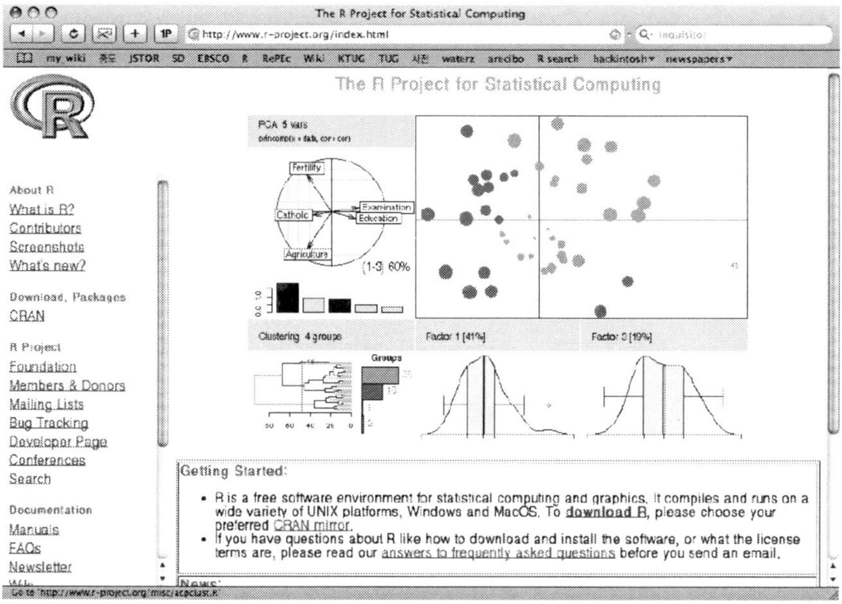

[그림 16-1] R 홈페이지의 주화면

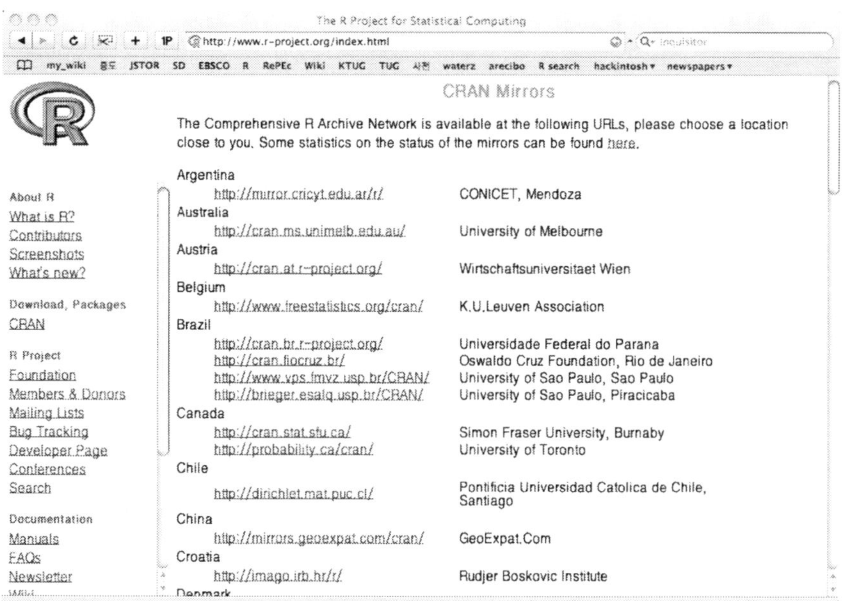

[그림 16-2] R을 다운로드 받기 위한 화면

같다. 윈도우 사용자는 Windows를 클릭한 후 base를 선택하여 'Download R2.10.1 for Windows'라는 링크 혹은 최신버전의 링크를 클릭하여 다운로드 받는다. 설치과정은 일반적인 윈도우 프로그램과 동일하다.

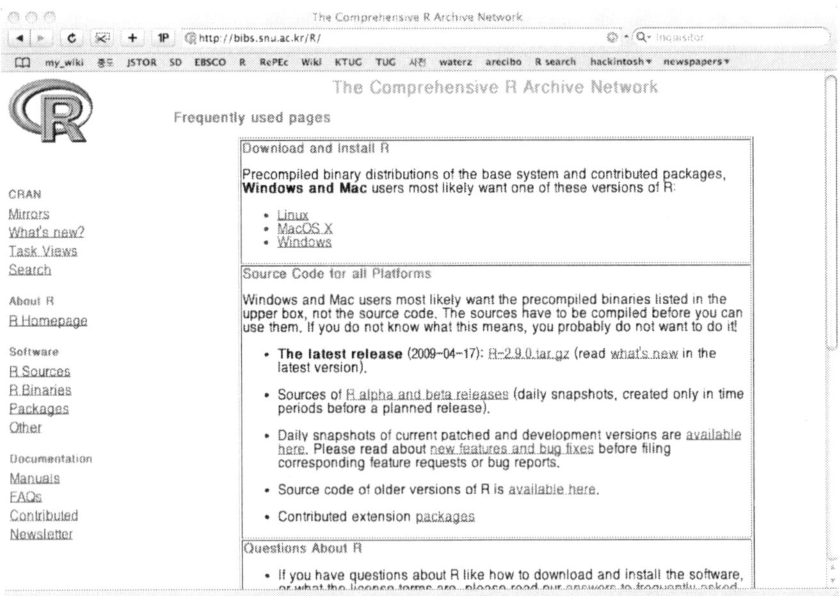

[그림 16-3] 한국 미러 사이트를 선택한 화면

16.2.2 R의 구동 및 기본메뉴

R을 구동하는 것은 상당히 쉽다. 윈도우의 시작메뉴에서 '프로그램' → 'R' → 'R-version'을 클릭하면 R이 시작된다. R이 구동된 화면은 [그림 16-4]와 같다. 엄밀한 의미에서 R은 통계 및 수치 계산을 하기 위한 엔진이며, [그림 16-4]에 나타난 창은 그 엔진을 쉽게 쓰기 위해 꾸민 하나의 GUI에 불과하다. 콘솔이라 불리는 이 GUI 창에서 모든 작업이 이루어진다. R 콘솔은 사용자와 R이 서로 대화를 하는 공간으로 사용자가 명령어를 입력하면 R이 그 결과를 되돌

려준다. 콘솔에는 '>'기호가 나타나 있고 커서가 깜빡이고 있다. '>' 기호는 명령어를 받아들일 준비가 되어 있다는 뜻이고, 커서가 깜빡이는 곳에 사용자가 명령어를 입력하게 된다. 또한 개행문자 (한 줄 띄어쓰기) 이후에 '+' 기호가 나타나면 명령이 연속되어 입력되고 있음을 알려준다.

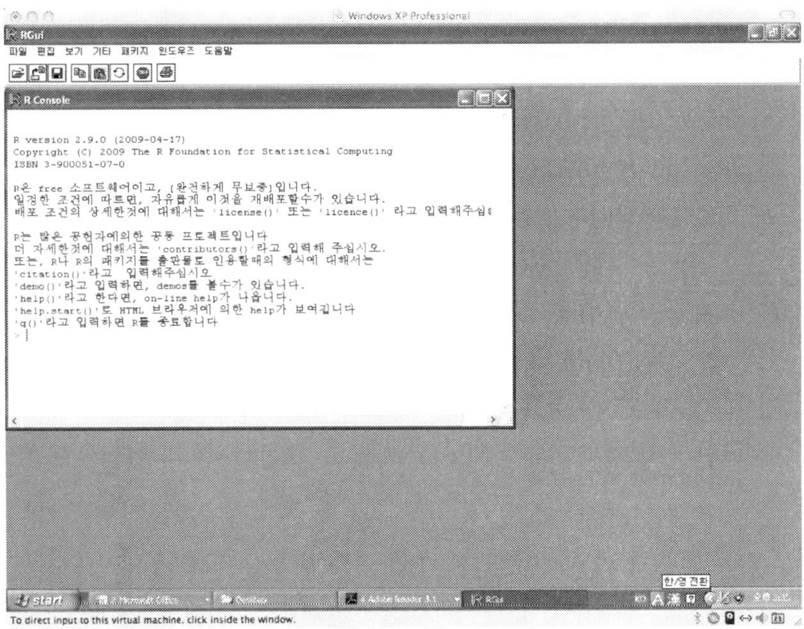

[그림 16-4] R의 구동화면

R의 메뉴는 '파일', '편집', '보기', '기타', '패키지', '윈도우' 및 '도움말'과 같이 총 7개의 하위메뉴로 구성되어 있다. 각각의 하위메뉴에는 다음과 같은 기능들이 포함되어 있다.

1. 파일: 파일 및 스크립트를 열고 닫는데 사용되는 메뉴이다. 그 세부메뉴는 다음과 같다.
   A. R 코드의 소스: 개발자들에 의해 만들어진 R의 여러 함수들을 살펴볼 수 있는 메뉴이다.

B. 새로운 스크립트: R의 명령어 및 코드가 길어지면 R Console에 직접 명령어를 집어넣기 힘들어질 경우가 있다. 이 경우 명령어의 집합을 하나의 스크립트로 만들어서 이 스크립트를 한꺼번에 R Console로 넘겨주면 편리한데, 이때 스크립트를 새로 만드는 메뉴이다.

C. 스크립트 열기: 기존에 작성한 스크립트를 불러온다.

D. 작업공간 불러오기: R은 실행결과의 묶음 및 객체들을 작업공간이라는 곳에 저장을 한다. 이 작업공간은 RData라는 확장자를 갖는 파일로 저장이 된다. 기존에 작업했던 작업공간을 불러오는 메뉴이다.

E. 작업공간 저장: 현재 R Console에서 작업하고 있는 실행결과 및 객체들을 하나의 작업공간으로 저장하는 메뉴이다.

F. 이력불러오기: R Console에서 입력했던 명령어들의 이력(history)이 저장된 외부파일을 불러오는 메뉴이다.

G. 이력저장: 이력을 저장하는 메뉴이다.

H. 디렉토리 변경: 디렉토리는 윈도우의 폴더와 같은 의미를 지닌다. R을 구동하면 기본적으로 "C:/Documents and Settings/your_user_id/My Documents"에서 파일입출력과 관련한 모든 작업을 시작한다. 이 작업 디렉토리를 변경하는 것이다. 각 프로젝트마다 디렉토리를 하나씩 만들어 두고 이 디렉토리들 안에 작업공간을 저장해 놓으면 효과적으로 R을 사용할 수 있다.

I. 인쇄: R Console을 인쇄하는 명령어이다.

J. 파일에 저장: R Console에서 입력했던 모든 것을 하나의 파일에 저장한다.

K. 종료: R을 종료한다.

2. 편집: 편집 메뉴는 R 콘솔에 쓰여있는 명령어나 그 결과들을 편집하는 메뉴이다.

A. 복사: 선택된 영역을 복사하는 명령어이다. 일반적인 윈도우

의 '복사' 명령어와 같다.

B. 붙여넣기: 복사된 영역을 붙여넣는 명령어이다. 일반적인 윈도우의 '붙여넣기'와 같다.

C. 명령어만 붙여넣기: 명령어와 그 결과들을 한꺼번에 선택하여 복사했을 경우, 그 중에서 명령어만 추출하여 붙여넣는다.

D. 복사후 붙여넣기: 복사한 후에 붙여넣는다.

E. 전부선택: R Console에 있는 모든 텍스트를 선택한다.

F. 콘솔 지우기: R Console에 있는 내용을 지운다.

G. 자료 편집기: 데이터를 마우스 클릭과 키보드 타이핑을 이용하여 직접 수정하는 자료편집기 창이 새로 생성된다. R에 익숙해지면 자료편집기를 사용하지 않고 R Console에서 명령어로 데이터를 편집하므로 사용빈도가 떨어지는 메뉴이다.

H. GUI 설정: GUI의 색깔, 폰트 및 외관과 관련된 설정을 하는 메뉴이다.

3. 보기: GUI 창에 나타날 내용들을 선택하는 메뉴이다.

A. 툴바: 툴바를 보여줄 것인지 안 보여줄 것인지를 설정한다.

B. 상태바: 상태바를 보여줄 것인지 안 보여줄 것인지를 설정한다.

4. 기타: 명령어 입출력 및 개체와 관련된 메뉴이다.

A. 현재의 계산을 중단: 계산을 위한 명령어를 집어넣었는데 그 명령어를 잘못입력했다던지, 계산 시간이 예상했던 것보다 너무 길 경우 현재 계산되는 명령을 중단한다.

B. 모든 계산을 중단: R에서 계산되는 모든 계산을 중단한다.

C. 출력을 버퍼링: 결과가 R Console에 출력될 때 버퍼에 모아두었다가 한꺼번에 출력할 것인지, 한줄씩 차근차근 보여줄 것인지를 설정한다.

D. 단어완성: 명령어를 그 일부분만 입력하고 TAB키를 눌렀을 때, 그 명령어의 뒷부분이 자동으로 완성될 것인지를 설정한다.

E. 파일이름 완성: 외부 파일이름을 입력할 때 일부분만 입력하

고 TAB키를 눌러 파일이름의 뒷부분을 자동으로 완성시킬 것인지를 설정한다.

F. 오브젝트 목록: 현재 사용하고 있는 작업공간에 있는 객체를 보여준다.

G. 모든 오브젝트 삭제: 현재 사용하고 있는 작업공간의 모든 객체를 삭제한다.

H. 검색경로 목록: R이 명령어 및 개체를 찾을 때, 그 찾는 순서를 보여준다.

5. 패키지: R의 기본 함수 이외에 사용할 수 있는 함수와 데이터의 묶음을 패키지라고 한다. 패키지와 관련된 메뉴이다. 일반적으로 패키지는 인터넷을 통해서 설치한다.

A. 패키지 불러오기: 설치된 패키지를 사용하기 위하여 불러오는 메뉴이다.

B. CRAN 미러 사이트 설정: 패키지를 다운로드 받을 미러 사이트를 설정하는 메뉴이다. 독자가 거주하는 지역과 가장 가까운 지역을 선택하면 된다.

C. 다운로트 사이트 선택: CRAN 이외에 패키지를 배포하는 연구집단이 많이 있다. 예를 들어서, 생명공학통계학과 관련된 패키지는 bioConduct라는 연구집단에서 패키지를 배포하고 관리한다. 이러한 패키지 배포 사이트를 선택한다. 일반적인 경우 CRAN만 선택되어 있어도 사용하는데 별 문제가 없다.

D. 패키지 인스톨: 패키지를 인스톨하는 메뉴이다. 일반적으로 모든 패키지를 인스톨하는 것이 R을 원활하게 사용하는데 도움이 된다. 모두 설치를 하였을 경우 약 1GB의 하드디스크 용량을 차지한다.

E. 패키지 갱신: 패키지가 버전을 올렸을 경우 버전이 올라간 패키지만 자동으로 선택되어 설치를 한다.

F. 로컬에 있는 zip 파일로부터 패키지 설치: 인터넷을 통한 패

키지 설치가 아닌 사용자의 컴퓨터에 있는 패키지를 설치한다. 일반적으로 사용되지 않는 메뉴이다.

6. 윈도우스: R Console 및 도움말 창을 어떻게 배열할 것인지를 설정하는 메뉴이다. 일반적인 윈도우스 메뉴와 동일하므로 본서에서는 다루지 않는다.
7. 도움말: R의 함수에 관한 도움말을 검색 및 열람해볼 수 있는 메뉴이다.

16.2.3 R의 데이터 객체 종류

R은 상당히 유연한 언어이기 때문에 다양한 종류의 데이터 객체 형태를 받아들일 수 있다. R을 이용해 DEA 분석을 수행하는데 주로 이용되는 객체 종류는 숫자, 사칙연산, 관계부호, 문자, 할당, 벡터, 행렬, 리스트, 데이터 프레임 등으로, 이들 객체에 대해서 살펴보도록 한다. 그 밖의 객체 종류에 대해서는 R 프로젝트 홈페이지에서 무료로 배포하는 매뉴얼을 참조하도록 한다.

- **숫자**

일반적으로 사용하는 숫자와 같다. 숫자를 입력하기 위해서는 숫자만 타이핑하고 난 이후에 리턴키를 입력한다. 그 결과 R은 입력된 숫자와 동일한 숫자를 화면에 뿌려준다. 그 예는 다음과 같다.

```
> 3
[1] 3
```

- **사칙연산과 관계부호**

R에서 사용되는 사칙연산과 관계부호는 일반적으로 수학에서 쓰이는 그것과 같다. 더하기 (+), 빼기 (-), 곱하기 (*), 나누기 (/) 등이 있다.

- **문자와 문자열**

문자는 일반적인 문자 하나를 의미하여, 문자열은 연속된 문자를 의미한다. 문자나 문자열을 입력할 경우 작은 따옴표(')나 큰 따옴표(")로 묶어야 한다. 그 예는 다음과 같다.

```
> "aBc"
[1] "aBc"
```

R은 대문자와 소문자를 구분하기 때문에 "a"와 "A"는 다른 객체로 취급한다는 것을 염두에 두어야 한다.

- **할당**

하나의 객체를 다른 객체에 할당하는 기호는 <- 이다. 예를 통해서 살펴보자.

```
> x <- 3 ## x에 3을 할당한다.
> y <- 9 ## y에 9를 할당한다.
> z <- x + y ## z에 x와 y의 합인 12를 할당한다.
```

- **벡터**

벡터는 수학에서 다루는 벡터와 비슷한 개념이나 벡터의 원소로 숫자뿐만 아니라 문자나 논리숫자 등도 가능하다. 벡터를 만들기 위해서는 c(...)함수를 이용한다. 예를 통해서 살펴보자.

```
> c(1, 2, 5)
[1] 1 2 5
> c(1, 2, 3, 4, 5)
[1] 1 2 3 4 5
> c(1:5) ## 콜론(:) 앞 숫자와 뒷숫자 사이의 모든 정수가 벡터의 원소.
[1] 1 2 3 4 5
> 1:5 ## 위 명령과 같다. ":"를 이용하여 정수열벡터를 나타날 때는
```

```
      ## c()를 생략해도 된다.
[1] 1 2 3 4 5
```

벡터에서 k번째 원소를 추출해 내기 위해서 사용되는 함수는 [...] 이다. 원소를 추출해 낼 때 [...] 안에 들어가는 인자는 벡터이어도 상관이 없다. 다음의 예를 살펴보자.

```
> x <- 2:8 ## x에 c(2, 3, 4, 5, 6, 7, 8)인 벡터를 할당한다.
> x[1]     ## x 의 첫번째 원소를 추출한다.
[1] 2
> x[2:4]   ## x의 두번째부터 4번째까지의 원소를 추출한다.
[1] 3 4 5
> x[c(1, 3, 5)] ## x의 첫번째, 세번째, 다섯번째의 원소를 추출한다.
[1] 2 4 6
```

벡터에 숫자를 더하거나 빼면 벡터의 길이만큼 숫자가 벡터화되어 기존 벡터에 더해지거나 빼지며 그 결과 역시 벡터가 된다. 또한 벡터에 숫자를 곱하거나 나누면 벡터의 각각의 원소에 숫자가 곱해지거나 나누어지며 그 결과는 벡터이다. 예를 통해 살펴보자.

```
> x + 5 ## c(2, 3, 4, 5, 6, 7, 8)에 c(5, 5, 5, 5, 5, 5, 5)가
        ## 더해진다.
[1] 7 8 9 10 11 12 13
> z <- x - 3 ## c(2, 3, 4, 5, 6, 7, 8)에 c(3, 3, 3, 3, 3, 3, 3)
             ## 이 빼진 값을 z에 할당한다.
> z
[1] -1 0 1 2 3 4 5
> z * 3  ## z의 각각의 원소에 3을 곱한다.
[1] -3 0 3 6 9 12 15
> z / 3  ## z의 각각의 원소에 3을 나눈다.
[1] -0.3333  0.0000  0.3333  0.6667  1.0000  1.3333  1.6667
```

16.2.4 행렬

R에서의 행렬은 수학에서 정의하는 행렬과 동일하나 행렬의 원소가 굳이 숫자일 필요는 없다.행렬은 벡터를 행과 열수에 맞춰서 2차원으로 재정렬함으로써 정의된다. 가령 $m \times n$ 행렬을 정의하기 위해서는 원소의 개수가 $m \times n$ 인 벡터가 필요하며 행렬의 1열부터 n열까지 이 벡터가 순차적으로 채워진다. 행렬을 만들기 위해서는 `matrix(...)` 함수를 이용하며 그 인수는 다음과 같다.

```
matrix(data = NA, nrow = 1, ncol = 1, byrow = FALSE,
       dimnames = NULL)
```

여기서 `data`는 행렬에 채워질 벡터, `nrow`는 행의 수, `ncol`은 열의 수이다. `byrow`가 참(TRUE)이면 행렬의 1행부터 m행까지 `data`가 순차적으로 채워진다. `dimnames`는 행렬의 행과 열 이름을 지정해준다. 예를 통해서 살펴보자.

```
> matrix(c(1:4), nrow = 2, ncol = 2, byrow = F)
## c(1, 2, 3, 4)가 1열부터 순차적으로 채워지며, 행수는 2,
## 열수는 2이다.
[,1]  [,2]
[1,]   1   3
[2,]   2   4
> matrix(c(10:1), nrow = 2, ncol = 5, byrow = T)
## 10:1 이 2x5 행렬에 채워지되 1행부터 채워나간다.
[,1]  [,2]  [,3] [,4]  [,5]
[1,]  10    9    8    7    6
[2,]   5    4    3    2    1
```

행렬의 원소를 추출할 때도 벡터의 추출과 마찬가지로 `[...]`를 사용하나, 행과 열을 지정하는 벡터가 쉼표(,)를 사이에 두고 각각 하나씩 이용이 된다는 차이점이 있다. 예를 통해서 살펴보자.

```
> x <- matrix(10:1, nrow = 2, ncol = 5)
> x[1, 2]  ## 1행 2열의 원소가 추출된다.
[1] 8
> x[, 2]  ## 행을 지정하지 않았으므로 2열의 모든 원소가 모두 추출된다.
[1] 8 7  ## 추출된 값들은 벡터임을 유의하자.
> x[, 2:3]  ## 2열 및 3열의 모든 원소가 추출된다.
     [,1] [,2]
[1,]    8    6
[2,]    7    5 ## 추출된 값은 행렬이다.
> x[2, 2:3] ## 2행 중에서 2열과 3열의 값을 추출한다.
[1] 7 5  ## 추출된 값들은 벡터이다.
```

행렬에 숫자를 더하거나 빼는 것, 곱하거나 나누는 것은 벡터의 경우와 동일하게 할 수 있다. 행렬과 행렬간의 사칙연산도 할 수 있으며, 그 계산은 각각의 원소들끼리 이루어진다. 또한 행렬과 벡터 간의 사칙연산도 할 수 있으며, 이 경우 벡터가 행렬과 똑같은 크기로 행렬화되어 계산이 이루어진다. 이 때는 동일한 행렬 크기가 될 때까지 동일한 벡터가 행렬에 채워지면서 연속해서 쓰이게 된다. 예를 통해서 살펴보자.

```
> x <- matrix(1:4, nrow = 2, ncol = 2)
> x + 3
## 행렬에 숫자를 더했으므로, 숫자가 행렬로 변환된다. 숫자는 2x2
## 행렬로 변환
     [,1] [,2]
[1,]    4    6
[2,]    5    7
> x * 3 ## 행렬에 숫자를 곱했으므로 각각의 원소에 그 숫자만큼
        ## 곱해진다.
     [,1] [,2]
[1,]    3    9
[2,]    6   12
> x * 2 + 3 ## 행렬에 숫자를 곱한 이후에 숫자를 더하는 과정이 진행된다.
     [,1] [,2]
[1,]    5    9
[2,]    7   11
```

```
> y <- c(9, 10)
> x + y
## y가 벡터이므로 y를 x와 같은 크기의 행렬로 변환한다.
## 이 때 c(9, 10)이 1열부터 채워져 나간다.
     [,1] [,2]
[1,]   10   12
[2,]   12   14
> x + y*2 ## y에 2를 곱하고 나서 행렬로 변환하고 x에 더한다.
     [,1] [,2]
[1,]   19   21
[2,]   22   24
```

16.2.5 리스트

리스트는 데이터 객체들의 묶음이다. 리스트의 원소인 각각의 데이터 객체는 서로 같은 성질을 가질 필요는 없다. 예를 들어서 벡터와 행렬을 한 리스트의 각각의 원소로 지정하여 데이터를 새로 만들어낼 수가 있다. n개의 원소를 갖는 리스트를 n개의 방을 갖는 건물로 생각을 하면 이해하기가 쉽다. 이때 각각의 방에는 어떤 형태의 데이터든지 들어갈 수가 있다. 리스트를 만들기 위한 함수는 `list(...)`이며, 인수는 데이터이다. 예를 통해 살펴보도록 하자.

```
> list(x = 1:3, y = 5:7) ## x라는 방에 1:3을 넣고, y라는 방에
                         ## 5:7을 넣는다.
$x                  ## 첫번째 방의 이름. 즉 x임
[1] 1 2 3            ## 첫번째 방의 내용물

$y                  ## 두번재 방의 이름. 즉 y임
[1] 5 6 7            ## 두번째 방의 내용물
> list(x = 1:3, y = c("A", "B"))
## x라는 방에는 숫자벡터를, y라는 방에는 문자벡터를 넣는다.
$x
[1] 1 2 3

$y
```

```
[1] "A" "B"
> z <- list(x= 3:5, y = matrix(1:4, nrow = 2, ncol = 2))
## 리스트를 z에 할당한다.
> z
$x
[1] 3 4 5

$y
     [,1] [,2]
[1,]    1    3
[2,]    2    4
```

리스트의 원소를 추출하기 위해서는 [...] 및 [[...]] 함수를 사용한다. [...]를 이용하면 지정된 방 자체를 보여주게 되며 추출된 값이 리스트이다. [[...]]를 이용하면 지정된 방의 내용물을 추출하게 되므로 방의 내용물의 성질에 따라 추출되는 방의 성질이 정해진다.

```
> z[1]   ## z의 첫번째 방을 보여준다.
$x
[1] 3 4 5
> z[2]   ## z의 두번째 방을 보여준다.
$y
     [,1] [,2]
[1,]    1    3
[2,]    2    4
> z[[1]]  ## z의 첫번째 방의 내용물을 보여준다.
[1] 3 4 5
> z[[2]] ## z의 두번째 방의 내용물을 보여준다.
     [,1] [,2]
[1,]    1    3
[2,]    2    4
```

만약 리스트에 각각의 방의 이름이 정해졌을 경우 (예를 들어, list(x = 3:5, y = matrix(1:4, nrow = 2, ncol = 2))는

첫번째 방의 이름은 x, 두번째 방의 이름은 y이다.), 리스트 이름 뒤에 $를 붙이고 방이름을 붙여넣으면 그 방의 내용이 추출된다. 다음 예제를 살펴보자.

```
> z <- list(x= 3:5, y = matrix(1:4, nrow = 2, ncol = 2))
> z$x
[1] 3 4 5
> z$y
     [,1] [,2]
[1,]    1    3
[2,]    2    4
> z$x[1:2] ## z의 x방에 있는 원소 중에서 첫번째와 두번째 원소를
           ## 추출한다.
[1] 3 4
```

16.2.6 데이터프레임

데이터프레임은 R에서 가장 많이 쓰이는 데이터형태이면서, R의 최대 강점으로 꼽힌다. 데이터프레임은 행렬의 모양을 가진 리스트이다. 각각의 열은 리스트의 원소이며, 이들 원소는 서로 같은 성질을 가질 필요는 없다. 예를 들어, 1열은 숫자벡터를 2열은 문자벡터를 가진 행렬을 나타내는 등 각각의 열의 성질이 정의된 데이터형태이다. 이와 같이 정의를 하게 되면 데이터를 다루는데 있어서 시간과 노력을 크게 줄일 수 있다. 데이터프레임을 만들기 위한 함수는 data.frame(...)이며 사용법은 list(...)와 같다. 단, data.frame(...)의 각각의 인수가 행렬의 열을 이루기 때문에 인수들끼리의 길이는 같아야 한다. 만약 data.frame(...)의 인수로서 행렬이 들어갈 경우에는 입력되는 행렬의 모양과 동일한 데이터프레임이 생성된다. 예를 통해서 살펴보자.

```
> data.frame( a = 1:3, b = 2:4, c = c("A", "B", "C"))
## 각 행의 이름이 a, b, c로 주어졌다.
```

```
   a b c
1 1 2 A
2 2 3 B
3 3 4 C
> data.frame(matrix(1:4, nrow = 2, ncol = 2))
## matrix(1:4, 2, 2)를 데이터프레임으로 바꾼다.
  X1 X2  # 열 이름을 정해주지 않았으므로 R에서 자동으로 X1, X2와
1 1  3  # 같이 지정을 해주었다.
2 2  4
```

데이터프레임에 사칙연산을 하는 과정은 행렬의 경우와 동일하다. 단, 데이터프레임 각 열의 성질이 다를 수가 있으므로 숫자벡터가 아닌 열은 숫자벡터로 변환이 가능한 경우에 숫자벡터로 변환이 된다.

```
> data.frame(matrix(1:4, nrow = 2, ncol = 2)) + 3
  X1 X2
1 4  6
2 5  7
> data.frame(a = 1:3, b = c(T, F, F)) + 5
## 두번째 열인 b가 c(1, 0, 0)으로 치환된다.
   a b
1 6 6
2 7 5
3 8 5
> data.frame(a= 1:3, b = c('A', 'B', 'C')) + 5
Error in FUN(left, right) : non-numeric argument to binary
 operator
## 문자는 숫자로 치환이 안 되기 때문에 에러가 발생한다.
```

데이터프레임은 행렬의 모양으로 보여지는 리스트이기 때문에 원소를 추출하기 위해서는 리스트의 추출법과 행렬의 추출법이 모두 쓰인다. 리스트의 추출법을 이용하면 특정 열을 모두 추출하고, 행렬추출법은 행렬의 그것과 같다. 예를 통해서 살펴보자.

```
> x <- data.frame(a = 1:3, b = 2:4, c = 4:6)
> x[[1]] ## 리스트 추출법을 이용. 첫번째 열이 추출된다.
[1] 1 2 3
> x[[3]] ## 리스트 추출법
[1] 4 5 6
> x[1] ## 리스트 추출법. 첫번째 방(즉, 열)이 추출되어 리스트형태를
       ## 갖는다.
  a
1 1
2 2
3 3
> x[1, 2] ## 행렬 추출법
[1] 2
> x[, 2] #행렬 추출법
[1] 2 3 4
```

데이터프레임도 리스트의 일종이기 때문에 데이터프레임이름 뒤에 $를 붙이고 뒤에 행의 이름을 쓰면 특정 행이 추출된다. 예를 통해 살펴보자.

```
> x <- data.frame(a = 1:3, b = 2:4, c = 4:6)
> x$a
[1] 1 2 3
> x$b
[1] 2 3 4
> x$b[2:3]
[1] 3 4
```

16.2.7 기초적인 함수들

R은 사용자와 명령어를 통해 대화를 한다. R의 명령어는 함수들로 이루어져 있다. R에서 가장 많이 쓰이는 기초적인 함수들을 살펴보도록 한다. 함수들은 함수명 뒤에 (...)가 씌워져 있으며, 대부분의 함수는 인수를 갖는다.

- **도움말을 찾기 위한 함수**

특정한 함수에 대한 도움말을 읽기 위해서는 help(“function”) 함수를 이용한다. help()함수를 이용할 때 도움말을 찾고자 하는 함수인 function이 큰따옴표로 묶여 있어야 한다는 점에 주의해야 한다. 이와 동일하게 ?function을 이용해도 된다. 이 때는 큰따옴표를 사용하지 않는다. 예를 통해 살펴보자.

```
> help("ls") ## ls()라는 함수의 도움말을 읽는다.
> ?ls ## 위와 마찬가지
```

도움말은 짧은 설명을 위한 Decription, 간단한 사용법을 위한 Usage, 인수들에 대한 자세한 설명을 위한 Arguments. 함수에 대한 자세한 설명을 위한 Detail, 함수의 결과 값을 위한 Value, 비고를 위한 Note, 참고문헌을 위한 References, 연관된 함수들을 위한 See Also, 예제를 위한 Examples 등의 절로 구성되어 있다.

사용자가 특정한 작업을 하고 싶으나, 함수의 이름을 모르고, 대신 그 작업과 관련된 키워드를 알 경우에는 help.search(“keyword”)를 이용하여 도움말을 검색할 수 있다. 여기서도 keyword는 큰따옴표로 묶어줘야 한다. 예를 통해서 살펴보자.

```
> help.search("median") ## median과 관련된 함수를 찾아준다.
Help files with alias or concept or title matching 'median' using fuzzy
matching:


caTools::runmad          Median Absolute Deviation of Moving Windows
caTools::runquantile      Quantile of Moving Window
ergm::ergm.checkargs      Internal ergm Objects
ergm::ergm-terms          Terms used in Exponential Family Random Graph
                              Models
Hmisc::smean.cl.normal
```

```
                    Compute Summary Statistics on a Vector
micEcon::colMedians      Medians of Columns and Rows
psych::interp.median   Find the interpolated sample median, quartiles,
                     or specific quantiles for a vector, matrix, or
                     data frame
robustbase::wgt.himedian
                     Weighted Hi-Median
stats::mad              Median Absolute Deviation
stats::median           Median Value
stats::medpolish         Median Polish of a Matrix
stats::runmed           Running Medians -- Robust Scatter Plot
                     Smoothing
stats::smooth           Tukey's (Running Median) Smoothing
stats::smoothEnds        End Points Smoothing (for Running Medians)
zoo::rollmean           Rolling Means/Maximums/Medians

Type '?PKG::FOO' to inspect entry 'PKG::FOO TITLE'.
```

이 외에도 R 사용자들끼리 질문을 주고 받는 사이트의 질문과 답변 내용 중에서 키워드를 통해서 검색을 하는 명령어인 RSiteSearch("keyword")도 있다. 이 때는 웹브라우저를 통해서 그 결과를 볼 수 있다.

- ls(...)

  ls(...)는 현재 사용하고 있는 작업공간의 객체를 모두 보여준다. 도스의 dir이나 윈도우즈의 탐색기와 비슷한 역할을 한다고 보면 된다. 현재 작업공간에 있는 객체들을 살펴보거나, 수정하거나 지우고 싶은 경우, 혹은 객체의 이름을 정확하게 살펴보기 위해서 주로 사용한다. 예를 통해 살펴보자.

```
> ls()
[1] "dat"       "dup.list" "industries"  "kor.plant"    "my.dat"
[6] "per"       "re"        "times"        "tmp"          "tmp.bal.io"
[11] "tmp.io"   "tmp.meta"  "trimmed.dat3" "trimmed.idx"  "x"
[16] "y"        "year"      "z"
```

저자가 작업하는 작업공간에는 18개의 객체가 존재한다는 것을 알 수 있다.

- rm(...)

현재 작업공간에서 필요없는 객체를 삭제하는 함수이다. 예를 통해서 살펴보자.

```
> rm(x, z, y) # x, z, 및 y를 삭제한다.
> ls()
[1] "dat"       "dup.list" "industries"   "kor.plant"    "my.dat"
[6] "per"       "re"       "times"        "tmp"          "tmp.bal.io"
[11] "tmp.io"   "tmp.meta" "trimmed.dat3" "trimmed.idx"  "year"
> rm(ls()[15]) ## ls()의 결과중 15번째 객체를 삭제한다.
> ls()
[1] "dat"       "dup.list" "industries"   "kor.plant"    "my.dat"
[6] "per"       "re"       "times"        "tmp"          "tmp.bal.io"
[11] "tmp.io"   "tmp.meta" "trimmed.dat3" "trimmed.idx"
```

현재 작업공간의 모든 객체를 지우기 위해서는 다음과 같이 명령어를 주면 되지만 작업 내용을 모두 잃게 되므로 사용하지 않는 것이 안전하다.

```
> rm(list = ls())
```

- **이름을 할당하기 위한 함수**

벡터, 행렬, 리스트 및 데이터프레임 등의 원소에 이름을 정하면 데이터를 다루기가 훨씬 수월해진다. 벡터의 원소에 이름을 할당하기 위한 함수는 names(...)이다. 예를 통해서 살펴보자.

```
> x <- 1:3
> x
```

```
[1] 1 2 3
> names(x) <- LETTERS[1:3]
## LETTERS는 대문자 알파벳 벡터로서 R에서 내부적으로 정의됨.
> x
A B C  ## 각각의 원소에 이름이 할당된 벡터임.
1 2 3
> x[1] ## x의 첫번째 원소를 추출함
[1] 1
> x['A'] ## x의 원소중에서 이름이 'A'인 원소를 추출함
[1] 1
```

행렬의 행과 열에 이름을 할당하기 위한 함수는 dimnames()이다. 이름은 행이름과 열이름을 가진 리스트로 주어져야 한다.

```
> y <- matrix(1:6, nrow = 2, ncol = 3)
> y
     [,1] [,2] [,3]
[1,]    1    3    5
[2,]    2    4    6
> dimnames(y) <- list(letters[3:4], LETTERS[1:3])
## letters는 소문자 알파벳 벡터임.
> y
  A B C
c 1 3 5
d 2 4 6
```

- **조건 함수**

조건을 테스트하기 위한 함수는 if(조건), else, ifelse(조건, 참진행, 거짓진행)가 있다. 여기서 조건은 테스트를 하기 위한 조건이다. 참진행은 조건이 참일 때 수행할 내용이며 거짓진행은 조건이 거짓일 때 수행할 내용이다. 수행해야 할 내용이 길거나 조건이 길 경우에는 이들을 묶기 위하여 {...}을 이용하기도 한다. 예를 통해서 살펴보자.

```
> x <- 3
> if(x == 3) x <- 5 ## x가 3이면 x에 5를 할당한다.
                    ## 조건이 참이므로 x에 5를 할당
> x
[1] 5
> if(x == 3) y <- 5 else y <- 6
## x가 3이면 y에 5를 할당하고 그렇지 않으면 y에 6을 할당한다.
> y
[1] 6
> ifelse(x == 3, y <- 5, y <- 6) ## 위와 같다.
> y
[1] 6
```

- **루프 함수**

루프를 반복하기 위한 함수는 for(var in seq)와 while(조건)이 있다. for(...)문의 var는 seq의 처음부터 끝까지 진행하면서 바뀌는 변수이며, 이 변수가 seq의 제일 마지막 원소에 이를 때까지 루프가 반복된다. while(...)의 조건이 만족되는 동안에 계속 루프가 반복된다. 조건이 길거나, 수행해야 할 내용이 길 경우에는 {...}를 이용하여 묶어줄 수 있다. 예제를 통해서 살펴보자.

```
> x <- 0
> for( i in 1:10)  ## i가 1부터 10까지 변하는 동안에 x에 x + i를
+ { x <- x + i }  ## 할당한다.
## +기호는 사용자에 의해 입력된 것이 아니라, 명령이 개행되었다는 것임.
> x
[1] 55
> for(i in c(1, 3, 5)) ## i 가 1, 3, 5로 변하는 동안에 x에
+ { x <- x*i}          ## x*i를 할당한다.
> x
[1] 825
> x <- 0
> while(i <= 10) ## i 가 10보다 작은 동안 루프를 돌아간다.
+ { x <- x + i
+  i <- i + 1}
> x
[1] 55
```

- **통계값을 구하기 위한 함수들**

평균을 구하는 함수는 mean(...), 표준편차를 구하기 위한 함수는 sd(...), 최소값 및 최대값을 구하기 위한 함수는 min(...) 및 max(...)이다. 중간값을 구하기 위한 함수는 median(...)이다. 예를 통해서 살펴보자.

```
> x <- 1:50
[1] 25.5
> sd(x)
[1] 15.58
> min(x)
[1] 1
> max(x)
[1] 50
> median(x)
[1] 25.5
```

이외에도 여러 가지의 skewness, kurtosis 등 여러 통계값을 구하기 위한 함수들이 있다. 필요한 통계량을 키워드로 하여 help.search("skewness") 등과 같이 검색을 해 보도록 하자.

16.3 선형계획 문제를 위한 함수

LP를 풀기 위한 함수는 lp(...)이다. lp(...)를 쓰기 위해서는 lpSolve 패키지를 설치해야 한다. 다음과 같은 명령어를 통해서 lpSolve 패키지를 설치할 수 있다. 이미 모든 패키지가 설치되어 있거나 lpSolve 패키지가 설치되어 있다면 다음 명령은 수행할 필요가 없다.

```
> install.packages("lpSolve", dependencies = T)
```

만약 미러 사이트를 선택하라는 창이 하나 뜨게 되면, 현재 위치에서 가장 가까운 곳에 있는 미러사이트를 선택하면 된다. 한국에서 작업을 하는 경우에는 "Korea"를, 일본에서 작업을 하고 있는 경우에는 "Japan"에 있는 서버 중에서 하나를 선택하는 것이 설치하는 시간을 조금이나마 줄일 수 있다.

lp(...)의 인수는 다음과 같다.

```
lp(direction = "min", objective.in, const.mat, const.dir,
   const.rhs, transpose.constraints = TRUE, int.vec,
   presolve=0, compute.sens=0, binary.vec, all.int=FALSE,
   all.bin=FALSE, scale = 196, dense.const, num.bin.solns=1,
   use.rw=FALSE)
```

여기서 우리가 살펴볼 인수는 direction, objective.in, const.mat, const.dir, const.rhs이다. 각각의 인수가 의미하는 바를 살펴보기 위하여 다음의 LP 식을 살펴보도록 하자.

$$\begin{aligned} &\min c^T \cdot x \\ &s.t.\ \ Ax \geq b \end{aligned} \tag{16.1}$$

여기서 c와 x 는 길이가 같은 열벡터이며, c는 상수이고 x 는 최소값 문제에서 구해내야 하는 변수이다. b는 열벡터이다. A는 행렬이며 열의 수는 x의 길이와 같고 행의 수는 b의 길이와 같다. 식 (16.1)의 쌍대문제는 다음과 같다.

$$\begin{aligned} &\max b^T \cdot y \\ &s.t\ \ A^T y \leq c \end{aligned} \tag{16.2}$$

lp(...) 함수에서 첫번째 인수인 direction은 목적함수를 최소화할 것인지 최대화할 것인지를 결정하는 인수이다. 식 (16.1)처럼 최소화 문제를 풀고 싶으면 min을, 식 (16.2)처럼 최대화 문제를 풀고 싶으면 max를 선택하면 된다.

두번째 인수인 `objective.in`은 목적함수의 상수를 지정하는 벡터이다. 즉, 식 (16.1)의 c^T 나 식 (16.2)의 b^T 이다.

세번째 인수인 `const.mat`는 제약식의 좌변에 있는 상수행렬을 지정하는 행렬이다. 즉, 식 (16.1)의 A 나 식 (16.2)의 A^T 이다.

네번째 인수인 `const.dir`은 제약식의 부등호를 결정하는 벡터이다. 부등호 벡터의 길이는 제약식의 개수와 같아야 하며, 각각의 부등호는 큰따옴표로 감싸져야 한다. 예를 들어, 식 (16.1)의 제약식이 4개라면 `c(“>=”, “>=”, “>=”, “>=”)`와 같이 주어져야 한다.

다섯번째 인수인 `const.rhs`는 제약식의 우변에 있는 벡터를 결정하는 벡터이다. 즉, 식 (16.1)의 b나 식 (16.2)의 c이다.

예제로서 다음과 같은 LP식을 R을 이용하여 풀어보자.

$$\begin{aligned} \min\ & 1x_1 + 9x_2 + 1x_3 \\ s.t.\ & 1x_1 + 2x_2 + 3x_3 \le 9 \\ & 3x_1 + 2x_2 + 2x_3 \le 15 \end{aligned} \tag{16.3}$$

식 (16.3)의 LP는 목적함수를 최소화하는 문제이므로, 식 (16.1)과 같은 꼴로 전환하여 생각을 해야 한다. 즉 다음과 같이 목적함수 및 제약식으로 전환해야 한다.

$$\begin{aligned} & \min[1,9,1]\cdot\begin{bmatrix} x_1 \\ x_2 \\ x_3 \end{bmatrix} \\ & s.t.\ \begin{bmatrix} 1 & 2 & 3 \\ 3 & 2 & 2 \end{bmatrix}\cdot\begin{bmatrix} x_1 \\ x_2 \\ x_3 \end{bmatrix} \le \begin{bmatrix} 9 \\ 15 \end{bmatrix} \end{aligned} \tag{16.4}$$

식 (16.4)에 나온 식을 `lp(...)`함수에서 사용하기 위한 인수를 작성해보자. 우선 `direciton`의 인수는 `min`이다. 또한 `objective.in`은 `c(1, 9, 1)`이며, `const.mat`은 `matrix(c(1, 3, 2, 2, 3, 2), nrow = 2, ncol = 3)`이다. `const.dir`은 `c(“<=”, “<=”)`이며

const.rhs는 c(9, 15)이다. 이를 이용해서 R에서 LP문제를 풀면 다음과 같다.

```
> f.obj <- c(1, 9, 3)
> f.con <- matrix (c(1, 2, 3, 3, 2, 2), nrow=2, byrow=TRUE)
> f.dir <- c("<=", "<=")
> f.rhs <- c(9, 15)
> re <- lp("max", f.obj, f.con, f.dir, f.rhs) ## lp의 결과를
                                              ## re에 할당한다.
Success: the objective function is 40.5
```

R 콘솔에 나타난 LP의 결과는 목적함수의 값과 이에 대한 간략한 설명이지만, 내부적으로는 상당히 많은 정보를 갖고 있다. 이 정보들 중에서 최적화된 목적함수의 값과 해가 중요하다. 최적화된 목적함수의 값은 40.5이나 결과값에 나온 Success...등을 보지 않고 단순히 최적화된 목적함수의 값만을 얻기 위해서는 re의 원소들 중에서 objval만 뽑아내면 된다. 이를 위해서는 다음과 같이 명령어를 주면 된다.

```
> re$objval
[1] 40.5
```

최적화된 $[x_1, x_2, x_3]$ 을 얻기 위해서는 re의 원소들 중에서 solution을 뽑아내면 된다.

```
> re$solution
[1] 0.0 4.5 0.0
```

즉, 식 (16.3)의 풀이가 최적화되었을 때의 해는

$[x_1, x_2, x_3] = [0, 4.5, 0]$ 이다.

16.4 `lp(...)` 함수를 이용한 DEA 프로그램

DEA의 해찾기는 DEA문제를 식 (16.1) 및 (16.2)와 같은 형태로 전환을 하고 난 이후에 `lp(...)` 함수를 이용하면 간단하게 풀 수 있다. 본 절에서는 투입기준 CCR모형의 효율성을 측정하기 위한 LP를 예제로서 다룬다. 3장에서 다룬 CCR모형을 다시 쓰면 다음과 같다.

$$
\begin{aligned}
&\theta^{k,*} = \min_{\theta,\lambda} \theta^k \\
&\textit{subject to} \\
&\theta^k x_m^k \geq \sum_{j=1}^{J} x_m^j \lambda^j \quad (m = 1,2,\ldots,M), \\
&y_n^k \leq \sum_{j=1}^{J} y_n^j \lambda^j \qquad (n = 1,2,\ldots,N), \\
&\lambda^j \geq 0 \qquad\qquad (j = 1,2,\ldots,J).
\end{aligned}
\tag{16.5}
$$

식 (16.5)를 식 (16.1)과 같은 형태로 만들면 다음과 같다.

$$
\begin{aligned}
&\min_{\theta,\lambda}[1,0,0,\cdots,0][\theta^k,\lambda^1,\lambda^2,\cdots,\lambda^J]^T \\
&s.t. \begin{bmatrix} x_1^k & -x_1^1 & -x_1^2 & \cdots -x_1^J \\ x_2^k & -x_2^1 & -x_2^2 & \cdots -x_2^J \\ \vdots & \vdots & \vdots & \ddots \vdots \\ x_M^k & -x_M^1 & -x_M^2 & \cdots -x_M^J \end{bmatrix} \begin{bmatrix} \theta^k \\ \lambda^1 \\ \vdots \\ \lambda^J \end{bmatrix} \geq \begin{bmatrix} 0 \\ 0 \\ \vdots \\ 0 \end{bmatrix} \\
&\begin{bmatrix} 0 & y_1^1 & y_1^2 & \cdots y_1^J \\ 0 & y_2^1 & y_2^2 & \cdots y_2^J \\ \vdots & \vdots & \vdots & \ddots \vdots \\ 0 & y_N^1 & y_N^2 & \cdots y_N^J \end{bmatrix} \begin{bmatrix} \theta^k \\ \lambda^1 \\ \vdots \\ \lambda^J \end{bmatrix} \geq \begin{bmatrix} y_1^k \\ y_2^k \\ \vdots \\ y_N^k \end{bmatrix}
\end{aligned}
\tag{16.6}
$$

식 (16.6)을 다시 쓰면 다음과 같다.

$$\min_{\theta,\boldsymbol{\lambda}}[1,0,0,\cdots,0]\begin{bmatrix}\theta^k\\ \lambda^1\\ \vdots\\ \lambda^J\end{bmatrix}$$

$$s.t.\begin{bmatrix}x_1^k & -x_1^1 & -x_1^2 & \cdots & -x_1^J\\ x_2^k & -x_2^1 & -x_2^2 & \cdots & -x_2^J\\ \vdots & \vdots & \vdots & \ddots & \vdots\\ x_M^k & -x_M^1 & -x_M^2 & \cdots & -x_M^J\\ 0 & y_1^1 & y_1^2 & \cdots & y_1^J\\ 0 & y_2^1 & y_2^2 & \cdots & y_2^J\\ \vdots & \vdots & \vdots & \ddots & \vdots\\ 0 & y_N^1 & y_N^2 & \cdots & y_N^J\end{bmatrix}\begin{bmatrix}\theta^k\\ \lambda^1\\ \vdots\\ \lambda^J\end{bmatrix}\geq\begin{bmatrix}0\\ 0\\ \vdots\\ 0\\ y_1^k\\ y_2^k\\ \vdots\\ y_N^k\end{bmatrix} \tag{16.7}$$

여기서 주의해야 할 점은 다음과 같다. 첫째, 식 (16.1)의 c^T 에 해당하는 벡터는 식 (16.7)에서 $[1,0,0,\cdots,0]$ 에 해당하며 상수이다. 둘째, 식 (16.1)의 A 에 해당하는 행렬은 다음과 같으며 상수이다.

$$\begin{bmatrix}x_1^k & -x_1^1 & -x_1^2 & \cdots & -x_1^J\\ x_2^k & -x_2^1 & -x_2^2 & \cdots & -x_2^J\\ \vdots & \vdots & \vdots & \ddots & \vdots\\ x_M^k & -x_M^1 & -x_M^2 & \cdots & -x_M^J\\ 0 & y_1^1 & y_1^2 & \cdots & y_1^J\\ 0 & y_2^1 & y_2^2 & \cdots & y_2^J\\ \vdots & \vdots & \vdots & \ddots & \vdots\\ 0 & y_N^1 & y_N^2 & \cdots & y_N^J\end{bmatrix} \tag{16.8}$$

셋째, 식 (16.1)의 x 에 해당하는 행렬은 $[\theta^k,\lambda^1,\lambda^2,\cdots,\lambda^J]^T$ 이다. 마지막으로 식 (16.1)의 b 에 해당하는 벡터는 다음과 같다.

$$\begin{bmatrix} 0 \\ 0 \\ \vdots \\ 0 \\ y_1^k \\ y_2^k \\ \vdots \\ y_N^k \end{bmatrix} \tag{16.9}$$

따라서 k번째 관측치와 k+1번째 관측치의 효율성을 측정할 때는 식 (16.8)의 1열과 식 (16.9)가 다를 뿐 여타 다른 벡터 및 행렬의 요소는 동일하다. 예를 들어 [표 16-1]과 같은 데이터의 A와 B점의 효율성을 측정하고자 한다고 하자.

[표 16-1] 가상의 데이터 (1투입-1산출)

DMU	A	B	C	D	E	F
y	3	2	1	2	3	2
x	1	2	2	1	3	2

DMU A의 효율성을 측정하기 위한 LP 모형은 다음과 같다.

$$\min_{\theta,\lambda}[1, 0, 0, \cdots, 0]\begin{bmatrix} \theta^k \\ \lambda^1 \\ \vdots \\ \lambda^6 \end{bmatrix}$$

$$s.t.\ \begin{bmatrix} 1 & -1 & -2 & -2 & -1 & -3 & -2 \\ 0 & 3 & 2 & 1 & 2 & 3 & 2 \end{bmatrix}\begin{bmatrix} \theta^k \\ \lambda^1 \\ \vdots \\ \lambda^6 \end{bmatrix} \geq \begin{bmatrix} 0 \\ 3 \end{bmatrix} \tag{16.10}$$

A점의 효율성을 측정하기 위한 R 코드는 다음과 같다.

```
> f.obj <- c(1, 0, 0, 0, 0, 0, 0)
> f.con <- matrix(c(1, -1, -2, -2, -1, -3, -2, 0, 3, 2, 1,
                    2, 3, 2), nrow = 2, ncol = 7,
                  byrow = T)
> f.rhs <- c(0, 3)
> f.dir <- c(">=", "≥")
> lp("min", f.obj, f.con, f.dir, f.rhs)$solution[1]
```

B점의 효율성을 측정하기 위한 LP 모형은 다음과 같다.

$$\min_{\theta,\lambda}[1,0,0,\cdots,0]\begin{bmatrix}\theta^k\\ \lambda^1\\ \vdots\\ \lambda^6\end{bmatrix}$$
$$s.t.\ \begin{bmatrix}2 & -1 & -2 & -2 & -1 & -3 & -2\\ 0 & 3 & 2 & 1 & 2 & 3 & 2\end{bmatrix}\begin{bmatrix}\theta^k\\ \lambda^1\\ \vdots\\ \lambda^6\end{bmatrix}\geq\begin{bmatrix}0\\ 2\end{bmatrix} \tag{16.11}$$

식 (16.11)의 효율성을 측정하기 위한 R 코드는 다음과 같다.

```
> f.obj <- c(1, 0, 0, 0, 0, 0, 0)
> f.con <- matrix(c(2, -1, -2, -2, -1, -3, -2, 0, 3, 2, 1,
                    2, 3, 2), nrow = 2, ncol = 7,
                  byrow = T)
> f.rhs <- c(0, 2)
> f.dir <- c(">=", "≥")
> lp("min", f.obj, f.con, f.dir, f.rhs)$solution[1]
```

위와 같은 코드를 각각의 DMU마다 작성하는 것은 비효율적이다. `for()` 문을 이용하면 물리적/시간적으로 이득을 볼 수 있다. `for()` 문을 이용하여 작성하면 다음과 같다.

```
> dat<- data.frame(y = c(3, 2, 1, 2, 3, 2), x = c(1, 2, 2,
                1, 3, 2))
> for(i in 1:6){
+ f.obj <- c(1, 0, 0, 0, 0, 0, 0)
+ f.con <- matrix(c(dat$x[i], -dat$x, 0, dat$y), nrow = 2,
               ncol = 7, byrow = T)
+ f.rhs <- c(0, dat$y[i,])
+ f.dir <- c(">=", "≥")
+ lp("min", f.obj, f.con, f.dir, f.rhs)$solution[1]
}
```

본서에서 작성된 모든 DEA 관련 함수는 위와 같은 알고리즘에 기반하여 작성되었다.

16.5 nonparaeff 라이브러리

16.5.1 개요

본 서에서 이용된 함수들을 편하게 사용하기 위하여 nonparaeff 라이브러리를 만들어서 배포했다. 현재까지 이 라이브러리에 추가된 함수는 다음과 같다.

- additive(...): 합계모형을 풀기 위한 함수
- ar.dual.dea(...): AR 모형을 풀기 위한 함수
- cost.dea(...): 비용최소화 문제를 풀기 위한 함수
- ddf(...): 방향거리함수
- dea(...): DEA 기본모형을 풀기 위한 함수
- direc.dea(...): 비재화를 고려한 방향거리 함수
- dual.dea(...): 가상 가격기준 모형을 풀기 위한 함수
- effdea.b.f(...): 효율성 계산과정을 빠르게 만들어 놓은 함수
- faremalm2(...): 맘퀴스트 생산성변화지수를 계산하기 위한 함수

- fdh(...): FDH 모형을 풀기 위한 함수
- int.dea(...): 투입요소 중 정수값을 가져야만 하는 경우 DEA 모형을 풀기 위한 함수
- orderm(...): 오더-m 모형을 풀기 위한 함수
- revenue.dea(...): 수익최대화 모형을 풀기 위한 함수
- sbm.tone(...): CRS 가정 하의 여유분 기준 모형을 풀기 위한 함수
- sbm.vrs(...): VRS 가정 하의 여유분 기준 모형을 풀기 위한 함수

16.5.2 설치 및 이용법

nonparaeff 라이브러리를 설치하기 위해서는 인터넷이 연결된 상태에서 R 콘솔에 다음과 같은 명령어를 넣고 엔터를 친다.

```
> install.packages("nonparaeff", dependencies = T)
```

install.packages 함수는 인터넷에서 라이브러리를 다운로드 받고 사용자의 컴퓨터에 설치하는 함수이다. install.packages(...) 함수의 첫번째 인수는 설치하는 라이브러리의 이름이다. 두번째 인수로 주어진 dependencies는 설치하는 라이브러리가 필요로 하는 라이브러리까지 설치를 할 것인지를 결정하는 인수이며, TRUE일 경우에는 필요 라이브러리를 모두 설치한다. nonparaeff 라이브러리는 lpSolve, Hmisc, Design, geometry, gdata, psych 등의 라이브러리를 필요로 한다. 위와 같은 명령어를 실행할 경우 상기한 6개의 라이브러리가 필요로하는 라이브러리 또한 전부 설치되므로, 라이브러리들끼리의 의존성으로 인해 문제점은 발생하지 않는다.

nonparaeff 라이브러리를 사용하기 위해서는 다음과 같은 명령어로 nonparaeff 라이브러리를 사용할 것임을 R에게 알려준다.

```
> library(nonparaeff)
```

nonparaeff 라이브러리에 대한 개략적인 설명을 보기 위해서는 다음과 같은 명령어를 친다.

```
> help(package=nonparaeff)
```

그 결과 나타나는 화면은 다음과 같다.

```
Information on package 'nonparaeff'

Description:

Package:      nonparaeff
Version:      0.5-1
Date:        2010-03-28
Title:        Nonparametric Methods for Measuring Efficiency and
             Productivity
Author:       Dong-hyun Oh <oh.donghyun77@gmail.com>
Maintainer:    Dong-hyun Oh <oh.donghyun77@gmail.com>, Dukrok Suh
<dukrok@gmail.com>
Depends:      R (>= 1.8.0), lpSolve, gdata, Hmisc, Design, geometry,
             psych
Suggests:     gtools
Description:  This package contains functions for measuring efficiency
             and productivity of decision making units (DMUs) under
             the framework of Data Envelopment Analysis (DEA) and its
             variations.
License:      GPL (>= 2)
URL:         http://www.r-project.org
Packaged:     2010-03-29 23:18:56 UTC; arecibo
Built:       R 2.10.0; ; 2010-03-29 23:19:54 UTC; unix

Index:

additive.R     Solve Additive Model
```

```
ar.dual.dea.R   Solve Assurance Region (AR) DEA Model
cost.dea.R      Solve Cost Minimization Problem
ddf.R           Solve Direction Distance Function
dea.R           Solve DEA
direc.dea.R     Solve Direction Distance Function with Undesirable Outputs
dual.dea.R      Solve Dual DEA
faremalm2.R     Solve Malmquist Productivity Growth Index
fdh.R           Solve Free Disposable Hull (FDH) Model
int.dea.R       Solve DEA with Integer-valued Inputs/Outputs
orderm.R        Solve order-m
revenue.dea.R   Solve Revenue Maximization Problem
sbm.tone.R      Solve Slacks-based Model under CRS assumption
sbm.vrs.R       Solve Slacks-based Model under VRS assumption
```

이 패키지의 버전, 작성 일자, 대략적인 내용, 작성자, 유지보수자, 라이센스, nonparaeff 패키지가 포함하는 함수 등의 정보를 보여 주고 있다.

각각의 함수에 대한 도움말을 읽고 싶을 때는 ? 및 help(...) 함수를 이용하여 질문한다. 예를 들어 sbm.tone에 대한 설명 및 예제 등을 보고 싶다면 다음과 같은 명령어를 친다.

```
> help(sbm.tone)
```

도움말의 예제는 최대한 본 서에서 다룬 내용을 중심으로 작성을 했다.

16.5.3 nonparaeff 라이브러리에 대한 피드백

nonparaeff 라이브러리는 오동현(oh.donghyun77@gmail.com)이 작성을 했으며, 오동현과 서덕록(dukrok@gmail.com)이 공동으로 유지보수를 하고 있다. 사용하다가 버그를 발견하거나 추가할 점이 발생할 경우, 오동현 혹은 서덕록에게 메일을 보내면 된다. 이

라이브러리는 향후 지속적으로 업데이트될 예정이며, 피드백에 의거하여 최대한 많은 DEA 모형을 추가할 것이다. 그렇기 때문에 nonparaeff 라이브러리의 성능을 향상시키기 위해서는 많은 피드백이 필요하다. 독자들의 관심과 격려가 본 라이브러리의 성능을 한층 더 높이는데 가장 필요한 자양분임을 강조하고 싶다.

참고문헌

Adler, N. and Yazhemsky, E. (2009). Improving discrimination in Data Envelopment Analysis: PCA-DEA or variable reduction. *European Journal of Operational Research,* 202(1):273–284.

Afriat, S. N. (1972). Efficiency estimation of production functions. *International Economic Review*, 13(3):568–598.

Aigner, D. J. and Chu, S. F. (1968). On estimating the industry production function. *American Economic Review*, 58(4):826–839.

Allen, R., Athanassopoulos, A., Dyson, R. G. and Thanassoulis, E. (1997). Weights restrictions and value judgements in data envelopment analysis: Evolution, development and future directions. *Annals of Operations Research*, 73: 13–34

Anderson, W. (2004). Major League Baseball under investigation: How the industry used public relations to promote its past to save its present. *Public Relations Review*, 30(4):439–445.

Banker, R. and Thrall, R. (1992). Estimation of returns to scale using data envelopment analysis. *European Journal of Operational Research*, 62(1):74–84.

Banker, R. D. (1993). Maximum likelihood, consistency and data envelopment analysis: A statistical foundation. *Management Science*, 39(10):1265–1273.

Banker, R. D., Charnes, A. and Cooper, W. W. (1984). Some models for estimating technical and scale inefficiencies in data envelopment analysis. *Management Science*, 30(9):1078–1092.

Banker, R. D. and Morey, R. C. (1986). Efficiency analysis for exgenously fixed inputs and outputs. *Operations Research*, 34(4):513–521.

Barr, R. (2004). DEA software tools and technology : a state-of-the-art survey, In Cooper W.W., Seiford, L. M. and Zhu J. (Eds.), *Handbook on Data Envelopment Analysis*, 539–566. Kluwer Academic Publishers, Boston.

Battese, G. E. and Broca, S. S. (1997). Functional forms of stochastic frontier production functions and models for technical inefficiency effects: A comparative study for wheat farmers in Pakistan. *Journal of Productivity Analysis*, 8(4):395–414.

Caves, D., Christensen, L. and Diewert, W. (1982). The economic theory of index numbers and the measurement of input, output, and productivity. *Econometrica*, 50(6):1393–1414.

Charnes, A. and Cooper, W. W. (1962). Programming with linear fractional functionals. *Naval Research Logistics Quarterly*, 9(3-4):181–186.

Charnes, A., Clark, C. T., Cooper, W. W. and Golany, B. (1985). A developmental study of data envelopment analysis in measuring the efficiency of maintenance units in the U.S. Air Forces, *Annals of Operations Research*, 2:95-112.

Charnes, A., Cooper, W. W., Huang, Z. M. and Sun, D. B. (1990). Polyhedral cone-ratio DEA models with an illustrative application to large commercial banks. *Journal of Econometrics*, 46(1-2):73–91.

Charnes, A., Cooper, W. W. and Rhodes, E. (1978). Measuring the efficiency of decision making units. *European Journal of Operational Research*, 2(6):429–444.

Cook, W. D. and Zhu, J. (2005). *Modeling performance measurement: Applications and implementation issues in DEA*. Springer, New York.

Cooper, W. W., Seiford, L. and Tone, K. (2007). *Data envelopment analysis: A comprehensive text with models, applications, references and DEA-solver software* (2nd ed.). Springer Verlag, New York.

Cooper, W. W., Seiford, L. and Zhu, J. (2004). *Handbook on data envelopment analysis* (2nd ed.). Kluwer Academic Publishers, Messachusetts.

Cooper, W. W., Shanling, L., Seiford, L. M., Tone, K., Thrall, R. M. and Zhu, J. (2001), Sensitivity and stability analysis in DEA: Some recent developments, *Journal of Productivity Analysis,* 15(3):217–246.

Cooper, W. W., Thompson, R. and Thrall, R. (1996). Chapter 1 Introduction: Extensions and new developments in DEA. *Annals of Operations Research*, 66(1):1–45.

Cooper, W. W., Park, K. S. and Pastor, J. T. (1999). RAM: A range adjusted measure of inefficiency for use with additive models and relations to other models and measures in DEA. *Journal of Productivity Analysis*, 11(1):5–42.

Cooper, W. W., Park, K. S. and Yu, G. (1999). IDEA and AR-IDEA: Models for dealing with imprecise data in DEA. *Management Science*, 45(4):597–607.

Cooper, W. W., Ruiz, J. L. and Sirvent, I. (2007). Choosing weights from alternative optimal solutions of dual multiplier models in DEA. *European Journal of Operational Research*, 180(1):443–458.

Debreu, G. (1951). The coefficient of resource utilization. *Econometrica*, 19(3):273–292.

Deprins, D., Simar, L., and Tulkens, H. (1984). Measuring labor inefficiency in post offices. In Marchand, M., Pestieau, P. and Tulkens, H. (Eds.) The Performance of Public Enterprizes : Concepts and Measurements, 243–267. North-Holland, Amsterdam.

Diewert, W. and Parkan, C. (1983). Linear programming tests of regularity conditions for production functions. In Eichhonr, R. Henn, K. Neumann and Shepard, R. W. (Eds.), *Quantitative studies on productions and prices*, 131–158. Physica Verlag, Würzburg-Wien.

Dyson, R. and Thanassoulis, E. (1988). Reducing weight flexibility in data envelopment analysis. *The Journal of the Operational Research Society*, 39(6):563–576.

Dyson, R.G., Allen, R., Camanho, A. S., Podinovski, V. V., Sarrico, C. S. and Shale, E. A. (2001). Pitfalls and protocols in DEA. *European Journal of Operational Research* 132(2):245–259.

Färe, R. (1988). *Fundamentals of production theory*. Springer Verlag, Heidelberg.

Färe, R., Grosskopf, S. and Lovell, C. A. K. (1985). *The measurements of efficiency of production*. Kluwer-Nijhoff, Boston.

Färe, R., Grosskopf, S. and Lovell, C. A. K. (1994). *Production frontiers*. Cambridge University Press, New York.

Färe, R., Grosskopf, S., Noh, D.-W. and Weber, W. (2005). Characteristics of a polluting technology: Theory and practice. *Journal of Econometrics*, 126(2):469–492.

Färe, R., Grosskopf, S., Norris, M. and Zhang, Z. (1994). Productivity growth, technical progress and efficiency change in industrialized countries. *American Economic Review*, 84(1):66–83.

Färe, R., Grosskopf, S. and Weber, W. L. (2006). Shadow prices and pollution costs in U.S. agriculture. *Ecological Economics*, 56(1):89–103.

Färe, R., Grosskopf, S. and Zelenyuk, V. (2004). Aggregation bias and its bounds in measuring technical efficiency. *Applied Economics Letters*, 11(10): 657–660.

Fare, R, and Lovell, C. A. K. (1978). measuring the technical efficiency of production. The Journal of Economic Theory, 19(1) : 150–162.

Farrell, M. J. (1957). The measurement of productivity efficiency. *Journal of Royal Statistical Society*. Series A, 120(3):253–267.

Greene, W. H. (1980). Maximum likelihood estimation of econometric frontier functions. *Journal of Econometrics*, 13(1):27–56.

Grifell-Tarje, E. and Lovell, C. A. K. (1999). Profits and productivity, *Management Science*, 45(9):1177–1193.

Gujarati, D. N. (2002). *Basic econometrics* (4th ed.). Mcgraw-Hill, New York.

Hanoch, G. and Rothschild, M. (1972). Testing the assumptions of production theory:A nonparametric approach. *Journal of Political Economy*, 80(2):256–275.

Hausman, J. A. (1978). Specification tests in econometrics. *Econometrica*, 46(6):1251–1271.

Hoff, A. (2007). Second stage DEA: Comparison of approaches for modelling the DEA score. *European Journal of Operational Research*, 181(1):425–435.

Koopman, T. C. (1951). Analysis of production as an efficient combination of activities. In Koopman, T. C. (Eds.), *Activity analysis of production and allocation* (33-97). John Wiley & Sons, Inc., New York.

Kumbharkar, S. and Lovell, C. A. K. (2000). *Stochastic frontier analysis*. Cambridge University Press, Cambridge.

Lee, C. and Ji, Y. (2009). *Data envelopment analysis in Stata*, http://econpapers.repec. org/paper/bocdcon09/4.htm

Lee, J. D., Park, J. B. and Kim, T. Y. (2002). Estimation of the shadow prices of pollutants with production/environment inefficiency taken into account: A nonparametric directional distance function approach. *Journal of Environmental Management*, 64(4):365–375.

Lovell, C. and Schmidt, P. (1988). A comparison of alternative approaches to the measurement of productive efficiency. In Dogramaci, A. and Färe, R. (Eds.) *Applications of modern production theory: Efficiency and productivity* (3-32). Kluwer, Boston.

Lovell, C. A. K., Walters, L. C. and Wood, L. L. (1995). Stratified models of education production using modified DEA and regression analysis. In Charnes, A., Cooper, W. W., Lewin A. Y.

and Seiford L. M. (Eds.) *Data envelopment analysis: Theory, methodologies and applications* (329–352). Kluwer, Boston.

Luenberger, D. G. (1992). Benefit functions and duality. *Journal of Mathematical Economics*, 21(5):461–481.

Oh, D.-H. (2010). A metafrontier approach for measuring an environmentally sensitive productivity growth index. *Energy Economics*, 32(1):146–157.

Pandey, S., Masciat, P., Velasco, L. and Villano, R. (1999). Risk analysis of a rainfed rice production system in Tarlac, Central Luzon, Philippines. *Experimental Agriculture*, 35(2):225–237.

Pastor, J. T. and Lovell, C. A. K. (2005). A global Malmquist productivity index. *Economics Letters*, 88(2):266–271.

Richmond, J. (1974). Estimating the efficiency of production. *International Economic Review*, 15(2):515–521.

Shephard, R. W. (1953). *Cost and production functions*. Princeton University Press, New Jersey.

Shephard, R. W. (1970). *Theory of cost and production functions*,. Princeton University Press, Princeton.

Shestalova, V. (2003). Sequential Malmquist indices of productivity growth: An application to OECD industrial activities. *Journal of Productivity Analysis*, 19(2):211–226.

Simar, L. (1992). Estimating efficiencies from frontier models with panel data: A comparison of parametric, non-parametric and semi-parametric methods with bootstrapping. *Journal of Productivity Analysis*, 3(1-2):167–203.

Simar, L. (2003). Detecting outliers in frontier models: A simple approach. *Journal of Productivity Analysis*, 20(3):391–424.

Simar, L. and Wilson, P. W. (1998). Sensitivity of efficiency scores: How to bootstrap in nonparametric frontier models. *Management Sciences*, 44(1):49–61.

Simar, L. and Wilson, P. W. (1999). Estimating and bootstrapping Malmquist indices. *European Journal of Operational Research*, 115(3):459–471.

Simar, L. and Wilson, P. W. (2000). A general methodology for bootstrapping in nonparametric frontier models. *Journal of Applied Statistics*, 27(6):779–802.

Simar, L. and Wilson, P. W. (2008). Statistical inference in nonparametric frontier models: Recent developments and perspectives. In Fried, H., Lovell, C. A. K. and Schmidt, S. (Eds.), *The measurement of productive efficiency* (421–521). Oxford University Press, New York.

Tavares, G. (2002). A bibliography of data envelopment analysis (1978–2001). Rutcor Research Report. Rutgers University, NJ.

Thompson, R. G., Brinkmann, E. J., Dharmapala, P. S., Gonzalez-Lima, M. D. and Thrall, R. M. (1986). DEA/AR profit ratios and sensitivity of 100 large U.S. banks. *European Journal of Operational Research*, 98(2):213-229.

Tone, K. (2001). A slacks-based measure of efficiency in data envelopment analysis. *European Journal of Operational Research*, 130(3):498–509.

Tulkens, H. and Vanden Eeckaut, P. (1995). Non-parametric efficiency, progress and regress measures for panel data: Methodological aspects. *European Journal of Operational Research*, 80(3):474–499.

Varian, H. R. (1984). The nonparametric approach to production analysis. *Econometrica*, 52(3):579–598.

Xue, M. and Harker, P. T. (2002). Note: Ranking DMUs with infeasible super-efficiency DEA models. *Management Science*, 48(5):705–710.

Zhu, J. (2004). Imprecise DEA via standard linear DEA models with a revisit to a Korean mobile telecommunication company. *Operations Research*, 52(2):323–329.

찾아보기

영문

ㄱ

ㄷ

ㅁ

ㅂ

ㅅ

ㅇ